中華帝國晚期的
性、法律與社會

Sex, Law, and Society
in Late Imperial China

蘇成捷（Matthew H. Sommer）　著
謝美裕（Meiyu Hsieh）、尤陳俊　譯

Ainosco Press

目錄

中文版序   i

英文版序   ii

第一章　導論   1
第一節　論題   1
第二節　資料   23

第二章　一種關於性秩序的願景   39
第一節　「姦」的概念界定及其涵蓋範圍   39
第二節　父親和丈夫所享有的特權   46
第三節　主人與其女性奴僕發生的性關係   55
第四節　義絕：夫妻間道德紐帶的斷絕   65
第五節　任何婦人皆係一名妻子   75

第三章　強姦罪相關法律的演變：女性貞節與外來男子的威脅   77
第一節　對受害者資格的審查   77
第二節　陰莖插入行為的重要性   88
第三節　強姦與和姦的對比   96
第四節　危險男子的刻板形象   105
第五節　清代中央司法官員的實際作法   114
第六節　結語   124

第四章　關於被雞姦男性的問題：清代針對雞姦行為的立法和對男性之社會性別角色的加固　127

- 第一節　論題　127
- 第二節　立法史　133
- 第三節　異性性犯罪的標準被適用於雞姦罪行　143
- 第四節　司法中關於那些易受攻擊的男性和危險男性的刻板形象　149
- 第五節　大眾觀念中的等級體系和汙名標籤　162
- 第六節　階層分化與男性的性生活　174
- 第七節　交媾過程中陰莖插入行為的意涵　181

第五章　貞節崇拜中的寡婦：清代法律和婦女生活中的性事與財產之關聯　187

- 第一節　引言　187
- 第二節　官方對貞節的評判標準　191
- 第三節　作為性存在的寡婦　196
- 第四節　強迫再婚、自殺和貞節標準　202
- 第五節　沒有資財的寡婦　209
- 第六節　持有財產的寡婦及其姻親　216
- 第七節　爭鬥的諸種情形　223
- 第八節　結語　234

第六章　作為身分地位展演的性行為：雍正朝之前對賣娼的法律規制　237

- 第一節　一個看似簡單的問題　237
- 第二節　對不同身分群體的區分：立法層面　245
- 第三節　推行身分等級原則：明代和清初的實踐　258
- 第四節　適用於娼妓的寬鬆刑責標準　275
- 第五節　法律擬制與社會現實　284

第七章　良民所應遵循的諸標準之適用範圍擴張： 289
雍正朝的改革與賣娼入罪化

第一節　學界以往對雍正元年「除豁」賤民的解讀　289
第二節　「廣風化」　295
第三節　雍正元年之後的法律如何處置賣娼　303
第四節　雍正朝以降的中央案件　314
第五節　結語　332

第八章　結論　337

第一節　法律的陽物中心主義　338
第二節　從身分地位至社會性別的變化，以及對小農家庭的　340
　　　　新關注
第三節　含義發生變化的「良」概念　345
第四節　生存邏輯與性事失序　351

附錄　357

參考文獻　367

中文版序

　　我相當歡欣這本原以英文著成並由史丹佛大學於 2000 年出版的書籍，終於有了中文版。自英文原版問世已經過 20 年，期間出現許多關於中國性別史與法律史的新興研究。但與其徒勞地更新內容，我決定將本書原汁原味的呈現給中文讀者，並期盼本書仍能對讀者有所助益。

　　我對於中文翻譯的精確度有十足的信心，但如果讀者對於字詞與文義有任何疑問，請參照由我全權負責的英文原版。

　　對於中文版能順利翻譯完成，我欲向以下幾位表達真誠的謝意。感謝我的博士學位指導老師黃宗智（Philip C. C. Huang）教授不斷地鼓勵並促成本次的翻譯，若沒有他的付出，本書將不可能完成。而最主要歸功於實際參與翻譯過程的我的學生謝美裕（Meiyu Hsieh）、協助翻譯初稿的楊柳（Yang Liu），以及編修翻譯完稿的尤陳俊（You Chenjun）教授（我僅扮演著提供中文原文引文的角色而已）。本書翻譯經費來自於加利福尼亞大學洛杉磯分校中文研究中心（由當時的中心主任黃教授提出）與史丹佛大學人文科學學院。亦感謝華藝學術出版部的編輯團隊同意本次出版。

　　本書的英文原版是獻給我的雙親 Donna M. Sommer 與 John L. Sommer，並再次感謝他們所為我做的一切。同時，也感謝我的妻子張梨惠（Ih-hae Chang）一直以來對我的支持。

　　我欲將本書的中文版獻給李明珠（Lillian M. Li）教授，感謝她於我在斯沃斯莫爾學院（Swarthmore College）時期的指導，並引領我以研究中國歷史為職志。對她為了豐富我人生所做的一切，我獻上最深沉的感謝。

蘇成捷 (Matthew H. Sommer)
於加州史丹佛
2020 年 3 月 22 日

英文版序

　　我一直期待著這一天的到來，可以將曾給予我幫助的很多人的名字寫下來以致謝忱。首先，黃宗智（Philip C. C. Huang）是研究生所可能遇到的最好的指導教授，他讓我完全自由地找尋適合我自己的學術道路，又總是在我需要他時就第一時間給予幫助。在我獲得博士學位後的那些年裡，他依然一如既往地給予我鼓勵和靈感。此外，白凱（Kathryn Bernhart）和裴宜理（Elizabeth Perry）分別作為我的正式導師和良師益友，在我攻讀博士學位期間也給予了至關重要的幫助，她們閱讀了我的博士學位論文各章節內容的很多稿，並回饋了非常有價值的建議。我還要感謝我在加利福尼亞大學洛杉磯分校（University of California, Los Angeles, UCLA）的其他授業老師：白馥蘭（Francesca Bray）、Herman Ooms、宋格文（Hugh Scogin）、萬志英（Richard von Glahn）、Scott Waugh。在我撰寫博士學位論文的最後關頭，蘇源熙（Haun Saussy）非常謙和地以校外讀者的身分給予幫助。他那些深刻的評論，除了其他方面的啟發之外，幫助我更好地理解了不能因為清代的那些法律專家們未能成為女性主義者便將他們視為假道學。

　　我還要對其他很多老師給予我的幫助致以深深的謝意。已故的Maureen Mazzone激發了我對歷史的最初興趣。李明珠（Lillian M. Li）是我在斯沃斯莫爾學院（Swarthmore College）念本科時和藹可親的指導老師，我之所以特別迷戀中國歷史，要歸功於她的影響。兩位老師對我的信心，對我所取得的任何成功均有重要的影響。蓋博堅（Kent Guy）引導我對清代文書進行研究，將這種如今業已成為我的研究習慣的基本研究方法傳授給我。經君健為我開啟了中國帝制時期法典及其注解文字的世界，教給我清代司法制度的基本原理；關於他對我的學術影響，本書任何一位目光敏銳的讀者皆會清晰地覺察到，甚至在那些我並不贊同他的看法的地方，我也是出自一種深深的敬意。我的語言老師很多，無法在此一一列舉，但其中有三位總是在我心中

占據特殊的位置：米德伯理學院（Middlebury College）中文系的袁乃英（音譯）和臺灣大學的陳舜正（音譯）教我如何閱讀中文古文；史丹佛大學橫濱中心的立松幾久子指導我如何閱讀中國法律史方面的日文著作。

在攻讀研究生期間，我從同窗們那裡所學到的東西，與從教授們那裡所學到的一樣多。白德瑞（Brad Reed）對我研究生學習的每一階段均有重要的影響，作為一位值得信賴的朋友和學術上的論辯夥伴，十餘年來他一直給予我支援。本書中的很多想法，源於我與他的討論，我永遠珍視我們在西雅圖、洛杉磯和成都共同度過的那些日子。艾仁民（Chris Isett）和唐澤靖彥同樣影響到我對很多重要問題的看法，他們給予我的友情，讓在洛杉磯求學的那段時光成為我一項真正的財富。魏大偉（David Wakefield）幫助我開始了在加利福尼亞大學洛杉磯分校的求學生涯。正是他將我說服，讓我相信自己能寫出一篇關於性的博士學位論文；而且，他與癌症對抗的不服輸精神，在很多次我的信心發生動搖、一切似乎皆無可能之時，激勵我堅持了下來。在加利福尼亞大學洛杉磯分校時給予我友情的其他朋友，還有程洪、杜克雷（Clayton Dube）、林鬱沁（Eugenia Lean）、劉昶、盧漢超、陸鐘琦、Jennifer MacFarlane、孟悅、朴國群（音譯）和周廣遠。

在撰寫博士學位論文的不同階段，很多其他學者也為我提供了非常有價值的批評性建議，他們是艾爾曼（Benjamin Elman）、周錫瑞（Joseph Esherick）、康無為（Harold Kahn）、Robert Kreider、李中清（James Lee）、李林德（Lindy Li Mark）、歐中坦（Jonathan Ocko）、邵式柏（John Shepherd）、魏濁安（Giovanni Vitiello）和葉文心（Wen-hsin Yeh）。Richard Gunde 非常直率地告訴我博士學位論文第一章的初稿聽起來有多麼地稚嫩，並在其他很多方面為我提供了幫助，我對此深表感激。在我後來將博士學位論文修改成現在這本著作時，有幸得到下述學人針對全書內容或其中部分章節的評論：費俠莉（Charlotte Furth）、賀蕭（Gail Hershatter）、岸本美緒、高彥頤（Dorothy Ko）、曼素恩（Susan Mann）、Paola Paderni、羅威廉（William Rowe）、滋賀秀三、寺田浩明、袁蘇菲（Sophie Volpp）和蔡九迪（Judith

Zeitlin）。我還要感謝一起在賓夕法尼亞參加讀書會的朋友柯胡（Hugh Clark）、Maris Gilette、李明珠和 Paul Smith，謝謝他們在共用晚餐時針對本書最終稿所做的熱烈討論。張哲嘉、張梨惠（Ih-hae Chang）、James Cheng（任職於加利福尼亞大學洛杉磯分校東亞圖書館）、Karl Kahler（任職於賓夕法尼亞大學東亞圖書館）、唐澤靖彥、高彥頤（Dorothy Ko）、梁敏敏（音譯）、劉昶、寺田浩明和周廣遠等人幫助我搜集重要的文獻資料以及將難懂的中文原文譯為英文。我要特別向其中的兩位朋友致謝：我的同事金鵬程（Paul Goldin）幫助我翻譯了本書第二章中引用的早期中國的史料，李葳儀（Wai-yee Li）核校了我對本書第六章中所引明代文獻的英文翻譯。應史丹佛大學出版社之邀審讀本書稿的韓森（Valerie Hansen）和另一位匿名專家提供了很有價值的評審意見，尤其是以罕見的速度很快就審讀完這部書稿，我在此對他們表示由衷的感謝。

我還要提及我在賓夕法尼亞大學的同事們和學生們。Bruce Kuklick、Lynn Lees 和 Marc Trachtenberg 讓我在初到賓夕法尼亞大學工作的前兩年裡得以避開許多麻煩事；Warren Breckman、Kathleen Brown 和 Drew Faust 的建議讓我能夠對書稿加以完善；當我不止一次地和他詳細討論整個寫作計畫時，Jeff Fear 總是願意再來一杯啤酒，聽我侃侃而談。尤其是 Lynn Hunt 為我提供了如何將博士學位論文修改成一本專著的睿智建議，在和她共同開設面向研究生的專題討論（seminar）的那個令人難忘的學期中，她非常慷慨的分享，促進了我在學識上的增長。

我要由衷地感謝位於成都的四川省檔案館和位於北京的中國第一歷史檔案館，為我搜集本研究所需的清代案件資料所提供的便利。在我訪問上述檔案館期間，以下人士為我提供了非常友好和高效的協助：成都的楊劍（音譯）和溫景明（音譯），北京的秦國經、陰淑梅（音譯）和朱書遠（音譯）。當時我在中國人民大學和四川大學的房東們為我提供了很好的支援（尤其是當我在成都遭遇一場自行車事故而碰上荒誕的後續事宜之時），正如美中學術交流委員會（Committee on Scholarly Communication with the People's

Republic of China）的 Keith Clemenger 為我所做的那樣。

我很榮幸曾有機會將這份研究成果的一些初稿提交給如下場合供討論之用：加利福尼亞大學洛杉磯分校的中國研究中心、加利福尼亞大學伯克利分校的中國研究中心、約翰·霍普金斯大學歷史系的教員專題討論、紐約大學法學院舉辦的東亞法律研討會、賓夕法尼亞大學的東亞研究中心、亞洲研究學會舉辦的年度學術會議（檀香山，1996）、「中華帝國晚期的法律、社會與文化：美日學者之間的對話」學術研討會（日本鐮倉市，1996）。在此謹向上述學術討論的組織者和所有針對我的會議論文進行評論和提問的學者們表示感謝。

倘若沒有下列機構和人員慷慨給予我的經費資助，上述指導老師、朋友和同事們為我提供的幫助將不會見到成效。這些機構和人員分別是：美中學術交流委員會、加利福尼亞大學洛杉磯分校的歷史系和中國研究中心、美國哲學學會（American Philosophical Society）、賓夕法尼亞大學的歷史系和教員研究經費基金會（the Faculty Research Foundation）；我的父母 Donna M. Sommer, M. D. 和 John L. Sommer, M. D.、Luca Gabbiani。

我的妻子張梨惠（Ih-hae Chang）始終以她的信任支持著我，我們之間那些關於這個或那個案件的日常對話，說明我將這一研究向前推進。我對她的情感和感激之深，難以言表，倘若我試著在此表達，恐怕會讓我們兩人都感到尷尬。我的孩子 Anne 和 Joseph 對本書完全沒有貢獻；相反，他們還使本書的寫作速度減慢了不少。但他們給了我在書本之外的另一種生活，使我的生命變得更為豐富。同樣的話，也可用在我的兄弟 Andy 身上，他通過提醒我絕大多數人們並不會將他們的時間耗費在諸如 18 世紀的中國法律之類的艱深知識之上，幫助我客觀地看待事物。

我想把本書獻給我的父母，深切地感謝他們在過去的歲月中給予我的那些精神支援和物質幫助。我的父母很早便培養了我對不同語言和文化的強烈興趣。他們為我提供的難得機會之一是 1978 年的中國之行。當時我才 17 歲，而那場旅行改變了我的人生。此外，我確信還應歸功於我的父親。他從事泌

尿外科工作三十餘年，在談到性和人體時不會顯得拘謹。他總是樂於和我討論他所碰到的病例，我們常在飯桌上談論這些不同尋常的話題。我還記得高中上生理學課時發生的一段小插曲。當時每位同學均被要求做一個關於某種疾病的口頭報告，而我選擇了梅毒和淋病作為自己報告的內容。我至今仍能記起班上那些比我在社交方面更活躍的同學們看到我父親給我的那些幻燈片時的反應。

　　最後但並非最不重要的，我要向 Muriel Bell、Nathan MacBrien、Sally Serafim 以及他們在史丹佛大學出版社的其他同事致以誠摯的謝意，感謝他們以從容不迫的安撫能力盯著我的這本專著，直至付梓下印。

補記：

　　有兩篇重要的論文與本書的主題有關，但由於我很晚才注意到，已來不及將其吸收進現在的這份研究當中。Paola Paderni 是最早利用為數甚多的清代內閣題本來研究法律問題的學者之一，她以義大利語（我不懂義大利語）撰寫發表了一篇以數起清代雞姦案件為討論物件的論文——"Alcuni Casi di Omosessualità nella Cina del XVIII Secolo"（載 *Studi in Onore di Lionello Lanciotti*, Naples: Istituto Universitario Orientale, Dipartimento di Studi Asiatici, 1996, pp. 961–987）。當時她和我並不知曉對方也正在研究相同的主題。她後來告訴我說，她的研究結論，確證了我在博士學位論文中提出的一些觀點。更近些時候，宋怡明（Michael Szonyi）發表了一篇論文（"The Cult of Hu Tianbao and Eighteenth-Century Discourse of Homoseuality", *Late Imperial China*, vol. 19, no. 1 [1998], pp. 1–25）。據我所知，這篇文章首次富有說服力地證明，在福建曾存在著一種雞姦的亞文化，而這種亞文化所迷信的物件，與該省那種廣為人知的宗教崇拜原型如出一轍。讀者們若想進一步追蹤本書第四章中所討論的那些問題，則應當參考上述兩篇很有學術價值的論文。

　　在擱筆之前，奉上幾句提醒的話，或許是適宜之舉。本書描述了很多聳人聽聞的罪行，儘管已經過去了幾百年，但這些罪行的恐怖性未見絲毫消褪。我沒有對這些罪行的諸多細節加以掩飾，亦未為其採取委婉的說法。我的這種處理方式，即使不被當作冷酷無情，恐怕也會被視為不帶情感。我之所以將這些令人為之感到難受的細節包含在對案情的說明當中，乃是基於如下兩個理由：首先，在這些案件中，有很多問題都取決於發生在受害者身體上的那些細節；其次，對我來說，避而不談這些罪行的受害者們當時所遭受的暴行，並不會因此就使得我們對那些死者的敬意再增一分。

第一章　導論

第一節　論題

在 1644 年建立清朝（同「清白」之「清」）的滿人，常常受到形形色色的各種詆毀。其中最令人感到新奇的抨擊之一，興許是那種認為滿人將「性」變得索然無味，進而把中國人變成一群假道學的指控。高羅佩（R. H. Van Gulik）便寫道：「隨著明朝的崩潰，這些朝氣蓬勃的男女之間那種精力充沛的享樂逐漸褪色，無拘無束的精神不復存在，性成為一種負擔，而不再是一種生活享受。」[1] 高羅佩十分推崇的那些風光旖旎的春宮畫，此時被禁慾清教徒式的儒家教條所取代。另有一些學者主張，懷有「同性戀憎惡」的清朝，摧毀了那種寬容同性之愛的古老文化，修訂了針對強姦的法律以便能更有效地壓制女性，造成那種精緻的名妓藝術走向沒落，並頗為成功地以崇尚女性貞節的國家意識形態，取代了「那個講求實用、對性享受之風的追求大行其道的世界」。[2]

---

[1] R. H. Van Gulik, *Sexual Life in Ancient China: A Preliminary Survey of Chinese Sex and Society from Ca. 1500 B.C. till 1644 A.D* (Leiden: E. J. Brill, 1974), p. 333.

[2] 參見 Bret Hinsch, *Passions of the Cut Sleeve: The Male Homosexual Tradition in China* (Berkeley, CA: University of California Press, 1990); Vivien W. Ng, "Ideology and Sexuality: Rape Laws in Qing China," *The Journal of Asian Studies*, vol. 46, no. 1 (1987); Vivien W. Ng, "Homosexuality and the State in Late Imperial China," in Martin Duberman et al., eds., *Hidden from History: Reclaiming the Gay and Lesbian Past* (New York: Meridian Press, 1989). 此處的那句直接引文，係引自 Mark Elvin, "Female Virtue and the State in China," *Past and Present*, no. 104 (1984), pp. 112–114. 關於名妓藝術的沒落，參見嚴明，《中國名妓藝術史》（臺北：文津出版社，1992）；Susan Mann, *Precious Records: Women in China's Long Eighteenth Century* (Stanford, CA: Stanford University Press, 1997). 關於女子貞節「宗教化」，參見劉紀華，〈中國貞節觀念的歷史演變〉，《社會學界》，第 8 期（1934），後收入高洪興等主編，《婦女風俗考》（上海：上海文藝出版社，1991）。從中國傳統醫學方面對高羅佩這一觀點的批評，

我一直對關於清朝的這種形象抱有懷疑，特別是對於將極具成效的性壓抑歸咎於少數民族建立的這一政權的那部分內容。鑒於清朝的統治疆域如此之廣，以及所有前現代的政權在科技與通訊方式方面的局限，清朝須得是一個多麼了不起的壓制機器，方有可能超越其時代限制，取得上述那些如此輝煌的成就。我也相當懷疑被征服的明朝是否真的是一個「充滿活力的」、講求性享樂與性開放的社會，畢竟明代社會中的絕大多數人均是仰賴家庭農務維生的貧苦農民。對某些漢學家而言，17世紀的中國，猶如布萊船長（Captain Bligh）手下那些孤寂船員眼中充滿異域風情的大溪地海岸。[3]然而，隨著清代司法檔案向研究者開放使用，現在是時候進一步考察清代對性行為的規制以及那些被規制的性行為。

我剛開始閱讀清代司法案例時，主要是著眼於這類史料在社會史研究方面的學術價值。但是後來我發現，若要看透那些與「性」有關的社會問題，就需要先釐清涉及「性」的法律問題。於是這項前置性作業就成了我的研究重心。隨後，我決定採用類似於即時性快照攝像（snapshot）的手法，來呈現乾隆朝時期（1736–1795）那些對性行為的規制。乾隆朝是清朝統治的巔峰期，該時期以降的現存史料也最為豐富。但我很快便發現，18世紀是一個在對性的規制方面發生了巨大變化的時期，對這種處於變化當中的體制進

參見 Charlotte Furth, "Rethinking Van Gulik: Sexuality and Reproduction in Traditional Chinese Medicine," in C. Gilmartin et al., eds., *Engendering China: Women, Culture, and the State* (Cambridge, MA: Harvard University Press, 1994).

[3] 譯者註：布萊船長因1789年英國皇家海軍武裝運輸船HMS Bounty號的船員反抗船長這一暴動事件而聞名。此事件曾數次被改編為小說和電影。HMS Bounty號於1787年底由英國出發，在經歷約十個月的航行後，抵達大溪地，收集將被作為西印度群島奴隸的食物的麵包果樹標本。由於之前數個月枯燥的海上生活，多名船員在停留大溪地期間與島上女子婚配，過著樂不思蜀的生活。1789年4月，HMS Bounty號執行運輸麵包果的任務而離開大溪地，部分船員在航行近東加海域時發起暴動，將布萊船長及其跟隨者放到一條小艇上，任其在海上自生自滅，發起暴動的船員們則回航至大溪地。一部分人定居下來，另一部分則攜其那些大溪地眷屬移居皮特肯島（Pitcairn Island）。布萊船長及其跟隨者憑著豐富的航海經驗，最終在荷屬東印度群島帝汶上岸獲救，並將此次船員暴動事件公諸於世。關於此事件的簡介，可參考大英百科全書網路版 Bligh, William 條（http://search.eb.com/eb/article-9015646）。

行「快照攝像」，其結果很可能是影像模糊不清。因此我意識到，若要弄清楚我在乾隆朝的司法案例中看到的那些內容，就必須將此項研究涵蓋的時間段往前延伸。

我的基本目標是實證性的（empirical），亦即釐清明清時期那些針對性的規制，特別是清代關於性的立法和中央司法機構在此方面的實際作法。我提出的問題包括：這一時期的司法審判體現了哪些原則，以及是如何做到此點的？哪些發生了變化，以及為什麼會發生變化？我希望從更廣闊的歷史變遷角度，就清代對性所做的規制加以理解，同時將這種對性的規制放置於更寬廣的社會情境當中加以審視，例如這種對性的規制跟當時社會各階層（不限於官吏、社會菁英或滿人）的心態與實踐之間是如何發生關聯？

一、西方學術界的法律發展模式

很多學術著作都主張中國帝制時期的法律大體上停滯不變。這種觀點背後所隱含的對比標準，乃是西方在法律方面的歷史發展模式。這種法律發展模式強調，過去數個世紀以來，西方在個人權利、契約義務和對政府權力的憲法性限制諸方面均取得了長足的進展。這種法律發展模式是關於現代性的「元敘事」（metanarrative）的組成部分之一，它將啟蒙運動時期以降的歷史視作朝向一個更美好、更自由、更科學的未來不斷發展的單一線性進程。[4]許多西方學者看起來都認定，個人自由的擴張構成了法律和政治領域中的歷史變遷之基本要素，而人權和民主未來在全球的傳播勢不可擋。

這種模式把握到了近代西方歷史的重要維度之一，不能被輕率地置之不理，對於那些信奉啟蒙運動之基本價值觀的人們來說尤其如此。但是，清代

---

[4] 探討西方法律「從身分到契約（from status to contract）」的轉變這一發展模式的權威著作，是梅因爵士的《古代法》（Sir Henry S. Maine, *Ancient Law* [Tucson, AZ: University of Arizona Press, 1986 (1864)]）一書。有關現代性的元敘事（metanarrative of modernity）的探討，特別是涉及性別史的部分，參見 Lynn A. Hunt, "The Challenge of Gender: Deconstruction of Categories and Reconstruction of Narrative in Gender History," in H. Medick and A. Trapp, eds., *Geschlechtergeschichte und Allgemeine Geschichte: Herausforderungen und Perspektiven* (Göttingen: Wallstein Verlag, 1998).

法律是否受到與此發展過程相類似的某些因素的影響？與之最相近的情況，或許是雍正皇帝對若干法定的世襲賤民身分的廢除。從雍正元年（1723）開始，首先被廢除的是與性工作和其他不光彩的娛樂業相聯繫的「樂戶」身分。歷史文獻中通常將這項改革視為一種「開豁」，然而其實質意涵至今尚未得到釐清。有學者認為這種「開豁」確實使相關人等獲得了某種程度的自由；[5] 亦有學者推崇此一「善政」所蘊含的「進步精神」，但又認為並無任何具體成效；[6] 更有學者斥之為毫無意義。[7] 這些研究背後未被言明的共同預設是，對其成敗的評價，端視雍正朝的這一改革是否促進了個人的自由與機會的擴展而定。這些學者主要的判斷標準，是那些「被開豁」的人們是否取得了參加科舉考試的資格，科舉考試資格被他們認為是「良民」身分者才得以擁有的一種「權利」。[8] 人們目前得到的整體印象是雍正朝的這一改革可能具有某種重要性，但並不清楚這一改革為何重要——或許雍正朝的這一改革僅具有象徵意義層面的重要性，代表著中國在邁向鴉片戰爭的那個關鍵世紀裡不幸錯過的一個走上現代化之路的契機。

另一種更深思熟慮的見解，是將雍正朝的上述政策視為象徵著由社會經濟變化推動的「身分藩籬逐漸消除」。[9] 這種解釋無疑是正確的，雍正朝的

---

[5] See Anders Hansson, *Chinese Outcasts: Discrimination and Emancipation in Late Imperial China* (Leiden: E. J. Brill, 1996).

[6] 參見寺田隆信，〈雍正帝の賤民開放令について〉，《東洋史研究》，第18卷第3号（1959）。

[7] 參見 Ch'ü T'ung-tsu, *Law and Society in Traditional China* (Paris: Mouton and Co., 1965); 經君健，《清代社會的賤民等級》（杭州：浙江人民出版社，1993）。

[8] 例如 Ch'ü, *Law and Society in Traditional China*, p. 282; 經君健，《清代社會的賤民等級》，頁235。儘管賤民身分者被禁止參加科舉考試，但倘若便據此認為良民身分者擁有參加科舉考試的「權利」（right），那則是一個誤解。科舉考試為專制權力的工具之一，哪些人能參加科舉考試，無一例外均須仰賴統治者的意願。雖然清代法律在實踐中也保障有關財產和人身的權利，但這些「權利」僅在身分相等者之間施行，且並非絕對的「權利」，參見 Philip C. C. Huang, *Civil Justice in China: Representation and Practice in the Qing* (Stanford, CA: Stanford University Press, 1996), pp. 7–8, 108, 236. 在中國帝制時期，沒有任何「權利」能與國家相抗衡，且國家從未公開主張界定犯罪的標準在於個人人身自由與意志自由受到了侵犯。在中國帝制時期的法律話語中，並無任何在內涵上可與西方意義上的「權利（right）」相等同的詞彙。

[9] See Mann, *Precious Records: Women in China's Long Eighteenth Century*, p. 43.

某些論旨確實符合 18 世紀的整體大趨勢，亦即以商業化、契約化的生產關係取代殘存的農奴制度。[10] 然而我們仍不清楚上述政策的目的及其具體成效如何。特別是，那種強調藉此解放勞動力的分析方式，無法解釋為何雍正皇帝會優先處理娼妓和樂戶的問題。從清代的司法檔案來看，雍正朝上述政策的顯著特徵是賣娼入罪化（criminalization of prostitution），而以往的研究全然忽略了這一事實。

　　西方的那種法律發展模式，對於理解中國法律的發展歷史似乎並無特別的幫助。[11] 正如「解放」與否的論辯模糊了問題的焦點那樣，西方的法律發展模式可能導致我們對中國帝制時期實際發生的其他變化視而不見。例如，在他那本 1965 年出版英文版的經典名著《中國法律與中國社會》當中，瞿同祖為了證明他那認為西方模式的「法制現代化」在晚清變法之前未曾在中國發生過的觀點，對於晚清之前的任何變化均僅予輕描淡寫。瞿同祖認為，西方的法律發展模式代表了唯一可借鑒的典範，若中國的法律制度未經歷過這種特定的發展過程，便表示從未發生過任何重大的變化。[12]

---

[10] See Philip C. C. Huang, *The Peasant Economy and Social Change in North China* (Stanford, CA: Stanford University Press, 1985); Philip A. Kuhn, *Soulstealers: The Chinese Sorcery Scare of 1768* (Cambridge, MA: Harvard University Press, 1990), pp. 34–36.

[11] 愈來愈多的論著對採用西方模式來理解中國歷史的作法是否富有成效進行質疑。柯文（Paul A. Cohen）就此所做的綜述值得參考，參見 Paul A. Cohen, *Discovering History in China: American Historical Writing on the Recent Chinese Past* (New York: Columbia University Press, 1984). 關於「市民社會」／「公共領域」（civil society/public sphere）之爭，參見 *Modern China* 在 1993 年出版的 'Public Sphere'/'Civil Society' in China? 專號。從婦女史角度對「市民社會」模式的批判，參見 Mann, *Precious Records: Women in China's Long Eighteenth Century*, p. 223. 關於技術發展的問題，參見 Francesca Bray, *Technology and Gender: Fabrics of Power in Late Imperial China* (Berkeley, CA: University of California Press, 1997), 導論部分。黃宗智對西方的理論模式（馬克思主義、新古典主義及馬克斯·韋伯的理論）是否適用於分析中國社會經濟史和法律史所做的批評最為全面，特別是 Philip C. C. Huang, *The Peasant Family and Economic Development in the Yangzi Delta, 1350–1988* (Stanford, CA: Stanford University Press, 1990); Philip C. C. Huang, "The Paradigmatic Crisis in Chinese Studies: Paradoxes in Social and Economic History," *Modern China*, vol. 17, no. 3 (1991); Huang, *Civil Justice in China: Representation and Practice in the Qing*. 白德瑞（Bradly Reed）根據清代的行政實踐，對韋伯理論做出重要的新評價，參見 Bradly Reed, *Talons and Teeth: County Clerks and Runners in the Qing Dynasty* (Stanford, CA: Stanford University Press, 2000).

[12] 和瞿同祖一樣對中國法律史研究做出重大學術貢獻的經君健，採用了另一種來自西方的理

西方的這種法律發展模式對性的規制方面尤為重要，因為權利、隱私等概念的出現意味著個人對其身體擁有自主權。自19世紀起，西方許多國家開始對個人決定自己的性、婚姻與生育的自由加以大幅擴展。在《性史》（*The History of Sexuality*）的第一卷當中，傅柯（Michel Foucault）針對那種認為20世紀見證了從「維多利亞時代的壓抑」中解放出來的觀點進行了大力抨擊。[13] 但傅柯本人那種特立獨行的生活方式，卻有力地證明了情慾解放確已發生。這種情慾解放的理想，影響了某些研究中國歷史上的「性」的學術研究作品。這些學術研究作品似乎認為，唯一具有重要性的議題，便是研究個人自由與偏執壓抑這兩者之間的各種爭鬥。由於其官方大力鼓吹女子應當專心於家內生活（cults of domesticity）和崇奉女性貞節，清朝被視為是對先前那種情慾開放的文化加以抑制的一種中國版的「維多利亞時代」體制。這種體制，後來又借助共產主義的新禁慾主義得以延續。毛澤東去世後，這種壓抑體制開始土崩瓦解，借用傅柯的話來說，人們可以開始期待「在不久的將來，性將再次變得美好」。[14]

但是，上述敘述並非故事的全部。若要探討故事的其他方面，傅柯針對維多利亞時代的種種刻板印象所做的批判便顯得非常重要。傅柯認為，那些實際發生的現象，與其說是「壓抑」，不如說是在「知識／權力」（power-

---

論模式——馬克思主義的社會發展階段理論。這種理論同樣使他忽略了那些未能導向成熟資本主義的變化。參見經君健，《清代社會的賤民等級》，結論部分；Jing Junjian, "Legislation Related to the Civil Economy in the Qing Dynasty," trans. by M. Sommer, in K. Bernhardt and P. C. C. Huang, eds., *Civil Law in Qing and Republican China* (Stanford, CA: Stanford University Press, 1994).

[13] See Michel Foucault, *The History of Sexuality: An Introduction* (New York: Random House, Inc., 1978), pp. 3–12.

[14] Foucault, *The History of Sexuality: An Introduction*, p. 7. 費俠莉（Charlotte Furth）和賀蕭（Gail Hershatter）在其各自的論文中均對此有頗富洞見的評論，參見 Charlotte Furth, "Book Review: Bret Hinsch, Passions of the Cut Sleeve: The Male Homosexual Tradition in China," *Journal of Asian Studies*, vol. 50, no. 4 (1991), pp. 911–912; Charlotte Furth, "Rethinking Van Gulik: Sexuality and Reproduction in Traditional Chinese Medicine," in C. Gilmartin et al., eds., *Engendering China: Women, Culture, and the State* (Cambridge, MA: Harvard University Press, 1994); Gail Hershatter, "Sexing Modern China," in G. Hershatter et al., eds., *Remapping China: Fissures in Historical Terrain* (Stanford, CA: Stanford University Press, 1996), pp. 77–79.

knowledge）的構造上發生了本質性轉變：不再是被迫對性保持緘默，而是發生了一種圍繞「性」的新的話語「增殖」，「性」（sexuality）由此開始成為現代性認同的一大關鍵。更重要的是，對有關性的問題加以界定和進行裁判的權威，由原先的教會轉移至那些新出現的職業化的醫療機構和精神疾病治療機構，以往被視為罪孽（sin）的行為，如今被「醫療化」（medicalized）為病理症狀。例如在歐洲，雞姦者過去是向教士告解其罪行以求獲得寬恕，如今這些人則成為須將其症狀告知醫生以獲得診療的同性戀者。[15] 在此過程中，新的社會「另類」被創造出來，成為引發焦慮和需加規制的對象，例如性慾倒錯者、沉溺於手淫的孩童、犯有癔病的婦女以及節制生育的夫婦。[16]

我沒有像傅柯那樣的雄心去分析「性」在中國的情況，且清代中國與傅柯所描述的歐洲亦大不相同。特別是，中國直到20世紀初，由於當時正處於現代化進程中的城市文化與新的傳播媒介深受西方的影響之中，才開始出現傅柯所謂的「醫療化」（medicalization）現象。[17] 不過，兩者之間仍有相似之處。就算中國法律的歷史不涉及個體自由逐漸擴展的過程，清代的情況也並非只是一種對個體的壓抑。相反，清代的改革（特別是18世紀的那些改革），顯示出在藉以對性加以規制的組織原則上發生了本質性轉變：由身分地位展演（status performance）轉變為社會性別展演（gender performance）。易言之，原先是人們根據其身分等級而相應遵循不同的家庭道德標準與性道德標準，此後則是相同的性道德標準和刑責標準越過舊有的身分等級藩籬，要求所有人均須按照依婚姻關係所嚴格界定的社會性別角色進行展演。這種優先次序的重組，導致了監督機制的強化，其目的在於改變性行為的用途，藉以推行並捍衛整齊劃一的婚姻秩序，以避免來自內部的

---

[15] See Foucault, *The History of Sexuality: An Introduction*, pp. 42–43, 66–68.
[16] See Foucault, *The History of Sexuality: An Introduction*, pp. 104–105.
[17] See Frank Dikötter, *Sex, Culture, and Modernity in China: Medical Science and the Construction of Sexual Identities in the Early Republican Period* (Honolulu, HI: University of Hawai'i Press, 1995).

顛覆和外來的侵犯。這種重組亦造成了類似於傅柯所探討的那種「話語增殖」（proliferation of discourse），包括新的罪名被發明出來，舊的罪行類別被重做解釋和擴展，同時出現了一批被當做拘捕和監管物件的新的人物角色。[18]

二、身分地位展演的舊模式

在整個中國帝制時期，法定義務和特權因人而異，取決於個人在家庭與身分等級中所處的位置。瞿同祖指出，官吏、良民和賤民這三大身分等級構成了法律的框架，一直持續到帝制末期。[19] 但在這一整體性架構內，無論是社會結構，還是法定身分等級，其實均發生了相當大的變化。在過去的數世紀裡，伴隨著皇權專制的出現，中國社會逐漸變得更為「人人平等」（egalitarian）。[20] 魏晉南北朝時期與唐代的特點在於，相對弱小的皇室被等級繁複的世家大族所包圍。這些世家大族憑藉其與生俱來的法律特權占據著待遇優渥的職位，使其財富和地位能夠代代相襲，並享受著各類身分世襲的勞動者（奴隸、農奴和僕傭）的服侍。那些世襲的勞動者因其不自由的身分，在法律上被歸入「賤民」一類。身分自由的「良民」在總人口中所占的比例相對不大，多為向對土地擁有最終所有權的朝廷直接納稅的農人（就此

---

[18] 關於此觀點的初步論述，參見 Matthew H. Sommer, "Sex, Law, and Society in Late Imperial China." Ph.D. dissertation, University of California, Los Angeles, 1994; マシュー・H・ソマー（Matthew H. Sommer）著，寺田浩明譯，〈晚期帝制中國法における売春——18世紀における身分パフォーマンスからの離脫〉，《中國：社會と文化》，第12號（1997年），頁294–328。曼素恩（Susan Mann）是首位將那些日益模糊的舊的身分界線（這反映於雍正朝的「除豁賤籍」法令之中）與18世紀新出現的社會性別話語明確聯繫起來加以討論的學者，她特別著重江南地區的菁英階層關於婚姻和女子讀寫能力的新爭論。參見 Susan Mann, "Grooming a Daughter for Marriage: Brides and Wives in the Mid-Qing Period," in R. Watson and P. Ebrey, eds., *Marriage and Inequality in Chinese Society* (Berkeley, CA: University of California Press, 1991).

[19] See Ch'ü, *Law and Society in Traditional China*.

[20] 對這一歷史趨勢的概述，參見 Charles O. Hucker, *China's Imperial Past: An Introduction to Chinese History and Culture* (Stanford, CA: Stanford University Press, 1975), Chapter 7, Chapter 12.

而言,皇室可說是最大的世家大族,而所謂的「自由」農人即其農奴)。大多數人都被固定在其相應的位置,無論從地理意義還是社會意義來講均是如此,並以各種人盡皆知的方式依自己的身分相應行事。

不同身分地位的人們,各自受到不同的性道德標準與家庭道德標準的約束。事實上,至少自唐代以來,一直到清代早期,[21] 藉以對性加以規制的指導原則,可被稱為「身分地位展演」,亦即個人須依照其在法律上特定的身分等級所賦予的角色進行扮演。身分地位展演的形式甚多。例如,那些禁止在衣飾方面僭用的法令,要求不同身分等級的群體須穿戴各自特定的服飾,若服飾穿戴僭越其身分則構成犯罪。對於不同身分等級的人們所施行的暴力行為,在確定其刑罰時,依其身分加以區別酌量,這也進一步強化了這種等級制度。但性道德標準亦為一個極為重要的因素。特別值得注意的是,賤民身分等級之所以被貼上汙名的標籤,很大程度上是由於那種認為此類人在生活中未能遵照儒家禮制中那套藉以規制兩性關係的規範行事的觀念。性道德低下,可謂是賤民身分之所以被貼上汙名標籤的根源所在。

最能明顯體現這項原則的議題是女性貞節。自古以來,性犯罪的基本定義是異性間的婚外性關係。[22] 但身分地位展演的原則,向來比這一基本定義更具重要性。從根本上來說,賤民身分意味著不自由的身分,而這種不自由是指他們負有服勞役的義務。[23] 對於女性而言,這種義務具有性的意涵。良民和菁英階層的女子須保持絕對的貞節,良民身分的女子若與丈夫之外的其他男子發生性關係,歷來被視為重大的罪行。賤民則並不被期望須遵從此一

---

[21] 由於清代以前的絕大部分司法檔案都未能保存至今,我無意宣稱有能力解釋清代以前的司法實踐。對於清代之前的情況,我所探討的是那些可從法律和官方注釋中考察的司法理念。本書第六章是個例外,我在該章中使用了已出版的案例摘要,來討論晚明時期的地方政府是如何處置性交易。我之所以相信這種作法可行,是因為晚明時期的司法實踐與清初的情況非常相似,而清初的司法實踐則有檔案紀錄可資參考。

[22] 詳見本書第二章。

[23] 參見仁井田陞,《支那身分法史》(東京:座右寶刊行會,1943),頁 959、963–964;仁井田陞,《中國法制史研究:奴隸農奴法‧家族村落法》(東京:東京大學出版會,1962),頁 16。

標準。更準確地說，賤民沒有資格遵從此一標準。主人有權享用其女性奴僕的性服務，且無論該女子是否已婚。這是為法律明確予以認可的事實。在這一領域，唯一會被視為犯罪的，是主人與為別人所擁有的女性奴僕發生性關係。這項罪行所冒犯的，並非該女性奴僕本身，而是她的主人。儘管如此，這種罪行所受的懲處也相當輕微。賤民男女之間雖同樣禁止私通，但相關的懲處較之於良民間通姦為輕。[24]

此外，某些賤民群體（較具代表性者為「樂戶」）須提供性服務及其他娛樂服務。但這種服務並不能被等同於「性交易」（「性交易」意味著存在一個商業化的性市場），而應被視為向朝廷服世襲徒刑或勞役的一種方式。無論該女子是否已婚，良民男子若與這種身分的女子發生性關係，不會被視為犯罪。更有甚者，自宋代至清代的法律皆規定，身分為良民的丈夫為其妻子充當性交易的皮條客（或默許妻子的這種不貞行為）乃屬犯罪行為，應處杖刑並強制離異。作為對比的是，在樂戶和其他涉及性工作的賤民等級群體當中，不少出賣肉體者乃是由其丈夫或父親拉客，而官方視此為正常現象，並不加以干涉。[25] 若某位男性奴僕的妻子被其主人所「幸」，那麼他亦無須承擔良民丈夫的那種維護妻子貞節的責任。

女性貞節以及相伴而生的婚姻標準，因此被設定為「良民」身分所具有的特徵。「賤民」身分的丈夫無法獨占其妻子的性服務，自然也就毋須像良民那樣捍衛對這種性服務的獨占。但是，當賤民身分的男子「犯上」而與比其身分等級要高的女子發生性關係（特別是當這名女子是其主人家中的成員）時，他所受的懲處，要遠比良民之間犯姦（更加不用說是賤民之間的非法性關係）所受的懲處更為嚴厲。

在某些方面，官吏（及其家人）須遵守相較於良民而言更為嚴格的性道德標準和家庭道德標準。至晚自宋代開始，便已禁止官吏與娼妓婚配或宿娼。官吏若與其轄境內的女子發生非法性關係，將會被褫奪官爵與功名，然

---

[24] 參見本書第一章和第二章。
[25] 詳見本書第六章。

後依照懲治一般良民的規定處以杖刑。良民寡婦在為其夫守喪三年後，可再嫁他人。但自元代以降，法律便禁止「命婦」寡後再醮。元代的法律規定，命婦若與其家僕私奔，則處死刑。

綜上所述，性充當著展示身分等級差別的一種關鍵性標識，對性行為的規制，等於是對身分地位展演的規制。也就是說，這種規制確保人們依照其自身的社會地位相應行事。不同的性道德標準之間的差異（尤其是關於可與哪些女子發生性關係的部分），對於標明不同身分等級之間的高低差別相當重要。事實上，「良」字向來帶有某種道德意涵。將性道德有失這種評斷加諸於賤民身分者的身上，有助於對比界定「良民」之所以為「良」的那種理由。

三、社會性別展演的新模式

除了少部分例外，至 18 世紀，絕大多數人都已成為自由良民。[26] 與此同時，除了極少數滿人皇族宗室外，貴族階層已徹底消失。取而代之的社會統治階層是地主士紳。地主士紳沒有與生俱來的權力，故而會擔心因財產不斷分割而導致地位下降。皇帝為了瓦解貴族權力而強化中央集權，將科考功名作為取得官職的必要條件，士紳階層通過科舉考試的激烈競爭來追逐財富和名望。在法律上，除了縉紳及擁有功名的上層士紳之外，其他的地方紳衿均被視為普通的良民，並無任何法定特權。即使是擁有官職及功名的上層士紳，其後代除非通過科考取得功名，否則也無法繼續享有其先輩在法律上的那些特權。正如白馥蘭（Francesca Bray）所言：

在宋代之前，中國的貴族菁英借助一些排他性手段，來維護其身分地位與社會等級秩序。這些排他性手段包括，身分地位世代相襲，禁止平民僭用

---

[26] 經君健已經對清代法律所清晰規定的那種身分等級體系加以描述：皇帝、宗室貴族、縉紳（有官位者）、紳衿、凡人（「良民」）、賤民以及身分模糊但類似賤民的「雇工人」。雇工人的身分後來日漸提高，至 18 世紀晚期，已多被視為一般良民。至此時期，絕大多數人口均屬於良民這一類別。參見經君健，〈試論清代等級制度〉，《中國社會科學》，第 6 期（1980）；經君健：《清代社會的賤民等級》。

貴族的婚儀、家禮和其他象徵其身分的行為。然而自宋代以降，新的政治菁英群體是那些在相容並蓄的用人策略中脫穎而出的英才。他們致力於建立一種雖有等級之分但對所有人開放的有機社會秩序，使所有人均受一種由正統信仰、價值觀與習俗構成的共用文化的約束。[27]

此時期占人口絕大多數的是自由小農，他們只受契約性義務的約束。儘管仍有一小部分賤民（包括家奴）存在，但商業化與社會流動逐漸模糊了傳統上法定身分與職業之間那種既定的相互關聯。此現象在性工作的領域表現得尤為明顯——一種無所不在的商業化性交易市場的興起，改變了古老體制下的那種官府勞役刑罰。[28]缺乏人身獨立性的勞動力不再在農業經濟裡扮演重要的角色；賤民身分與僕役身分本身之間的關係逐漸鬆弛，轉而與某些不光彩的職業或地方上的次級群體相勾連。後者仍世襲其賤民等級的法定身分，但已非奴隸。與之相應，良賤之分的涵義，也從最初的自由與不自由之區別，轉變為一種有著微妙差別的道德評判，那些既定的世襲身分標籤變得更多是作為一種法律擬制（legal fiction），而非對社會實況的確切表述。[29]

有清一代，尤其是雍正朝之時，可謂是在對性加以規制方面的一個轉捩點。在此期間，社會性別展演模式逐漸取代了以往的那種身分地位展演模式。這種新模式是雍正朝一連串的法律修訂不斷累積形成的綜合效應，並透過乾隆朝的法律條文增訂獲得進一步的鞏固。其特徵可被概括如下：

第一、全面禁止賣娼，並廢除那些與官方過去所默許的性工作有關的賤民身分類別（例如「樂戶」）。這些人此後須遵守良民女子的貞節標準與刑

---

[27] Bray, *Technology and Gender: Fabrics of Power in Late Imperial China*, p. 42.
[28] 參見本書第六章；王書奴，《中國娼妓史》（上海：上海三聯書店，1988）。
[29] 梁其姿關於清代慈善事業的研究，探討了「貧民」這一新概念是如何對照於「賤民」這一舊概念而出現。社會菁英開始區分法律意義上的「賤民」和道德意義上的「賤民」，慈善家們歧視後者（例如娼妓），但願意施惠於那些他們認為真正值得幫助的有「操守」的貧民（例如節婦）。梁其姿的研究，強調了「賤」在法律意義和道德意義兩方面的關鍵區別：隨著固定不變的身分類別已變得不合時宜，「賤」字開始代表不光彩的或應受非難指責的，而不再是賤民身分的那種在傳統法律意義上的含義。參見梁其姿，〈「貧窮」與「窮人」觀念在中國俗世社會中的歷史變遷〉，載黃應貴主編，《人觀、意義與社會》（臺北：中央研究院民族學研究所，1993）。

責標準。娼妓、水戶（通常是娼妓的丈夫）以及那些因其身分地位而得以享受娼妓之性服務的良民男子，自此以後全被視為罪犯。[30]

第二、主人得以享用其女性奴僕的性服務在範圍上被大幅縮減，同時法律規定主人有義務為其女性奴僕適時安排婚配。相關的法令暗示，若主人想與其女性奴僕發生性關係，則須納她為妾。這些法令與禁娼政策並行，使良民階層的婚姻規範和貞節規範延伸至女性奴僕，將禁止婚外性關係的法律適用範圍擴展適用於所有女性。[31]

第三、清代的立法者加重了針對「和姦」的基本刑罰，[32] 但同時放寬了丈夫因發現其妻子有姦情而殺死姦婦（或姦夫）的免責條件。[33] 清代的司法官員均將賣妻視為通姦行為之一（即「買休、賣休」罪），即使在這種交易之前並不存在男女姦情。[34]

第四、清代的立法者對許多不同形式的「強姦」行為科以嚴厲的新刑罰。此方面被認為最嚴重的犯罪情形，不再是那種僭越舊的身分等級界限的性侵犯（例如唐律中規定的男奴對其主人家中的女子進行性侵犯），而是變為來自家庭秩序之外的無賴漢對升斗小民家中的貞節妻女的玷汙。大量的新措施，均被用於壓制這些如今被預設為性侵犯者的「光棍」。[35]

第五、明代便已開始禁止男子之間自願發生的肛交行為，清代則通過進一步立法，將同性強姦首度明確規定為犯罪（即「強行雞姦」罪），並處以嚴刑。通過建構一種與異性之間的性犯罪相一致的新的罪行及其刑罰等級體系，男性之間的肛交行為，被納入到「姦」這一以往僅用於指稱異性之間非法性關係的類別當中。「強行雞姦」行為的施暴者被預設為那些同樣會對貞節女子構成威脅的「光棍」，而假想中的男性受害者則是「良家子弟」。乾

---

[30] 參見本書第七章。
[31] 參見本書第二章。
[32] 參見本書附錄 A.2 和附錄 A.3。
[33] See Marinus J. Meijer, *Murder and Adultery in Late Imperial China: A Study of Law and Morality* (Leiden: E. J. Brill, 1991).
[34] 參見本書第二章；Sommer, "Sex, Law, and Society in Late Imperial China."
[35] 參見本書第三章。

隆朝甚至頒布了前所未見的法令，使得那種為了抗拒同性強姦而自衛殺人的行為成為從寬量刑的情節。[36] 相應於對女性貞節的焦慮，這些法令意味著對男性陽剛氣概易受折損所產生的新焦慮，以及要求男女雙方必須按其各自作為丈夫／父親和妻子／母親的相應角色行事。[37]

第六、相較於明代和清初的那些先例，官方對貞節的崇拜在此時期可謂急遽膨脹。

雍正皇帝特意將旌表物件由菁英階層的女性轉向貧寒的良民女性，著重表彰那些努力撫養其子女的貧窮的守貞孀婦。[38] 立法者和宣教者們創造出節婦烈女的新類型和侵犯女性貞節的新罪名；與此同時，用以懲治那些侵犯女性貞節的罪行的刑罰也大幅增多。但是，法律舉措方面的上述增殖所代表的，並非角色的多樣化，反而是將各種女性角色壓縮至僅剩「妻子」一種，嚴格要求所有女性皆須扮演好貞節妻子的角色，無論她是處於其生命的哪一階段。[39]

這一連串的改革，旨在將相同的性道德標準和刑責標準擴展適用於所有人身上。這種統一化的標準，是建立在對「良民」階層應當遵循的那些標準婚姻角色所做的嚴格解釋之上，因而較之以往少了許多容許變體和例外存在的空間。過去為官方所默許的那些婚外性關係被從法律中移除，朝廷要求地方官加強對性行為和社會性別角色的管制（例如，地方官若對治下的買娼活動「失察」而未予剷除，便須受到行政上的處分）。雖然過去那些基於身分等級差別而制定的法令裡面如今仍有很多內容被保留在法律條文的書面文

---

[36] 參見本書附錄 B.2。

[37] 參見本書第四章。

[38] See Elvin, "Female Virtue and the State in China;" Susan Mann, "Widows in the Kinship, Class, and Community Structures of Qing Dynasty China," *Journal of Asian Studies*, vol. 46, no. 1 (1987), pp. 37–56.

[39] 參見本書第五章。曼素恩指出，在菁英文化中也有類似的轉變，而女性作者在其中扮演著關鍵的角色：名妓（她們在晚明時期被某些人士理想化為忠誠且具文化素養的典範）被邊緣化，關注的焦點轉移至那些教養良好的妻子們所擁有的道德權威。參見 Mann, *Precious Records: Women in China's Long Eighteenth Century*, pp. 121–122.

字當中，但其在實踐中已經被新的措施所取代。在乾隆四十五年（1780）頒布的與性犯罪相關的 56 條新例中，僅有 3 條與身分地位區分有直接關係，且這三條新例均起到了削減身分等級特權的效果。[40] 這種重心轉移，在清代的司法檔案中同樣體現得非常明顯。在順治朝的那些中央案件當中，有相當數量的涉及僭越身分等級的案件，乃是根據明代舊律的內容來判決的。而到了乾隆朝及以後，這類案件就已相當罕見。而且，在我所見過的每一起州縣層級的性犯罪案件中（最早的相關案例可溯至乾隆二十三年〔1758〕），均涉及發生於法律地位平等的當事人之間的罪行。即便是 18 世紀晚期到 19 世紀早期的那些中央案件中相當常見的農村雇工，他們在法律地位上也幾乎都被與其雇主同等對待。[41]

為了強化這種模式化的社會性別角色，必須仰賴人們行為上對其的展演，有時衙門公堂即為做此種展演的舞臺。這種需求在女性貞節議題方面表現得尤為明顯。[42] 在對強姦罪行加以問罪之前，必須先仔細盤查女性受害者在事件全過程中的行為舉止，以證明受害者本身無須承擔責任。寡婦若想保持其自主性及對財產和子女的掌控權，便須依照法律上所明確期許的「節婦」角色進行公開展演。不過，從「雞姦」、「買休賣休」、「縱姦」及其他類似罪行的案件中可以看到，男性亦須按照其相應的社會性別角色進行展演。[43]

---

[40] 參見本書第二章和第三章。此處所用的資料，係基於吳壇在乾隆四十五年（1780）編纂出版的清律文本，參見吳壇編纂，馬建石、楊育棠校注，《大清律例通考校注》（北京：中國政法大學出版社，1992）。

[41] 關於「雇工人」之法律地位的變化，參見經君健，《清代社會的賤民等級》；Huang, *The Peasant Economy and Social Change in North China*.

[42] 參見本書第三章和第五章。

[43] 我對「社會性別展演」這一概念的用法，在某種程度上近似於裘蒂斯・巴特勒（Judith Butler）所稱的一個概念——社會性別作為「展演方式」（performativity），意即藉由重複展扮演某種角色以符合（或違背）社會期待而形成的性別，而並非在天性（nature）上固定不變。參見 Judith Butler, *Gender Trouble: Feminism and the Subversion of Identity* (New York: Routledge, 1990). 但我特別關注清代立法者為了在平民當中推行典範性的社會性別展演所做的努力。此外，對於裘蒂斯・巴特勒拒斥「前話語主體」（prediscursive subject）的那種後現代主義立場，我亦抱持著懷疑的態度，因為此立場削弱了她所謂的個體能動作用的可能性。

隨著前述這種模式的轉變，新的危險取代了舊的危險。人們擔憂的不再是孽奴對其主人的妻子進行性侵犯，而是害怕那些來自家庭秩序之外的無賴漢覬覦「良家婦女」和「良家子弟」。一批需要被壓制的新角色開始出現在法律話語當中，例如「光棍」、同性強姦犯、水戶、道德淪喪的丈夫。升斗小民家中的年少子弟及貞節妻女這類角色，則成為受保護，甚至被類似半宗教性地予以敬慕的對象。此外，諸如淫蕩的寡婦、守節的寡婦、貪婪的夫家親戚這類原本就熟悉的角色，其意義也進一步得到強化。另外一些熟悉的角色，例如接受被「雞姦」的男子，合法的娼妓以及掌控她的丈夫／水戶，還有那些憑藉身分特權享受她們的性服務的良民男性，則註定得消失。

四、社會性別焦慮和對無賴漢的恐懼

還有哪些18世紀的現象能有助於理解有關性的規制方面的上述轉變？[44] 那種世襲不變的法定身分，至雍正朝時在很大程度上已成為過去式，而在對性的規制方面發生的上述轉變，在某種意義上代表了一種對法律加以適時革新以使其適應已然發生變化的社會實際狀況的舉措。隨著具有良民身分的人們實際上不斷增多，良民的道德標準和刑責標準之適用範圍也逐漸擴展，儘管這一步調稍嫌遲緩。而且，18世紀中國在法律理論方面的一個關鍵變化，是將行為舉止視作基於法律上的目的而對不同人群加以區分的最有效方式。有人或許會將這與西方現代早期的如下情況進行對比：「在從身分到契約的發展過程中，人們的義務與責任逐漸變得更多取決於自主意志下的行為，而

---

[44] 關於對18世紀清代國家與社會的梗概性描述，參見 Susan Naquin and Evelyn S. Rawski, *Chinese Society in the Eighteenth Century* (New Haven, CT: Yale University Press, 1987). 曼素恩的一本著作研究了此時期的女性（著重討論江南地區的菁英階層女性），並就關於當時人口和社會性別問題的晚近研究論著做了很好的綜述，參見 Mann, *Precious Records: Women in China's Long Eighteenth Century*. 關於雍正朝和乾隆朝政府的討論，參見 Beatrice S. Bartlett, *Monarchs and Ministers: The Grand Council in Mid-Ch'ing China, 1723–1820* (Berkeley, CA: University of California Press, 1991); Kuhn, *Soulstealers: The Chinese Sorcery Scare of 1768*; Madeleine Zelin, *The Magistrate's Tael: Rationalizing Fiscal Reform in Eighteenth-Century Ch'ing China* (Berkeley, CA: University of California Press, 1985).

非那種由法律認可的獲得社會地位的機遇。」⁴⁵ 然而這只是故事的一部分，且難以解釋清廷為何此時開始執著於對以家庭為基礎的各種社會性別角色加以固定和整頓，以及為何對游離於家庭秩序之外的「光棍」這種在清代司法制度中被視為可怕的新東西日漸感到焦慮。

從長期來看，清末民初發生動亂的一個歷史背景因素是，某種程度上受人口過密化和農業內卷化的驅動，很多小農的生存危機日益加重。缺乏娶妻生子所需的物質條件的男子在社會總人口中所占的比例大幅提升，並因此在社會的不斷分裂中走向破產。至 19 世紀，不斷增多的過剩男性人口在貧困地區頻繁引發各種小規模的暴力活動。裴宜理（Elizabeth J. Perry）指出，在淮北農村（當時這裡可能有將近五分之一的成年男子終身未能娶妻），表現為諸如「掠奪」、「防衛」等形式的暴力活動在當地農民的生存策略中扮演著相當重要的角色，這些暴力活動有時甚至會升級為針對朝廷的公然叛亂。⁴⁶ 對於這類男子而言，「解放」意味著擁有自己的妻子和耕地，他們後來將在參加紅軍和土地改革中均扮演重要的角色。不過早在 18 世紀，由過剩男性人口所組成的危險的社會底層，顯然已成了一個問題。⁴⁷

---

⁴⁵ Roscoe Pound, *An Introduction to the Philosophy of Law* (New Haven, CT: Yale University Press, 1954 [1922]), p. 150.

⁴⁶ See Elizabeth J. Perry, *Rebels and Revolutionaries in North China, 1845–1945* (Stanford, CA: Stanford University Press, 1980).

⁴⁷ 關於 18 世紀中葉發生的「向下沉淪（downward migration）」問題，參見 Kuhn, *Soulstealers: The Chinese Sorcery Scare of 1768*. 關於這一生存危機背後的經濟邏輯，參見 Huang, *The Peasant Economy and Social Change in North China; The Peasant Family and Economic Development in the Yangzi Delta, 1350–1988*. 關於某一特定地區在 18 世紀至 20 世紀初長期衰退的過程的個案研究，參見 Edward Friedman et al., *Chinese Village, Socialist State* (New Haven: Yale University Press, 1991). 大量研究表明，大約在 1750 年之後，中國男性的預期壽命縮短而結婚年齡上升，而女性早婚和普遍成婚的現象則保持穩定，參見 Stevan Harrell, ed., *Chinese Historical Microdemography* (Berkeley, CA: University of California Press, 1995); Ted A. Telford, "Family and State in Qing China: Marriage in the Tongcheng Lineages, 1650–1880,"載《近世家族與政治比較歷史論文集》（下冊）（臺北：「中央研究院」近代史研究所，1992）。Kay Ann Johnson 就 20 世紀初小農階層的「家庭危機」做了很有用的概述，參見 Kay Ann Johnson, *Women, the Family, and Peasant Revolution in China* (Chicago, IL: University of Chicago Press, 1983).

要想對中國在現代以前的人口數加以統計，這乃是一個公認的難題。除了幾個孤例以外，根本就沒有20世紀50年代以前的中國人口統計的精確資料。但學者們對一些基本狀況仍有共識。在1700–1850年之間，中國的人口總數大致增長了三倍，即由一億五千萬增至四億三千萬，而此時期耕地面積僅增長了兩倍。[48] 因此，勞動力在其本就相當聚集的農業當中更加聚集，導致投資報酬率遞減（即黃宗智提出的「內卷化」惡性循環[49]）。這種現象所導致的後果之一，套用人口史學家泰德·泰爾福德（Ted Telford）的話來說，便是「適婚女性長期短缺，處於較低社會階層的男性常常特別深切地感受到「娶妻危機」（marriage crunch）。[50] 儘管妻子短缺的確切程度及其原因尚有待討論，但應對生存危機的那些常見策略包括了殺死女嬰、出賣妻女（她們成為娼妓、傭人、妾等）。這些生存策略造成兩性比例的失衡，並使得很多女性被排除在成為貧窮男性之妻的可能人選之外。有證據顯示，殺死女嬰導致性別比例失衡的現象，至遲可上溯至宋代。就算沒有殺死女嬰這種作法，長久以來菁英階層納妾的作法，也可能導致一些窮人難以娶到妻子（因為妾多來自於比其丈夫更貧困的階層）。但到了清代，這種情況進一步惡化。至18世紀，終生未娶的男性人口比例開始顯著上升。即便這些過剩男性在總人口數中所占的相對比例或許並未上升，但隨著人口總數在19世紀中葉之前持續地穩定增長，其絕對數目肯定大有增加。[51]

---

[48] See Ho Ping-ti, *Studies in the Population of China* (Cambridge, MA: Harvard University Press, 1959); Dwight Perkins, *Agricultural Development in China, 1368–1968* (Chicago, IL: Aldine, 1969).

[49] See Huang, *The Peasant Economy and Social Change in North China; The Peasant Family and Economic Development in the Yangzi Delta, 1350–1988*.

[50] Telford, "Family and State in Qing China: Marriage in the Tongcheng Lineages, 1650–1880," p. 924.

[51] 在安徽省桐城縣，終生未娶的男子比例和經由寡婦再醮的形式而得到「重複使用」的女子比例，在18世紀均高於17世紀，直到19世紀仍然居高不下，參見 Telford, "Family and State in Qing China: Marriage in the Tongcheng Lineages, 1650–1880." 在18世紀晚期的遼寧省道義村，由於可作為妻子的女性數量相當匱乏，「幾乎所有30歲以上的女子均是已婚或成為寡婦，而多達20%的成年男子卻終生未婚」，參見 James Lee and Robert Y. Eng, "Population and Family History in Eighteenth-Century Manchuria: Preliminary Results from Daoyi, 1774–

孔飛力（Philip Kuhn）富有說服力地指出，18世紀是一個既繁榮又充滿焦慮的矛盾時代。在這一時期，清帝國正處於其政權統治的巔峰期，無論是經濟還是人口均有空前的增長，但它也開始逐漸意識到某些根深蒂固的問題，其中最具代表性的是朝廷與那些居有定所的群體均對社會底層的流浪漢們日益感到恐懼。在特定的時間節點上，這種恐懼具體顯現為一場席捲數個當時最繁榮區域的神秘妖術大恐慌。孔飛力還指出，早在18世紀中期，在當時那些最繁華的區域裡，就已有龐大的社會底層流民存在，官員們將這些流浪漢視為對社會安全的嚴重威脅。[52] 這些論據，十分有助於我們理解對性進行規制的模式在此期間所發生的那些轉變。在18世紀清代那些例文的預設當中，性侵犯者的刻板形象乃是「光棍」，而這是指那些威脅他人家庭秩序的外來無賴漢。「光棍」一詞，在17世紀晚期首度出現於法律話語當中，而18世紀那些接二連三頒行的新法令和例文（包括很多與性犯罪有關的例文），開始明確地將光棍作為鎮壓對象。[53]

18世紀的人口趨勢，不僅意味著婚姻市場上的競爭加劇，同時也意味著無妻、無家、無財產的無賴漢群體日趨擴大。這群人被排除在婚姻家庭的主流模式之外，也無法從標準的道德秩序和社會秩序中獲得顯著利益，難怪清廷對這類人懷恨交加。事實上，正如孔飛力所強調的，對這一由流民所構成的社會底層感到焦慮的，並不限於官員群體；他所探討的那場妖術大恐慌，同樣折磨著那些居有定所的普通百姓，體現出平民們對無賴漢所造成的外來威脅亦深感恐懼。[54]

1798," *Ch'ing-shih wen-t'i*, vol. 5, no. 1 (1984), pp. 33–34. 曼素恩認為，18世紀婚姻市場上日益加劇的競爭影響到所有的社會階層，進而導致菁英階層關於性別的話語發生變化，參見 Mann, "Grooming a Daughter for Marriage: Brides and Wives in the Mid-Qing Period;" *Precious Records: Women in China's Long Eighteenth Century*. 關於將殺嬰作為饑荒時期的生存策略之一的討論，參見 Lillian Li, "Life and Death in a Chinese Famine: Infanticide as a Demographic Consequence of the 1935 Yellow River Flood," *Comparative Studies in Society and History*, vol. 33, no. 3 (1991), pp. 466–510.

[52] See Kuhn, *Soulstealers: The Chinese Sorcery Scare of 1768*.

[53] 關於光棍在清代的刻板形象，參見陳寶良，《中國流氓史》（北京：中國社會科學出版社，1993），頁272–276。

[54] See Kuhn, *Soulstealers: The Chinese Sorcery Scare of 1768*.

白凱（Kathryn Bernhardt）對婚姻和婦女財產權的研究顯示，在唐宋和明清之間，成文法的重心，逐漸由優先考慮貴族階層，轉變為將那些有著良民身分的普通小民作為首要關注對象。她將這一過程稱為「法律的小農化」（peasantization of the law）。[55] 在刑法方面，至少是與性犯罪有關的那部分，看起來也有類似的發展。而在唐律當中，涉及身分與財產繼承權的貴族標準並不適用於非自由身分者；基於同樣的邏輯，女性貞節也與非自由身分者無甚關聯。這些民事法律方面的「小農化」趨勢，與適用於良民的性道德標準和刑責標準在範圍上的擴展並行不悖。

　　基於上述觀點，清代在對性加以規制方面的那些變革，可被解釋為對規範性家庭秩序的捍衛，以免其受到那些游離於此秩序之外的男性的侵犯。這種新的考慮，反映出當時的社會結構已開始走向齊平化。除此之外，或許還反映了居有定所的小農家庭心中的恐懼。諸如「光棍」和「雞姦」之類的新詞彙，可能是由俗語進入法律話語之中，因為這類詞彙並未出現於清代以前的那些法律文本裡面，但卻可見於明代的白話小說之中。在對社會性別角色加以鞏固方面進一步施壓（尤其是在那些有著良民身分的普通百姓當中），意味著對家庭的防衛正在被強化，而站在維護家庭秩序的第一道防線之上的，正是那些守貞的妻子們。貧窮女性在性行為方面的抉擇和體驗，也因此成為清帝國無數奏摺和法令當中的主題。

　　18世紀和19世紀鼓吹女性貞節的熱切程度，顯示出道德秩序和社會秩序在社會經濟現實的壓力之下行將崩解。對女性貞節的大力宣傳以及旨在強化這種宣傳的相應立法，隱含著徵召女性充當「道德員警」的意圖，藉以捍衛家庭秩序的脆弱防線，避免受到清代社會底層當中人數日益增多的無賴漢的攻擊。

---

[55] See Kathryn Bernhardt, "A Ming-Qing Transition in Chinese Women's History? The Perspective from Law," in G. Hershatter et al., eds., *Remapping China: Fissures in Historical Terrain* (Stanford, CA: Stanford University Press, 1996), pp. 56–58.

五、社會中的另一半人們如何生活

晚近以來探討明清時期中國女性最具代表性的著作,均集中於研究江南地區的菁英階層,因為只有在這一菁英階層當中,才有一部分的女性享有從事寫作與出版的各種資源。這些研究有其學術上的重大貢獻(本書對其的頻繁徵引,即可證明此點),然而也只能夠幫助我們以試探性的間接方式理解大多數窮人的生活。[56] 清代的訴訟案件很少告訴我們關於菁英階層的資訊,其原因或許在於菁英階層可以採取比對簿公堂更好的其他方式來解決問題。但司法檔案提供了得以一窺社會底層的前所未有的良機,讓我們得以越過官方和菁英階層,直接瞭解(或迫近)農民和社會邊緣人的生活。

舉例來說,大多數關於明清娼妓的研究均著重於名妓,但她們之所以能夠吸引來自上流階層的主顧,主要在於風雅而非肉慾。[57] 我尚未發現有哪位名妓的身影出現在司法檔案當中。我們在司法案例中所看到的,反而是由其丈夫拉客賣娼或在城中窯子操皮肉生意的農村女子;又或者是在清初司法案件中看到的那些提供無關音樂之服務的「樂戶」。同性之間的結合亦是如此。我們在司法案例中所看到的,並非那些觀戲捧角舉止優雅的男子或以侍童為孌童的紈絝子弟,而是乞丐、托缽僧、苦力之流間的同性性關係;後者很可能只是出於單純的生存需求,而並非為了享受樂趣本身。

下文中我將專設一節,討論利用清代司法案例當中的民族志(ethnographic)證據時所需面對的各種挑戰。在此我想先強調的是,這類資料提供了目前所知的最佳視角,使我們得以探討清代小農和社會邊緣人的實際生活,以及他們對性、社會性別、婚姻和家庭的看法。這類資料同時也提供了目前所見最為堅實的基礎,使我們得以評判朝廷頒布的法律和廣泛存在的社

---

[56] 白凱對高彥頤(Dorothy Ko)和曼素恩近期此方面研究的評論,參見 Bernhardt, "A Ming-Qing Transition in Chinese Women's History? The Perspective from Law."

[57] See Dorothy Ko, *Teachers of the Inner Chambers: Women and Culture in Seventeenth-Century China* (Stanford, CA: Stanford University Press, 1994); Mann, *Precious Records: Women in China's Long Eighteenth Century*; E. Widmerand and K.-I. S. Chang, eds., *Writing Women in Late Imperial China* (Stanford, CA: Stanford University Press, 1997).

會實踐與觀念之間的互動關係。

舉例來說，許多學者都一直在思考，雍正、乾隆兩朝在平民當中大力推廣貞節崇拜的作法，是否真得對那些被其視作目標群體的普通百姓產生了影響？平民百姓對此知道或在乎嗎？貞節崇拜是否反映或影響了平民百姓的道德觀？這種推廣是否取得了某種實質意義的成功？另一個與此類似的眾說紛紜的議題，則是關於清朝對男子之間的「雞姦」行為加以禁止的立法。伍慧英（Vivien Ng）和韓獻博（Bret Hinsch）所謂的那種清帝國的「同性戀憎惡」（homophobia），[58]是否與當時普遍存在的各種觀念有關？又或者是，這種立法，只不過是被一個獨裁的征服者政權強加在先前那種對同性之愛保持寬容的流傳甚廣的文化之上？18世紀的普通小農是如何看待男子之間的同性結合？司法案件中的人種學資料，讓我們首度能夠以一種令人滿意的方式回答上述這些問題。

最重要的一點是，這類資料提供了藉以探討「性」在窮人和社會邊緣人的生存策略中所扮演角色的新視角。本書的次要目的之一，即在於研究那些由於貧困等諸多因素而被排除於公認的婚姻家庭模式之外的人群，是如何藉由非正統的方式彼此結合，以滿足各種基本的生活需求。司法案件紀錄展示了各種情形，其中包括：處於社會邊緣的男性之間的同性結合；寡婦與其雇工之間不可告人的關係；某男子介入某對貧苦夫妻的家庭，以養活這對夫妻為代價，來獲取該名人妻的性服務，從而形成「招夫養夫」的三角性關係；一名或數名女子在四處流浪的乞丐團夥中與該群男子結成的搭夥關係。對這些人而言，上述這些被官方視為非法的性關係，囊括了構成非主流家庭模式之基礎的共同居住、資源分享、情感紐帶等因素，有時還包含虛擬的血緣關係。在這些情形中，我們所看到的是，在一個對自力更生者相當殘酷的弱肉強食世界裡，性結合在社會邊緣人的生存策略中所扮演的角色。這些非正統

---

[58] See Ng, "Ideology and Sexuality: Rape Laws in Qing China;" "Homosexuality and the State in Late Imperial China;" Hinsch, *Passions of the Cut Sleeve: The Male Homosexual Tradition in China*.

的作法,雖然在許多方面均模仿標準的婚姻和家庭,但仍然徹底受到蔑視並被視為非法。類似情形在刑案紀錄中如此頻繁的出現,更顯示出此種性結合的脆弱和不穩定。

這類資料展現了清代社會實踐中以往無由得見的的另一面。此種實踐所涉及的群體人數龐大且在不斷增長,並被既存的規範性秩序中的那些既得利益者視為威脅。司法檔案再現了清代官員在地方和中央的司法審判過程中介入現實社會時所見到的景象。清代官方對社會發展趨勢的理解也許並不完全準確,但仍有其重要性。18 世紀在對性進行規制方面的那些變革,主要源自於省級官員們提出的建議;在他們看來,在審判中遇到的那些問題,需要通過頒行新法令來加以調整。[59]

第二節　資料

本研究所利用的主要史料為清代的司法案件紀錄。直到 20 世紀八、九〇年代,隨著中華人民共和國將不少檔案開放使用和臺灣中央研究院將所藏的史料整理出版,這些司法案件紀錄終於變得可供學人們利用。本書所引用的大多數案件,係我在 1991–1992 年、1996 年和 1997 年前往中國搜集資料時所得。這些司法案件既體現了最基層的司法機關(縣級)的情況,也體現了省級司法機關和中央司法機關的情況。

一、縣級案件紀錄

在清代的司法審級中,縣、州、廳衙門是初審機關。目前所知現存數量最為豐富的縣級案件紀錄是巴縣檔案,現藏於位於成都的四川省檔案館,其中包括超過十萬卷的司法案件紀錄,最早的案例可溯至 18 世紀中期。巴

---

[59] 更早之前的情況亦復如是。例如,元代禁止平民丈夫為自己的妻子拉嫖客的立法,乃是由省級官員們的奏報所促成。這些奏報認為,上述風氣正日漸蔓延,並威脅到不同身分之間的界線。參見本書第六章。

縣縣城位於重慶，與重慶府府城和川東兵備道衙門同在一地。現藏中國第一歷史檔案館的順天府檔案，以及其微卷可以方便利用的清代臺灣淡水廳－新竹縣檔案，在規模上均相對較小，兩者加起來也僅有數千卷，且絕大多數為清末五十年間的資料。中國許多地方檔案館或多或少都擁有一些清代檔案，但這些零散分布的史料，尚待史學家們有系統地進行調研。縣級檔案數量如此之少，證明了自太平天國至文化大革命這段期間，一波又一波的動盪在中國各地造成的破壞程度。例如我曾聽人說道，太平天國的軍隊每占領一座縣城，便會焚毀當地衙門。前述現存的三大檔案的所在地均位於太平天國的軍隊未到之處，恐怕並非巧合。

縣級案件紀錄通常包括告狀、訴狀、縣官批詞、傳票和拘票、衙役報告、堂訊筆錄、契約和其他由訴訟當事人上呈的文書、縣官的最終判決等。[60] 儘管很多並不完整，但借助於這些案件紀錄，我們得以理解從案件發生伊始至審訊各階段的情況。本書的取樣，包括來自巴縣的從乾隆二十三年至咸豐二年（1758–1852）的約 500 件案件，[61] 以及 160 件來自順天府的案件（多半來自 19 世紀上半葉的寶坻縣）。[62]

---

[60] See Huang, *Civil Justice in China: Representation and Practice in the Qing*; Mark A. Allee, *Law and Local Society in Late Imperial China: Northern Taiwan in the Nineteenth Century* (Stanford, CA: Stanford University Press, 1994).

[61] 本書所利用的巴縣案例，包括我自己查閱搜集的 151 件乾隆朝案件，138 件嘉慶朝案件，137 件道光朝案件，以及 74 件咸豐朝案件。另外還有少量已由四川省檔案館整理出版的乾隆朝案例。

[62] 來自清代臺灣北部的淡水廳－新竹縣檔案（學界通常稱之為「淡新檔案」），並非本書利用的主要資料。對淡新檔案的研究，參見 David C. Buxbaum, "Some Aspects of Civil Procedure and Practice at the Trial Level in Tanshui and Hsinchu from 1789 to 1895," *Journal of Asian Studies*, vol. 30, no. 2 (1971); Allee, *Law and Local Society in Late Imperial China: Northern Taiwan in the Nineteenth Century*. 關於巴縣檔案，參見四川省檔案館編，《四川省檔案館館藏檔案概述》（成都：四川省社會科學院出版社，1988）；Bradly W. Reed, "Scoundrels and Civil Servants: Clerks, Runners, and County Administration in Late Imperial China." Ph.D. dissertation, University of California, Los Angeles, 1994; Bradly W. Reed, "Money and Justice: Clerks, Runners, and the Magistrate's Court in Late Imperial Sichuan," *Modern China*, vol. 21, no. 3 (1995), pp. 45–82; Reed, *Talons and Teeth: County Clerks and Runners in the Qing Dynasty*. 利用上述檔案和順天府檔案所做的研究，參見 Philip C. C. Huang, "County Archives and the Study of Local Social History: Report on a Year's Research in China," *Modern China*, vol. 8, no.

二、中央案件紀錄

　　本書所稱的「中央案件紀錄」，是指以下兩類文獻：其一，各省例行報告死刑案件並由內閣呈送皇帝御覽的內閣刑科題本；其二，發生於京城境內以及基於治安方面的考慮而由刑部「現審」的刑案之紀錄。

　　刑科題本大致可被分為兩大類：其一，各省巡撫呈報的重大刑案題本，被交由三法司處理；[63] 其二，三法司同意或駁回地方巡撫所擬判決建議的題本。儘管這兩類題本名義上均是呈報給皇帝御覽，但實際上乃是交由內閣處理。每份題本均記錄了自州縣官開始調查以來的案件處理全過程。裡面包括一份州縣官初審報告的謄本，州縣官會在其中詳陳他對案情的看法，引述供詞和證詞，並提出對罪犯的判決建議。逐級覆審的紀錄，則展現了知府、按察使等各級覆核者層層迭加的意見，有時也會添入新的證據。巡撫（有時還包括總督）會添上自己所寫的摘要和建議，然後呈送皇帝御覽。三法司的題本僅扼要地對巡撫的題本內容加以重述，並加入他們自己的見解。題本封面均有號稱是皇帝本人的硃批，但實際上是由某些高層官員代為工整地書寫。就我所見的題本而言，硃批的內容或是將案件移交三法司（偶爾是六部之一）處理，或直接同意三法司的建議。即使精力充沛者如乾隆皇帝，也很少介入這一例行的司法過程。[64]

　　中國第一歷史檔案館現藏有數量豐富的涉及死刑的刑科題本，時間涵蓋了整個清代，但絕大部分是自乾隆元年（1736）以來的案件。臺灣中央研究院所藏的相關題本（已被編入《中央研究院歷史語言研究所現存清代內閣大庫原藏明清檔案》）在數量上雖然相對較少，但仍頗為可觀，其中尤以順治

---

1 (1982); Huang, *Civil Justice in China: Representation and Practice in the Qing*.
[63] 關於三法司，參見 Derk Bodde and Clarence Morris, *Law in Imperial China, Exemplified by 190 Ch'ing Dynasty Cases* (Cambridge, MA: Harvard University Press, 1967), pp. 116–117, 132–142.
[64] 這類例行的題本不同於硃批奏摺，後者是由皇帝本人御覽並簽批，參見 Silas H. L. Wu, *Communication and Imperial Control in China: Evolution of the Palace Memorial System, 1693–1735* (Cambridge, MA: Harvard University Press, 1970). 關於清代的案件覆審制度，參見 Bodde and Morris, *Law in Imperial China, Exemplified by 190 Ch'ing Dynasty Cases*, pp. 113–120, 130–142.

朝至雍正朝的案件最具學術研究價值，因為這一時期的題本即便在北京也僅存有數百件。上述兩處研究機構所藏的康熙朝刑科題本均非常少。我在北京複製了大約 600 件刑科題本（多為順治、乾隆和嘉慶等朝的刑科題本），全部取自檔案編目中的「婚姻、姦情、家庭糾紛」類。另外，在臺灣中央研究院已經出版的資料當中，我也找到了不少其他的有用案例。

在 1992 年首次前往北京進行研究時，我將目標鎖定在乾隆朝的刑科題本。後來，我意識到雍正朝才是對性的規制發生變化的關鍵分水嶺。故而此後的研究便轉而側重於 17 世紀，收集了足以闡述雍正朝變革以前狀況的豐富的清初資料。正如讀者們將在本書第六章中看到的，清初的那些案件紀錄對於理解官方的娼妓政策變遷相當重要。

「現審」案件來自北京，現存的案件紀錄也均收藏於中國第一歷史檔案館。任何發生於京城或京畿範圍內的嚴重事件，均由五城御史或步軍統領直接呈報刑部處置，無須經過常規的層層覆審。刑部實際上是這類案件的初審機構，具體分別由刑部內設的各司處理。[65] 現審案件的範圍，從相當瑣碎的案件到最嚴重的死刑犯罪均有所見。在這類案件的檔案中，通常收錄那些在縣級案件紀錄可以看到的相同證據類型。我複製了 80 卷現審案件檔案（大部分是從 19 世紀初到 19 世紀中期），全部取自檔案編目中的「婚姻、姦情、家庭糾紛」類。

三、地方案件紀錄和中央案件紀錄的比較

地方案件和中央案件的主要區別，在於它們展示了運用法律的不同方式。大部分的地方審判都以不拘泥於形式為其特點，解決實際問題的考慮，要優先於對法律條文的嚴格適用。縣衙門處理的絕大多數訴訟，通常都只涉及相對輕微的罪行，在縣一級即可結案，毋須層層上報覆審。在這些案件的紀錄中，縣官通常不會費心解釋其判決是根據哪一條律例，而是基於每起案

---

[65] 參見那思陸，《清代中央司法審判制度》（臺北：文史哲出版社，1992）。

件的具體情況加以量刑（或不予處刑），並不直接訴諸法典。

但這並不代表地方衙門的審判因此就很武斷，或者與成文法所體現的那些原則無關。[66] 縣官對那些於法不容的行為一貫加以譴責，即使他們未必都按照成文法中那些詳細的要求加以懲處。我們同樣也不應預設，縣官在處理日常案件時，會通過權宜之策違反法律的規定。以巴縣為例，對縣官判決不滿的當事人，可以向重慶府或川東兵備道提起上控。這兩處官府均緊鄰巴縣衙門，且有許多通過上控而成功改變了縣衙判決的例證。因此我們可以假設，沒有哪位巴縣縣令會長期置法定訴訟程式於不顧。較恰當的理解方式是，日常案件的瑣碎特性，使得縣官在將大原則適用於司法實踐時頗有轉圜餘地。這種務實的彈性作法，有助於解釋為何清代的司法體系能如此成功並持久存在。本書第七章將探討巴縣縣令如何執行禁娼法令，而這是地方官員如何靈活有效地執行中央命令的極佳例證。

若從中央案件紀錄特別是內閣刑科題本來看，將會對清代的司法審判產生截然不同的印象。當縣官審理日常案件時，他所面對的是其轄下那些社會地位較自己為低的人們。然而在審理死刑案件時，他卻是從官僚體制的最底層面對位於最頂層的京師朝廷。因此，縣官在審理那些日後將由中央覆核的死刑案件時，會鉅細靡遺地將調查過程中發現的所有的可能罪行，與法律當中相關的律或例逐一加以對應，據此對每一位罪犯擬處準確的刑罰。[67] 就算是案中最無足輕重的罪行，也須「抱令守律」，逐一進行審理擬決。縣官本人的報告，會被附於該案供各級覆核的文書之內，而後者當中也包括巡撫呈

---

[66] 可參見黃宗智對民事法律領域中這一問題的討論，Philip C. C. Huang, "Codified Law and Magisterial Adjudication in the Qing," in K. Bernhardt and P. C. C. Huang, eds., *Civil Law in Qing and Republican China* (Stanford, CA: Stanford University Press, 1994); Huang, *Civil Justice in China: Representation and Practice in the Qing*.

[67] 《大清律例》中的「律」，幾乎均承自明律，其中的一些條文雖然已被廢棄不用，但字面上仍保持不變。法律上的內容更新，主要是借助於增纂新「例」或修改舊「例」。司法官員在審理案件時，多會引用那些與時俱進的例，而非已經過時的律，儘管律在形式上仍為法典的一部分，參見 Bodde and Morris, *Law in Imperial China, Exemplified by 190 Ch'ing Dynasty Cases*, pp. 63–68. 關於這些特定的例文在有清一代的發展，可參見《（光緒朝）清會典事例》（北京：中華書局，1991）。

報皇帝的題本。這些文書中對案件細節的細膩描述程度，有時甚至超乎必要：例如一份題本鄭重其事地報告稱，被那位殺害乞丐之人所偷走的髒襪子現已尋獲，並已經依照《大清律例》當中關於贓物須物歸原主的規定，將襪子移交給乞丐的家人。在那些由刑部審理的「現審」案件當中，最嚴重的罪行通常也不過就是買娼或通姦，但仍須一絲不苟地參照法條辦理。

中央案件的這種包裝方式，看起來具有象徵性和意識形態性的意義。無論多麼輕微的罪行，均須依照法典中嚴密的刑等分級加以量刑。審判程式的最終結果須毫無疑義：案件真相大白，絕無漏網之魚，天理重獲昭彰。這套程式向司法體制自身證明了其整體系統的運作確有成效，其目的可能更多在於維護朝廷對自身形象的認知，而非公開教諭大眾。將罪行和法條加以精確對應的這種儀式性工作，具有一種對司法官員進行規訓的效果，它要求每位司法官員都必須在中央指定的儀軌上行事。官員們的表現，會在層層覆審的過程中受到其上級乃至皇帝本人的審視。而在法家的那種模式當中，皇帝就是將法律當作藉以更好地駕馭和震懾手下官員們的韁繩。

由於中央案件須嚴絲合縫地將罪行與法條相對應，因此，當它們被用於檢視國家對主流正統的建構之時，相較於縣級案件會更有用處。本書的基本方法之一，便是通過中央案件（有時還包括官方案例彙編）探討如何「抱令守律」而將律或例用於具體的案情。中國帝制時期的歷代法典中所規定的刑等分級相當嚴密，以此調節量刑輕重進而反映罪犯和受害者之間的身分差別。若涉案者彼此之間存在親屬關係，則亦反映家族內部的輩分。[68] 在「姦」罪方面，量刑的輕重也顯示出不同程度的貞節和性道德。因此，中央案件當中這種須明確援引成文法的要求，有助於我們從細節上弄清楚司法上的正統觀念是如何通過權衡優先考慮的要點來界定和推廣理想的社會秩序。相對而言，縣級案件則展現了縣官所面臨的實際問題，以及普通百姓在那些較不拘泥形式的日常訴訟中與官方權威互動時所採取的諸多策略。

---

[68] See Bodde and Morris, *Law in Imperial China, Exemplified by 190 Ch'ing Dynasty Cases*, Chapter 1, Chapter 3.

當然，本書並未逐一援引我所收集到的每一起案件，無論是縣級案件還是中央案件。我也無意於對所有樣本進行量化研究（我並不相信這些材料在大多數情況下適合做量化分析）。我基本上主要是憑藉閱讀所有資料而獲得的那些體認寫成此書。我相信，盡可能視野寬闊地閱讀這類資料，才是有效利用檔案的關鍵所在。唯有如此，史學家才能從中分辨出「公式化格套」和未經修飾的證言之間的差別。史學家還須體會整體背景脈絡的質感變化，如此方能注意到那些被湮沒的重要事物，從看似無關緊要的細節當中發現其重要意涵，並領會哪些是特定領域中的「典型」案例。唯有透過視野寬闊的閱讀，才能細緻地理解當時的法律推理方式，乃至對當初案例被記錄之時那些被視為常識而忽略不記的事物也能心領神會。

四、明清時期的注律傳統

　　本書的研究，也參考了歷代的法典，其中包括明清時期的多位資深司法官員對明清律典的重要評注。清代檔案中的案件紀錄，讓我們得以從全新的視角，對照檢視這些早已能夠方便利用的文獻資料。

　　明清時期的注律傳統，重在通過將現行法律與之前的那些法典進行比較來追溯其歷史變遷。這種比較通常以唐律作為基準，因為唐律是完整保留下來的歷代法典中之年代最早者，且其術語、概念和刑等為後世法典所沿用。明代著名的法律注疏者有嘉靖朝的雷夢麟和萬曆朝的王肯堂，清代的則有康熙朝的沈之奇、乾隆朝的吳壇和光緒朝的薛允升，他們都是活躍的資深司法官員，並藉由歷史分析探索他們所處時代的那些司法議題。這些法律注疏家對其所處時代的法律加以記錄，同時回顧這些法律是如何演變而來。例如，現行法律中的整體性邏輯為何？隨著時間的變遷，不同條文之間是否開始互有抵觸或矛盾？若情境改變，那麼舊的規定是否仍然適用？有時，這類分析的真正目的，在於隱諱地批評當時的改革。[69]

---

[69] 關於私家注律傳統以及沈之奇的律注對清代司法的影響，參見 Chen Chang Fu-mei, "The Influence of Shen Chih-ch'i's Chi-Chu Commentary Upon Ch'ing Judicial Decisions," in J. Cohen

在這種法律注疏傳統當中，最具代表性的學者之一是薛允升。薛允升撰寫其著述的時代是19世紀末。身為一名積極的復古主義者，他提倡應回歸到唐律中的那些基本原則。在《讀例存疑》一書中，薛允升對18世紀很多照搬自1646年的《大清律》（1646年的《大清律》又幾乎照搬了明律的全部條文）的例文到底有何價值加以質疑。而在《唐明律合編》一書中，他將這一看法推至更遠的朝代。薛允升將唐律的簡明清晰特點與明律兩相對照，認為明律因為受到元朝這一非漢族政權的影響，已被大幅扭曲。薛允升的這種復古主張並不成功。在他去世後，其門生沈家本所設計的司法改革採用了西方的模式，因此揚棄了許多中國的傳統。然而薛允升的法律注疏，對法律史研究而言仍有重大價值。[70]

很多知名的中國法律史學者，都在有意無意地沿用明清時期那些法律注疏家的研究方法。[71]這種作法有其合理性，因為所有研究中國法律史的人們均在一定程度上仰賴這些重要史料。我自己在探索法典層面的那些司法概念時，便是以唐律為基準，基本上也是遵循明清時期那些法律注疏家所用的方法。但是，清代的法律專家在撰寫此類著述時，其所設定的讀者為同時代的其他法律專家，因此他們在寫作時將當時的現行法律視為理所當然的基礎性知識。同時，由於這些法律注疏家本身也是審理案件的官員，因此他們預設其讀者很清楚法律在實際情況中的運用方式。他們之所以無意對許多情況加以解釋，是因為假設其讀者均已對此心知肚明。但隨著相關的背景知識湮沒，以及實際的案件紀錄在之前數十年裡難以被研究者所接觸利用，法律史學者已很難對這些背景知識加以復原。

學者們不斷嘗試著彌補這種缺乏案件紀錄的遺憾。日本學者，例如滋賀

---

et al., eds., *Essays on China's Legal Tradition* (Princeton, NJ: Princeton University Press, 1980).

[70] 參見黃靜嘉為薛允升所做的人物小傳，載薛允升著，黃靜嘉點校，《讀例存疑（重刊本）》（臺北：中文研究資料中心研究資料叢書，1970），第1冊。

[71] 例如經君健：《清代社會的賤民等級》；Jing, "Legislation Related to the Civil Economy in the Qing Dynasty."

秀三，利用那些刊刻出版的縣官判決文集所作的研究便貢獻良多。[72] 西方學者，例如卜德（Derk Bodde）、莫里斯（Clarence Morris）、梅傑（Marinus Meijer）和伍慧英，根據那些對由官方審定案例所彙編而成的案例集所做的各種探討，亦影響深遠。[73] 但無論是判決文集還是官方案例彙編，均有其局限性。判決文集通常是由縣官本人或其孝子門生刊布，而這難免令人懷疑他們摘編的那些案件業已經過篩選修飾，以彰顯作者的仁德睿智。如黃宗智所言，[74] 這類史料可能使我們誤將清代官方理想化的自我表達當成實際事實。另一方面，諸如《刑案匯覽》之類的官方案例彙編亦有其局限性。這類官方案例彙編的成書目的是為了供現任官員參考之用，因此其內容多擷選自資深的中央司法官員據法裁決那些棘手或非比尋常的案件所做的判決文書（有些類似今天美國法學院所用的判例教材）。這些案例彙編的最有用之處在於提供了眾多案例，通過它們展現那些藉以權衡各種原則或將法律類推至意料之外的各種情形的吹毛求疵的邏輯推理過程。許多案例均屬十分罕見的情形，而這也正是它們之所以會被收入案例彙編的原因所在。在這些案件的摘要中，沒有各起案件最初在縣級衙門審理時的證詞，證據也很少能被看到。此外，這些案件彙編收錄的主要內容，都是那些可供作為前例的近期判決，因此只呈現了某個特定時期中央司法官員的推理方式。例如在道光十四年（1834）刊行的《刑案匯覽》裡，幾乎所有的案例均發生於此書出版前的那二、三十年間，從中很難看到 17 世紀或 18 世紀的司法審判實況。

---

[72] 參見滋賀秀三，《中国家族法の原理》（東京：創文社，1967）；滋賀秀三，《清代中国の法と裁判》（東京：創文社，1984）。

[73] See Bodde and Morris, *Law in Imperial China, Exemplified by 190 Ch'ing Dynasty Case*; Marinus J. Meijer, "The Price of a P'ai-Lou," *T'oung Pao*, vol. 67 (1981); Marinus J. Meijer, "Homosexual Offenses in Ch'ing Law," *T'oung Pao*, vol. 71 (1985); Meijer, *Murder and Adultery in Late Imperial China: A Study of Law and Morality*; Ng, "Ideology and Sexuality: Rape Laws in Qing China."

[74] See Huang, *Civil Justice in China: Representation and Practice in the Qing*, p. 17.

五、清代司法檔案帶來的契機

原始案件紀錄的可利用性,使我們深入理解清代法律與社會的希望大增。儘管學者們才剛開始發掘這些案件紀錄的潛在價值,但已湧現出相當可觀的研究成果。黃宗智近期的著作非常重要。他藉由對縣級案件的探討,改變了我們之前對民事訴訟的理解,並闡明了清代官方那種「表達」與「實踐」兩者悖論性結合的特徵。[75]

《大清律例》著重於罪行和刑罰,而民事案件則主要交由縣衙門審理,故而縣級案件紀錄對於真正理解清代「民法」(civil law)不可或缺。[76] 但我們不應假設《大清律例》是明確直接地指引刑法實踐的準繩。為了表達對清朝開國者的孝心,舊律儘管已因不合時宜而不再被引用,或完全被新的例所實際取代,但仍被保留於《大清律例》之中。過時的律和法律術語通常在字面上一成不變,但被採用全新的方式加以詮釋和運用。這種書面上看似停滯的情況,常使一些粗心大意的讀者忽略了清代法律的真實變遷,特別是18世紀時發生的那些變化。因此,簡單的問題也可能因此變得令人十分費解。

清代法律是如何懲處「和姦」,可用作說明此點的一個例證。順治三年(1646)頒行的《大清律》,簡單沿用了14世紀明律中的相關規定,聲明「凡和姦,杖八十;有夫者,杖九十」,若與人和姦的女子先前已成婚,那麼其夫可依自己的意願決定維持婚姻關係或將姦婦「嫁賣」。[77] 這條律始終保留在《大清律例》中「犯姦」的開篇之處,以致於連一些真才實學的學者也誤以為清朝自始至終均實行此律。然而,雍正三年(1725)時增補了一條

---

[75] 參見 Huang, *Civil Justice in China: Representation and Practice in the Qing*。大量運用清代案例研究法律問題的學者還包括:艾馬克(Mark Allee)、白凱(Kathryn Bernhardt)、步德茂(Thomas Buoye)、Adrian Davis、唐澤靖彥(Yasuhiko Karasawa)、麥柯麗(Melissa Macauley)、Paola Paderni、朴蘭詩(Nancy Park)、白德瑞(Bradley Reed)、戴真蘭(Janet Theiss),以及魏大偉(David Wakefield)。

[76] 包恆利用淡新檔案所做的研究最早指出了此點,參見 Buxbaum, "Some Aspects of Civil Procedure and Practice at the Trial Level in Tanshui and Hsinchu from 1789 to 1895."

[77] 參見本書附錄 A.2。

新例，規定對「軍民相姦」處杖刑一百，並枷號一個月。此例的名稱很容易引起誤解，因為從字面上看這似乎專指軍人和普通百姓發生性關係。但實際上，這條新例被適用於所有的「和姦」罪行，其中只有少數案件涉及軍人。自雍正三年始，那種源自明律的刑罰以及根據婚姻狀態不同而有區別地適用不同刑罰的方式，便已不再適用，儘管姦婦之夫仍有權嫁賣姦婦。若只看到律文本身，便很難注意到上述變化。惟有閱讀雍正三年以後由中央審理的通姦案件，才能發現這一變化，而且必須是中央案件，因為縣官在審理日常案件時罕見有援引具體的律例。

某個看似無關緊要的細小變化，實際上也可能相當重要。其他中央案件顯示，自雍正朝開始，對賣娼亦適用同一條例，依完全相同的方式加以懲處。雍正十二年（1734）頒行的另一條新例，進一步將相同懲處方式的適用範圍擴展至「和同雞姦」罪。換言之，雍正朝的高層司法官員開始將賣娼和雞姦等同於一般的通姦罪行，此政策一直被沿用至20世紀初。這種作法為前所未見。事實上，通姦、賣娼、雞姦以往向來被視為三種完全不同的情形。留意到此時將這三者互相等同的那種新作法，對於從整體上理解雍正朝的那些法律變革至關重要。但若沒有實際案件紀錄顯示這些罪行在實踐中是如何受到懲處，便無法發現上述那些關聯。

上述例證點出了對《大清律例》進行解讀時容易出錯的一個大問題。此領域中一些極具代表性的著作，都傾向於將清代法律視為一個停滯的系統。然而實際上，這一系統在18世紀發生了重大變化。在對性進行規制方面，這種變化尤為關鍵。通過展示那些18世紀頒行的例是如何在事實上構成了清代的活法（living law），法律案件紀錄呈現了這種變遷過程。黃宗智指出，民事審判中那些關鍵性的操作原則，通常體現於那些附於律後的例，而非體現於律本身，因此若不借助州縣官在實踐中如何審判的史料，便難以判斷這些例的重要性。在他看來，律通常體現恒久不變的道德理想，而例則提供司法實踐時的適用原則。[78] 在刑法方面，這種情況更為明顯：新例的頒行經常

---

[78] 參見 Huang, *Civil Justice in China: Representation and Practice in the Qing*, pp. 104–107. 明太

使得相關的律（以及所涉事項方面的那些舊例）被擱置不用。也因此，薛允升將他注疏《大清律例》的著作定名為《讀例存疑》，因為例才是真正的關鍵所在。

總而言之，案件紀錄為我們提供了理解司法實踐和清代法律變遷的重要管道。它們使我們在一定程度上得以對清代的法律注疏家們那些預設其讀者知悉的實際運作知識加以重建。

六、司法案件中的「民族志」證據[79]

撇開其中的官方建構暫且不談，中央或縣級的那些案件紀錄中均包含許多民族志意義上的有用資料，讓我們可以看到目不識丁的底層百姓們生活中那些以往被忽視的方面，進而對其進行社會史研究。例如，為了能準確無誤地對殺人犯進行判決，縣官必須查清謀殺之所以會發生的確切情境和動機。此類社會背景資料，常常為我們提供了較之於諸如縣官應援引哪些法條更多的資訊。

無論是在地方案件或中央案件當中，大多數的民族志證據，都可以在案件堂審時的那些證言紀錄和罪犯供詞中找到。這類紀錄讓我們得以聽到清代那些目不識丁的人們所發出的「聲音」。但這些紀錄通常並非對證人們原話的逐字筆錄，它們毋寧是對案件審理過程中證人們所做的那些回答進行精心加工後所形成的證言摘要。縣官的提問通常不會被加以記錄，而證人們對這些問題的回答，則被以獨白的方式勾聯起來作為他們的「聲音」。這些陳述乃是根據縣官所重點關心的那些問題加以組織，因而不應被視為證人們純粹自發的陳述。

祖朱元璋認為他所制訂的律須永世垂行，他曾評論說：「有經有權，律者，常經也，條例乃一時權宜也。」轉引自黃靜嘉為《讀例存疑（重校本）》所寫的導言，載薛允升，《讀例存疑（重刊本）》，第 1 冊，頁 3。

[79] 譯者註：本書作者於此處所稱的「民族志證據」（ethnographic evidence），其大意是指：通過實地觀察，對作為觀察物件的人本身以及影響其行為的生活環境、文化風俗、社會信仰、行為等資訊進行收集記錄所形成的書面總結與描述。

另一方面,對證人們所做回答的筆錄經常要經過一定程度的轉譯,因為這類文書在全國各地皆採用標準化的官話加以書寫。官話是一種以北方方言為基礎而人為創造的書面語言。在那些日常使用官話的某種次方言的區域,這些書面紀錄可能很接近證人們的實際用語,但在東南部的那些方言區,則可能需要經過相當幅度的轉譯。

在對這些回答進行轉寫以使其形成獨白的過程中,證人們的陳述或多或少都被編輯加工過,特別是在那些需要上級覆審的嚴重刑案的報告當中。這種編輯加工的目的是為了提高敘述的內在一貫性,以加強罪行已然真相大白的印象。另一個與此相關的目的,是為了讓罪犯自己說出所犯的罪行為何,以凸顯罪犯所供罪行與司法官員所引法律之間相互吻合的那種精確性。例如本書引用的那些證供,在提及非法性行為時,幾乎毫無例外地使用了「姦」這一法律術語作為名詞或及物動詞。我們無由得知證人們本身是否確實使用「姦」這一術語,但至少他們在上公堂作證時的遣詞用字理應會更加口語化。此術語也可被當作一種委婉的說法加以使用,因為執筆的刑名幕友們被教導在記錄涉及性事的證詞時,應當避免使用「下流」的詞彙或記錄得太過鉅細靡遺。而通過使用「姦」這一術語,就已經可以構建起案犯確實犯下此罪行且已招供的事實。[80]

但是,倘若因此就將這些紀錄斥為偽造或欺騙而棄之不用,那也並不恰當。這類紀錄實際上代表了證人們的證言當中那些縣官認為與審判目標相關的準確陳述。證言摘要會被在證人們的面前宣讀,以確認其內容無誤。幕友手冊也殷殷告誡應避免紀錄失實,並警告說那些失實的紀錄很可能會在覆審過程中暴露。實際上,覆審制度的實際作用就在於查明此類瀆職和疏失。嚴重的刑案會由知府覆審,主犯(有時還包括主要證人)會被隨案移送至省

---

[80] See Yasuhiko Karasawa, "Between Speech and Writing: Textuality of the Written Record of Oral Testimony in Qing Legal Cases," unpublished seminar paper, 1992; Zhou Guangyuan, "'Legal Justice' of the Qing: A Study of Case Reports and Reviews in the Criminal Process," presented at the Conference on Code and Practice in Qing and Republican Law, University of California, Los Angeles, 1993.

城,並在層層覆審的每個階段中反覆接受訊問。這種程式同樣可以防止任意的嚴刑逼供。[81] 如果囚犯在覆審時翻供,那麼案件將會被交由另一個下級衙門重審。若重審結果與原審結果不同,則必須就這兩次審理結果的分歧之處加以解釋。上級覆審者若發現判決不足以令人信服,則會將案件發回原審衙門要求重新調查。覆審程式是專制集權的工具,其主要功能是為了確保官員或衙門胥吏未濫用職權或越矩擅權。[82]

如果我們明白這些紀錄是如何在審判過程中被生產出來的,那麼將會比只閱讀那些官方所規定的法律的類別更能獲得深入的理解。若能對縣官誘導證供的那些目的了然於胸,我們便可從不同角度重新理解這些指向其他目的的證言。

本書第四章將清楚展示,這種通過研究此類民族志證據以超越官方建構的作法之難點所在及其價值。在此類案件紀錄裡面所發現的那些對同性結合的描述中,很少見有提及情感內容或此類性行為的變例,這是因為司法官員考慮的首要問題是如何證明「雞姦」罪成立。因此,案件的調查過程,傾向於將整個關係簡化為肛交這種特定的行為,而對這種關係對於涉案者而言所具有的那種深層意涵不予理會。但是,這類案件紀錄同時也顯示,對陰莖插入這一行為的司法建構,源自於那些關於社會性別等級關係的普遍觀念,甚至連那些發生雞姦行為的男子們也抱持著同樣的看法。

研究近現代歐洲的史學家們,例如金斯伯格(Carlo Ginzburg)和戴維斯(Natalie Davis),開創了利用案件紀錄中那些看似無關緊要的細節來重

---

[81] 孔飛力所描述的恣意刑訊是極少數的例外,那應該是源於叫魂案調查的政治色彩,參見 Kuhn, *Soulstealers: The Chinese Sorcery Scare of 1768*. 我個人的印象是,刑訊多被用於試圖向那些已供認死罪者獲取更多口供之時,其主要目的在於威嚇,而非實際執行刑罰。

[82] 我對這類議題的理解,得益於與唐澤靖彥(Yasuhiko Karasawa)的討論。唐澤靖彥對這一議題的相關研究正在進行當中。參見 Karasawa, "Between Speech and Writing: Textuality of the Written Record of Oral Testimony in Qing Legal Cases;" Yasuhiko Karasawa, "Composing the Narrative: A Preliminary Study of Plaints in Qing Legal Cases," presented at the Conference on Code and Practice in Qing and Republican Law, University of California, Los Angeles, 1993.

建大眾觀念的方法。[83] 在本書第四章中，讀者將能找到使用這種方法的一個例證。我在研究「雞姦」案件時，經由比對那些口供，注意到雞姦者均比被雞姦者年紀要大。但相關的案件紀錄並未將這種現象單獨挑出來予以解釋，且由於我搜集的樣本數量有限，我起初無法斷定，究竟是自己發現了一種有重要意義的模式，抑或這種情況純屬巧合。

但隨後我發現了雞姦者比被其雞姦的男子更為年輕的一個案例。在此案中，縣官在被雞姦者的那份口供當中特意追問了其性伴侶的年齡問題（在書面報告中，這類追問有時會被附在口供之後，以使上級覆審者相信沒有遺漏任何疑點）。縣官並不相信，一位年齡較長的男子，會願意讓一位比其年輕的男子雞姦自己。隨後縣官得到的回話是，那位年輕男子恐嚇這名年長男子，聲稱該年長男子若不順從，便會把他在與另一名男子發生的性關係中扮演「被雞姦者」角色的事情公之於眾。其中提及的第三位男子的歲數，相較這兩人均更年長。這種解釋才終於讓縣官滿意。

這番審問有助於縣官理解該案中的殺人動機，從而做出相應的判決。同時它也有助於我們認識到，無論是涉案者本身、縣官抑或上級覆審者，均認為年歲高低應與雞姦行為中的那種角色等級相適應。只有不符合這種一致性時，才需要被挑出來特意加以解釋。那位年輕男子的恐嚇得逞，也暗示了被人雞姦者將會因此蒙受一種強大的汙名，故而此案中的那位當事人寧可私底下屈從於那些較自己年輕的男子，也不願讓自己曾遭雞姦的事情被公之於眾。

這一例子表明，從清代的那些案件紀錄中，可以發掘出處於那些純粹的司法建構之外的大眾觀念和實踐。在寫作本書之時，我著重考慮的問題之一是，為了能讓這些資料盡可能地為自己發聲，將來自衙門證詞和審判摘要的大篇幅文字段落譯成英文。除了特定的研究議題以外，我希望能和讀者們分

---

[83] See Carlo Ginzburg, *The Night Battles: Witchcraft and Agrarian Cults in the Sixteenth and Seventeenth Centuries* (Baltimore, MD: Johns Hopkins University Press, 1983); Natalie Z. Davis, *Fiction in the Archives: Pardon Tales and Their Tellers in Sixteenth-Century France* (Stanford, CA: Stanford University Press, 1987).

享這些資料所展現出來的日常生活方面某些無法予以量化的豐富質感。

第二章　一種關於性秩序的願景

第一節　「姦」的概念界定及其涵蓋範圍

本章首先將對中國帝制晚期的那些法典中用來描述性犯罪的一個基本術語——「姦」的定義加以概述。「姦」字可被作為名詞、及物動詞或形容詞，在英語當中沒有可與之完全對譯的相應詞彙。「不當的性交」（sexual intercourse out of place）或「非法的性交」（illicitsexual intercourse）這些表述最接近其意，但皆顯得既彆扭又不準確。而且，「性」這一維度，僅為「姦」字所具有的那些寬闊意涵中的一部分，正如對於不當的性關係的焦慮，只是那種關於道德失序和政治失序的更普遍恐懼當中的一部分。

在整個中國帝制時期，有關「性」的正統觀念的架構，乃是一種將人際關係當中的得體舉止與政治秩序相關聯的社會控制意識形態。這種關聯是儒家學說的核心。與其他很多的道德學說體系一樣，儒家學說認為父權家庭的等級體系是合法的政治權威所應遵循的典範。《論語》在其第一篇中便寫道：「其為人也孝悌，而好犯上者，鮮矣；不好犯上，而好作亂者，未之有也。」如這段話所言，儒家學說將子女向其父母、祖先盡孝道視同於臣民向統治者表達忠誠。「性」作為傳宗接代的一部分，在孝道中扮演著相當重要的角色，恰如孟子的那句名言所說，「不孝有三，無後為大」。瞿同祖對此的解釋是：「我們或可說為了使祖先能永享血食，故必使家族永久延續不輟。祖先崇拜可說是第一目的，或最終的目的。我們因此不難明瞭為什麼獨身或無嗣被認為是一種愧對祖先的不孝行為。」[1] 將傳宗接代納入孝道之中，意味著需對

---

[1] Ch'ü T'ung-tsu, *Law and Society in Traditional China* (Paris: Mouton and Co., 1965), p. 91.

與女性發生性關係的那些管道加以控制，以確保血統世系的純正。因此，妻子應當為其丈夫保持的貞節，被視作與孝道和政治忠誠並立的第三種紐帶。中國帝制晚期所推行的程朱理學，[2] 極力強調這第三種紐帶。在盛清時期，官方大規模的宣傳更是將女性貞節政治化至前所未有的程度。那些採用了足以成為典範的犧牲手法以保全自身貞節的女子，成為朝廷的政治宣傳與儀典崇拜之對象，藉以特意強調政治忠誠、孝道和性忠誠三者之間的一致性。

一、性事失序與政治失序

因此，從正統觀點的角度來看，不當的性關係意味著各個相互關聯的不同層面的失序。中國的法律專家和道德家自古以來用於稱呼性犯罪的那些關鍵字，均與政治方面的危險有著微妙的關聯。比方來說，「姦／奸」既可用來指「非法的性關係」，亦可用來指政治意義上的背叛——正如明清時期法典中那些禁止朝中「姦黨」的律文對「姦」字的使用。背叛其丈夫的妻子被稱為「姦婦」，而背叛君主的臣子則是「姦臣」。

《說文解字》將「姦」釋作「私」。[3]「私」之字義為何？在20世紀時，國人開始使用「私」字來對譯「private」這一外來的概念。這是對「private」的最早譯法，但在傳統的中文語彙裡面，並無可用來對譯英文「private」所含有的那種褒義或中性涵義的詞彙。「私」在中文當中具有強烈的貶義。在絕大部分的傳統文獻中，此詞的確切含義為「非法的」、「未經認可的」或「自私的」，是「公」（現今被用於對譯英文中的「public」一詞）的反義詞，而「公」則意指那些符合公眾利益或公共秩序的行為。儘管是非標準因人而異，古代的道德話語均認為「私道」盛行將導致社會與政治方面的各種

---

[2] 譯者註：英文原書中此處所使用的「Neo-Confucianism」一詞，最初乃是源於來華的耶穌會士對宋代以降那種佔主導地位的儒家哲學思想體系分支的描述，可被直譯為「新儒學」。但結合中國的語境，更合適的固有用語為「宋明理學」、「程朱理學」或「道學」，正如劉子健所言，這些「不同名稱之間的差別無關宏旨，一般可以通用」（參見劉子健著，趙冬梅譯，《中國轉向內在：兩宋之際的文化內向》〔南京：江蘇人民出版社，2002〕，頁120–121）。因此，此處採用「程朱理學」的譯法。

[3] 許慎，《說文解字》（北京：中華書局，1994），頁265。

「亂」。因此，個人在其行為方面應遵循「公道」。

和「姦」字一樣，「私」字亦同時具有性的意涵與政治的意涵：「私通」既可指通敵，亦可指通姦。在中國帝制晚期的那些法律文本中，「私」與「姦」常常同時出現，以強調該行為非法或有罪。例如在明代，某些賣娼活動屬於合法，甚至是在官方的支持下進行，然而平民「私自賣姦」，即未經官方許可而從事性交易，則屬於犯罪。[4]

類似的，「亂」字意指對性秩序、家庭秩序與政治秩序的顛覆，它可與其他字組成複合詞，例如「亂倫」或「叛亂」。自唐代以降，各朝律典開篇列舉的「十惡」之中便有「內亂」，意即內部失序。在法律的語境當中，「內亂」是指亂倫，但在其他語境中亦可用來指稱叛亂或內戰。日本導演黑澤明參考《李爾王》的故事架構拍攝而成並於1985年上映的電影《亂》，便掌握了這項精義。在這部電影中，兒子僭越父親，封建秩序崩解，從此陷入噩夢般的手足相殘、弒父、亂倫、妻子背叛丈夫，最後以內戰告終。[5]

性事失序與政治失序之間的這種關聯，並不僅僅只是一個語義學方面或儒家學者抽象出來的問題。中國帝制晚期的官員顯然認為，不當的性關係和不當的社會性別關係，此二者與大眾文化中那些可疑的政治傾向息息相關。比方來說，明清兩代均屢次試圖禁止宗教集會時的男女雜處，並查禁「淫書」，即針對那些帶有明顯的性意涵和看上去以其他方式不尊重傳統道德和權威象徵的戲曲和白話小說採取相應措施。[6] 但我們不應將這些懷疑斥為過

---

[4] 參見本書第六章。

[5] 如白馥蘭（Francesca Bray）所言，用來描述政治秩序或政治失序的許多經典詞彙，均以織物作為隱喻。「亂」字的意涵之一便是解開一團線，參見 Francesca Bray, *Technology and Gender: Fabrics of Power in Late Imperial China* (Berkeley, CA: University of California Press, 1997), pp. 190–191.

[6] 此類禁書包括《牡丹亭》、《水滸傳》、《金瓶梅》和《紅樓夢》等經典作品，參見李夢生，《中國禁毀小說百話》（上海：上海古籍出版社，1994）；王利器輯錄，《元明清三代禁毀小說戲曲史料》（上海：上海古籍出版社，1981）。關於清代禁絕「淫書」、「淫辭」的各條法令，參見《（光緒朝）清會典事例》（北京：中華書局，1991），卷112，頁440–441。有關清代的「文字獄」，參見 R. Kent Guy, The Emperor's Four Treasuries: Scholars and the State in the Late Ch'ien-lung Era (Cambridge, MA: Council on East Asian Studies, Harvard University, 1987).

度審慎或偏執。挑戰朝廷的各種千年末世運動，[7] 多以某些另類的性關係和社會性別關係為其基本特徵。這種異端傳統，可上溯至漢代黃巾之亂的信徒們所共同遵行的那些道教的性規範。[8] 明清時期也有不少廣為人知的例子。例如，發起數次重大叛亂活動的白蓮教便崇拜女神，且其領導者通常為女性；某些堂口甚至鼓勵其成員間自由發生性關係。[9] 19 世紀中期那場造成兩三千萬人喪生的太平天國運動，禁止纏足、賣娼和蓄妾，將家庭拆解為依生理性別區隔開來的各個軍事單位，誓言在最後勝利到來之前戒絕任何性行為，並提拔女性領袖。一些記載還提及，太平軍開設了離經叛道的「女科」，使女子得以參加科考。這些違反傳統的性秩序和社會性別秩序的驚世駭俗之舉，尤為清朝官員們所嚴詞譴責。[10]

二、「性犯罪」的內涵界定

但是，法律專家們對性犯罪的準確定義究竟是什麼？中國帝制時期的歷

---

[7] 譯者註：英文原書中此處所用的「millenarian movements」，直譯為「千禧年運動」。「千禧年運動」的概念源於「千禧年主義」（Millennialism 或 chiliasm）。後者是指某些基督教教派一種正式的或民間的信仰，其思想淵源可追溯至《聖經・啟示錄》第 20 章。按照基督教曆法，以一千年為單位，這種信仰認為千禧年乃是世界末日來臨前的最後一個世代，相信在千禧年結束和世界末日到來之前，整個人類處境將有一次末世救贖的轉化。這是一種包含著被壓迫者之怨恨的革命神意論。美國和日本的一些漢學家套用這一基督教文獻中使用的概念，將其用於描述中國歷史上的各種民間「起義」，例如張角領導的黃巾起義（184 年）、洪秀全領導的太平天國運動（1851–1864 年）便被一些學者認為亦屬於「千禧年運動」，參見三石善吉著，李遇玫譯，《中國的千年王國》（上海：上海三聯書店，1997）。又如，韓書瑞（Susan Naquin）研究清代八卦教起義的那本名著 *Millenarian Rebellion in China: The Eight Trigrams Uprising of 1813* (New Haven, CT: Yale University Press, 1976)，便將 19 世紀上半葉發生的這場民間起義稱為「千禧年叛亂」。鑒於「千禧年運動」這一表述有著明顯的基督教用語色彩，並不符合中國的歷史語境，本書不採用這種直譯，而是將「millenarian movements」譯為「千年末世運動」。

[8] See R. H. Van Gulik, *Sexual Life in Ancient China: A Preliminary Survey of Chinese Sex and Society from Ca. 1500 B.C. till 1644 A.D.* (Leiden: E. J. Brill, 1974), pp. 84–90.

[9] See Susan Naquin, *Millenarian Rebellion in China: The Eight Trigrams Uprising of 1813* (New Haven, CT: Yale University Press, 1976).

[10] See Franz Michael, *The Taiping Rebellion: History and Documents* (Seattle, WA: University of Washington Press, 1966); Ono Kazuko, *Chinese Women in a Century of Revolution, 1850–1950*, trans. by J. Fogel et al. (Stanford, CA: Stanford University Press, 1989).

朝律典，並未像西方法律傳統中所常見的那般採用身體姿勢和性愛動作對此加以分門別類。在西方法律傳統中，即使是夫妻之間，採用某些特定的性行為，例如口交、肛交或股交，一般也受到禁止。[11] 與之構成對比的是，在中國法律傳統當中，性行為合法與否，主要取決於發生性關係者之間的具體關係，而非性行為本身的特徵。

明清時期的法律專家們在考慮此類問題時，常常徵引古代的儒家經典，包括其中就性犯罪所作的界定。其中一條常被引用的重要資料來自《尚書大傳》。此書是西漢初的學者伏勝對《尚書》所做的注釋。該書中與性犯罪有關的那段文字，所探討的是古代肉刑中的「宮刑」。宮刑的執行方式，乃是視具體罪犯的生理性別而定：對男性犯人採用閹割，對女性犯人則實行幽閉，永不可出。伏勝在其注釋中闡述宮刑所懲治的罪行時，提供了古代儒家典籍中關於性犯罪的一種經典定義：「男女不以義交者，其刑宮。」[12]

首先應注意的是，伏勝的這段話，是在異性戀的語境中展開討論的：他所討論的犯罪，專指發生於男女之間（事實上，據我所知，中國在16世紀以前均未明令禁止男子之間的同性性行為。直到清代才將此類行為納入「姦」罪的類別當中）。[13] 但法律專家們又如何解讀「不以義交」？

一條重要的線索是，後世的文獻在轉引伏勝的上述注疏時，常以「禮」取代「義」。例如，北魏昭成建國二年（348）頒布的一條法令規定，「男女不以禮交，皆死」。[14]「禮」可指禮典或儀式，從廣義上講，它是儒家用

---

[11] See James A. Brundage, *Law, Sex, and Christian Society in Medieval Europe* (Chicago, IL: University of Chicago Press, 1987); Guido Ruggiero, *The Boundaries of Eros: Sex Crime and Sexuality in Renaissance Venice* (New York: Oxford University Press, 1985).

[12] 參見劉殿爵（D. C. Lau）主編，《尚書大傳逐字索引》（香港：香港商務印書館，1994），5.22/22/22。伏勝此處所言，並非專就「姦」字下一定義，但中國帝制晚期的法律專家們往往引用其說來界定「姦」這一概念，例如薛允升，《唐明律合編》（北京：中國書店，1990），卷26，頁14b。此外，漢代以後關於宮刑的討論，亦頻頻引用或轉述伏勝（有時未註明出處）的這一說法，例如那些對《周禮・司刑》篇和《孝經・五刑》篇的注解，還有某些現代的古漢語辭典。

[13] 詳見本書第四章。承蒙正在研究中國帝制早期的性風俗的保羅・戈爾丁（Paul Goldin）告知，他目前尚未發現該時期有任何針對男子同性性行為的禁令。

[14] 魏收，《魏書》，第2873頁。

來指稱那些藉以規制特定人際關係中所應有的行為舉止的道德規範的一個概念。在被用來評判性行為時,「義」和「禮」之間有何關聯?據唐代學者賈公彥所言:「『以義交』謂依六禮而婚者。」[15]「六禮」為君子婚姻之基,表示其婚姻既合法亦合乎禮教。六禮的基本要素(《周禮》描述了其要點)包括:納采、問名、納吉、納徵、請期、親迎。直至 20 世紀,這些仍是習俗中娶妻步驟的基本要素,僅因時地差異而略有變化。這些步驟在中國帝制早期界定了貴族階層中合法的婚姻類型,在中國帝制晚期則被擴展成指涉更廣的儒家關於家庭的那種正統觀念的組成部分之一。[16]

簡而言之,合乎道德的異性性關係,只能發生在獲得相應儀式之認可的合法婚姻當中;若是在合法婚姻之外發生性關係,則會被視為犯罪。清代的法律專家們在考慮此類問題時,均將這條古已有之的基本原則視為天經地義。實際上,「姦」罪最簡單明瞭的定義,正是指那些婚姻關係之外發生的異性性行為。但是,至少在 18 世紀之前,法律專家們都默認在這項一般性的大原則下,仍允許存在一些基於身分等級差異的例外。讀者們將會在下文中看到,清代的法律專家們是如何通過更為嚴格地按照其字面意思對這條古老原則進行解釋,並相較於以往更為徹底地將其全面施行,從而消除那些基於身分等級差別的例外。

在先秦時期和中國帝制初期,「淫」字常被用於指稱那些被視為「不以義交」的罪行。例如,《小爾雅·廣義》中提到:「男女不以禮交,謂之淫。」[17]在包括秦漢時期的法律在內的一些早期文獻中,「姦」雖指那些明確帶有性意涵的犯罪,但這一名詞往往還帶有邪惡、惡行或有罪等意涵。在對「姦」

---

[15] 賈公彥,《周禮注疏》(臺北:中華書局,1966),卷 36,頁 1a。
[16] 參見高潮、馬建石主編,《中國古代法學辭典》(天津:南開大學出版社,1989),頁 209。「六禮」這一專門概念,據說可追溯至漢代,參見 Jack L. Dull, "Marriage and Divorce in Han China: A Glimpse at 'Pre-Confucian' Society," in David. Buxbaum, ed., *Chinese Family Law and Social Change in Historical and Comparative Perspective* (Seattle, WA: University of Washington Press, 1978). 因此,賈公彥對伏勝所做注疏的這種理解,或多或少受到時代差異的影響。但是,賈公彥認為伏勝以此意指那些合法婚姻之外的性行為,這種看法無疑正確。
[17] 《小爾雅·廣義四》(臺北:藝文印書館,1965),頁 4a。

字的使用上，自唐代以降的律典則採取更加特定且精確的方式，以「姦」字專指那些非法性行為或政治叛亂。但清代的法律文本有時仍以「淫」作為「姦」在性意涵方面的同義字，清代的案件紀錄便主張正是「淫心」使人犯「姦」。此外，清代還禁「淫詞」和「淫書」。古代的儒家話語也對「淫樂」所帶來的政治性危險加以警告，而雍正朝開豁「樂戶」這一賤籍身分群體的考慮之一，即是為了整肅這一具有道德汙點的帝國音樂編制。[18]

為何異性間的婚外性關係應被視為犯罪？早期的相關解釋，可見於針對西元 2 世紀時司馬遷所撰的《史記·孝文本紀》的一段評論。據稱，漢文帝廢除了宮刑以外所有的古代肉刑。關於漢文帝為何不廢除宮刑，晉朝官員張斐的解釋是「以淫亂人族序，故不易之也」。易言之，之所以用宮刑對其進行懲罰，是因為此類罪行在本質上淆亂了其他男子的血統世系並因而導致「亂」。此種罪行構成了一種特殊的威脅，使得即便仁慈者如漢文帝也認為應當繼續保留這一肉刑。[19]

概括來說，明清時期的法律專家們所引用的那些早期典籍，指出了界定性犯罪的三大基本要素。第一，性犯罪是發生在異性之間的性行為。第二，性犯罪是發生在為法律所認可的正統婚姻形式之外的性行為。第三，性犯罪意味著外來男子對另一男子的血統世系的擾亂，並因此給整個社會秩序帶來威脅。儘管隨著時代的不同而略有變化，後世對性犯罪的討論，均以這三大要素為本。例如，薛允升在介紹唐律和明律是如何懲處此類犯罪時，便直接引用了伏勝和張斐的說法，並總結道，「即後世之所謂姦也」。[20] 另一位清代的學者也以類似方式討論了「姦」所造成的危害：「（姦夫）淫人婦女，壞人閨門。」[21] 在這裡，女性的社會身分是由她與其丈夫或父親的關係來加以界定，而禁止非法性行為之舉，正是這些男性的利益（更大地來說，還有朝廷的利益）之所在。

---

[18] 參見本書第七章。
[19] 瀧川龜太郎，《史記會注考證》（臺北：洪氏出版社，1983），卷 10，頁 29。
[20] 薛允升，《唐明律合編》，頁 14。
[21] 姚潤等編，《大清律例增修統纂集成》，卷 33，頁 1b，註解部分。

第二節　父親和丈夫所享有的特權

　　接續前述關於「姦」字之基本內涵的討論，下文將通過對一些具體情形的檢視，以瞭解明清時期的法律專家們在實踐中是如何界定此種罪行。以下所述的情形並非全屬犯罪行為，並且，即便其中的某些行為構成犯罪，也並不一定就屬於「姦」罪的範疇。當法律專家們對某一種罪行進行界定時，他們會劃出何為合法、何為非法的各種界限。從該種罪行本身的涵蓋範圍之外，對那些與其存在某些聯繫但仍屬合法的行為加以審視，應能對我們的認知有所裨益。本書此部分的目的，就在於更為深入地理解明清時期國家通過對「姦」罪進行懲治所希望維繫的那些利益與權威。

一、被視為構成不孝的那種婚內性行為

　　有沒有一些在婚姻關係內發生的性行為會被當作性犯罪，從而受到法律的懲處？以往的研究似乎認為無此可能性。但是，唐律將男子在為其父母服喪期間使妻子受孕的行為視為一種犯罪，對其處徒刑一年。[22]《元典章》記載了一起發生於大德二年（1298）的案例。在該案中，一名千戶在為其父服喪期間成親，結果被以「不孝」罪罷職，並被強制與其妻離異。[23] 明清兩代的法律亦禁止居喪期間娶妻或納妾，並對那些居喪期間發生的犯姦罪行加重懲處。[24] 明代的一些法律注疏者還力主，應對那些在發生時機上有違孝道的婚內性行為加以懲處（儘管明清兩代的法律中均無相關條文）。例如生活在16世紀的明代官員王肯堂便主張，在為父母服喪期間內生子者，應比照「不應重」律處以杖刑。[25]

---

[22]《唐律疏議》（北京：中國書店，1990），卷12，頁7a。
[23]《元典章》（北京：中國書店，1990），卷41，頁2a。在元代的法律中，被歸為「不孝」的另一種情形為「服內宿娼」。
[24] 薛允升著，黃靜嘉點校，《讀例存疑（重刊本）》（臺北：中文研究資料中心研究資料叢書，1970），律105-00、律372-00。
[25] 參見薛允升，《唐明律合編》，頁24a。

與王肯堂同時代的另一位法律注疏者甚至走得更遠，他主張應當恢復唐律所採用的那種嚴懲方式。上面所引的文獻，均未將夫妻之間那種在發生時機上有違孝道的性關係視為「姦」。然而這位法律注疏者卻提出一種貌似自相矛盾的見解：「夫姦妻有罪。」夫妻之間的性行為是如何構成「姦」的？

> 姦者，婚不以禮曰姦。謂居父母喪內，其妻有孕，則是忘親貪淫，故所得孕，合得杖六十，徒一年也，故謂夫姦妻有罪。[26]

　　「婚不以禮」一句，呼應了前述伏勝和賈公彥所言。這位法律注疏者對「姦」字的使用，或許顯得有些反諷，然而他所要強調的是，性關係的基礎應是「禮」而非肉慾。他所謂的「禮」，並不僅限於形式主義意義上的儀式，更是藉以管理人際關係的道德標準。在儒家所建構的家庭架構中，孝道是最至高無上的「禮」。孝道甚至被認為應支配夫妻間的性行為，特別是當確保父系血統和延續祖先香火被當作性行為所宣稱的目的之時更是如此。一旦發生有損孝道的淫行，就算是夫妻間的性行為，也可能會被視為不道德和有罪。惟有恪守儒家道德，而非只是採用那些外在的儀式，才能使性關係具有合法性。[27]

　　在明清時期的法律中，最能體現這種思維的，或許是已訂婚的男女在舉行婚禮之前能否發生性關係的問題。清代援用了明代的一條「比附律條」，[28]規定「男女訂婚未曾過門，私下通姦，比依子孫違犯教令律，杖一百」。[29]

---

[26] 《刑台法律》（北京：中國書店，1990），〈名例副卷〉，頁 12b–13a。

[27] 上述這段引文，是該法律注疏者為了闡明法律的深層含義而提出的幾種悖論之一。例如緊接此句的另一話題是「子殺父無刑」，而對這種看似荒謬的行為的解釋是說，普通的「五刑」皆不足以懲罰子殺父這類駭人聽聞的罪行，因此應處以「凌遲」極刑，參見《刑台法律》，〈名例附卷〉，頁 13a–13b。

[28] 「比附律條」是指將既有的法律條文通過比附擴展適用於律典所未能涵蓋的某些罪行，參見黃彰健編著，《明代律例彙編》（臺北：中央研究院歷史語言研究所，1979），頁 1027–1069。「比附律條」的另一個例子，是本書第四章中所討論的明代關於男子間發生同性性行為在法律上如何處置的問題。關於通過比附進行判決的一般性討論，參見 Derk Bodde and Clarence Morris, *Law in Imperial China, Exemplified by 190 Ch'ing Dynasty Cases* (Cambridge, MA: Harvard University Press, 1967), pp. 32, 175–178, 518–530.

[29] 參見黃彰健編著，《明代律例彙編》，頁 1042；薛允升，《讀例存疑》，第 5 冊，頁 1311。

在這一規定中,上述那種過早發生的性行為之所以被界定為「姦」,並不僅僅只是由於此行為是發生在婚姻關係之外,而且還因為此行為無視男女雙方家長的權威,而婚姻的合法性正是取決於雙方家長的同意。

下述這一可補充說明此點的例證,源自清代對貞節的崇拜。乾隆七年(1742),一名童養媳被旌表為貞節烈女。[30] 該女子的未婚夫企圖提早與她發生性關係,但她對此奮力抵抗而致喪命。由於男方父母尚未正式同意,這種提前要求發生性關係的作法,就越過了女性貞節的嚴格界線。旌表詔令對該女子在拒絕「夫之私欲」方面所表現出來的「以禮自持」加以讚揚。這種措辭,呼應了那些對清代處理性犯罪的態度有著深遠影響的傳統標準。後者強調,賦予性行為以合法性的原則為「禮」,意即子女對父母權威的順從。這種對父母權威的順從,甚至要優先於即將成婚的女子對其未來夫婿的順從。[31]

二、合法婚姻內強迫發生的性行為

在理想狀態中,即使是夫妻間的閨房秘事,也應當受到儒家內在道德的支配。若果真如此,那麼丈夫違背妻子的意願而強迫與其發生性關係,這種行為在法律上的立足點何在?這種強迫是否違反了「義」或「禮」(此二者界定了何謂合法的性關係)?

實際上,中國帝制時期的法律並不對那些強迫其妻子與自己發生性關係的丈夫們進行懲罰。西方的法律制度也採取了相同的立場,直到最近才有所改變。將中國的情況與西方關於強姦的法律當中的「婚內豁免權」(marital exemption)做一個簡單的對比,或許有助於釐清這種在中國更為普遍的模

---

[30] 童養媳自幼即受其未來夫婿的家庭撫養,當她和其未婚夫達到適當年齡時即可成婚。這可以省掉一筆結婚開支。臺灣地區的這種習俗已經有詳細的記載,參見 Margery Wolf, *Women and the Family in Rural Taiwan* (Stanford, CA: Stanford University Press, 1972); Arthur P. Wolf and Chieh-shan Huang, *Marriage and Adoption in China, 1845–1945* (Stanford, CA: Stanford University Press, 1980). 清代的案件紀錄也顯示,這種習俗在清朝統治的漢人地區普遍存在。
[31] 參見《(光緒朝)清會典事例》,卷403,頁508。

式有何特殊之處。從古羅馬開始，西方的法律傳統便主張新郎新娘雙方的「自主同意」（free consent）是合法婚姻的最基本前提。歐洲中世紀的教會法庭大幅強化了這項基本信條，將婚姻界定為兩個平等的靈魂基於其各自的自由意志在上帝面前進行的聖禮。無論家長是否不滿，即使是男女雙方個人的口頭承諾，也可構成具有約束力的婚姻契約。通過這種方式，教會的婚姻法將締約雙方的「自主同意」確立為現代契約法的必要條件（sine qua non）。[32]

具有諷刺意味的是，女性有權自主決定結婚的這一信條，後來引出了西方關於強姦的法律規範中所稱的「婚內豁免權」。依照教會法，女性對婚姻的同意必須出於其自願，但一旦作出承諾，便無法撤回。此外，夫妻雙方一旦結合，就相互負有為對方提供性服務的「婚姻義務」，對此雙方均不能拒絕履行。在理論上，這種義務對夫妻雙方具有同等的約束力，但目前並未見到有任何關於為何妻子不能因強姦其夫而被問罪這一問題的學術論述。另一方面，直至相當晚近，西方的法學家們始終堅持丈夫不可能「強姦」其妻，因為他們認為妻子不能撤回結婚時依照自己意志所作的那種承諾。妻子在法律上相對應於丈夫的身分，致使她無法主張那種成立強姦罪時所必須具備的「未同意」。[33]

中國帝制時期的法律在實踐中產生了同樣的效果，但卻是建立在一種與西方截然不同的意識形態之上。無論是在法律上還是風俗習慣當中，締結婚約的雙方是新郎新娘各自的父親（或代行家長之責的其他人士）。婚約的締結，毋須徵得男女雙方當事人的同意。中國和西方在婚姻傳統方面的這種差異，在其各自採用的婚姻儀式上有所體現：從古羅馬時代開始，新婚夫婦雙

---

[32] See Harold J. Berman, *Law and Revolution: The Formation of the Western Legal Tradition*, Cambridge (MA: Harvard University Press, 1983), pp. 226–230; Brundage, *Law, Sex, and Christian Society in Medieval Europe*; Martin Ingram, *Church Courts, Sex and Marriage in England, 1570–1640* (Cambridge, MA: Cambridge University Press, 1987).

[33] See Brundage, *Law, Sex, and Christian Society in Medieval Europe*; Jennifer Temkin, "Women, Rape, and Law Reform," in S. Tomaselli and R. Porter, eds., *Rape: An Historical and Cultural Enquiry* (Oxford: Basil Blackwell, 1986).

方公開互換誓約就成了一種習慣性作法，而在中國，最典型的風俗則是將新娘送至新郎家中，新婚夫婦在男方家族的祖先牌位前面肅穆地行叩拜之禮。[34] 中國的婚姻儀式所象徵的，並非個體靈魂在全知全能的上帝面前行使其自由意志，而是成年子女服從其家庭角色和孝道義務。因此，中國帝制時期的律學家們無須假稱妻子的同意在婚內性行為中占有一席之地。事實上，女性的「和」是使「和姦」這種罪行在法律上得以成立的專門條件。中國的法律專家們似乎無人認為有必要考慮「婚內強姦」的概念，甚至不認為這是一種需要加以駁斥的謬論。

乾隆十二年（1747）奏報的一起發生於山西馬邑縣的案件顯示，合法的丈夫強迫其妻和他發生性關係的那種行為，與法律無關。在該案中，一位名叫王氏的農家女孩（13 歲）嫁給任順之子任天福為妻。據該案的案情摘要所言，王氏「每和衣而睡」。如此四個月後的某夜，「任天福欲令王氏脫衣睡寢，王氏弗從，任天福忿怒，即持柴條毆傷王氏」。任天福此舉導致王氏身體左側自肩膀以下至腿部多處受傷。翌日，女孩之母黃氏前來邀女兒回娘家村中看戲。黃氏抵達任家時，任家之中除了王氏，並無其他人在家。眼見自己的女兒看起來很沮喪，黃氏便追問原委。「詢知情由，將王氏引領歸家，王氏因左胯被毆步履維艱，……回至家內解衣驗看，見有多傷，氣忿莫釋，欲將天福毆打洩忿。」於是她帶著女兒和侄子王昌返回任家。兩家之間為此發生鬥毆，王昌將任順毆打至死。

在法律上，這是一起殺人案件。王昌被依「鬥殺」判處絞監候。審理此案的縣官認為，黃氏雖未參與殺人，但她「喚同王昌前往肇釁」，行為失當，故而依「不應重」律處杖八十。[35] 至於其婿「任天福所毆伊妻王氏，傷痕並非折傷，照律勿論」。任天福亦無須為其與黃氏的毆鬥承擔法律責任。黃氏之女王氏則因「年幼，且被毆傷，應免置議」，而獲得寬宥。

---

[34] See Brundage, *Law, Sex, and Christian Society in Medieval Europe*, p. 88.
[35] 除犯姦、不孝和偷盜等罪行外，明清兩代的法律允許女子以贖金代替笞杖刑。參見薛允升，《讀例存疑（重刊本）》，例 001-14、例 001-15、律 020-00。

在該案的案卷紀錄中，從頭到尾均未出現「姦」字，更遑論那個代表強行發生非法性行為的法律術語——「強姦」。由於王氏與任天福的婚姻是經過雙方父親同意的合法關係（案情摘要在開篇之處便明確指出了此點），因此「姦」並非本案要考慮的重點。王氏的經歷，只是為了說明這起命案的背景而被記錄在案。任天福的上述行為，完全是在丈夫對其妻所擁有的法律特權範圍之內。相反，王氏的反抗才屬不當，因為其母為此而受牽連，並間接導致上述命案的發生。[36]

但是，即使妻子違抗其夫，關於丈夫加諸其妻身上的哪些暴力行為可以得到豁免，其範圍仍然在法律上有所限制。正如上述案件的題本所暗示的，丈夫有權毆打其妻子，但僅止於未造成「折傷」（「折傷」是指骨骼或牙齒被打斷，或造成其他更嚴重的傷害）。在大多數的情形中，若丈夫殺死其妻，則其本刑為絞刑，並須移交秋審會審。在一年一度的秋審大典中，大多數的死刑罪名，均會被按照一種延後行刑或減刑的原則重新酌情量刑（通常是減為某一等級的流刑）。清代的秋審條例規定，若丈夫殺死的是「不順」或「不孝」的妻子，則可被大幅減刑。[37]「不順」當然包括拒絕與其夫發生性關係，但這並不意味著丈夫那些恣意妄為針對其妻的性虐待亦屬正當。只有當丈夫的暴力行為多少尚符合標準的婚姻基礎時，才會被改判緩決。

乾隆四十九年（1784），乾隆皇帝通過將秋審時遇到的兩起丈夫被判以「故殺」其妻的罪名的案件加以對比的方式，談及上述問題。在第一起案件中，陳明貴之妻林氏嫌棄丈夫貧窮，而與陳明貴之母發生爭吵，還多次表示想離開陳明貴。當陳明貴斥責林氏時，她便轉而謾罵陳明貴之母。於是陳明貴將林氏勒死。乾隆皇帝就此案批覆道：

---

[36] 參見《中央研究院歷史語言研究所現存清代內閣大庫原藏明清檔案》，（臺北：中央研究院歷史語言研究所，1986–1995），檔案號：150-106。
[37] 參見剛毅，《秋讞輯要》（臺北：文海出版社，1968），卷2，頁58a–61b；林恩綬等編，《秋審實緩比較成案》（清光緒二年（1876）刻本，現藏斯坦福大學胡佛研究所），卷4，頁6a–25a；薛允升，《讀例存疑（重刊本）》，例411-7，評論部分；Bodde and Morris, *Law in Imperial China, Exemplified by 190 Ch'ing Dynasty Cases*, p. 138.

> 如此悖倫逆理之婦，實為法所不容……是陳明貴之殺妻實由伊妻忤逆，與逞兇故殺有間。娶妻本為養親，而明刑即以弼教。陳明貴一犯將來秋審時，即該部按例入情實，亦不予勾也。

在第二起案件中，王添富因其妻于氏拒絕與他發生性關係，於是不僅對她拳打腳踢，還殘忍地用火鉗炙燒其外陰，導致于氏當即殞命。

> 該犯年已三十餘，于氏年甫十七，乃以不肯與伊同寢，頓起殺機，毆烙並施，殘忍已極。……將來秋審時自當情實予勾，以儆兇殘。

乾隆皇帝寫道，「一由義忿，一逞淫兇，其間權衡輕重分別辦理」，以此作為對上述兩起案件的總結。

前述由皇帝本人所做的案情對照相當重要。第一起案件中的妻子嚴重蔑視那些支配婚姻的道德標準，尤其是孝道。這種蔑視本身即應被視為罪犯，故而其夫感到憤怒乃至採取暴力行為完全正當，儘管將她殺死算是反應過度。乾隆皇帝將該男子的這種憤怒稱為「義」，而這正是那種藉以界定合法性行為的本質之所在。但在第二起案件中，丈夫的唯一動機是淫慾，而這一理由為婚姻關係所不容。于氏的確拒絕與其丈夫發生性關係，但案情紀錄中並沒有提及她有其他不順的行為（若還有其他不順的行為，則理當會被詳細記錄在案）。還有，由於這一事件是發生在新婚之夜，于氏的拒絕之舉，或可更多的被歸因於其端莊矜持而非蓄意不順。王添富這名成年男子在懲戒他的那位年輕新娘時應有所節制；他可以教導她如何履行婦道，而非將她折磨至死。我們應注意的是，皇帝的義憤，與這起案件中丈夫違背其妻子本人的意願或同意完全無關；激起皇帝心中怒火的，乃是妻子的過錯和丈夫的暴行之間的那種極度失衡。[38]

道德方面的權衡，對殺妻案件的判決影響甚大。明清時期的法律皆規定，若丈夫捉到正在與人通姦的妻子，可將她和姦夫殺死而無罪，但條件是須當場殺死。易言之，只要丈夫是出於「義忿」而殺死威脅到自家和家族血

---

[38] 參見剛毅，《秋讞輯要》，卷1，頁51a–51b。

統之基本完整的妻子,那麼殺妻的行為就有可能無罪。[39] 這是極少數允許皇帝以外的人有權合法剝奪他人性命的特殊情形。法律上的這種規定,讓人回想起漢代孝文帝雖然廢除了那些可怕的肉刑,但仍保留了宮刑,因為他相信有必要以此震懾那些擾亂他人血統的淫徒。

總而言之,妻子的同意並非合法性行為的前提。事實上,支配婚姻的那些規範要求妻子順從其夫,正如同它們要求丈夫須對妻子在道德上加以引導。因此,若丈夫強迫其妻與自己發生性行為,此行為並不屬於「姦」的範圍。毋庸贅言,真正對那些既包括性也包含暴力的婚姻關係加以支配的,不應該是情慾或其他以自我為中心的衝動,而應當是在更大的家庭秩序中依照自己的位置行事。只有與對這種秩序的維護相一致,丈夫方才可以使用暴力。

三、搶親:「成親」抑或「姦」?

通常情況下,婚姻是否成立相當清楚,故而此情境中的性行為是否合法亦毋庸置疑。但如果婚姻本身即有爭議,比如男子宣稱強迫她與自己發生性關係的那名女子乃是他合法娶進門的妻子,情況又將如何?

乾隆五年(1740)奏報的一起發生於四川瀘州的案件,可說明此問題。吳英稱其女吳大女(15歲)被一夥男子綁走,並被其首領楊登高「強姦」(吳英在訴狀中使用的是「強行姦汙」這一法律用語)。楊登高在辯解中堅持聲稱吳大女乃是他的合法妻子。因此,審理此案的官員的調查重點,並非楊登高是否與吳大女發生過性關係(此點已無爭議),亦非楊登高在與吳大女發生性關係時是否採取了強迫手段,而是楊登高在與吳大女發生性行為之前是否已取得合法丈夫的身分。

調查結果顯示,楊登高曾託吳英的岳父馬錫祚作媒,為他物色妻室人選。馬錫祚又轉託劉士學安排親戚之女嫁給楊登高。楊登高經由馬錫祚和吳

---

[39] 對此律的詳細討論,參見 Marinus J. Meijer, *Murder and Adultery in Late Imperial China: A Study of Law and Morality* (Leiden: E. J. Brill, 1991).

英之手，轉交了十兩銀子的「聘金」給劉士學。但劉士學在花光了這筆錢之後便不知所蹤。而事實上，女方父親從一開始就從未同意過這門親事。楊登高試圖向劉士學之父討回這筆錢，但徒勞無功。最後由吳英出面擔保會還錢給他。

但三年後，楊登高仍未討回這筆錢，也未娶到妻子。楊登高供稱，其表叔告訴他說：「吳英有個女兒差不多年紀，如今向人傳說定的是他女兒，等他告狀再買幾個硬干證與他打官司，不怕他的女兒不與你。」楊登高於是試著散布這一謠言，但吳英並不對他加以理會。因此，「小的與表叔商量，（表叔）叫去搶吳英的女兒」。楊登高同意了。為了找幫手，他請了15位朋友喝酒，並在告訴這些人時，「只說是小的聘定的婚姻，女家不肯叫娶，請他們同去接來」。

楊登高的朋友們同意照此行事，並陪同楊登高抬著花轎，在某日黎明前來到吳家。吳英去了成都經商，只有其妻女在家。吳大女後來指證說：

> 黑早小女子才起來，被楊登高抱去綁在椅子上，抬到他家，有兩個婦人拉住小女子與楊登高拜堂，關在房裡，當夜就被楊登高強姦了。

在該案第二次開堂審理時，她就此詳述道：「那夜楊登高就拉破小女子的衣服，強逼成姦，日裡仍把小女子關在房裡。」

在這些供詞中，吳大女使用了符合強姦之法律定義的措辭（當然，其證詞可能稍經剪裁，以強化案件書面報告前後內容的一貫性）。然而，即使是在其最後的供述中，楊登高也堅持採用截然不同的語言來描述整起事件的經過。他承認強行綁架了這名女孩，但堅稱在回到他家後，「小的祖母胡氏同弟婦溫氏拉住大女拜堂，那晚成親的」。不過，審理此案的官員認為，儘管楊登高也舉行了抬花轎迎親、在祖宗牌位前叩拜等類似合法婚姻的儀式，但仍不具有對吳大女的法定權利。楊登高顯然是想讓吳家面對生米已成熟飯這一既成事實，故而在吳家告官之前先發制人。楊登高似乎認定吳英將寧可接

受這樁「婚姻」，也不願因控告自己將其女綁走並強姦，而在眾人面前蒙羞並使事情更加惡化。

楊登高在秋審時最終被依「強奪良家妻女姦占為妻妾」律處以絞監候。此一刑罰與對強姦罪的懲處相同，並獲得皇帝的簽批。「強奪良家妻女姦占為妻妾」律中所用的措辭相當關鍵。該律文以「強」此一法律用語，來強調罪犯獲得女子的行為之非法性：該女子並非經由其父同意的合法婚姻儀式而被娶進家門。「姦」這一術語更進一步重申了此要點，無論此類罪犯是如何「如同」對待其妻或妾那樣對待該女子。[40]

在此案中，法律所關心的焦點是婚姻本身的合法性，而這正是「強」如何與此相關的原因所在。在歐洲中世紀的教會法中，對那些與此類似的案件的判決，乃是取決於發生性行為之前女方是否依照她自己的意願而同意結婚。[41] 而在中國，最重要的問題則是女方父親是否同意締結一個具有法律約束力的婚約。正是女方父親的同意，才能賦予丈夫以權利。但是，在這兩種法律傳統中，婚姻的合法性皆決定了性行為的合法性。女性本身對性行為的感受，在法律上沒有意義。

第三節　主人與其女性奴僕發生的性關係

我們是否可以據上所述而得出結論說，合法婚姻之外的所有性關係，皆會被作為性犯罪加以懲處？關於此點，有兩種基於身分等級的重要例外情形。一種是與賤民身分的娼妓發生的性關係，本書第六章將會對此詳加討論。此處將先檢視主人與其女性奴婢發生的那種性關係在法律上的立足點。

適用於這種關係的法律原則有二，瞿同祖稱之為標誌著傳統中國法律之特徵的兩種特殊主義。其一為法律身分等級上的差別：所有良民的法律身

---

[40] 參見《內閣刑科題本》，北京：中國第一歷史檔案館藏，68/ 乾隆 5.10.27。
[41] See Brundage, *Law, Sex, and Christian Society in Medieval Europe*, pp. 470–471.

分，均高於奴隸和其他有著賤民身分之人；其二為家庭內部的等級體系：主人與奴僕間的關係，是視作以家庭為基礎的特殊主義之延伸。[42] 中國帝制時期的法律，賦予一家之長以相對於家中其他從屬成員（例如丈夫或父親對其妻子或孩子）的特權。若這些從屬成員正好是奴隸、僕人或「雇工人」，則上述兩種等級體系便相互重迭；這類人在法律上的附屬性也因此更為強烈。

法律專家們認為，所有的性行為均帶有等級與支配的意涵，其基本模式為社會性別等級關係（男性在交媾過程中用陰莖插入女性的陰道，並藉由此舉征服女性）。因此，法律一向對那些男奴向上僭越身分界線而與其主人家中女性成員犯姦的行為嚴加重懲。早在漢代以前，便有對此加重處刑之例。[43] 與同等法律身分的非親屬之間發生的那種犯姦罪行相比，對此種僭越身分的犯姦之舉所處的刑罰尤為嚴厲。自唐代至清代的律典均規定，若有此行徑的女性當事人為家長的妻女、妾或其他一等親，即使是雙方自願的行為，也應判處死刑。[44] 此類行為因是低身分等級的男奴針對高身分等級的主人家中的女性成員所為，違反了身分等級制度，因此這種性行為和社會性別方面的支配關係，乃是與「主流」的身分支配關係背道而馳。

一、主人的特權

若主人向下跨越身分界線而與自家的女性奴婢發生性關係，又將如何處理？在很長一段時間裡，一種類似於婚內豁免權的相關制度，保障了主人的此種性特權。[45] 然而，那種關於主人和家中女性奴僕之間所發生的性關係的法律觀念，後來隨著時間的流逝而發生了變化。

---

[42] See Ch'ü, *Law and Society in Traditional China*.
[43] 參見張晉藩、王志剛、林中，《中國刑法史新論》（北京：人民法院出版社，1992），頁424。
[44] 例如薛允升，《讀例存疑（重刊本）》，律37-00、例37-01、例37-02、例37-03；律373-00。
[45] 瞿同祖對主人享有的這種性特權有相當好的分析，但他忽略了歷史變遷，其原因在於其專著的主要論點是認為中國帝制時期的法律始終處於一個基本停滯不前的狀態，參見 Ch'ü, *Law and Society in Traditional China*, pp. 198–199.

唐律中有針對「姦」婢女行為的刑罰，但唯有當該婢女系為他人所擁有時方才成立此罪名。「姦」這一術語並不被用來指稱主人與自家的婢女發生性關係的情形：「即良人姦官私婢者，杖九十……姦他人部曲妻、雜戶、官戶婦女者，杖一百。」[46] 相較於同等身分者之間犯「姦」會被處以徒一年半，上述刑罰顯然較輕。根據《唐律疏議》中的律疏，「明姦己家部曲妻及客女各不坐。」[47] 此外，薛允升注意到，無論是唐律的律文本身還是其律疏，均未提及家中婢女的問題，[48] 這顯示唐代的法律專家們從未考慮過將那些懲處「姦」的法律用於處置主人與其婢女之間發生的那種性關係。[49] 實際上，唐律的律文在言及主人與其家中女性奴僕發生的性關係時，所使用的字眼是聽起來非常正面的「幸」。例如，有一條律文明確規定道：「即姦父祖所幸婢，減二等。」[50] 此律當中所用的「姦」與「幸」這兩字的對比，凸顯了前一種性關係的非法性和後一種性關係的合法性。

二、展現法律觀念變遷的證據

我們可以在自唐代至元代的法律話語中發現這種微妙的變化。《元典

---

[46] 唐律這一律文的全文，詳見本書附錄 A.1。在唐代，部曲、雜戶、官戶和奴婢構成了有著賤民身分的被奴役勞動者的不同類別，類似奴隸和農奴。官戶、雜戶和官奴婢屬於官府所有，其人身自由度依次遞減。部曲是私家所有的男性「半奴隸」，其身分地位僅略高於一般的奴婢，主人只能將他們「轉讓」給其他人，而不能將其徹底售賣。奴婢則被完全視為其主人的財產。參見 Ch'ü, *Law and Society in Traditional China*, pp. 158–160.

[47] 《唐律疏議》，卷 26，頁 15a–15b。

[48] 關於宋代的婢，參見 Patricia B. Ebrey, *The Inner Quarters: Marriage and the Lives of Chinese Women in the Sung Period* (Berkeley, CA: University of California Press, 1993), pp. 218–219（宋代關於此議題的法律源自唐律）。關於 20 世紀初香港地區的婢，參見 Maria Jaschok, *Concubines and Bondservants: A Social History* (London: Zed Books Ltd., 1988); Rubie S. Watson, "Wives, Concubines, and Maids: Servitude and Kinship in the Hong Kong Region, 1900–1940," in R. Watson and P. Ebrey, eds., *Marriage and Inequality in Chinese Society* (Berkeley, CA: University of California Press, 1991). 白馥蘭（Francesca Bray）對擁有妻、妾與婢的菁英家庭中圍繞生育子嗣與母親身分所發生的家庭政治問題有過分析，參見 Bray, *Technology and Gender: Fabrics of Power in Late Imperial China*, pp. 351–368.

[49] 參見薛允升，《讀例存疑（重刊本）》，例 370-01，評論部分。

[50] 亦即比照姦已生子之父祖妾所應受的絞刑減兩等處刑。

章》規定：「主姦奴妻，難議坐罪。」[51] 元代法律與唐律的不同之處在於，儘管同樣也不對此種行為加以懲處，但此種性關係在元代的法律中被稱為「姦」。元代的法律明確規定，若奴僕之女已與良民訂婚，她本身即應被視為良民。因此，法律禁止其父的主人對她「欺姦」，否則該主人將被處以杖一百零七，即強姦未婚良民女子的良民所應受的那種刑罰。[52] 當然，這一規定也暗示，那些尚未與良民訂婚的奴僕之女，仍是其主人合法的玩物，「欺姦」她們並不算強姦。和唐律一樣，元代的法律亦未提及主人與其家中奴婢間發生的性關係。不過，元代的法律明令禁止主人強迫婢女為娼，受主人如此逼迫的婢將會被「放從良」。因此，儘管良民女性的貞節標準並不適用於婢女，但惟有其主人才有權要求她們提供性服務，且不能強迫她們淪為同屬賤民的身分世襲的娼戶。[53]

明律也未提及主人與其女性奴僕之間發生的「姦」。據薛允升所言：「蓋無罪可科，故不言也。」[54] 16 世紀的明朝司法官員雷夢麟對此有更詳盡的解說：

> 不言家長姦奴雇工之妻者，豈律故遺之哉？蓋家長之於奴雇，本無倫理，徒以良賤尊卑相事。

易言之，「姦」違反了那些構成良民間關係之規範性基礎的「倫理原則」，但「姦」字並不適用於主人與其家中那些地位卑微的奴僕之間發生的性關係。實際上，雷夢麟非常明確地指出，奴僕這種身分，使得婢女不具備為法律所承認的那種貞節：「在婢，又服役家長之人，勢有所制，情非得已。故律不著罪。」

不過，雷夢麟相當鄙視那些自貶身分採取此舉的一家之長。他說道：「使若家長等姦奴雇之妻者，是尊者降而自卑，良者降而自賤，其辱身已甚矣。」

---

[51]《元典章》，卷 45，頁 1b。
[52] 參見宋濂，《元史》，頁 2655。
[53] 參見薛允升，《唐明律合編》，卷 26，頁 25a。
[54] 薛允升，《讀例存疑（重刊本）》，例 370-01，評注部分。

雷夢麟在這裡所表露出來的那種鄙夷，並非是由於此類行為侵犯了女性的貞節或其夫的特權，而是因為主人身為一家之長卻缺乏自制力，顯得很不體面。雷夢麟對此相當反感，故而建議對這種性關係加以處罰：「……各問不應，杖罪為當。」[55] 他的這種否定態度，與唐律及其律疏形成了鮮明的對比，後者對於身分等級制度所賦予的特權毫不置疑。

三、清代對主人之性特權的褫奪

清代的立法者或許受到雷夢麟上述評注的影響。清朝立國伊始，刑部便規定：「凡姦有夫之僕婦者，責二十七鞭。」[56] 在迭經數次修訂之後，這項法令演變為下述的例，並於雍正三年（1725）纂入律典：

> 若家長姦家下人有夫之婦者，笞四十；系官，交部議處。[57]

與那些針對姦罪所採取的處置措施之標準模式的不同之處在於，此例並未區分「和姦」與「強姦」。這或許是由於考慮到此類情形所涉及的那些權力關係，故而認為做上述那種區分並無太大意義。而且，針對此類行為的懲罰如此輕微（屬於清律中最輕的刑罰之一），顯示出此類性犯罪在嚴重程度上被認為要遠輕於同等身分者間發生的性犯罪（對強姦同等身分女性之人的處刑為絞監候），更加不用說相較於向上僭越身分界線的那種性犯罪所受到的懲罰。不過，清代的這一規定應當被看作是大幅偏離了之前的律文傳統，因為從唐律到明律皆完全不對此類性關係加以處刑。

這條例文僅適用於已婚婦女。乾隆三年（1738）頒行的另一條例亦復如此：

> 凡家主將奴僕之妻妄行占奪，或圖姦不遂，因將奴僕毒毆，或將其妻致死，審明確有實據，及本主自認不諱者，即將伊主不分官

---

[55] 轉引自薛允升，《讀例存疑（重刊本）》，例 370-01，評注部分。
[56] 《（光緒朝）清會典事例》，卷 825，頁 994。
[57] 參見薛允升，《讀例存疑（重刊本）》，例 370-01；《（光緒朝）清會典事例》，卷 825，頁 993–994。

員平人，發黑龍江當差。[58]

這些例文暗示，即使丈夫的身分為奴僕，他至少在名義上仍享有對其妻子的性獨占權。

但是，我們能否據此推斷說，那些奴僕身分的未婚女性此時仍是其主人的合法玩物？婢女的法律地位在清代有些模棱兩可，但可以肯定的是，其主人仍能享有她們的性服務。不過依照清代法律的規定，婢女一旦與其主人發生性關係，便不再被視為一般的奴僕，而是主人的次等配偶，無論其主人本身對此承認與否。但在唐代，只有在禁止亂倫的嚴格意義上（禁止婢女與她主人的其他男性親屬發生性關係），才會如此。唐律對奴婢的身分地位所採取的態度相當明確。在通常情況下，唐律甚至禁止主人將其婢女正式提升為妾。若婢女為其主人所「幸」並生兒育女，則「聽為妾」。但婢女即使生兒育女，也不保證她的身分會自動地發生變化。唐律在法律上將這種選擇權賦予主人，只要主人願意將其所「幸」的婢女提升為妾，他便可提升該婢女的身分，不過得先正式解除她的奴籍。[59]

然而，到了清代，順治十二年（1655）的一起中央案件顯示，與其主人發生了性關係的婢女此時在法律地位上有了一些變化。一名駐守江寧（今南京）的滿人官員在福建作戰時買了一名漢人婢女。當這名漢人婢女得知其主人已有妻室時，她十分妒嫉，於是企圖以巫術使那名原配妻子生病和設法讓主人更寵愛自己。但這位滿人官員發現了該婢女的所作所為，於是將她交給官方懲處，並表示不再要她。在清律中，以巫術害人的行為應比附「謀殺」律論處。[60]官府對此案的初判認為，該婢女企圖傷害其主人之妻，依律當斬。

---

[58] 《（光緒朝）清會典事例》，卷810，頁845。這一例文於乾隆四年（1739）時在一起案件的判決中得到援引，該案的審判官員引用此例對一名現居京師的滿州旗人加以懲處，因為後者為了能恣意占有他的一名男僕的年少孫女而殺死了該男僕，參見《內閣刑科題本》，70/乾隆4.9.12。

[59] 參見《唐律疏議》，卷13，頁14a。

[60] 關於運用比附的方法來審判案件，參見 Bodde and Morris, *Law in Imperial China, Exemplified by 190 Ch'ing Dynasty Cases*, pp. 175–178, 518–530.

但三法司覆審這一案件後,將其刑罰減為杖流。三法司據以改判的理由是,「此婦明與其主親厚,即不可以奴婢論矣」,故應依「謀殺緦麻以上尊長已行」律處置。⁶¹ 換言之,由於主人與這名婢女發生了性關係,她便在法律地位上被自動提升為其主人家庭的成員,無論其主人對此是否承認。那麼她變成了哪一類家庭成員呢?這名婢女並不能算作妾,因為妾與正妻的關係屬於五服制度中的第二等即齊衰,企圖謀殺正妻的妾應被處以死刑。⁶² 儘管存在上述模棱兩可之處,但三法司的最終判決顯示,對於清代的法律專家們而言,主人一旦與其婢女發生了性關係,便意味著兩者之間構成某種次等的配偶關係。⁶³

清代在此方面的另一項變革,見於雍正十三年(1735)頒行的一條例文。該條新例對婢女的主人課加了新的責任:

> 凡紳衿庶民之家,如有將婢女不行婚配,至令孤寡者,照不應重律杖八十;系民的決,紳衿依律納贖,令其擇配。⁶⁴

這一法律無疑確被加以執行,至少當此類違法行為引起高層司法官員的注意時如此。例如,在乾隆三年(1738)奏報至中央的一起來自貴州貴築縣的案件中,一位主人便因為沒有將其擁有的一名婢女(25歲)婚配他人而受到處罰。這名婢女與兩名男子私通,其中一人出於嫉妒而謀殺了另一人。主審此案的官員及其上峰均認為,該婢女的主人對上述罪行負有間接責任,因為該主人若能適時為其婢女安排婚姻,便可避免她與那兩名男子私通以及接下來發生的命案。⁶⁵

於是,至雍正朝晚期,清代的法律便規定主人應為已成年的婢女安排婚

---

⁶¹ 薛允升,《讀例存疑(重刊本)》,律 284-00。
⁶² 事實上,該案中的這名女子既未被視為奴,亦未被視為妾,否則她將受到更嚴厲的懲罰。對五服制度的介紹和解釋,參見 Bodde and Morris, *Law in Imperial China, Exemplified by 190 Ch'ing Dynasty Cases*, pp. 35–38. 妾與正妻之間的服制關係,參見吳壇編纂,馬建石、楊育棠校注,《大清律例通考校注》(北京:中國政法大學出版社,1992),頁 84–85、125。
⁶³ 參見《內閣刑科題本》,1007/ 順治 12.4.13。
⁶⁴ 薛允升,《讀例存疑(重刊本)》,例 117-01。
⁶⁵ 參見《內閣刑科題本》,155/ 乾隆 3.3.27。

姻,並禁止主人與任何附屬其家的已婚女性發生性關係。此外,若主人和他的某位未婚婢女發生了性關係,則該婢女便自動成為他的家庭成員,至少在法律上被視為某種次等的妾。總而言之,這些清代的法令暗示,主人應盡可能避免與其婢女發生性關係,且要為她們安排適當的婚姻,除非主人自己打算納她為妾。藉由此種方式,那種任何女性都應該成為人妻的要求,在適用範圍上被擴展至前所未有的程度。

此外,在18世紀,當國家對貞節的崇拜被大幅擴展適用於那些身分低微的女性時,婢女、僕婦、雇工人之妻均獲得了可被旌表為貞節烈女的資格。旌表這些婢女、僕婦、雇工人之妻出身的貞節烈女的方式,是專門撥款為其建造貞節牌坊,但並不在當地的節孝祠中立牌位將其供奉。在當地的節孝祠中立牌位加以供奉,乃是旌表貞節烈女的通常作法。而婢女、僕婦、「雇工人」之妻被排除於祠廟之外,顯示了其卑微身分在某種程度上仍是汙點(與之相比,妾則有資格獲得完整的榮譽)。然而,無論如何,女性奴僕得以被旌表為貞節烈女這一事實,顯示了她們被相信也能擁有類似於良民妻子的貞節。[66]

在乾隆四十九年(1748)奏報至中央的一起來自福建隆溪縣的案件中,上述論斷可獲得進一步的強化。在該案中,一位名叫春梅的婢女(11歲)被其主人之家的某位鄰居強姦。[67]在公堂審訊時,春梅的主人出示了她的賣身契以證明其年齡。[68]而春梅則在證詞中自稱「小婢」,並不使用良民女子在此情況下所用的那種典型稱謂(例如「小女子」)。這裡的關鍵之處在於,

---

[66] 參見《(光緒朝)清會典事例》,卷403,頁508、513–516。例如在乾隆十年(1745)發生於河南扶溝縣的一起案件中,雇工人之妻陳氏因抵抗其主人之弟的強姦而被殺。她獲得了官府的旌表,雖然人們不得在當地節孝祠中為其立牌位,殺害她的兇手也被處以絞監候,參見《內閣刑科題本》,123/乾隆10.6.10。

[67] 明代白話小說《金瓶梅》中的女主角之一、西門慶宅中的那位丫環也叫「春梅」(譯者註:英文原書此處誤將潘金蓮的閨名寫為「春梅」,現予更正)。本案中的這位主人也許是一位白話小說愛好者。

[68] 嚴格來講,此女「同意」與那名男子發生性行為,但如果她未滿12歲,則該男子的這種行為將會被視同「強迫」加以懲處,參見本書第三章。

春梅的婢女身分絲毫未使那名強姦犯的刑罰有所減輕，後者被依照強姦一般良民女子的那條律文判處絞刑。[69]

從律典的文字表述來看，此時仍保留了源於一條明代舊律的內容，即「良人姦他人婢者，減凡姦一等」。然而到乾隆五年（1740）時，這條律文已被如下新加的小注做了修正：「如強者，仍按凡論，擬絞監候。」[70] 易言之，若強姦他人的婢女，則應受到與強姦良民妻子同等嚴厲的懲罰。這意味著貞節標準被統一適用於不同身分等級的女性。

在清代菁英階層的日常生活中，主僕間的等級關係仍然相當重要。無論正式的法律規定如何變化，主人們實際擁有的特權可能並未被大幅減損。乾隆三年（1738）發生於直隸的一起案件，提醒我們應對此點加以注意。某天夜裡，一位名叫黃選的富翁吩咐其僕人之妻盧氏到他房裡侍酒。過了一會，黃選抓住盧氏，企圖將她強姦，但遭到盧氏的反抵。盧氏「掙扎跌地，黃選就勢撲在氏身，盧氏喊叫，家眾驚起，疑為被賊，持械俱至」。盧氏的小叔趙隆首先趕到現場。一進屋，趙隆便看到主人與自己的兄嫂在地上扭打。趙隆「一時羞忿，用棍擊黃選額顱一下，經伊父趙如貴吆喝而止」。黃選的傷勢並無大礙，但仍到官府控告趙隆，結果趙隆被依「奴婢毆家長」律判處斬立決。

但是此案在被覆審時，趙隆的刑罰被減為斬監候，而這也就有了免予死刑的可能性。原判刑罰被更改的理由在於，覆審官員認為，趙隆的動機可被諒解，儘管他持械擊傷其主人頭部的這種膽大妄為之舉不能被完全寬免。於是，當該案被提交秋審時，皇帝憐憫趙隆救嫂的動機，下旨進一步減刑。然而刑部提出異議稱：「趙隆雖因見親嫂被主強姦，氣忿棍毆一下，但系以僕擊主，名分攸關，應改緩決。」趙隆可能最終被判處流刑而非死刑。[71] 儘管刑部的題本將黃選的性侵犯之舉描述為「強姦」，且被他侵犯的是已婚女

---

[69] 參見《中央研究院歷史語言研究所現存清代內閣大庫原藏明清檔案》，檔案號：154-019。
[70] 《（光緒朝）清會典事例》，卷825，頁994。
[71] 關於清代的刑罰等級，參見 Bodde and Morris, *Law in Imperial China, Exemplified by 190 Ch'ing Dynasty Cases*, chapter 2.

子,但可能是由於強姦未能得逞,黃選似乎並未被以任何罪名治罪。[72]

或許會有人會據此得出結論說,歸根究底,朝廷終歸還是支持統治階層的特權。然而,從長時期的歷史觀點來看,此案的顯著特點在於,高層的法律專家們(包括乾隆皇帝本人在內)力圖在奴僕捍衛其兄嫂之貞節所作的正當防衛與主人在其家中所擁有的身分地位和權威應受保護的古老原則這兩者之間尋求平衡點。黃選主動興訟這一事實,顯示出他對自己擁有的特權信心滿滿。但是官府的反應則顯示,自唐代以降,在此問題上的司法觀念已然變化甚大。在唐代,很難想像皇帝會關心奴僕的貞節。

總結來說,唐律基本上是將主人要求自家的女性奴僕提供性服務視為主人因其地位而享有的特權,這種性關係不屬於「姦」的範圍,即便在對此加以稱述時,亦不使用「姦」字。然而隨著時間推移,這種性關係的法律地位發生了變化:到了明代,這種性關係已成為一種灰色地帶,儘管正式的法律並未規定須對此處刑,但諸如雷夢麟那樣的具有影響力的法律專家們均力倡同樣須對這種性關係加以懲處。清代的立法者則開始將主人與其家中那些已婚的女性奴僕發生的性關係視為犯罪,其後又規定主人應當為其所擁有的那些未婚女性奴僕安排婚姻。清代的立法者還進一步認為,主人與其婢女間發生性關係,意味著構成了一種準配偶關係。儘管其確切的身分依然模糊,但那些與主人發生性關係的婢女,已不再是主人家中之家庭成員以外的奴僕。此外,關於強姦的法律和18世紀對貞節烈女的旌表均認為,婢女有著近似於良民妻子的貞節標準。

整體而言,中國帝制晚期法律的一個明顯趨勢,是將適用於良民的婚姻家庭規範(特別是女性貞節)大幅擴展至將女性奴僕也包括在內,進而縮小並最終消弭了那些發生在主流婚姻之外但卻為法律所允許的性關係得以存在的空間。由於雍正朝和乾隆朝早期所頒布的那些重要法令,這一過程在清代得到了加速。儘管這類法令的實際影響仍有待考察,但它們顯然是將性道

---

[72] 轉引自韋慶遠、吳奇衍、魯素編著,《清代奴婢制度》(北京:中國人民大學出版社,1982),頁133–134。

德標準和刑責標準擴展適用於所有人的這種大趨勢當中的一部分。[73]

第四節　義絕：夫妻間道德紐帶的斷絕

前已述及，丈夫對其妻子所擁有的那種包括使用暴力的權力在內的合法權威，並非絕對，亦不能恣意妄為。丈夫對其妻子行使權威，必須符合儒家所設想的那種家庭秩序的利益。妻子的順從及在性方面服從其丈夫的義務，也是取決於這項根本原則。如下兩種被中國帝制晚期的律典納入「姦」罪的情形，有助於我們進一步釐清丈夫能夠享有對其妻子的「性獨占」的那種先決條件。這種獨占只能由丈夫本人獨享，而不可與他人分享。

一、獲得丈夫同意的非法性行為

倘若丈夫允許自己的妻子與其他男子發生性關係，法律上將如何處置？本書中關於賣娼的那幾章將詳細討論此問題，不過在這一節中可先對主要觀點做一概述。直到 18 世紀，法律上仍然容許賣娼，不過僅限於那些世襲賤民身分的女性，特別是樂戶。清初的案件紀錄和其他史料顯示，這些女子均有丈夫，並由其夫為她們拉嫖客。針對姦罪的相關法律，並不適用於這些被認為不配由法律來約束的女子，良民男性享用此類女子的性服務也不構成犯罪。

與此構成對比的是，若與良民女性發生任何形式的婚外性行為，則會被作為姦罪論處。此外，若良民丈夫為自己妻妾的賣娼拉客，無論是否徵得其妻妾的同意或強迫她們如此行事，均被視為對他們之間的婚姻道德基礎的徹

---

[73] 根據華若璧（Rubie Watson）的研究，在 20 世紀初的香港地區，婢女（譯者注：廣東話中稱作「妹仔」）雖被視為其主人的財產，但主人有為她們安排婚姻的明確義務，這些女子通常在 18 歲左右脫離被奴役的狀態。還有，「像主人的女兒那樣」，妹仔「應於離開其主人家庭後才可開始生兒育女」。參見 Watson, "Wives, Concubines, and Maids: Servitude and Kinship in the Hong Kong Region, 1900–1940," p. 240. 這類要求與明代及之前各朝律典中的規定大不相同，可能反映出清代那種司法干預所造成的影響。

底背叛。也就是說，這種行為將被納入「不以義／禮交」的類別。早在12世紀，南宋時期的一道法令便規定，犯有上述罪行的良民夫婦須強制離異。[74] 直至清朝瓦解，強制離異始終是對這種犯罪的刑罰之一。在元代，良民丈夫若「縱妻為娼」，會被視作一般通姦犯加以懲處；丈夫、妻子和嫖客均被根據已婚婦女「和姦」的法律處以相同的刑罰，即杖八十七，並強制這對夫妻離異，女方須被遣返娘家改嫁他人。[75] 明清時期的律典對這種犯罪的處刑，與元代相同，只是將杖刑數增加至九十。[76] 那種支付報酬以從某位元女子那裡獲得性服務的行為，並沒有被處以任何額外的刑罰；被懲罰的乃是那種與不特定對象發生性關係的淫行，而非這種以金錢促成性服務的行為。

要知道，強制離異是一種嚴重的懲罰，至少對丈夫來說如此。在中國社會當中，結婚以往（可能現在仍是如此）被認為是真正成年的標誌。而在貧苦農民當中，婚姻對男人而言是一種重要的身分地位象徵，其象徵意義隨著妻子來源短缺這種狀況的惡化而遞增（因此，在不少賣妻案件中，是妻子更希望被賣掉，而非丈夫迫切地想賣掉其妻子）。[77] 這類法律所影響到的群體，是那些已瀕臨絕望而不得不考慮賣掉自己妻子的男人。一旦離婚，他們當中還有多少人能重新獲得那些可以再婚的必需資源？

法律是基於何種理由，禁止這種性關係並進而強制存在這種情形的那些夫婦離異？元代的司法官員在這一問題上的看法，可被視作他們的後世同行們就此所持立場的代表。元代大德七年（1303），一位資深的官員稱「夫縱妻姦」乃是「良為賤」，即良民身分之人的行事卻如同賤民身分的娼妓。同年，刑部發布了如下聲明：「人倫之始，夫婦為重，縱妻為娼大傷風化，……親夫受錢令妻與人通姦已是義絕。」[78] 刑部將這種行為稱為「義絕」（意即

---

[74] 參見《慶元條法事類》（北京：中國書店，1990），卷80，頁24b。

[75] 參見《元典章》，卷45，頁8a–9b；亦可參見宋濂，《元史》，頁2644。

[76] 參見《大明律集解》（北京：中華書局，1991），卷25，頁1a；薛允升，《讀例存疑（重刊本）》，律367-00。

[77] See Matthew H. Sommer, "Sex, Law, and Society in Late Imperial China." Ph.D. dissertation, University of California, Los Angeles, 1994, pp. 379–385.

[78] 《元典章》，卷45，頁9a–9b。

夫妻之間的道德義務紐帶斷絕），而這是自唐代至清代的歷代律典中所規定的強制離異的法定條件。在人與人之間的關係方面，傳統中國的法律專家們將其分為「天合」關係（例如父子關係）與「人合」關係（例如婚姻和收養關係）。這兩種關係皆被認為以「義」為其本質。「義」是一種將不同的義務賦予人際關係中雙方的道德紐帶。而根據伏勝對性犯罪的那一經典定義，「義」當然也是使性行為合法化的條件。人們可能在一種「天合」關係中違反了道德義務（例如不孝的行為），但在法律上，這種道德紐帶無法改變，故而無法被割斷（「絕」）。因此，如同清代的一些案件紀錄所顯示的，如果良民身分的父親為其女兒賣娼拉客，那麼他將受到懲處，不過其女最終仍將歸他監護。[79] 而在「人合」關係中，道德紐帶可被切斷。因此，若丈夫縱容或強迫其妻子犯姦，則這對夫婦就應當被強制離異。[80]

　　元明清三代的法律均使用「縱」這一術語來稱呼丈夫縱容妻子犯姦的行為，這暗示夫妻雙方均被視為主動行事的共犯。「縱」的字面含義是「放縱」或「放任」，它同樣可被用來表示「縱容」。按照儒家所設想的藍圖，丈夫的職責是訓教其妻，為她提供道德指引，並為她的行為劃定界限。於是，上述律文所用措辭反映出來的圖景便是，若丈夫縱容其妻在性關係方面濫交，即為失責。正是由於這種失責，他喪失了繼續擁有其妻子的權利。

　　倘若丈夫並非「縱」，而是強迫其妻與其他男子發生性關係，那麼上述原則仍然適用，只不過對妻子的懲罰有所不同。在元代的法律當中，被「勒」為娼的妻子是否應受懲處，需「臨事量情科斷」。[81] 明律（清代沿用了其相關的規定）對這種犯罪的處置是，被「抑勒為姦」的妻子不受任何處罰，僅是被遣返娘家，其夫則應被杖一百，而與她發生性關係的另外那名男性則

---

[79] 參見《內閣刑科題本》，194/ 道光 5.10.23。
[80] 關於唐宋法律中的義絕和強制離異，參見仁井田陞，《支那身分法史》（東京：座右寶刊行會，1943），頁 64–65、683–685。性犯罪並非導致義絕的唯一理由，還有一種典型的情況是夫妻一方毆打或殺死對方的父母。
[81] 參見《元典章》，卷 45，頁 9a–9b；宋濂：《元史》，頁 2644。

須被杖八十。[82] 在這裡，由於丈夫的允許和強迫才是決定性因素，故而主要責任在於丈夫，而不是像縱容妻子犯姦的案件中那樣三方承擔相同的罪責。即便如此，此處對這兩名男子的懲罰，仍遠輕於對強姦同等身分女性之人的法定處刑（即絞監候）。事實上，元明清三代針對丈夫強迫其妻與其他男子犯姦的律文，均刻意避免使用「強」這一專門用以界定強姦罪的字眼。這種「抑勒為姦」與強姦罪的區別在於，該女子的丈夫允許另一名男子對她進行強姦。正如康熙五十四年（1715）沈之奇在對相關律文的注釋中所指出的，「凡抑勒妻妾……與人通姦，若婦女不從，姦夫因而強姦者，似難即坐以強姦之罪。」[83] 這種罪行有著違背女性意願而發生非法性關係的表像，但被強姦女子之夫的授意，使得這種罪行大異於「強姦」罪，其嚴重性程度也遠較後者為低。

二、被視為姦罪的賣妻行為

另一種導致夫妻義絕的罪行為「賣休」，即丈夫將其妻子嫁賣給另一名男子。管見所及，最早言及「賣休」罪的是在元代的法律當中。元代的法律將這種罪行明顯區分為兩種不同的形式，不過有些模棱兩可。《元典章》在「戶婚」篇中規定：「諸夫婦不相睦，賣休買休者禁之，違者罪之。」這條法令並未明確指明懲處的具體方式，不過它補充規定稱：「和離者，不坐。」[84] 這類犯罪的第二種形式，見於《元典章》的「姦匪」篇：

> 諸和姦，同謀以財買休，卻娶為妻者，各杖九十七，姦婦歸其夫。[85]

上述第一條法令僅禁止與妻子相處不睦的丈夫將她賣給另一名男子，而並未提及「姦」。第二條法令則明確對因通姦而起的買賣加以禁止，即禁止

---

[82] 《大明律集解》，卷25，頁3a–3b；薛允升：《讀例存疑（重刊本）》，律367-00。
[83] 轉引自姚潤等編，《大清律例增修統纂集成》，卷33，頁7a。
[84] 薛允升，《唐明律合編》，卷26，頁17b–18a；《元典章》，卷18，頁29a。
[85] 薛允升，《唐明律合編》，卷26，頁18a；宋濂，《元史》，頁2655。

男子將與他私通的姦婦從其本夫之處買來。在第二條法令中，法律上的重心在於通姦而非賣妻行為本身，故而只有通姦雙方受到懲處，而女方則應被交還給之前將她賣出的本夫。

但元代大德五年（1301）的一條法令規定，若丈夫將其妻子「賣休」給另一名男子，則「已是義絕」，妻子應「離異歸宗」。促成這條法令出臺的那起案件，似乎在賣妻行為之前並沒有發生通姦的情形。除了規定沒收賣妻所得的資財外，這條法令亦未規定任何刑罰。[86] 由於該法令並未指明所針對的究竟是「義絕」的哪一種形式，似乎前述兩種情形當中的任何一種均將導致夫妻之間義絕，因此強制要求這名女子須離開其本夫和買休男子。

如同在其他很多方面一樣，元明兩代的法律在對賣妻行為的司法處置上有很強的延續性。明律中有此規定：

> 若用財買休賣休，和娶人妻者，本夫、本婦及買休人各杖一百。婦人離異歸宗，財禮入官。若買休人與婦人用計逼勒本夫休棄，其夫別無賣休之情者，不坐。買休人及婦人，各杖六十，徒一年。婦人餘罪收贖，給付本夫，從其嫁賣。妾減一等。媒合人各減犯人罪一等。[87]

這條法律似乎包含了前述元代大德五年法令中的那種邏輯，要求本夫、買休男子和婦人三方均受同等處刑，並強制女方離開其本夫和買休男子。該律的後半部分則明確規定了何種情況下本夫無罪，即如果他是其妻與買休者之共謀的受害者。

這條律文系出現在明律的「犯姦」篇當中。事實上，它是一條用以禁止丈夫縱容或抑勒其妻與人通姦的單獨條款。與元代的法律不同，明律的「戶婚」篇目下並無使用「賣休買休」這一術語的規定。明律將該條款置於「犯

---

[86] 參見《元典章》，卷 18，頁 30a。
[87] 黃彰健編著，《明代律例彙編》，卷 25，頁 934；薛允升，《讀例存疑（重刊本）》，律 367-00。

姦」篇內，顯示其試圖將那種由妻子和買休男子事先通姦所引發的賣妻行為納入其涵蓋範圍。該律後半部分的措辭便是強調此點。然而，「姦」字完全沒有出現在這條法律的文本表達之中。到了16世紀，這種模棱兩可（這也許是承繼自元代法律中的那種模棱兩可），在明代的司法官員中引發了一場關於此類罪行的確切性質究竟為何以及其與「姦」這一更大的罪行類別之間是何關係的爭論。其中尤其存在爭議的是，那種事前並不涉及通姦情形的賣妻行為是否應當被問罪。

有一派主張應當對此律採取擴大解釋，禁止擅自賣妻的一切行為，而無需考慮原初的動機。例如雷夢麟便如此認為：

> 律本姦條，不言姦夫而言買休人，不言姦婦而言本婦，則其買休賣休固不全因於姦者，但非嫁娶之正，凡苟合皆為姦也，故載於姦律。[88]

也就是說，從本夫處買得一名女子為妻的行為，並不能構成合法婚姻，因此，藉由這種交易而發生的性結合，應被視為通姦。買休男子在買來這名女子之前是否曾與她通姦，這並不是要考慮的重點。從道德角度來看，無論是否存在上述所說的事先通姦情形，均應按照相同的方式治罪。[89]這種對「賣休買休」律的擴大解釋，看上去似乎符合那種將此類性犯罪概括為「不以義／禮交」的經典定義。而且，按照當時一般的觀念，這種解釋也很合乎情理。據小川陽一所言，在明代的白話小說中，「姦通」一詞僅用於指稱「非法的婚姻」（顧名思義，即缺乏正當婚姻儀式的男女結合）。[90]

不過另一派則主張應當對此律採取狹義解釋。例如明代隆慶二年（1568）時，大理寺在上奏中對適用此律時普遍存在的混淆加以抱怨：

---

[88] 薛允升，《唐明律合編》，卷26，頁17b。
[89] 對於賣妻和主婢間關係等問題，雷夢麟始終抱持從嚴處置的態度。這種態度似乎對盛清時期的正統思想影響頗大，因為他的觀點常被清代學者所引用。
[90] 參見小川陽一，〈姦通は存ぜ罪惡か：三言二拍のばあい〉，《集刊東洋學》，第29号（1973），頁148。

> 至若夫婦不合者，律應離異；婦人犯姦者，律從嫁賣；則後夫憑媒用財娶以為妻者，原非姦情，律所不禁。今則概引買休賣休和娶之律矣。

簡言之，法律允許在特定情形下可以離婚、再婚和賣妻，但這些合法的行為卻常被與「賣休買休」相混淆。只有那種由事先的通姦行為直接推動的賣妻行為，才應當受到懲處。皇帝對上述抱怨的回應，乃是下詔認可應對該律採取狹義解釋。然而爭議仍未平息。次年，御史臺再次申明應對此律採取狹義解釋，並提出了具體的方案：

> 看得買休賣休一律……今查本條，……原文委無姦字，故議論不同，合無今後圖財嫁賣者，問以不應，量追財入官。其貧病嫁賣，及後夫用財買[91]娶，別無買休賣休姦情者，俱不坐罪。[92]

也就是說，純粹基於錢財考慮的賣妻行為是另一回事，即便要對這種行為加以懲罰，也應從輕處置。只有當買妻者事前與女方有通姦情形時，才應對賣妻行為加以懲處。這份奏摺後來得到皇帝的允准。[93]

儘管明代的中央機構就此做出了上述明確聲明，但宣導應採取擴大解釋者仍不乏其人。而正是這種針對該律的擴大解釋，後來在清代成為主流。《大清律例》的最初版本保留了明代的「賣休買休」律，但在律文行間附上如下小注：「其因姦不陳告，而嫁賣與姦夫者，本夫杖一百，姦夫姦婦各盡本法。」[94]納入這條小注，無疑表明事前存在通姦只是適用此律的諸多情形之一。所有擅自賣妻的行為均應按「買休賣休」律論處，因為此類行為從本質上講皆構成通姦。康熙五十四年（1715）時，律學家沈之奇就其中的關聯做出如下解釋：

> 蓋賣休者自棄其妻，既失夫婦之倫；買休者謀娶人妻，亦失婚姻

---

[91] 譯者註：該史料此部分的原字為「賣」，但文意不通，故改為「買」字。
[92] 薛允升，《唐明律合編》，卷 26，頁 18a–18b。
[93] 參見薛允升，《唐明律合編》，卷 26，頁 18a–18b；張廷玉等，《明史》，頁 2290–2291。
[94] 薛允升，《讀例存疑（重刊本）》，律 367-00。

之正。有類於姦，故不入婚姻律而載於此。[95]

18世紀的那些中央案件紀錄顯示，「買休賣休」律被從嚴適用於各種賣妻行為，其中包括那些與事先通姦無涉的賣妻行為。實際上，貧窮顯然是這種賣妻交易背後的主要動因。然而，至少一直到嘉慶朝晚期，刑部都始終極其嚴格地將賣妻行為視作「姦」的具體形式之一。[96]

三、合法的賣妻行為和被當作姦婦賣掉的妻子

撇開各種意見分歧不談，16世紀時明朝參與這場爭論的雙方均同意，「買休賣休」行為的犯罪性，取決於此舉與「姦」在本質上的關聯。而這種關聯正是導致該類買賣為那些關於合法婚姻的規範所不容的原因所在。換言之，問題在於通姦，而非賣妻行為本身。

事實上，如前引明代隆慶二年那份奏摺所指出的，在某些情形當中，法律允許丈夫將其妻嫁賣給另一名男子，而「買休賣休」律並不適用於此類情形。明律至少規定了妻子可被「從夫嫁賣」的三種情形：通姦、[97] 私奔、[98] 以及密謀迫使丈夫將自己「賣休」給另一名男子。[99] 上述情形中的任何一種，均被視為背叛其丈夫的罪行，因此法律允許丈夫在向縣官呈控治罪後賣掉其妻；若丈夫願意，亦可將其妻留下。丈夫被其妻背叛的那種義，是區分合法的賣妻行為和「賣休」的關鍵所在。

據我所知，正式允許賣妻主要是明代的一項革新。現存的元代判例中有少量證據顯示，若丈夫不想繼續保有他那位與其他男子通姦的妻子，則應與她離異，並將其遣返娘家。只有在妻子多次與人通姦的情況下，丈夫才能將她嫁賣給他人。[100] 而明律則在用於懲處那些與人通姦的妻子的杖一百之外，

---

[95] 轉引自姚潤等編，《大清律例增修統纂集成》，卷33，頁7a。
[96] See Sommer, "Sex, Law, and Society in Late Imperial China," pp. 377–394.
[97] 參見薛允升，《讀例存疑（重刊本）》，律366-00。
[98] 參見薛允升，《讀例存疑（重刊本）》，律116-00。
[99] 參見薛允升，《讀例存疑（重刊本）》，律367-00。
[100] 參見《元典章》，卷45，頁15a、卷18，頁31a–32a；宋濂，《元史》，頁2654頁。

又新加了嫁賣一項。

清代的立法者保留了明律中允許賣妻的規定，並加上一條限制：若本夫將其妻和姦夫捉姦在床，但當場只殺死了姦夫，則其妻「當官嫁賣，身價入官」。[101] 本夫殺死姦夫無罪，但他會喪失對其妻子或賣或留的選擇權。此外，嫁賣這名女子所得的錢財，歸官府所有。[102] 清代針對此律的上述修訂，似乎旨在防止有人以此設陷阱製造殺人的藉口。

明清兩代的法律關於合法賣妻行為的基本要求，是被妻子背叛的丈夫不能將她賣給姦夫。明代關於「和姦」的律文規定：「若嫁賣與姦夫者，姦夫、本夫各杖八十；婦人離異歸宗，財物入官。」[103] 這條法令適用於本夫先將其妻和姦夫告官問罪，隨後又將妻子嫁賣給姦夫的情形。[104] 若丈夫未經報官便將其妻嫁賣給姦夫，則屬於「買休」，將以「賣休」律論處。清初在該律文行間添入的那條小注，對此說得非常明確。

允許丈夫可以在某些情形下賣妻，顯示出明代關於「買休賣休」之爭議背後的共識：問題的癥結並不在於買賣本身，而是在於「不以義／禮交」（這是本書後面關於賣娼的那幾章中將再次討論的主題）。因此，法律之所以規定遭到其妻背叛的丈夫不能將她嫁賣給姦夫，其目的在於對通姦進行懲罰，而不至於助長了通姦。丈夫擁有賣妻的權力，僅限於他對其道德權威加以維護的那些特定情形。若丈夫事後默許其妻子與人通姦，他便喪失了這種權威，進而喪失決定其妻子命運的所有發言權。

允許遭到背叛的丈夫賣掉他那位與人通姦的妻子，符合如下兩種考慮：一方面，這使得丈夫收回其家庭為這名女子而花費掉的一部分投資（即原先支付的聘禮），以用於再婚和過上新的生活；[105] 另一方面，這也能讓那名女

---

[101] 明律允許丈夫自行賣妻。順治三年（1646）的《大清律》中規定，這類妻子應「入官為奴」，至乾隆五年（1740）時改為「當官嫁賣」。參見《（光緒朝）清會典事例》，卷801，頁762；吳壇編纂，馬建石、楊育棠校注，《大清律例通考校注》，頁780。

[102] 參見薛允升：《讀例存疑（重刊本）》，律285-00。

[103] 薛允升：《讀例存疑（重刊本）》，律366-00。

[104] 參見姚潤等編：《大清律例增修統纂集成》，卷33，頁1a。

[105] 在貧民間的婚姻當中，除了少量用以維持顏面的簡單物品外，極少有嫁妝，故而女方嫁女

子在另一個家庭中找到適當的位置（明清兩代相當敵視和懼怕處於家庭體系之外的個體）。

然而從更為根本的層面上講，允許合法賣妻的行為，似乎是建立在這樣一種邏輯之上，亦即不貞的妻子可被當作奴隸或娼妓那般的商品合法售賣。實際上，儘管法律明確規定與人通姦的妻子應被「嫁賣」（這意味著她有二度嫁人的機會），但是這類女子被賣為奴的情形亦時有發生，而州縣官同樣接受後一種處置方式。[106] 與此相類似的邏輯，也體現於元代法律中所謂的「良家婦犯姦，為夫所棄，或娼優親屬，願為娼者，聽」。而這實際上是撤銷了她的良民身分，以及與該身分相應的那種保持貞節的強制性義務。良民階層所應遵奉的那些道德規範，亦不再適用於如此自甘墮落的女子。[107] 這種邏輯，源自於那種認為性道德和法律身分之間在本質上存在關聯的古老模式。

明清時期的「買休賣休」律規定，被嫁賣之妻應杖一百。[108] 這種處刑方式背後的理由是什麼？清代的司法官員始終認為被嫁賣之妻在本質上乃是姦婦。正如沈之奇所解釋道，妻子同意被嫁賣（即「和」），與姦婦同意通姦在本質上如出一轍：

> 「和娶人妻」之義是買休人先與本婦和同，本婦已有悅從之意，「和娶」之「和」猶「和姦」之「和」，須在本婦身上重看。

常常等於是為了彩禮而賣女，參見夫馬進，〈中國明清時代における寡婦の地位と強制再婚の風習〉，收入前川和也編，《家族、世代、家門工業化以前の世界から》（京都：ミネルバ書房，1993）；Sommer, "Sex, Law, and Society in Late Imperial China," pp. 391–394. 這也是為何嫁妝會成為社會地位獲得提升和菁英群體之重要身分象徵的原因：出得起嫁妝證明你有經濟能力，而無須像大多數貧民那樣為了彩禮而賣女（寡婦貞節體現了同樣的邏輯）。

[106] 這也是明代白話小說《金瓶梅》中西門慶之妾孫雪娥的命運。孫雪娥犯了通姦罪後，西門慶的遺孀吳月娘拒絕讓她回孫家，於是孫雪娥被「當官嫁賣」為廚娘，後又被轉賣入妓院為娼。參見《金瓶梅詞話（萬曆年間版）》（香港：香港太平書局，1988），第90回。乾隆四十一年（1776）巴縣的一個案例也與此相似，參見《巴縣檔案》，檔案號：1-1705。

[107] 參見薛允升，《唐明律合編》，卷26，頁25a。

[108] 在司法實踐中，州縣官有時會免除被賣之妻的杖刑，有時則處以杖刑。根據那些中央案件的紀錄，這兩種方式均為上級覆審官員所默許，而這意味著州縣官有權就此自行裁量。

沈之奇看重的是妻子本人的同意，以強調她應對此負刑責。這是因為在明清時期的法律中，女子對性行為作出同意（即「和同」）這種概念，只存在於與強姦相對的「和姦」罪行當中。此外（下一章將對此加以詳細探討），清代的州縣官們將一切未積極強烈抵抗的行為均視為默許同意。在這個意義上，沈之奇的上述分析暗示，那個賣掉妻子的提議，包含著一種對她那應當積極予以捍衛的貞節的威脅，而消極配合相較於積極同意並未好多少。他的結論是：「買休者貪色，賣休者貪財，本婦若非先與和同，何辜而與同罪乎？」簡言之，妻子「先與和同」是後來之所以發生這種買賣的先決條件，否則任何賣妻之舉均不可能獲得成功。[109] 正如刑部在道光八年（1828）所聲明的那樣，「查婦女首重名節，既肯甘心賣休，有夫更嫁，即與犯姦無異。」[110]

　　因此我們看到，無論是在非法的賣妻交易裡面，還是在經過州縣官允准的賣妻行為當中，被賣的妻子皆被視為不貞。妻子事前的不貞行為，使其丈夫有權將她賣掉。即便是在非法的賣妻交易當中，妻子同意自己被其丈夫賣掉，也表明她在維護貞節的婦德方面有失。隨後她與其他男子的性結合，只是再次肯定了這一點。

第五節　任何婦人皆係一名妻子

　　本節將概括「姦」在明清時期法律中的大致意涵，以作為對本章內容的總結。那些被明清時期的律學權威如薛允升等人所引用的早期文獻，特別挑出了三種重要的原理加以闡述：異性間的性行為是需要重點加以監督的問題；在合法婚姻之外發生的性行為屬於犯罪，而界定合法婚姻的根據，並不僅是適當的婚禮儀式，還包含那些已被內化了的儒家道德倫理；「姦」罪的

---

[109] 參見姚潤等編，《大清律例增修統纂集成》，卷33，頁7a。
[110] 祝慶祺、鮑書芸編，《刑案匯覽》，卷8，頁7b–8a。對此更詳盡的討論，參見 Sommer, "Sex, Law, and Society in Late Imperial China," pp. 370–377.

危險性，體現於來自家庭外部的男子擾亂另一名男子的血緣秩序這種威脅。易言之，「姦」罪威脅到更高層面的家庭秩序乃至政治秩序。不當的性關係，對於父系家族以及視自身為家庭之延伸的國家而言都是一種危險。

個體意願在其中又扮演了何種角色？由於女性憑其自我意願所做的同意並不會使性行為合法化，「姦」並不包括那種如今我們稱之為「婚內強姦」的行為。但女子之父的同意是使婚姻合法化的必要條件，因此藉由有爭議的或非法的婚姻而完成的性結合便構成「姦」。此外，在丈夫合法享用妻子的性服務方面也有一定的限制。很多朝代的法律專家們均將那些有違孝道原則而發生的婚內性行為視為犯罪。還有，「姦」包含經丈夫同意但導致夫妻義絕的那些行為，例如丈夫縱容或強迫其妻子與他人通姦，或者將她嫁賣給另一名男子。將此類行為視作犯罪的作法，讓人們回想起伏勝對性犯罪的那個經典定義──「男女不以義交」。

非法性行為的界限曾歷經了多次變遷。我們至少在兩個例子中看到了「姦」罪的適用範圍是如何被加以擴展，特別是在清代。將某些情形中的賣妻行為納入「姦」這一類別，似乎是元代的創舉；明代對明律相關條文所做的廣義解釋，在清代得到了全面採用。由此帶來的結果是，即便是那些由於貧窮而賣妻的行為，也被納入作為通姦的一種具體形式。與此相類似的變化，也發生在主人與其女性奴婢間發生性關係這一行為在法律層面的立足點上面。到了乾隆朝，隨著良民階層那種關於婚姻與貞節的標準被擴展適用於女性奴僕身上，主人先前那種基於其身分等級而享有的基本特權，或多或少地在法律上被取消。我們將在後面看到，雍正朝的司法官員還取消了另一種基於身分等級的例外情形（亦即賣娼），以禁止婚外性關係的發生。「任何婦人皆係一名妻子」可說是清代司法實踐當中的口號，而這導致「良」的家庭道德標準與性道德標準被擴展適用於所有人身上。

第三章　強姦罪相關法律的演變：
女性貞節與外來男子的威脅

第一節　對受害者資格的審查

　　「強姦」這一法律術語的意思是指「被強迫發生的非法性行為」，與其相對的術語是和姦，亦即「雙方自願發生的非法性行為」。首先要強調的是，依照明清時期的法律，特定的行為若要構成強姦，必須先構成姦。而正如我們在前面所看到的，這一構成「強姦」之先決條件的姦本身，並不包括許多在當代西方法律中會被視為「強姦」的行為。其次須注意的是，「和」在此處的用法並不具有正面的涵義：女方同意意味著她是共犯，因此須同受懲處。

　　倘若性行為合法與否並不取決於女性的同意或自願參與，抑或她的同意本身實際上便構成犯罪，那麼司法官員是如何界定強姦？剛開始研究這一問題時，我的直覺反應，是為自己關於女性權利的觀念與中國帝制晚期的司法官員在判決強姦案件時所採用的標準之間的那種巨大反差深感義憤填膺。伍慧英（Vivien Ng）出於同樣的憤慨，在 1987 年發表了那篇探討清代關於強姦的法律的重要文章。在今天，將強姦及其他暴行界定為犯罪，其理由主要在於這類行為侵犯了個人的權利。但是，這種定義方式預設了此類犯罪行為所侵犯的乃是個人擁有的那種自主支配其身體的自由意志。在西方，女性解放運動（包括關於強姦罪的法律變革在內）的很多成效，都取決於其活躍分子對先前司法制度中的那種虛偽加以揭示的能力；那種司法制度號稱保障個體的權利，但實際上卻未將這種保障擴展至女性。不過我們沒有理由去指責清代的法律專家們虛偽，因為他們並非偽君子；他們從未佯稱刑法的目的是為了保障個體的權利，更遑論保障女性的身體自主權。事實上，如果勸說清

代的法律專家們去理解前述那種「異端邪說」，可能還會將他們嚇壞。

中國帝制晚期的法律專家們從「玷汙」的角度來對強姦加以理解，從而將強姦罪行視為對血統、良民身分特別是女子貞節的玷汙。但雙方同意而發生的和姦，難道不算玷汙麼？對強迫與自願加以區分，雖然暗示女性本身的態度並非完全無關緊要，但在明清時期以前，這種區分似乎相對並不那麼重要。在唐律關於姦罪的律文當中，首先考慮的顯然是那種對身分地位秩序和家庭秩序的違犯，強迫的行為幾乎只是被當作一種事後的想法而予提及。強迫與自願之間的主要差別在於，被強迫的女子可不受懲處，而強迫行姦的男子則比和姦的男子加重一等處刑。對和姦罪犯的懲處方式是，若女方未婚，則犯案男子處以徒一年半；若女方已婚，則犯案男子處以徒兩年。故而，強姦相較和姦加重一等處刑，意味著須多加半年徒刑。[1]

唐律對強姦的處刑，只比和姦多上半年徒刑，二者的處刑輕重似乎差別不大，尤其是將其與明清兩代的法律相比時更顯如此。在明清時期，強姦會被處以絞刑，而和姦則會被處以杖刑。由這種對比可知，在唐代之後，對強姦與和姦加以區分的必要性大增，並在18世紀時臻至頂峰。自此之後，在考慮對其如何處刑時，男方強迫行姦這一犯罪行為，不再被一致放在最中心的突出位置，而女方對這種性行為的態度，開始在法律上具有全新的意義。但是，中國帝制晚期的法律專家們為何如此重視女方的態度？

一、女性貞節逐漸被優先加以考慮

在明清時期關於「犯姦」本律的官方注解中，有如下這段文字：「……〔姦夫〕淫人婦女，必姦婦淫邪無恥，有以致之，故……男女並坐也」。男女雙方自願成姦，意味著無恥的妻子夥同來自其家庭之外的男子背叛了自己的丈夫，而這屬於內部顛覆與外來攻擊這兩者的相互結合。與和姦不同，強姦則是來自其家庭之外的男子侵犯某位保持貞節的婦女。因此，此時的法律

---

[1] 參見《唐律疏議》（北京：中國書店，1990），卷26，頁15a。

規定，「若婦女本守貞潔，而人用強姦之，肆己淫惡汙人節操，其情至重以成者絞。」² 在他那本 1694 年刊行的《福惠全書》中，康熙時期的官員黃六鴻也有類似的說法：

> 何以於強姦獨重，蓋姦而云強，以貞潔自守之女忽為強暴所汙，其予以死刑者，正以勵貞潔之操。亦以愧邪淫之婦。³

對強姦者處以絞刑的前提條件是受害者「本守貞潔」。強姦行為的本質性危害，被認為是玷汙了受害女子的貞節，故而受害女子必須原本貞潔，才有可能會因此被玷汙，強姦也才能造成重大傷害。

明清時期之前的司法官員似乎均預設，強姦所造成的傷害大小，主要取決於受害女子以往的貞節紀錄。事實上，這種預設或許是父權法律制度一以貫之的本質特徵。但在中國帝制晚期，女性貞節在意識形態上的重要性被大幅提升，關於強姦的法律話語亦隨之有所變化。

在這裡，我基本上贊同伍慧英的觀點。她認為，清代關於強姦的法律「是為了進一步提升貞節崇拜」，以實現「道學家們所希望的那種社會秩序」。⁴ 但伍慧英錯誤地認為，上述現象反映了對以往司法實踐的一種急遽且突然的背離，而後者乃是由滿清王朝在立國初期那種希望在保守的漢人菁英階層中樹立威信的期許所推動。⁵ 關於強姦罪的法律話語之變遷，乃是與自元代至清代的貞節崇拜之發展如影隨形。在元代的貞節崇拜中，為朝廷所尊崇的典型對象是「節婦」，即那些在其夫亡故之後既未改嫁亦未與人通姦的妻子。⁶ 明代的貞節崇拜受到元代的影響。至 16 世紀早期，大明朝廷也開

---

² 姚潤等編，《大清律例增修統纂集成》，清光緒四年〔1878〕重刊本，現藏加利福尼亞大學洛杉磯校區東亞圖書館，卷 33，頁 1b，注解部分。
³ 黃六鴻著，小畑行簡訓點，山根幸夫解題索引，《福惠全書》（東京：汲古書院，1973），卷 19，頁 21b。
⁴ Vivien W. Ng, "Ideology and Sexuality: Rape Laws in Qing China," *The Journal of Asian Studies*, vol. 46, no. 1 (1987), p. 69.
⁵ See Ng, "Ideology and Sexuality: Rape Laws in Qing China," p. 57–59.
⁶ 參見《元典章》（北京：中國書店，1990），卷 33，頁 17a；Mark Elvin, "Female Virtue and the State in China," *Past and Present*, vol. 104 (1984).

始對那些因反抗強姦而被殺或自殺的「貞烈婦女」加以旌表，由官方為她們立牌坊，並由政府出資安葬。[7] 清代延續了明代的這種貞節崇拜，並將其大幅提升，尤其是在 18 世紀之時。[8] 明清時期的貞節崇拜奠定了最高的貞節標準，即女子寧死也不願因和其丈夫之外的其他男子發生性關係而受到玷汙。

這種貞節話語的一大特徵，是開始出現一種將所有女性皆納入「妻子」這一類別當中的發展趨勢。歷史學家們發現，從宋代至清代的一種明顯趨勢是再醮寡婦被日益汙名化。[9] 到了 19 世紀，甚至連那些尚未完婚就為其過世的未婚夫殉情自殺的年輕女孩，也變得有資格被旌表為「貞烈婦女」。如果一名年輕女孩在其未婚夫過世後未殉情自殺，但像節婦那般堅持侍奉其公婆，那麼她亦可獲得與那些已然成婚的節婦相同的榮譽。[10] 換言之，即便是寡婦與未婚女子，也日益受制於單一個丈夫（無論是她未來的、現在的或過去的丈夫）對其的性獨占。

在上述幾個朝代關於性犯罪的刑責方面，我們也可以發現同樣的發展趨勢。從唐代至元代，倘若受害女子已婚，則強姦者受到的刑罰要較之受害女子未婚時重上一等。而在明清時期的法律中，隨著上述兩種情形在刑責方面的差別變小，對受害女子已婚與否的區分也相應地不復再見。對和姦的量刑亦復如是。從清朝初期開始，法律上始終堅持，在懲治和姦時，若女方已婚，則加重一等處刑。[11] 但到了雍正三年（1725），這種在懲治和姦時區分女方

---

[7] 參見《明會典》（北京：中華書局，1988），卷 79，頁 457。
[8] 參見《（光緒朝）清會典事例》，北京：中華書局，1991，卷 404；劉紀華，〈中國貞節觀念的歷史演變〉，《社會學界》，第 8 期（1934），後收入高洪興等主編，《婦女風俗考》（上海：上海文藝出版社，1991）。
[9] See Patricia B. Ebrey, ed., *Chinese Civilization: A Sourcebook* (New York: Free Press, 1993); Susan Mann, "Widows in the Kinship, Class, and Community Structures of Qing Dynasty China," *Journal of Asian Studies*, vol.46, no. 1 (1987), pp.37–56; T'ien Ju-k'ang, *Male Anxiety and Female Chastity: A Comparative Study of Chinese Ethical Values in Ming-Ch'ing Times* (Leiden: E. J. Brill, 1988).
[10] 參見《（光緒朝）清會典事例》，卷 404；劉紀華，〈中國貞節觀念的歷史演變〉。
[11] 參見《唐律疏議》，頁 15a；《宋刑統》（北京：中國書店，1990），卷 26，頁 18a；《元典章》，卷 45，頁 1a；薛允升著，黃靜嘉點校，《讀例存疑（重刊本）》，（臺北：中文研究資料中心研究資料叢書，1970），律 366-00。

已婚與否的作法便最終消失。該年新頒行的一條例文,規定對和姦處以更為嚴厲的單一種刑罰,而不管女方此前是否已經婚配。在上述兩個例子當中,對女方婚姻狀態不再加以區分的結果是,對未婚女子進行性侵犯,將被視同對已婚女子進行性侵犯,處以同等嚴厲的刑罰。

　　能夠說明關於強姦罪的法律日益看重貞節的最明顯證據,是對強姦罪的處刑被系統化地予以加重。在唐宋時期,強姦同等身分地位的女性將被處以徒刑。[12] 北宋以後則加重了強姦罪的刑罰,最高可處死刑。[13] 在元代,強姦已婚女子或 10 歲以下的幼女,處絞刑(若受害者是 10 歲以上的未婚女子,則處杖刑及徒刑),[14] 若三名(或三名以上)男子輪姦一名女子,則處死刑。[15] 明律不再將受害者的年齡和婚姻狀態作為考慮因素,而是對所有強姦罪行皆處絞監候。[16] 清代的立法者沿用了明律中的條文,將絞刑作為強姦罪的本刑,但在 18 世紀時又頒行了許多新例,對某些特定類型的強姦罪行處以更嚴厲的刑罰。例如,雍正朝的法律引用「光棍例」,來對輪姦或強姦 10 歲以下的幼女的單人犯罪行為加以重懲,這些罪行均被處以斬立決,在某些情形中甚至還會被梟首示眾。另一條雍正時期的新增例文則規定,若強姦 10 歲至 12 歲之間的女童或強姦時以利器傷害受害者,則處斬監候,若強姦未成或調戲婦人致其「羞忿」自盡,則處絞刑。上述這些只是清代後來新頒的法律在明律的原有基礎上對強姦罪加重處刑的諸多情形中的一部分內容。[17]

　　因此,到了明清時期,隨著貞節在意識形態中的重要性被不斷提升,強

---

[12] 參見《唐律疏議》,卷 26,頁 15a;《宋刑統》,卷 26,頁 18a;《慶元條法事類》(北京:中國書店,1990),卷 80,頁 21a。

[13] 《宋刑統》中記錄了短命的後周王朝在廣順三年(953)頒行的一道法令,該法令規定對強姦已婚女子者處以死刑,但到了宋代,這一法令似乎未見施行。參見《宋刑統》,卷 26,頁 22a。南宋慶元年間頒布的一道法令規定,犯強姦罪者處以流三千里,並不因其未受害者已婚與否而在刑罰上有所差別。參見《慶元條法事類》,卷 80,頁 21a。

[14] 參見《元典章》,卷 45,頁 1a–5a。

[15] 參見宋濂,《元史》,第 2654 頁。

[16] 參見薛允升,《讀例存疑(重刊本)》律 366-00。

[17] 參見薛允升,《讀例存疑(重刊本)》,例 299-14、例 366-02、例 366-04、例 366-05、例 366-08。

姦罪中被侵犯的貞節也變得更為重要。對受害者而言,那種極受尊崇的貞節成為界定受害者的價值的一大關鍵;受害者的貞節紀錄,成為對強姦者而言攸關生死的問題。受害者的貞節遭到玷汙,被明確作為處死強姦者的正當理由。一位明代的法律注疏者便對這種關聯性加以直陳:「婦人本守貞,而人用強姦之者,姦夫處絞。」[18] 但明清時期的司法官員在審理刑事案件時極為謹慎,要求依照嚴格的標準搜集相關證據(包括犯人的招供),並須經過逐級覆審。[19] 正如黃六鴻在康熙三十三年(1694)時所言:「姦情中惟強擬辟,而鞫強尤宜慎,不則入人於死也。」[20] 故而,對強姦罪行的治罪,變成了針對受害女性的貞節紀錄的詳細審查(此類貞節紀錄被看作是這些受害女性的信譽證書),以決定受害女性的貞節是否達到足以將對其強姦者處死的程度。黃六鴻便聲稱,「已係犯姦之婦,亦不得以強論也。」[21]

其所導致的結果,便是如同伍慧英已經指出的那樣,「受害者的貞節須接受審判。」[22] 從大體上來看,的確如此。不過,這種將受害者的貞節紀錄以及她在被強姦過程中的反應作為關注焦點的作法,到明代時達到了為此癡迷的程度。那些歷史紀錄中真正引人注目的是,與之前的律典中那種針對強姦罪的言簡意賅的闡述相比,在明清時期的法律中,關於強姦罪的闡述變得極為詳細。

二、貞節作為良民身分的一種功能

隨著女性貞節日益受到重視,先前法律當中那種涇渭分明的身分等級之重要性逐漸下降。這兩種發展趨勢之間的關聯是什麼?探討此問題的途徑之

---

[18] 《刑台法律》(北京:中國書店,1990),卷 13,頁 16a。
[19] 參 見 Derk Bodde and Clarence Morris, *Law in Imperial China, Exemplified by 190 Ch'ing Dynasty Cases* (Cambridge, MA: Harvard University Press, 1967), pp. 131–143; Alison W. Conner, "The Law of Evidence During the Qing Dynasty." Ph.D. dissertation, Cornell University, Ithaca, NY, 1979;滋賀秀三,《清代中國の法と裁判》(東京:創文社),1984。
[20] 黃六鴻,《福惠全書》,卷 19,頁 18a。
[21] 黃六鴻,《福惠全書》,卷 19,頁 19a。
[22] Vivien W. Ng, "Ideology and Sexuality: Rape Laws in Qing China," p. 63.

一，是考察「良」這一法律用語在含義上的變化。作為形容詞，「良」的字面含義是「好的」或「值得尊敬的」。不過，「良」字的含義很難被精確地加以解說，因為當在性犯罪的情境中使用這一字眼時，它兼具法律身分與道德評判這兩種含義。讓這一問題變得更為複雜的是，這兩種含義間的平衡隨著時間的推移而有所改變。

在中國帝制早期，「良」被用來指稱平民以及身分等級更高者所擁有的那種自由身分，以與奴僕、雇工和樂戶等賤民等級者的不自由身分相對應。[23] 遵循婚姻家庭方面的那些道德規範，尤其是女性的貞節，被視為「良」民在身分上的特徵。更確切地說，良民身分甚至是女性立志守貞這項資格的先決條件。如前所述，女性奴僕，即便已婚，也不具備法律所承認的貞節，因為無論她們是否願意，其主人均有權享用她們的性服務。貞節對樂戶之類的世襲賤民而言更是毫不相關，因為樂戶須受朝廷役使，為其提供性服務和其他娛樂服務。在士紳階層與大批的自由農民崛起之前，歷朝歷代的人口中均有相當比例是身分不自由的勞動者和其他賤民群體。前述良民身分應具備的各種美德，基本上與他們無涉。

因此，就唐代關於姦罪的法律而言，惟有當此類罪行涉及良民女子之時，那些法律才會發揮作用。尤其是當男性罪犯屬於那些不自由且低賤的身分類別之一，而受害女性則是其主人家中的成員時（這意味著女方屬於菁英階層中的一員，因為農民不會擁有自己的奴僕和雇工），這些法律則更會被嚴加適用。在這一時期，法律強調的是涇渭分明的身分等級而非品德，道德期待完全是以法律身分作為基礎。因此，主人享用自家女性奴僕的性服務並不構成姦罪。並且，若兩名奴僕之間或良民男子與他人的女性奴僕之間犯下姦罪，相較於那些涉及良民女子的姦罪，其量刑也要輕得多。唐代關於姦罪的法律，完全沒有明確提及貞節。例如唐律中對強姦的討論極為簡略，且並不區分女性受害人是否守貞。

---

[23] 參見仁井田陞，《支那身分法史》（東京：座右寶刊行會，1943），頁959、963–964。

在清律當中，我們仍然可以看到這種古老秩序的遺存，亦即將強姦罪的受害者視作「良人婦女」或「良家婦女」（顧名思義，意即「良民的妻女」或「良民家庭中的妻女」），但這種措辭在盛清時期的實質意涵是指那些擁有貞節的妻女。清代關於強姦罪的相關例文，最為引人注目的特徵之一在於，它們相當一致地使用這兩組詞語來稱呼那些強姦罪的受害者，儘管強姦犯也同樣被視為「良民」（以往歷朝的立法者在討論同等身分者之間發生的性犯罪時，並不認為有必要一再重複使用「良」字）。此外，清代的這些例文告訴我們，「犯姦婦女」或「犯姦之婦」並不具備作為理想的強姦罪受害者的資格。這些稱呼從未出現於之前各朝代關於強姦的法律當中。換言之，到了盛清時期，強姦罪受害者的身分被建構為「良」，主要是為了與那些不貞女子相區別（這兩類女子的法律身分當然都是有著自由身分的平民）。

綜上所述，到了 18 世紀中期，在清代關於姦罪的法律中，「良」這一法律用語幾乎總是意味著貞節，其與正式身分地位方面的差別之間的關聯變得相對薄弱。清王朝治下的每一個人，此時在法律面前實際上均被視為平民；中古時期那種以繁複的貴族等級體系、各類身分不自由的世襲勞動力和人數相對較少的自由平民作為其特點的社會結構，此時已成為模糊的記憶。故而，若繼續沿用「良」這一法律用語的話，終究會變得主要用其來指稱那種具有自由平民身分之人所應當具備的道德品質。

三、強姦不貞的民婦

依據明清時期的法律，就算受害女子能證明強姦者使用了強迫手段而她本人也曾作過抵抗，但如果她的貞節紀錄不佳，那麼即使控告成立，加害者也不會被處以律文中所設定的那種最重的刑罰——死刑。當時的許多著述均提及此項原則，明代的律學家王肯堂在《律例箋釋》一書中所做的注釋便是其中之一。清律沿用了明代的「犯姦」本律，並將王肯堂這段話轉為律中小注：

> 如見婦人與人通姦，見者因而用強姦之，已係犯姦之婦，難以強

論，依刁姦律。

這種情形的相應刑罰是對男方杖一百，對女方的懲處很可能亦同，因為「刁姦婦女」被認為是自願受之。這種刑罰比一般「和姦」的本刑稍重，但比「強姦」的本刑即絞刑要輕上數等。[24] 此條例文的適用情形，是強姦犯在對受害女子進行性侵犯之前，親眼目睹過她與他人有姦情。19 世紀晚期，薛允升注意到清律當中並無專門針對強姦「犯姦婦女」的律文，但他認為此類罪行「……向俱減等擬流」。只有當受害者是「良人婦女」時，強姦犯才會被處以絞刑。[25]

這種司法實踐，後來被纂修成為《大清律例》中的數條新例。雍正三年（1725）新增的那條用於懲治輪姦行為的例文，便是其中之一。此例文將受害者視作「良家婦女」。按其規定，對於那些參與輪姦的罪犯，為首者應判處斬立決並梟首示眾，其餘從犯則處以絞監候。[26] 然而在單人犯案的強姦案件中，只有當受害者是貞節女子時，才會適用這類死刑。在嘉慶六年（1801）增補的一條例文當中，這一原則被展現得更為明確。嘉慶六年頒行的這一例文，重申了針對輪姦行為的刑罰，但補充規定道，若受害者是犯姦婦女，則施暴者的刑罰可減數等，亦即主犯發往煙瘴之地充軍，而從犯則流三千里。[27] 這些刑罰在某種程度上都相當嚴厲，其目的之一無疑是為了懲戒此類集體暴行對公共秩序所造成的危害，但它們也再度肯定了上述原則——即便是對於輪姦犯，也只有在其受害者具有貞節的那種情形中才能被處以死刑。基於同樣的原則，嘉慶十年（1805）增補的一條新例規定，若遭「強奪」的受害者係「犯姦婦女」，則對她施暴的罪犯可被減輕處刑。[28]（為此，被丈夫賣掉

---

[24] 參見本書附錄 A.2。
[25] 參見薛允升，《讀例存疑（重刊本）》，例 366-12，注釋部分。關於如何減刑的具體例子，參見祝慶祺、鮑書芸編，《刑案匯覽》，卷 52，頁 1b–2a；Ng, "Ideology and Sexuality: Rape Laws in Qing China," pp. 61–63.
[26] 參見薛允升，《讀例存疑（重刊本）》，例 366-02。
[27] 參見薛允升，《讀例存疑（重刊本）》，例 366-12。
[28] 參見薛允升，《讀例存疑（重刊本）》，例 366-06。

的那些妻子也被算做「犯姦婦女」）。實際上，嘉慶六年和嘉慶十年頒布的上述新例之目的，乃是為了確保即使受害者是不貞女子，輪姦和誘拐等行為也會被繩之以法。因此我推測，在這些新例出臺之前，若這類犯罪的受害者是不貞女子，那麼加害者將不會被問罪。

從乾隆四十年（1775）增補的一條例文中，我們可以從另一個角度來理解受害者的貞節問題。該例規定，若罪犯在殺害受害者時企圖將她強姦，則除了處以殺人罪的本刑外，還應加重懲處，不過以下情形則屬例外——若「……其有先經和姦，後因別故拒絕，致將被姦之人殺死者，俱仍照謀故鬥毆本律定擬」。這段文字的重點，是要將此種情形與那種姦殺貞節女子的情形加以區分（姦殺貞節女子者，除了應處以殺人罪的本刑之外，還須進一步加重懲處）。但若被殺的女子先前就與將她姦殺的罪犯有過「和姦」關係，則只對殺人行為而不對強姦行為加以懲處。[29] 易言之，就此處談及的那些法律規定而言，男性被認為不可能強姦過去曾與他「和同」發生性關係的女子，女方一旦做出同意，便再也無法撤回。這種規定，與西方法律傳統中那種旨在保護丈夫的「婚內強姦豁免權」背後的理由頗為相似。

總而言之，明清時期的法律對強姦罪的處刑標準，取決於受害者貞節被玷汙的程度。這種預設認為，女性本身的不貞行為，在某種程度上類似於強姦罪行所造成的玷汙。但那些不貞女子若遭到強姦，很可能將會被視為不符合強姦罪中的受害者資格，因為對不貞女子的強姦並不會被官府認真對待。在實際案件的檔案紀錄當中，我尚未發現這些例文被援引用於處理強姦或誘拐不貞女子的情形。明清時期針對強姦罪的法律更為關心的問題是，一名被假設並無性犯罪紀錄的平民女子，在自己的貞節面臨強姦行為之威脅時是如何反應？她對這種威脅的反應達到多高的標準？她是否使用了典型的反抗方式以證明自己的貞節？下文在探討審判官員在司法實踐中是如何區分強姦與和姦的時候，我們會再次回到這一問題。

---

[29] 參見薛允升，《讀例存疑（重刊本）》，例 366-10。

四、強姦賤民身分的守貞女子

「良」字在法律身分方面所具有的那種微妙含義,從未完全消失,而這也是此字的確切含義為何很難釐清的原因之一。當貞節在絕大多數的性犯罪案件中變得相較於身分等級差異更具重要性時,「良」字內涵的重心也隨之發生變化。在清代社會當中,仍有一些奴僕存在,此外還有伶人娼妓,一直到清王朝末年,這類人都被司法官員所歧視。[30] 事實上,鑒於「良」字所具有的雙重意涵,貞節相較於身分等級差異在受重視程度方面的日漸提高,便引出了一個從未被唐代的法律專家們考慮過的假設性問題——當身分低賤(非「良」)的強姦罪受害者湊巧又是守貞(「良」)女子時,司法官員應如何對她加以處置?幸運的是,《刑案匯覽續編》中就有這麼一起道光二十九年(1849)時發生在北京並由刑部「現審」的案件。此案例相當罕見,但其案情本身並無爭議:一名喚作劉氏的女子被三名旗人輪姦。[31] 問題在於,鑒於劉氏的特殊身分,應對那三位強姦者處以何種嚴厲程度的刑罰?劉氏在其養母的訓教下,以賣唱為生,後來嫁與一名伶人。因此,作為伶人,她是受人鄙視的職業群體中的一員。但她並非娼妓,也無任何跡象顯示她曾與人有過姦情。

如前所述,雍正三年頒行的那條例文對輪姦「良人婦女」的為首者處以斬立決,而「良人婦女」則在字面上被理解為守貞女子。嘉慶六年頒行的那一例文則減輕了對輪姦「犯姦婦女」之男子的處刑。但這兩條例文均不完全適用於上述劉氏的情形(源自明律的關於「良賤相姦」的舊律,[32] 雖然業已過時,但仍被保留於清律的書面文字當中,不過本案的判決並未提及此律)。刑部就此案解釋道:

> 今被姦之劉氏,演唱歌曲,等於優伶,難以良人婦女論。唯並未身犯邪淫,又未便遽照輪姦犯姦婦女科斷。例無治罪專條,亦無

---

[30] 參見經君健,《清代社會的賤民等級》(杭州:浙江人民出版社,1993)。
[31] 在司法審判中,旗人多被視為平民。
[32] 參見薛允升:《讀例存疑(重刊本)》,律 373-00。

> 辦過似此成案。臣等公同商酌，王二一犯，於輂轂之下，糾約多人，黑夜恃強，輪姦婦女，糾黨縱淫，自難貸其一死。若竟立置重刑，而被姦之婦，究異良人，又無以示等差。

刑部於是採取折衷的作法：為首的輪姦主犯被處以絞監候，兩名從犯則被流放新疆為軍奴。這裡的處刑，較之被輪姦的受害者為「犯姦婦女」時的處刑要重得多，但稍輕於被輪姦的受害者為「良人婦女」時的處刑。這種講究細微差別的處置方式，既達到讓輪姦這一令人髮指的罪行受到相應懲處的目的，同時也遵循了對「良賤相姦」的處刑輕於對涉及平民女子的姦罪之處刑這項古老原則。毫無疑問，身分低賤的守貞女子在被強姦時所遭受的玷汙，比不貞的平民女子被強姦時所遭受的要多，但比守貞的平民女子被強姦時所遭受的要少。

從歷史角度來看，此案吸引我們注意的地方在於，可以從中看出司法官員是如何對「良」的道德意涵和身分等級意涵這兩種不同含義加以權衡，將二者視為各自獨立的變項，而非假定它們必然緊密相關。同時，此判決對具有平民身分的強姦犯如何處刑也進行了校準，藉此賦予那些身分低賤的守貞女子以相應的榮譽。這些考慮在此前的各朝代肯定無法想像。[33]

第二節　陰莖插入行為的重要性

如前所述，來自其家庭之外的男子所造成的玷汙威脅，對於理解「姦」（無論是強姦還是和姦）這一概念的定義非常重要。明清時期的法律均規定，「姦生子」的撫養責任全歸其生父，亦即性犯罪的男方。作為外人通過性侵犯玷汙他人家庭之行徑的產物，此類子女應被從其生母之夫所屬的血統世係中剔除出去。同理，若妻子與人通姦或私奔，則其夫有權將她休退或嫁

---

[33] 參見薛允升鑒定，吳潮、何錫儼匯纂，《刑案匯覽續編》（臺北：文海出版社，1970），卷28，頁14a–15b。伍慧英（Vivien Ng）對此案的解讀與我稍有不同，參見 Ng, "Ideology and Sexuality: Rape Laws in Qing China," pp. 61–63.

賣，而該女子將喪失對其夫財產和子女的所有權利。若寡婦與人通姦，則夫家親屬可代表其亡夫行使同樣的權力。[34] 若妻子在與人通姦時被其夫捉姦，她的丈夫可當場殺死通姦雙方而不受任何懲處。這些法律均是為了保護夫家的血統與宗祧，以免於受到來自家庭之外的男子的玷汙。

一、陰莖插入行為在刑罰與旌表方面導致的後果

據上所述，可知中國帝制晚期的法律為何要將犯姦行為區分為「成」與「未成」。作為動詞，「成」在這裡帶有「完成」或「成功」的意涵；它在「成姦」一詞中所起的功能，相當於在用以表示「通過性交使婚姻關係圓滿」之意的那些現代詞彙——「成婚」和「成親」——中所起的作用。

在中國帝制晚期，一條相延不變的基本原則是，強姦未成者所受的刑罰，較之強姦「已成」者要輕一等。管見所及，最早明確言及此一原則的，是 12 世紀南宋時期的一道法令：「諸姦未成者減已成者一等。」[35] 這道法令原指所有的姦罪，但後來的法律文本通常只在處置強姦罪行時參酌這種對已成與否的區分。除了這道南宋時期的法令，我尚未找到可以說明以下問題的其他證據，亦即在元代開始對強姦罪犯處以死刑之前，強姦已成與否的區分，在司法審判中到底具有何種重要性。不過可以肯定的是，對強姦罪犯適用死刑的作法，如同它強化了強姦罪受害女子以往貞節紀錄的重要性那樣，亦大幅強化了關於強姦罪行已成與否之區分在法律上的重要性，因為對於罪犯來說，比死刑減輕一等處刑，首先意味著生死攸關。事實上，元代的法律規定，強姦未成者，參照強姦已成者減一等處刑。更具體的相關條文是，「諸翁欺姦男婦，已成者處死，未成者杖一百七（並處徒刑）」，亦即未成者減刑一等。[36] 在宋代，這種減等處刑只是輕重等級方面的差別，而到了元代，則成為對於強姦犯而言生死攸關的大事。

---

[34] 詳見本書第五章。
[35]《慶元條法事類》，卷 80，頁 22a。
[36] 宋濂，《元史》，第 2653 頁。

明律中針對姦罪的主要律文，是「強姦者，絞；未成者，杖一百，流三千里」，亦即強姦未成者減一等處刑。清律原封不動地保留了明律的這一規定，僅在其中補入「監候」一詞以明確絞刑須在秋審勾決後方可實際執行。[37] 強姦未成者可減刑至死刑以下的這項規定，也適用於（明清時期律典中其他條文所規定的）其他類型的強姦罪行，例如，強姦那些未達到可以表達自己意願的法定年齡的幼女，輪姦，等等。明代的一則律注就此解釋道，若強姦未成，則「女節猶幸其未汙也，罪姑減等。」[38] 換言之，只有當強姦已成時，女子的貞節才算受到玷汙。而如前所述，強姦犯之所以應被處死，正是因為他造成了這種玷汙。

在明清時期，強姦已成與否的區分，除了對量刑的影響之外，還新獲得了一種正式的重要位置。對於殉節者是否有資格獲得旌表而言，這種區分有著非常關鍵的影響。當明朝政府在 16 世紀初開始旌表那些「殉節」的強姦罪受害者時，規定惟有「不受賊汙」的女子才有資格享此殊榮。[39] 從康熙十一年（1672）起，清朝政府也開始旌表因反抗強姦而殉節的受害者，並使用專門的法律術語就此設定條件，規定只有被強姦未成的受害女子才有資格獲得旌表。[40] 18 世紀關於強姦案件的題本顯示，那些為了將強姦犯繩之以法而搜集的證據，同時也是司法官員審查那些已然身故的受害女子是否有資格獲得旌表的證據，其中的關鍵問題便在於強姦行為已成與否。由此造成的結果是，對強姦犯的判決，決定了對受害女子是否被強姦已成的判斷，反之亦然。在這些題本中，在那些關於如何判決強姦犯的建議之後，緊接著的就是對已故受害女性的旌表舉薦。

從國家的旌表儀典角度來說，貞節是一個絕對且客觀的條件，而非對受害女子之主觀意志的微妙估量。一旦強姦的行為跨過「已成」的界線，那麼無論受害女子以往的貞節紀錄如何清白，她的反抗如何激烈，或者強姦犯的

---

[37] 參見本書附錄 A.2。
[38] 《刑台法律》，卷 13，頁 17a。
[39] 參見《明會典》，卷 79，頁 457。
[40] 參見《（光緒朝）清會典事例》，卷 404。

暴行如何殘酷、有多少名男子參與行姦而導致她被制服，這位女性受害者都無可挽回地被玷污了。這便是自16世紀初至19世紀初的明清政府用於決定旌表資格的政策。[41]

二、強姦「已成」的證據標準

清代的案件紀錄顯示，強姦「已成」的含義相當具體：強姦犯的陰莖插入女性受害者的陰道。這種界定並不令人感到驚訝。使用這些用詞對強姦進行定義（將其與其他類型的性侵犯區分開來），顯然是各種父權法律制度（例如英美不成文法的傳統）[42]的常見特徵。與涉及受害者貞節的情形一樣，陰道被陰莖插入與否，在中國關於強姦的法律中無疑歷來都扮演著某種角色，不過這一狀態的重要性，隨著貞節崇拜的興起和對強姦罪適用死刑而被逐漸提升。自元代以降，特別是從18世紀開始，法律文本中的內容顯示，強姦行為已成與否，以及司法機關審查證據與劃定界線的精確度，變得極為重要。

在乾隆五十八年（1739）發生於直隸蔚州的一起強姦案中，一位名叫蘇旺（22歲）的男子平日在寺廟裡以織蒲團為業，他答應一名8歲的女孩李舍兒為她編個小蒲團當玩具，條件是她要與他「頑一頑」。蘇旺的供述如下：「叫他〔她〕把褲子褪下來著他〔她〕爬下，他〔她〕就依了，自己褪褲爬著，小的也拉開自己褲子跪在地下，從後邊姦他〔她〕……他〔她〕害疼哭起來，沒有姦完，小的就歇手了，替他〔她〕穿上褲子。」女孩的父親聽到哭聲後趕至現場，結果看到女兒的褲子上染有血跡。女孩將事情告訴了她的父親。於是女孩的父親將蘇旺扭送至官府。穩婆在檢查了李舍兒的下體後，向縣官報告說：「驗得李舍兒陰戶血污腫脹，內有破傷，……實係被人姦污。」縣官據此斷定強姦已成，並依據「引誘並強行姦污不滿十歲女孩」律（該女孩

---

[41] 這種旌表的先決條件，自嘉慶八年（1803）以後略有放寬。參見本章的結語部分。

[42] See Neil C. Blond, et al., *Blond's Criminal Law* (New York: Sulzburger and Graham Publishing Ltd., 1991), p. 121.

那不滿10歲的年齡,使這種行為自動構成強姦)判處蘇旺斬立決。從這一案例中,我們可以推斷,「已成」的強姦須是將陰莖插入陰道,但不必然要求強姦犯插入後射精。[43]

但是,若以陰莖以外的其他身體部位插入陰道,則不算是強姦「已成」。例如,嘉慶十七年(1812),直隸總督將一起強姦未成案件的預擬判決上報給了刑部,刑部的覆文如下:

> 查范有全欲將年甫十四歲之李二姐強姦,因見其年小身矮,恐難行姦,先用手指摳試,將其陰戶摳破流血。查閱李二姐及其父李德義等供詞,俱稱未被姦汙,並據穩婆驗稱李二姐委係處女,曾未破身。該省將范有全依強姦未成律擬流,尚屬允協。[44]

此判決顯示,用手指插入對方的陰道,並不被視為強姦「已成」。儘管受害者的身體已為手指所「破」,但只要未被陰莖所「破」,該女孩仍被視為處女。「破」字有戳、分開或撕開的意思。值得注意的是,此處所用的「身」字隱含貞節之意,正如法律文本中常以「失身」來表示「失貞」。無論手指插入陰道的行為如何暴力,均不可能「姦汙」女子的貞節。此案例亦顯示了童貞具有相當程度的社會重要性,更不用說貞節在朝廷的旌表和法律當中所具有的那種意義。對這一案例中那位女孩的父親而言,證明自己的未婚女兒並未因為這次性侵事件而被玷汙,顯然是一件極為重要的事情。

對強姦過程所使用的不同身體部位的區分,在之前的那些朝代中似乎並不那麼絕對。在《元典章》所載的大德元年(1297)發生於江西的一起案件中,那位元朝司法官員顯然是將用手指插入幼女陰道的行為解釋為強姦「已成」。元代的法律規定,強姦10歲以下女孩者處以絞刑,但當行姦男子為「年老者」時則有所例外,後者的處刑為杖一百零七並處以徒刑(不准收贖)。[45] 在該案中,一位名叫李桂的男子企圖「姦汙」9歲的女孩潘茂

---

[43] 參見《內閣刑科題本》,71/ 乾隆 4.7.11。
[44] 祝慶祺、鮑書芸編,《刑案匯覽》,卷 52,頁 5b–6a。
[45] 宋濂,《元史》,第 2654 頁。

娘,以報復自己與她父親的舊怨。李桂先是「用右手第二指插入潘茂娘陰門內剡破血出」。女孩因疼痛而尖叫,李桂於是將她放開。女孩跑回家中,其父因此至官府提起控告。審理此案的縣官做出如下判決:「議得李桂所招年七十五歲,雖是用手損壞潘茂娘九歲身,難同強姦科罪,擬將李桂決杖一百七下〔並處徒刑〕」。此判決獲得刑部的認可。

倘若李桂侵犯幼女潘茂娘的行為不被當作強姦已成,那麼他本應減刑一等,而不是被處以那種針對年老強姦犯的刑罰——刑杖一百零七並處徒刑。故而,元代的司法官員似乎將這種侵犯視同為強姦「已成」。此案摘要的標題「年老姦汙幼女」,[46] 亦可佐證這一結論。但清代的刑部在處理同類型的案件時,則與上述判決中所做的恰恰相反。這顯示了隨著對強姦罪處刑的逐漸加重,判斷強姦是否「已成」的標準也日趨嚴格。明清時期的法律,還取消了前述那種因強姦罪犯年邁而不對其處以死刑的例外規定。

陰莖對陰道的插入,界定了性侵犯中的「性」成分。這種行為在清代法律中的重要性,在乾隆四年(1739)發生於廣西遷江縣的一起案件中被加以強調。在該案中,吳茂德夥同其堂兄弟吳茂爵及家僕盧特喜,殺害了弟媳黃氏與另一名家僕陳特陋(此二人被懷疑有姦情)。根據官方的紀錄,吳茂德三人以石頭砸爛了陳特陋的下體,然後將一塊大岩石綁在他的胸前沉塘。隨後,吳茂爵和盧特喜「將黃氏褲子扯下捆綁,吳茂爵惡其姦淫,令吳茂德按住,吳茂爵用棍連裙戳入黃氏糞門」。接著將黃氏也沉塘。吳茂德和吳茂爵這兩位堂兄弟,被按照「期親以下尊長故殺卑幼之婦至死者」律判處絞監候。盧特喜逃脫,未被逮捕歸案。官府的判決對幾位行兇者的殘忍手段加以譴責。不過,儘管兇手們專門針對受害者某個身體部位所做的攻擊可算是性虐待行為,卻他們未受到任何性犯罪的指控。此案的題本中自始至終均未提及「強姦」的問題;「姦」字僅被用於描述那兩位遇害者之間被訛傳的關係(後來證實這是空穴來風的謠言)。

---

[46] 《元典章》,卷 45,頁 2b。

在《大清律例》當中，包含了很多對涉及「犯姦」（特別是強姦）的殺人罪行在本刑之外另增刑罰的詳細規定。在上述這起案例中，若兇手們是用自己的陰莖插入黃氏的身體，那麼判決中肯定會特意提及此情節，也會援引另外的法律條文處以更嚴厲的刑罰。但是正因為此案中不存在加害者用陰莖插入被害者的陰道的那種情節，那名婦人在被沉塘之前所遭受的前述性虐待，只是被簡單地解讀成是將她殺死的方式之一，而未被視為另一種特定的「犯姦」罪行。[47]

只要陰道未被陰莖插入，即使女子在抵抗過程中觸碰到強姦犯的陰莖，也未必導致其貞節受到玷汙。事實上，為了對烈女加以旌表，女子在反抗強姦的過程中與行姦者的陰莖有過觸碰，甚至也可被解讀為貞烈的證據。在一起發生於廣東潮陽縣並於乾隆四年（1739）上報至中央的案件中，謝氏與林啟茂私通，因為害怕被自己的兒媳劉氏揭發，於是兩人合謀讓林啟茂強姦劉氏，以使她對他們的姦情羞於啟齒。於是，在劉氏的婆婆謝氏協助下，林啟茂企圖強姦劉氏。林啟茂攜刀溜進劉氏的房間。據他供述：

> 小的就上床去摸劉氏，劉氏驚醒叫喊有賊，謝氏就把被壓蓋劉氏口面，小的騎壓劉氏身上，用手扯開劉氏的袴，正欲行姦，劉氏就把左手擄住小的莖物，小的負痛用拳打他〔她〕臍肚一下，他〔她〕總不放手，小的就伸手摸取菜刀先割他〔她〕手上一下，他〔她〕仍不放，又復割他〔她〕一下，他〔她〕又不放，小的著急，用力再割一刀，劉氏鬆手〔已死亡〕。

林啟茂因在行姦過程中殺害女方，被處以斬立決。謝氏被處以杖一百，流三千里。上述所處的刑罰，乃是「一人強捉，一人姦之」律的本刑。後來謝氏遇到了大赦而免於服刑。由於謝氏與林啟茂通姦，她的丈夫有權決定將她留下或將她嫁賣。[48]

劉氏被視為一名值得旌表的貞節烈女，其激烈反抗的行為，被解讀為寧

---

[47] 參見《內閣刑科題本》，68/ 乾隆 4.4.11。
[48] 參見本書附錄 A.2。

死也不願受到玷汙的決定性證據。不過，如果林啟茂成功地將自己的陰莖插入劉氏的陰道，則儘管她頑強反抗，但仍不具備能獲得旌表的資格。反諷的是，如同其他強姦案件中的情形那樣，受害女方的貞節問題，須取決於強姦犯所做的供詞。[49]

倘若被行姦者插入的並非陰道而是人體的其他孔道，那麼情況又將如何？在雍正十三年（1735）發生於直隸涿州的一起案件中，行姦者將陰莖插入一名 8 歲女孩的肛門。該案的案卷紀錄中將此種行為稱作雞姦，這是清代法律通常用來指稱男子同性之間的肛交行為的一個用語。[50]正如該案的題本中所提到的，「律例內並無雞姦幼女依何治罪之條」。換言之，在《大清律例》有關強姦罪行的那些條文中，「強姦」的定義只涵蓋那種陰道被陰莖插入的情形。因此，審理此案的司法官員在對行姦者加以處刑時，比照強姦幼女例進行處置，即「將未至十歲幼女誘去強行姦汙者，照『光棍』例擬斬立決」。[51]由於該案中的受害者未遭殺害，司法官員無須思考肛門被陰莖插入是否會影響到殉節者的受旌表資格這一假設性難題。[52]

該案中有一個細節頗值得探討，即審判案件的縣官只命令穩婆檢查那名未婚受害者的下體。正如沈之奇在康熙五十四年（1715）時所言，「（被強姦的）幼女須令穩婆驗明實曾破身。」[53]若是尼姑被人強姦，只要她在遭受性侵犯前處於獨身狀態，那麼也需接受對其下體的檢查。[54]如果已婚女子在遭強姦的過程中被殺害，一般來說，官府不會令人檢查她的下體；審判官員會指示仵作不要暴露被殺害者的「下身」，以示對死者家屬的體恤。若已婚女子遭到強姦後僥倖保得一命，那麼關於強姦已成與否的判斷，將取決於強姦犯和受害者各自所做的口供。易言之，女性的下體因強姦暴行而造成的創

---

[49] 參見《內閣刑科題本》，72/ 乾隆 4.?。
[50] 詳見本書第四章。
[51] 薛允升，《讀例存疑（重刊本）》，例 366-04。
[52] 參見《中央研究院歷史語言研究所現存清代內閣大庫原藏明清檔案》（臺北：中央研究院歷史語言研究所，1986–1995），061–023。
[53] 轉引自姚潤等編，《大清律例增修統纂集成》，卷 33，頁 1a。
[54] 參見《內閣刑科題本》，119/ 乾隆 10.12.10。

傷，如果不與該女子的婚姻狀態聯繫起來加以看待的話，那麼在法律上並不具有重要性。因為已婚女子的下體創傷也可能是由她的丈夫的合法交媾所造成，所以這並不能被作為受到強姦的證據。只有當受害者未婚且被相信是處女時，這種創傷才足以成為公堂上的證據。在此情形中，那種陰道被陰莖插入的證據，構成了她成婚之前的「破身」，即受到強姦。

總而言之，陰莖必須插入陰道，才足以構成強姦已成。射精與否並非關鍵。陰莖插入陰道的瞬間，可說是跨越了一道無法回頭的界線。故而，對於明清兩代高調舉行的那些旌表儀式來說，這種陰莖插入行為，意味著受害者的貞節已經受到無可挽回的玷汙。即使她在被性侵犯的過程中死去，也不可能被旌表為貞節烈女。而對於據以懲處此類罪行的刑事法律來說，那些造成這種無法彌補的傷害的罪犯，應被處以死刑。不過，至少在清代，以手指或物體插入女性陰道的行為，並不被視作強姦已成。

丈夫以外的其他男子的陰莖會造成某種特定的汙染，足以毀壞女性陰道所具有的某種特定價值。對這種陰莖插入行為的焦慮，無疑由來已久，並非明清兩代所特有的現象。自古以來，便有對來自其家庭之外的男子擾亂自家父系血統的擔憂，而女性被丈夫以外的其他男子的陰莖插入將會造成受孕的危險。在中國帝制晚期，對女子貞節的強大執念，使得這種陰莖插入問題成為道德要求和政治要求所面臨的攸關生死的危機。

第三節　強姦與和姦的對比

將「強」與「和」作為相對字眼的用法由來已久，在秦漢時期的法律當中，便已如此使用。所有的姦罪均被納入二者中的某一類。西晉時期的律學家張斐在注釋漢律時就此解釋道，「強」與「和」彼此互相界定：「不和謂之強。」[55] 其中的關鍵在於，女性是如何回應那種對其貞節的挑戰？是她自

---

[55] 參見張晉藩、王志剛、林中，《中國刑法史新論》（北京：人民法院出版社，1992），頁

己同意?還是男方必須採取強迫手段?

一、和姦的刑事責任年齡

「和姦」在法律上是一種犯罪形式,但女性必須具備表達同意背叛其夫的能力,才可為此承擔刑責。南宋時期的一道法令規定,在犯姦案件中,「女十歲以下,雖和亦同〔強〕。」[56] 元代法律的規定與此相同。[57] 明律則將和姦的責任年齡提高了兩歲,並為清律所沿用:「姦幼女十二歲以下者,雖和,同強論。」[58] 藉由提高和姦的責任年齡,明清時期的法律專家們實際上擴大了可被處以死刑的姦罪範圍。

關於和姦之法定責任年齡的立法理由,明代的一則律注做了這番說明:「十二歲以下幼女未有欲心。」[59] 另一位清代的律學家亦同意此說法:「幼女十二歲以下,情竇未開,本無淫心。」[60] 正是這種「淫心」或「欲心」,才使和姦得以成立。換言之,惟有情慾覺醒才有「和」的可能性,而這正是女性的情慾覺醒與法律有關的唯一理由。

二、顯示歷史變遷的相關史料

如前所述,在中國帝制晚期,對強姦罪的處刑逐漸被加重,同時在司法審判過程中,對強姦罪受害者以往的貞節紀錄和陰莖插入陰道的行為的看重,也明顯有所加劇。強姦罪的證明標準也日趨嚴格,致使女性受害者須承擔較之以往更為沉重的舉證責任,而她在被強姦過程中及其後的行為表現,亦受到更加嚴格的檢視。這種變化的核心在於「強姦」與「和姦」之間的相對關係。事實上,兩者之間的平衡互有消長。

424、444。

[56] 《慶元條法事類》,卷80,頁21a。
[57] 參見《元典章》,卷45,頁1a、2a。
[58] 薛允升,《讀例存疑(重刊本)》,律366-00。
[59] 《大明律集解》(北京:中華書局,1991),卷25,頁2a。
[60] 轉引自姚潤等編,《大清律例增修統纂集成》,卷33,頁2a,注解部分。

那些早期的文獻似乎認為，只有主動自願的參與，才會構成「和姦」。前引張斐的言論所隱含之意是，若女方未主動表示同意，則此行為便會被視為強姦。《唐律疏議》在律疏中也採用了反向定義的方式來界定「和姦」：「和姦為彼此和同者。」[61] 實際上，對此類性犯罪的男女當事人採用同等的刑罰加以懲處，其根本理由正是男女雙方這種相互或對等的同意。但到了明清時期，這種平衡發生了轉變，法律專家們主要採用反面定義的方式來界定「和姦」：若不符合關於強姦的那套極為嚴格的證據標準，則就會被視作和姦。在明清時期的法律中，女方惟有被證明沒有同意和姦，男方的行為才會被認定是強姦。

　　最能印證上述變化的，是「先強後和」這一概念。「先強後和」既可出現於單次的性行為之中，也可出現於同一對男女間多次發生性行為的過程之中。在明清時期之前的史料當中，我只發現了一些非常零星的證據有涉及此概念。其中內容最為完整的是南宋時期的一道法令。該法令規定：「先強後和，男從強法，婦女減和一等。」[62] 換言之，無論其後的情形如何，最初的強姦舉動，就足以讓罪犯被處以性犯罪的最重刑罰。女方雖被依和姦論處，但她最初是被加害者強姦這一情節，可使她被酌情減刑。唐律是宋代律學思想的基礎，故而南宋時期的這一法令與《唐律疏議》的相關律疏相同，它們均認為應當區分女方究竟是主動自願參與還是在別無選擇的情況下不得不屈從，若女方係主動自願參與，則對其以和姦罪的本刑論處。

　　元代針對強姦罪行的法律規定，看起來是處於承上啟下的位置。它對女性受害者的懲處，較之南宋時期的上述法令略嚴，但比明清時期的法律要寬鬆。此時期的相關史料同樣零散，但頗具啟發性。《元典章》中記載了一起大德八年（1304）發生於今日河北境內的案件。在該案中，一位名叫高哇頭的已婚女子控告艾文義將她強姦，但艾文義對此指控加以否認。官府的調查顯示，艾文義和高哇頭曾有過多次姦情：「高哇頭所招艾文義將伊先次強姦，

---

[61]《唐律疏議》，卷26，頁18a。
[62]《慶元條法事類》，卷80，頁21a。

在後又行姦，本婦隨順。」故而審理此案的官員推論說：「難同強姦科罪，然是和姦。」但如此判決似乎仍不甚妥當，因為「本婦卻曾告」（對於審理此案的縣官來說，這意味著高哇頭的「隨順」並非主動參與）。故而審判此案的官員最後決定採取折衷方案，亦即只判處女方杖五十七，而不是按照元代法律中針對已婚女子和姦的那種刑罰規定處以杖八十七。他還判決高哇頭的丈夫「聽離歸宗」（即有權選擇休妻）。由於艾文義在判決前便已去世，故而我們無法得知他原本應受的刑罰為何。但從審判官員所做的上述判決可看出，這名女子被強姦後的「隨順」舉動，可使艾文義不至於被處以元代法律用來懲處強姦已婚女子之人的那種最重刑——絞刑。即便如此，上述對高哇頭的處刑，看起來遵循了前文所引南宋時期那道法令的原則：若雙方的性關係始於強姦，女方只是在後來和姦，則她可被減刑。[63]

有哪幾類證據可被用來證明強姦？唐宋時期的律典對此均未加說明，但從元代開始的那種將強姦犯處以死刑的作法，無疑要求有一種更為嚴格的證據標準。《元典章》中摘錄了至元六年（1269）的一起部擬獲准的強姦已婚女子案例。此案發生於如今的河南省境內，[64] 其判決採用了死刑。根據案情簡述，強姦者在行姦過程中撕扯受害者的頭髮，對受害者拳打腳踢，並「以言唬嚇」。上述案情簡述暗示，若想證明強姦罪成立，則需要有相當多的暴力行為證據，至少當對性侵犯者的處刑關係到他能否留得一命時如此。[65]

在強姦罪的證明標準方面，明代制定了非常嚴格具體的規定。萬曆十五年（1587）時，刑部鑑於對強姦與和姦的處刑差異甚大，於是上奏說：「律稱和姦者杖，強姦者絞。輕重懸絕，最宜分別。」同時，為了避免將兩者混淆，刑部建議在對行姦罪犯判處絞刑時必須滿足非常精確的判斷標準：「今

---

[63] 參見《元典章》，卷 45，頁 15a。
[64] 譯者註：《元典章》原文中記載的此案發生地為「衛輝路」。衛輝路的建置肇始於金末，至元代初期其建置才完全穩定，其管轄範圍包括今天河南的衛輝市及其周邊的新鄉市和輝縣、延津、淇縣等縣的全部或部分地區。參見張岱玉，〈元朝衛輝路建置考〉，《內蒙古大學學報》（哲學社會科學版），2015 年第 3 期。
[65] 參見《元典章》，卷 45，頁 2a。

後審究強姦人犯，果以兇器恐嚇而成，威力制縛而成，雖欲掙脫而不可得，及本婦曾有叫罵之聲，裂衣破膚之跡者，方坐以絞。」刑部還接著列舉了幾種模棱兩可的情形。這些情形可能存在某種程度的強迫性質，但在法律上並不算強姦：「其或強來和應；或始強而終和；或因人見而反和為強；或懼事露而詐強以飾和；及獲非姦所；姦由指摘者，無得坐以強。」[66] 刑部的上述提議，後來獲得皇帝的允准。尤其是上面引用的第三段文字，與前述南宋時期的那道法令形成了強烈的對比：在明代的法律中，繼後發生的和姦之舉，會使得最初的強姦行為並不構成強姦罪。從上面所引用的那第二段探討成立強姦罪所需的證據類型的文字當中，我們雖然無法確切得知這是否代表此時的作法已與以往的司法實踐大不相同，但似乎隱隱有此趨勢，因為明代之前的立法者顯然並不認為有必要如此鉅細靡遺地就其判斷標準加以說明。在證明強姦罪成立的證據方面，以往各朝代並不像元代尤其是明清兩代那般執著。並且，以往各朝代的立法者看起來並沒有將是否遭到強姦作為女子貞節全無或全有的檢測標準，而從元代開始，這被在法律當中加以規定。

上述萬曆十五年的奏摺，使那種據以判決強姦案件的標準正式成為明律中的規定。在對明律的權威注釋中，我們也可看到類似的言論。[67] 清代的司法官員援用了明代的上述標準，並將其添入那條源自明代的犯姦本律當中作為該律的小注部分。這條律注出現於順治三年（1646）首次編訂的《大清律》之中，其內容如下：

> 凡問強姦，須有強暴之狀，婦人不能掙脫之情，亦須有人知聞，及損傷膚體毀裂衣服之屬，方坐絞罪。若以強合，以和成，猶非強也。[68]

---

[66] 薛允升，《唐明律合編》，卷26，頁14a–14b。

[67] 參見《刑台法律》，卷13，頁16a。亦見於薛允升，《唐明律合編》，卷26，頁14a；吳壇編纂，馬建石、楊育棠校注，《大清律例通考校注》（北京：中國政法大學出版社，1992），頁950。

[68] 參見本書附錄A.2。此處所用的專門措辭，係援引自明代律學家王肯堂所著的《律例箋釋》一書。參見吳壇編纂，馬建石、楊育棠校注，《大清律例通考校注》，頁950；高潮、馬建石主編，《中國古代法學辭典》（天津：南開大學出版社，1989），頁348。伍慧英（Vivien

於是，在明清時期的法律中，任何姦罪，只要不符合強姦罪的證據標準，便會自動地被視為和姦。就法律而言，從主動享受，到因受恐嚇而屈從，上述任一形式皆可能屬於和姦的範圍。女性必須主動甚至激烈地反抗，才能使性侵犯者的行為被視為強姦。明清兩朝在此方面所採用的衡量標準，看上去是將西晉時張斐提出的那套法案顛倒了過來。張斐提出的那套法案暗示，只要女方未主動同意，則對她加以性侵犯的行為就會被視為強姦。

這種變化的最終結果，是使得強姦罪的涵蓋範圍有所縮小，變得僅包括那種針對其貞節完美無瑕的女子進行性侵犯的行為（被性侵犯的女子之貞節是否完美無瑕，端視其在面臨被強姦時的行為反應及其先前的貞節紀錄而定）。在明清時期的法律中，強姦行為造成的傷害大小，取決於受害女子的守貞狀況。審理案件的衙門對受害者貞節的判斷，最終決定了對強姦犯的處刑。

三、清代司法實踐中對強姦與和姦的區分

《續增刑案匯覽》收錄的一起道光八年（1828）的案件顯示，[69] 將複雜的人際關係套用到那種僵化呆板的和姦與強姦二分法上面，這並不容易。廣西總督向刑部上報稱，此案並非「始以強合，繼以和成」（這種情形，在《大清律例》的律中小注中會被視同和姦），而是反過來的「始以和合，繼以強成」。由於法律對這種情況似乎並無相關規定，廣西總督請求刑部指示應如何判決此案。

刑部則在覆文中予以駁斥。首先，刑部摘錄了與此案相關的幾條法律原則：

> 是強姦之案，始終有強暴之狀者，律應擬以絞首；若始以強合，繼以和成，仍應以和姦論。至始以和合，繼以強成，情理所無，

Ng）誤以為這種「嚴苛的強姦定義」是清代時才發生的一種急遽變革，參見 Ng, "Ideology and Sexuality: Rape Laws in Qing China," pp. 57–58.

[69] 參見祝慶祺、鮑書芸編，《續增刑案匯覽》（臺北：文海出版社，1970），卷 14，頁 5a–5b。

是以律無明文。其是強是和,惟在承審官推鞫實情,按律定讞,
豈得遊移兩可之詞,遽定爰書。

接著,刑部對廣西總督所報的案情加以概述:

此案鄧長隴年十七歲,與同姓不宗年甫十三歲之鄧娘妹同村居
住。鄧長隴見鄧娘妹一人在家,哄誘行姦玩耍,鄧娘妹允從。
鄧長隴代鄧娘妹脫褲,抱放草堆正要行姦,鄧娘妹害怕,不肯。
鄧長隴用手撳按強行成姦,鄧娘妹疼痛哭喊,鄧長隴畏懼,當即
逃出。

刑部並不認可廣西總督關於案情的上述這番陳述,而是強調,「何以鄧娘妹於脫褲後,尚未行姦,忽又害怕不允。原審情節已屬支離。」在刑部看來,在女孩允許鄧長隴脫掉她的褲子並抱她之後,就算她改變了起初的想法,這在法律上也不具有任何意義,毋須納入考慮。

由於須符合和姦與強姦這種一刀切的二分法,刑部只考慮兩種可能的情形:

該犯鄧長隴年已十七歲,不為幼稚無知。雖鄧娘妹年已十三歲,
與十二歲以下幼女不同(引者注:意即她已經達到了和姦的法定
責任年齡)。……且鄧娘妹若果年幼,並不知行姦係為何事,該
犯欺其無知,哄誘脫褲強姦,則該犯始而計誘,繼復強行成姦,
即應將該犯以強姦律擬絞,不得以和合強成曲為開脫。若鄧娘妹
先已允從行姦,則疼痛時即屬和姦已成。雖鄧娘妹因負痛哭喊,
該犯仍恣意行姦,亦未便遽照強姦定擬。

最後,刑部以下述告誡作為作為覆文的結尾:

該省果能研究確實,律例俱有明文,何難援引定讞。乃承審官並
不悉心研究,任憑該犯遊移供詞。

對刑部來說,唯一能將此案定為強姦的可能性是這名女孩十分年幼,尚未有能力作出有效的同意表示(亦即「和」)。但是,既然這名女孩已達到和姦的法定責任年齡,如此判決也有些牽強。此外,由於鄧娘妹顯然在開始

時並未反抗,此案不可能被視為強姦。既然她允許鄧長隴脫她的褲子並將其抱至草堆上面,則造成她後來反對的唯一可能理由,只能是她感到身體疼痛。但當她感到疼痛時,可說是為時已晚。此行為已經完成,她已失去貞節,她此後感到的疼痛也與法律無關。從法律上看,先強後和的情況確有可能發生,後續的和姦之舉將使最初的強姦行為不構成強姦罪。但是,先和後強這種相反的情況,則有違法理。因為倘若後續的強姦行為可使最初的和姦不成立的話,那麼意味著女性對自己身體的自主權和自由意志才是界定強姦的標準。[70]

正如和姦並不必然意味著女性便是主動自願參與那樣,強姦罪的判決,也主要取決於女性是如何對此暴行做出反應而非強姦犯的所作所為。這種對強姦罪的判決及隨之而來的極刑,均可說是用來衡量女性是否已盡了全力捍衛其丈夫的性獨占權的措施。從某種非常重要的意義來說,這些措施是對那些其貞節已經通過嚴苛考驗的女性受害者的獎賞。

一起發生在河南太康縣並於乾隆四年(1739)上報至中央的案件,展示了清代的司法官員是如何處理「先強後和」的罪行(回想一下,宋代的立法者曾將此類罪行視為強姦,至少從對行姦者的懲處方面來看如此)。丁大、其妻馬氏和其女丁大姐(18 歲)係流浪乞丐,而丁二是丁大的結拜兄弟,與這家人一起流浪謀生。丁二與馬氏瞞著眼瞎的丁大私通。不久,另一名乞丐王五加入這夥人,他也開始和馬氏發生性關係。某日,王五和丁大姐被單獨留下。根據丁大姐的口供:「王五硬把小的姦了,小的告訴小的娘,沒說甚麼,小的因老子是個瞎子,原沒告訴老子,後來王五常與小的同睡。」值得注意的是,這段供詞並未使用「強」這一法律術語。倘若丁大姐的口供是被用來證實王五的強姦罪名成立,那麼在這份已被書吏修飾過的供詞中必定會加入這一術語。丁二發現後妒火中燒,據他供稱,「因小的自己也與馬氏有姦,恐吵嚷起來丁大知覺,大家不便。」於是他將王五殺死並秘密處置了其屍體,然後告訴大家說王五自己離開了。14 天後,這夥人住進一間破廟

---

[70] 參見祝慶祺、鮑書芸編,《續增刑案匯覽》,卷 14,頁 5a–5b。

裡。據丁大姐的口供，「丁二才把小的姦了，後對小的娘說知，他並沒說甚麼，丁二姦過小的有四五次。」

最後，這夥人被官府逮捕，丁二被判殺人罪。馬氏和其女丁大姐未捲入謀殺，但她們與丁二和王五發生的性關係均被視為「和姦」，因而也受到懲處。據「軍民相姦」例（到18世紀時，清朝改用此例懲處和姦，而不再援用沿自明代的那條舊律），母女兩人均被處以杖一百並枷號一個月。

對於馬氏與那兩名男子之間發生的那種性關係，在清律當中並未言及這種情形，這仍算是「和姦」麼？由於其丈夫是名瞎子，她必須依賴那兩名男子過活，除了和他們發生性關係以外，她可能也沒有其他可行的選擇。但丁大姐顯然並不願接受這兩名男子的性侵犯，雖然她似乎順從了，但那也是發生於她知道其母不可能也不會幫助自己之後。兩位女子看起來均認為告訴丁大也無濟於事。丁大姐的口供顯示，這兩名男子對她的性侵犯違背了她的意願。但審理此案的官員從未視這種情形為「強姦」，這一用語從未出現於該案的案卷紀錄當中。也沒有任何跡象顯示，曾有官員考慮過援引那條用於懲治強姦的律文加以處刑，並因而對丁大姐進行訊問以求獲得她曾遭暴力強迫或她曾有過反抗的證據。丁大姐被判處的那種刑罰顯示，她在其貞節受威脅時所作出的那種反應，在法律上構成和姦。若是換成宋代或元代的司法官員來審判丁大姐，那麼對她的判決則可能會變成那種可酌情減刑的和姦罪。但到了明清時期，審判官員們一致認為，後續的和姦行為使得最初的強姦之舉無法構成強姦罪。[71]

拋開司法上的考量不談，這起案件其實提供了據以觀察社會邊緣人當中以性關係作為一種求生手段的極佳例證。在涉及性犯罪的很多清代案件中，乞丐、雇工、貧農、托缽僧和散兵游勇等社會邊緣人的身影頻頻出現。在當時那種弱肉強食的大環境裡，這種被官方視為犯罪的性關係，結合了混居和共財的因素，有時還包含感情紐帶、擬血緣關係等因素，逐漸變成一種可被

---

[71] 參見《內閣刑科題本》，73/乾隆4.10.15。

稱為「非正統家庭」的基礎。這種性關係在清代社會的底層被視為生存策略之一，而當時司法制度中那些僵化呆板的二分法（強姦／和姦，貞／不貞）並未準確反映這種現實。[72]

第四節　危險男子的刻板形象

對18世紀清代社會底層現象的前述簡描，將我們引向了另一個問題：清代的法律專家們是如何塑造出假想的強姦犯形象，亦即那些對他人的家庭秩序構成威脅的危險的外來男子。自古以來，「姦」的定義便是外來男子對他人家庭秩序的侵犯，無論是否有來自家庭內部的女子與之串通。但隨著社會結構和法律上的身分等級秩序發生變化，法律專家們所想像的這種外來男子的威脅，也隨著時間的推移而相應改變。

一、以往的刻板形象：身分低賤的強姦罪犯

從唐律關於姦罪的那些條文所規定的處刑等級當中，我們可以推斷出唐代的立法者對何種類型的強姦犯感到最為戒懼。在這些關於姦罪的條文所規定的諸種刑罰裡面，最為嚴厲的刑罰是斬首。除了幾種特殊的亂倫情形之外，[73]斬首只適用於男奴或部曲強姦其主人家中的女性成員的情形。[74]這種

---

[72] 關於18世紀時一些民眾以行乞作為生存策略的討論，參見 Philip A. Kuhn, *Soulstealers: The Chinese Sorcery Scare of 1768* (Cambridge, MA: Harvard University Press, 1990), pp. 46–47.

[73] 關於亂倫，唐律僅對服制中最近親等之間的強姦罪行處以斬刑，參見《唐律疏議》，卷26，頁15a–16b。亂倫行為的嚴重性，其象徵意義（鑒於家庭秩序在意識形態中所處的核心位置）據稱大於其事實方面的意義。歷代的律典均依據服制關係，詳列出所有可能發生的亂倫關係，並逐一規定相應的刑罰。不過，如果我們同意清代的司法檔案具有某種代表性這種看法的話，那麼，這些構想出來的亂倫關係，其實有絕大多數都未曾出現在公堂之上。我們最有可能看到的亂倫，是發生在叔／伯與嫂／弟媳（通常是寡婦）之間，且這種情況也相當罕見。但我仍然對立法者感到有必要詳加說明的很多亂倫關係印象甚深。而且，縱觀中國歷史，對亂倫的法律處置方式並未發生多大變化。而這意味著，在此領域當中，缺乏在其他法律領域中推動發生大變化的那種存在於意識形態和具體實踐之間的矛盾衝突。

[74] 參見本書附錄A.1；《唐律疏議》，卷26。

危險的男性，在法律身分、社會階級和血緣關係方面均是其主人之家的外來者，然而卻又是為其所熟悉的角色。在當時，這些男子是一大批從屬於菁英家族並有著賤民身分的勞動者中的一員。當時的法律如此重視這種特殊的姦罪，反映出菁英階層對於能否控制自己的家奴感到焦慮。這種情況，類似於美國在南北戰爭之前，南方的奴隸主因為擔心黑人奴隸會強姦白人女性而疑神疑鬼。在這兩種制度中，此種最令人感到憂慮的罪行，代表了對當時存在的性秩序（即主人可以自由享用其女奴的性服務）的顛覆，反映出居於統治地位的菁英階層對底層社會發動叛亂的可能性深感不安。事實上，唐律從整體上最重要的考慮之一，便是如何控制那些身分低賤的勞動者。

清代（特別是 18 世紀時）頒行的那些針對強姦罪的新例，則刻畫出另一種截然不同的危險男性形象。這種危險男性在本質上的特徵，不再是身分低賤或或附屬於某個菁英家庭。就這一主題而言，《大清律例》的結構本身可能會造成某些困擾。《大清律例》幾乎全盤保留了明律中有關此方面的那些律文，但其中有許多律文在清代的司法審判中其實已不再使用。倘若只看這些可追溯至明初的律文，便很難看到 18 世紀和 19 世紀的清代法律專家們所實際採用的是哪些活生生的法（living law）。清代的這種活生生的法，主要體現於例。清楚顯示身分遭到僭越那種重要性趨於下降的標誌之一，便是清代的那些新例當中只有極少數幾條涉及賤民男子與良民女子之間的性關係問題。[75]

在清代，「良賤相姦」律中的舊有內容，從未因為新增例文而被修改，因此它相當接近其所立基的唐律原型。[76] 在清代的檔案中，我尚未發現有哪起案件援引了這條律來懲處賤民男子。[77] 「奴及雇工人姦家長妻」律這一律

---

[75] 關於清律的變遷過程，參見 Zheng Qin, "Pursuing Perfection: Formation of the Qing Code." trans. by G. Zhou, *Modern China*, vol. 21, no. 3 (1995), pp. 310–344; Bodde and Morris, *Law in Imperial China, Exemplified by 190 Ch'ing Dynasty Cases*, Chapter 2.

[76] 參見薛允升：《讀例存疑（重刊本）》，律 373-00。

[77] 本書第二章業已說明，這條律在乾隆五年（1740）時被以在律中加入小註的形式進行修訂，其結果是，強姦他人家中婢女，將被處以與強姦良民女子同等嚴厲的刑罰。參見《（光緒朝）清會典事例》，卷 825，頁 994。

文的舊有內容，在 18 世紀時被三條新增的例文所改動，但其中兩條新增的例文是對主人或主人的親屬侵犯奴僕之妻施以新的刑罰。[78] 第三條新增的例文，對強姦主人妻女的奴僕或雇工將被處以斬首的那部分舊有律文內容予以重申，但它加入了一般強姦案件中那種嚴格的證據標準也應被適用於此類案件的明確要求——「審有損失膚體，毀裂衣服，及鄰證見聞確據者。」這一例文規定導致的結果是，奴僕及雇工人也被擴展置於下述預設的保護之下：受害者必須證明自己並非和姦，才可證明對方的強姦成立。[79] 這三條例文均可被解讀為具有使身分等級齊平化的效果，因為其內容皆降低了身分低賤的勞動者在法律上被歧視的程度。

案件紀錄中的情況又是如何？在清代的檔案中，我只見到一起「奴」姦主人家中女子而被處死刑的案件（此案發生於清王朝建立後的最初十年當中）。[80] 雇工人的情況則較為複雜。明律視雇工人在身分上相較於其雇主要低，他們在刑案審判中會相應受到歧視。這種界定為清律所沿襲。但到了 18 世紀時，刑部大幅限縮了雇工人這一法律上的身分類別的涵蓋範圍，從而將絕大多數的雇傭勞動者從這一類別中剔除出去。最終，清代的司法官員將幾乎所有的農業勞動者均視為與其雇主在法律上擁有同等身分。至 18 世紀時，這些雇主通常本身也是農民或僅有薄產的小地主。[81]

上述這種變化並非一蹴而就。乾隆二十二年（1757）的一起重要案例，涉及雇工強姦其雇主的妻子，而刑部將這名雇工視為在法律上與其雇主身分平等。[82] 但是，乾隆二十七年（1762）時在數個月內相繼上報的三起強姦案件，卻揭示出伴隨著這種法律上的身分分類變化而引發了某些困惑。這三起

---

[78] 參見薛允升：《讀例存疑（重刊本）》，例 370-01、例 370-02。
[79] 參見薛允升：《讀例存疑（重刊本）》，例 370-03。
[80] 但這並非一起強姦案件。該案的案情是，直隸武邑縣的馬四和他主人的女兒發生了性關係，此女因懷孕導致姦情暴露而自殺。馬四在順治八年（1651）被處斬刑。參見《內閣刑科題本》，1042/ 順治 12.6.7。
[81] 參見 Philip C. C. Huang, *The Peasant Economy and Social Change in North China*, Stanford, CA: Stanford University Press, 1985, Chapter 5; 經君健，《清代社會的賤民等級》，頁 35–40。
[82] See Huang, *The Peasant Economy and Social Change in North China*, p. 98.

案件的案情類似，均為雇工企圖強姦其雇主的妻子或妾，當那名女子加以抵抗時，被行姦者用利刃造成重傷。

第一起案件來自盛京奉天，陳天章是一名外來移民，他與雇主之間有口頭協議，只受雇兩個月。因此，盛京刑部建議，在審判時應視他與其雇主在法律身分上平等。三法司駁回了這項建議，而將他視為「雇工人」加以處刑，但並未給出任何特定的理由來解釋為何如此認定。[83]

第二起案件來自四川彭縣，雇工周應隆也是在沒有書面契約的情況下受雇於人，四川總督在判決時視他與其雇主在法律身分上平等。再一次地，三法司否決了這一認定，其給出的理由是周應隆已答應其雇主將工作至新年過後，因此他屬於受雇的「年工」。[84]

第三起案件來自直隸唐縣，雇工王大小未與其雇主簽訂書面契約，且在雇主家中工作的時間「不足一年」，同時「也沒有收足一年工錢」。直隸總督因此在判決時視他與其雇主在法律身分上平等。三法司這次沒有表示異議，並聲稱「雇工人」在法律上的定義是按年受雇的雇工（年工）或為同一名雇主不定期工作超過五年的雇工，除此以外的所有雇工均被視為與其雇主在法律身分上平等。[85] 但這種定義直接與兩個月前三法司自己針對陳天章案的判決自相矛盾（陳天章被同意受雇的時限僅為兩個月）。乾隆二十七年發生的這些情況表明，在如何認定雇工在法律上的身分這一問題上，高層的司法官員當中顯然缺乏共識。

但到了 18 世紀 80 年代，中央的司法官員們便已決定，所有受雇於普通平民的農業勞動者，包括年工在內，均應被視為與其雇主有著同等的法律身分。[86] 儘管在 18 世紀後期和 19 世紀的那些案件當中，各類雇工常以罪犯的角色出現，但他們幾乎均被視為擁有與其雇主平等的法律身分。在其他各種情形當中，他們也皆被視為一般平民。

---

[83] 參見《內閣刑科題本》，184/ 乾隆 27.2.5。
[84] 參見《內閣刑科題本》，179/ 乾隆 27.3.7。
[85] 參見《內閣刑科題本》，188/ 乾隆 27.4.13。
[86] See Huang, *The Peasant Economy and Social Change in North China*, pp. 98–99.

二、新的刻板形象:「光棍」

清代的司法官員對那些淪為強姦犯的賤民或家奴的憂心程度,似乎不若唐代的司法官員那麼強烈。儘管對這類強姦犯的刑罰依然嚴厲,但由於所有身分的強姦犯均被處以絞刑或斬首,因此對賤民男性的處刑方式,不再像以往那般與對其他男性相比而言存在著明顯的差別。《大清律例》中的相關律文和案件紀錄均顯示,在 18 世紀和 19 世紀,賤民身分的男性,既非此時那些立法所關注的焦點,亦非強姦罪平時懲治的主要目標。此時,讓清代的司法官員為之感到憂心忡忡的是那些社會邊緣人,後者處於(且被預設為對立於)以家庭為基礎的社會秩序和道德秩序之外。[87] 無論是在性事方面還是象徵意義方面,這種外來男子均為具有侵略性的行姦者:他破壞了他人家庭的防線,並構成對他人家庭內部的女性及少男進行侵犯的一種威脅。

這種性掠奪者的角色塑造,是清代的法律話語針對那些來自家庭外部的危險男子所建構出來的一種相當常見的刻板形象。《大清律例》反復提及這種危險的男性,在那些與時俱增的新例中,此類人物出現的頻率日漸增高。清代的立法者用以描述其特徵的各類詞彙,在意義上大抵相同。他「凶」、「惡」、「淫」、「好鬥」,是「不肖惡徒」、「刁徒」。不過他最常被稱為「光棍」。

「光棍」是一個古老的詞彙,但據我所知,直至 17 世紀後期,這一詞語才首度出現於清代的法律話語之中。「棍」的意思是「棍枝」,可被引申為指那些無牽無掛之人(無「根」無「枝」)。此字既意味著缺乏社交關係,也用來形容由此導致的流氓行為。這種對「棍」字的早期用法,至少可追溯至唐代,當時用此字指稱那些衣裳襤褸、結夥鬥毆的「閭巷惡少年」。[88]「棍」字之前的「光」字(其意有身無長物、光禿、形單影隻等等),此處則被用來強調貧窮和無妻。晚清時期的士大夫章炳麟將光棍界定為「凶

---

[87] 關於 18 世紀時民眾和官方對無業遊民的猜疑,參見 Kuhn, *Soulstealers: The Chinese Sorcery Scare of 1768*, pp. 41–48.
[88] 引自《中文大辭典》(臺北:中華學術院,1976),第 5 冊,頁 282。

人」或「無室家者」。⁸⁹ 總而言之，光棍即那些缺乏妻子、家庭或財產等牽掛，因此不易受社會秩序和道德秩序的約束的男子。在英文當中，在語言習慣上比「bare stick」更適合用來對譯中文「光棍」一詞的，也許是「rootless rascal」（無根的流氓無賴）。

《大清律例》中明確用來懲治光棍的，是那些針對「恐嚇取財」的相關律例。⁹⁰ 引領此部分律例的那條沿用自明律的律文，並未特別提及「光棍」，但清代在此律文之下陸續增入的那些新例，則均是為了懲治這些惹事生非、無可救藥的男性個體或群體，而非圍繞敲詐勒索這一主題予以闡述。這些後來新增的例，多半與恐嚇取財這一行為本身沒有直接關聯。事實上，隨著新例的不斷增加，此部分律例所針對的重點目標，從敲詐勒索這一特定的罪行，轉變為廣義上的危險的反社會行為，以及那些被認為對社會秩序構成威脅的形形色色的社會邊緣人。其中有一些例的內容可謂包羅萬象，其適用範圍極廣，例如「凡兇惡棍徒屢次生事行兇，無故擾害良人，人所共知，確有實據者，發極邊足四千里安置」。⁹¹ 需要注意的是，這一例文中加害者與受害者之間的那種反差，並非基於雙方在法律上的身分等級差異，而是為非作歹與安分守法兩者之間的對比：「良人」在此處的用法，與其說是代表法律上的良民身分，毋寧說是一種基於道德價值的評判。

在「恐嚇取財」律下，還有其他一些旨在對如下這些棍徒進行懲處的例：無端肇釁繼而訛詐或欺壓「鄉愚」的「刁徒」；獷悍兇惡、肆行不法的無籍遊民；在盛京勾結當地人士以各種方式進行敲詐勒索的外來棍徒；對苗人以外的人們進行綁架、勒銀取贖及實施其他暴行的苗人；擅入苗民地界並進行藉差欺陵、強姦婦女或其他活動的地方衙門吏役或漢人居民；擅自離宮在外索詐的宦官；成群結黨進行暴力活動的匪犯或拜會訛詐的匪徒（此方面的例文，將安徽、廣東、廣西、貴州、江蘇、江西、陝西、山東和山西專門列為

---

⁸⁹ 引自《辭海》（臺北：中華書局，1978），第 1 冊，頁 294。
⁹⁰ 參見薛允升，《讀例存疑（重刊本）》，律 273-00；《（光緒朝）清會典事例》，卷 794，頁 692–703。
⁹¹ 薛允升，《讀例存疑（重刊本）》，例 273-02。

須對此類滋事者進行鎮壓的省分)。

縱觀這些關於光棍的法律論述，可以看出它們相當一致地將某些罪行（詐索、綁架、強姦、誘姦、雞姦、恐嚇、搶劫、賊黨、異端）與特定類型的男性（地痞、邊境和城市中的流民、衙役、僧道、逃犯、擅自離宮的宦官、苗人）扯在一起。此類男子最引人注目的特點，並不在於他們在法律上的身分低賤。法律上的身分等級差異看來在這裡無關緊要，那些被懲治的「光棍」在法律上均被視作平民。不管如何，所有這些人均可被視為處於居有定所的主流家庭模式之外，亦即處於儒家所設計的理想藍圖賴以約束個體並對其加以社會化的家用網路和社會人際網路之外。被這些人侵害的受害者則被刻畫為遵法守紀的平民：「小民」、守貞妻女、安分地待在自己地界內的非漢人族群等。相關的法律就此規定的流刑和死刑等嚴刑峻罰，與其說是為了懲罰個人性的犯罪，還不如說是為了將那些無可救藥的惹事生非者從社會中連根拔除。

「恐嚇取財」律下增入的那條最重要的例文，被法律專家們直接稱作「光棍例」。[92] 這條例頒布於清初，對犯有與「恐嚇取財」相關的諸多暴力罪行的主犯們處以斬立決，從犯則處以絞刑。在 16 世紀時，法律專家們藉由比附的方式，將此例的適用範圍擴展至用於懲處其他罪行，其中包括情節特別令人髮指的強姦罪（輪姦或綁架守貞婦女、姦殺、強姦幼女等）。這種通過比附的應用，最終被制定為一連串的新例。[93] 光棍例也被用來對與上述情形類似的那種同性相姦行為進行懲治（本書的下一章將專門討論同性相姦這一主題）。[94] 清代的法律話語越來越將那種暴戾的性掠奪者刻畫為「光棍」。例如在雍正十一年（1733）頒發的一道詔令中，皇帝評論道：「若強姦不從將本婦立時殺死者，如此淫凶之犯實與光棍無異，非立斬不足以蔽其

---

[92] 參見本書附錄 A.4。
[93] 例如薛允升，《讀例存疑（重刊本）》，例 366-02、例 366-03、例 366-04、例 366-08、例 366-09。
[94] 參見本書附錄 B.1。

辜。」⁹⁵ 中國第一歷史檔案館所藏的清代檔案顯示，在 18 世紀和 19 世紀，在那些異性強姦案件和同性相姦案件當中，被比照光棍例處刑的例子均相當常見。⁹⁶

值得注意的是，光棍一詞亦有陰莖的隱喻。一份對北京方言的研究注意到，「棍」是「男根」的俗稱，這也是俗語中為何將沒有妻子的男人稱為「光棍」。⁹⁷ 在白話小說當中，「棍」暗指勃起的陰莖。例如晚明時期的白話小說《金瓶梅》中有描寫道，道士金宗明打算強姦與他同睡一床的陳經濟，「他把那話弄得硬硬的，直豎一條棍」。⁹⁸ 即便不是佛洛德學說的信徒，人們也不難意識到，法律文本中對「棍」字（「光棍」、「棍徒」、「惡棍」、「淫棍」等）的頻繁使用，強化了這些無賴男子對於社會秩序來說乃是一種特定的陰莖威脅這種形象。

自唐代以降，和尚和道士在律典當中就被列為須特別加以留意的對象，在明清時期尤為明顯。這類男性戒絕性關係，放棄婚姻，並且不與自己原先的家庭成員一同生活，完全脫離了主流的家庭秩序。在清代的官員們眼中，這類男性是光棍及其所代表的各種危險性的典型化身。如孔飛力所言，在 18 世紀，「底層的僧道」是特別受到注意的對象，因為朝廷官員認為「行腳游方之僧道」的人數在急劇增多，並由此形成了「孕育叛亂和目無法紀的溫床」；事實上，時人強烈懷疑「許多僧道並非『真正的』修道者，而是為了規避法律而打扮成僧道的無賴之徒」。⁹⁹ 因此，清代採取了多項措施，試圖將僧道置於社會控制和政治控制之下。這些措施包括要求這些人在特定的機構登記註冊，將約束新入門的修行者規定為高階僧道的責任，禁止僧道行

---

⁹⁵ 《中央研究院歷史語言研究所現存清代內閣大庫原藏明清檔案》，059–010。
⁹⁶ 乾隆、嘉慶兩朝頒布了一連串的法令責令地方官「禁止光棍」，亦即要求地方官圍捕那些遊蕩鬧事者並將其繩之以法。這些法令，與追捕逃犯的則例及那些涉及賭博、邪教和聚眾的禁令密切相關。參見《（光緒朝）清會典事例》，頁 130–132。
⁹⁷ 轉引自陳寶良，《中國流氓史》（北京：中國社會科學出版社，1993），頁 161。
⁹⁸ 《金瓶梅詞話（萬曆年間版）》（香港：香港太平書局，1988），第 93 回，頁 10a。
⁹⁹ See Kuhn, *Soulstealers: The Chinese Sorcery Scare of 1768*, p. 44.

腳遊方化緣，禁止男性未經官方登記和許可便成為僧道。[100]

　　法律專家們似乎特別懷疑僧道有性犯罪的傾向。例如，一條後來為清律所沿用的明律，專門對那些刁姦或誘姦女子、或詐騙女子財物的寺廟僧道進行懲處。[101] 另一條律則規定，身為僧道卻犯姦者，加重二等處刑。[102] 18世紀時的一條新例援引了光棍例，對那些將受害者強姦致死的「喇嘛、和尚等」加以嚴懲。[103]《大清律例》當中還有很多其他的例子。這些律例對僧道的獨身禁慾生活深表懷疑，認為這是使愚民失去警惕之心的狡猾偽裝，以便利用來進行性侵犯和其他的掠奪行為。這種懷疑，與明清白話小說中和尚道士的那種僵化形象毫無二致。

　　歸納來說，清代立法所刻畫的性掠奪者形象，屬於危險男性中的一種。後者是指那些身處於家庭秩序之外並對家庭秩序構成多重威脅的光棍。唐律當中最令人感到憂懼的強姦犯，是那些血統、法律身分和社會等級等意義上的外來者，但他在家庭秩序中具有明確的位置；實際上，當時所面臨的最大危險，可說是來自於家庭秩序的內部。但是，清代關於強姦罪的司法話語，不再是關於那些發生在貴族莊園內部的僭越法律身分的犯罪行為或階級衝突。無論是光棍還是被他侵犯的受害者，均被視為平民，原先那種法律上的正式身分已不再是重點。光棍的危險性，源於他是身處於家庭秩序之外的個體，而家庭秩序則是支撐各種標準價值觀和國家權力的基石。唐代的貴族們所擔憂的是自己家中的奴僕，而非那些並不認識的外來者。但清代的法律專家們所擔憂的則是社會底層中那些人數不斷擴大的無賴單身漢群體。在他們看來，這些人不僅是匪賊亂黨的生力軍，而且還可能垂涎著市井小民家庭中的妻女與年少子弟。

---

[100] 關於清朝政府在18世紀時所採用的這些極為細緻的新控制手段，詳見《（光緒朝）清會典事例》，頁501。
[101] 參見薛允升，《讀例存疑（重刊本）》，例161-01。
[102] 參見薛允升，《讀例存疑（重刊本）》，律372-00。
[103] 參見薛允升，《讀例存疑（重刊本）》，例366-09。

第五節　清代中央司法官員的實際作法

接下來的這一部分，將討論那些完全符合法律上的公認標準的強姦案件。行姦者被指控確實犯下強姦罪的那些案件紀錄，顯然並不能代表實際發生的所有強姦行為，尤其是當人們堅持從權利角度對這種罪行加以定義時更是如此。相反地，這些案件紀錄只記載了那些符合於官方就強姦所制定的狹義標準的特定罪行。對清代此類案件的扼要分析，將有助於我們較為準確地重建中國帝制晚期的司法官員就強姦罪所刻畫的刻板形象。

我總共蒐集了 49 起發生在雍正、乾隆和嘉慶年間的異性強姦案件（均為中央案件）的詳細紀錄。所有案件均涉及某男子正式被認定為強姦或強姦「未成」，部分兇犯還犯有殺人等其他罪行（關於同性相姦的情形，將在本書第四章中討論）。這批樣本包括 58 名強姦犯和 50 名受害者，其中有一起案件涉及兩名受害者，其他案件中有些受害女子遭到多名男子輪姦。若想利用這批樣本進行完整可靠的計量分析，其規模或許太小，且這些案件紀錄也未必總能提供我們想瞭解的特定細節。但這批樣本所包含的資訊，足以說明在清代的司法審判中，須由哪些男性針對哪些女性犯下何種罪行，才會滿足官方所要求的那種據以將強姦犯處以死刑的標準。

一、對典型強姦犯的側寫

我們先來檢視那些被證明確實犯下此罪的強姦犯。如果我們將目光從立法中的話語轉向對強姦案件的實際審判，那麼便可發現「光棍」並非僅是一種修辭。

在我所蒐集的這些案件紀錄中，記載有 43 名強姦犯的各自年齡：他們大多數為二、三十歲，平均年齡為 31 歲。這批樣本同時還提供了這 43 名強姦犯的職業狀況：29 人（占總人數的 67%）從事卑微或受人蔑視的職業，其中包括 22 名雇農、1 名乞丐、1 名流浪剃頭匠、1 名士兵、1 名衙役，還有 3 名被形容為「不務正業」的男子；其他 14 人的職業要相對稍微體面一些，

包括 2 名裁縫、1 名編席工，還有 11 名看情況應是普通農民，其中數人被形容為極度貧窮。在這些人當中，有 2 名強姦犯被描述為是慣偷，另有 4 人是在入室竊盜時犯下強姦罪。我們完全可以據此推測，另外那 15 名職業狀況未被記錄的強姦犯，應該沒有什麼像樣的職業或收入，否則這種資訊應會被記錄在案。

在這些罪犯中，其婚姻狀況能夠得到確認的有 28 人：已婚者僅 4 人，另外 24 人是單身漢。若採取保守的估計，我們可以說，在由這 58 人構成的全部樣本中，可以確定為絕對未婚者的僅 24 人（占總人數的 41%）。但我們也不妨合理地推論，案件紀錄中那些其婚姻狀況記載不明的強姦犯，即使並非全部均屬未婚，其中的大多數人應該也都未曾娶妻。之所以如此推論，乃是因為，首先，在雍正、乾隆和嘉慶三朝的中央案件紀錄當中，一般都會包含被判死刑的罪犯的直系家庭成員的口供。在那幾起明確記載強姦犯已婚的案件紀錄中，他的妻子會作為重要的證人出現（她要為下述問題作供：「案發當晚你的丈夫在何處？」）。再者，考慮到 18 世紀和 19 世紀清朝的貧苦大眾的「婚姻危機」日益惡化，這批樣本中顯示的普遍貧窮和職業狀況，也表明他們已婚的可能性不大。況且，在強姦案中（無論是異性強姦還是同性強姦），審理案件的州縣官似乎均認為被告的婚姻狀態與案件之間有著某種特殊的關聯。若強姦犯在案件紀錄中被寫為已婚，州縣官有時會在審訊中對其加以質問，既然已有妻子，究竟為何還要強姦他人。

這種審訊方式，暗示了一種認為無妻才是促使男性犯下強姦罪行之真正動因的預期，而司法上那種「光棍」的刻板形象，更是進一步對此予以強化。

有 41 名強姦犯的籍貫被記錄在案。他們中的很多人都與受害者同村（幾乎所有的樣本均來自鄉村），但有 11 名是外地人（其中有 10 名外地人係來自外縣或外省的移民）。根據上述資訊，我們可以嘗試建構出清朝鼎盛時期那些犯下強姦罪的男子們的典型形象：他的年齡約為二、三十歲，可能從事某些不太體面的職業，並且幾乎可以肯定是未婚的窮人；在大多數案件中，他與受害者同村，但如果他是無人認識的外地人，後一種身分也可能是個好

機會；他可能還牽扯到其他的破壞性活動，比如盜竊；還有，上述樣本中有多名男子是醉酒行姦。簡言之，他是沒有財產、身分地位和家庭的年輕男子，前途渺茫，也因此在當時的社會秩序中很難得到顯而易見的利益。

二、對典型受害者的側寫

對被這些強姦罪侵犯的女性受害者的情況的檢視，顯示了她們有著更為清晰的刻板形象。這批樣本中的所有女子，其身分均是通過她與男性的某種合法關係加以界定。在 50 名強姦受害者中，13 人是待嫁閨女，7 人是尚未完婚的童養媳，28 人已嫁作人妻（其中 1 人是妾），還有 2 人為寡婦。有 12 名受害者的年齡低於和姦的法定責任年齡。那些成年的受害女子，其年齡大多約在十七、八至二十幾歲之間，年紀最大的受害者為 36 歲。有 46 起強姦案我們可知誰是其告發者。毫無意外地，有 27 起是由丈夫、公公或丈夫的兄弟報案，有 1 起是由丈夫的地主報案，另有 15 起是由受害女子的父親或她的其他血親報案。受害者自行報案的僅有 2 起。換言之，受害者家中男性尊長的積極支持，通常是提出強姦罪指控的必要條件。

最能展示細節的，或許是受害者被強姦時的地點。這 50 名受害者的此方面情況均有記錄在案：有 37 人（占總人數的 74%）當時正在家中，其中有 19 人是夜裡在自家床上睡覺時遭到強姦；有 6 人當時正在自家地裡勞作；有 4 人當時是為了取水之類的家務事而外出；有 1 人獲夫家允許回娘家探親後，當時正在返家途中；剩下的 2 名受害者皆是幼女，當時正在離自己家不遠處玩耍。

上述情況所凸顯的，當然是父權體制下的家庭生活情境。毫無疑問，這些婦人和幼女當時均是守本分地處於適合她們的家庭生活空間範圍之內。因此，沒有理由指責她們自身有做過某些足以誘發強姦的可疑行為。這批樣本在此方面的一致性，強化了之前所述的那些論點：在對強姦案的處理中，必須先判斷被強姦的女子是否符合法律上的受害者資格；強姦罪行除了侵犯了女性受害者本人之外，同時還侵犯了家庭秩序。正是由於存在這種要求先

對受害者的貞節紀錄加以判定的作法，我們才得以在案件紀錄中看到通常比強姦犯資訊更多的有關受害者的細節。這種形象不免讓人聯想到那個用來指稱典型的強姦罪受害者的法律用語「良家婦女」的書面意思。這些強姦罪的受害女性大多是普通農民：她們是平民家庭中守貞的平凡妻女。為了強調此點，此類性侵犯當中那些加害者的典型形象，被塑造為危險地游離於由婚姻、家庭和財產所交織而成的社會化網路之外的無賴男子。[104]

這批樣本中最後一個引人注意的地方，是受害者的身體損傷在證明強姦過程中所起到的作用。在這 50 名遭到強姦的受害女子中，有 18 人死於被殺或自盡，活下來的受害者中有 6 人受重傷，有 2 人自殺未遂。在未受重傷的受害者中，只有 13 人超過和姦的法定責任年齡（即 13 歲）。11 名未受傷的受害者的年齡都在 12 歲以下。對於這些未成年幼女來說，針對她們的任何性侵犯行為，均將自動構成強姦罪，因此只需證明受害者的年齡和強姦行為已成即可。

簡言之，在那些達到和姦的法定責任年齡的受害女子中，有三分之二的人死亡或受重傷。這一比例所說明的，不僅是強姦行為的暴力程度，還包括明清時期據以認定強姦暴行和反抗強姦之舉的證據標準，其中最關鍵的是受害者是否死亡或身體受到損傷。

三、符合司法審判標準的案件

本節關於中央審判機構的司法實踐的討論，將利用三起案例加以總結。

---

[104] 誠如保拉・巴德妮（Paola Paderni）所指出的，若女子被其所屬的社會群體中某位頗有聲望的成員強姦，出於維護社群內部和諧的考慮，這類暴行可能會被淡化處理，從而導致罪行不會被公開。參見 Paola Paderni, "Le rachat de l'honneur perdu. Le suicide des femmes dans la Chine du XVIII siècle," (The Recovery of Lost Honor: Female Suicide in Eighteenth-century China) *Etudes Chinoises*, vol. 10, nos. 1-2 (1991); Paola Paderni, "An Appeal Case of Honor in Eighteenth-Century China," in *Ming Qing yanjiu: Redazione a cura di Paolo Santangelo*, Rome and Naples: Dipartimento di Studi Asiatici, Istituto Universitario Orientale and Istituto Italiano per il Medio ed Estremo Oriente, 1992. 上述這種情形通常會採取私下和解，並儘量掩人耳目。相關的例證，可參見《內閣刑科題本》，181/ 乾隆 27.4.28。

這三起案例將展示，上文所說的那些原則和證據標準，是如何在清代那些完全符合強姦罪之審判標準的案件的審判過程中得到應用。這三起案例，均取自地方巡撫上報至中央司法官員供其對強姦罪犯的死刑判決加以覆核的內閣刑科題本。

第一起案例來自江蘇邳州，係於乾隆四年（1739）上報至中央。在該案中，田東（49歲）係原籍山東的未婚短工，他被證實強姦了住在其居所附近的同村未婚女孩張魁姐（14歲）。某日早晨，田東看見張魁姐正在她自家門口和鄰家的一名叫小丫頭的女孩（也是14歲）玩耍。田東留意到當時並無其他人在場，因為女孩們的家人都去田裡割穀。以下是他的供詞：

> 該死想要姦魁姐，先去哄他〔她〕到小的空屋門口來打棗吃，他〔她〕不肯，小的停了一會，就去把魁姐抱到空屋裡關上笆門，把他〔她〕按在床上，扯下他〔她〕的褲子姦的，姦過後小的走了出來。

隨後張魁姐哭著跑到田裡，將此事告知正在那裡勞作的母親和哥哥張起。張起到當地衙門報了案。

田東最初對這項指控予以否認，聲稱他只是看到這兩名女孩偷摘自己雇主家樹上的棗子，因此喝斥了她們。他的訴狀以這番話作為結尾：「泣思身近五十，伊妹方十餘歲，身亦人類，焉有作此事之理？」因此，此案在初審時，縣令訊問了張魁姐的哥哥張起：「你說他強姦，有何證據呢？」張起於是請求縣令對兩名女孩進行訊問。

小丫頭作證說，田東強行將張魁姐抱往自己屋裡，張魁姐叫喊，但田東用手捂住她的嘴，把她抱進屋後，關了門，過了一段時間才又出來。縣令向小丫頭問道：「你見魁姐被田東抱進屋去，怎麼不喊呢？」小丫頭回答說：「那時魁姐家沒人，小的父母又不在家，別的人家都隔得遠，小的也嚇慌了，叫小的喊那個呢？後父親回來，小的就對父親說過的。」縣令還就其受強姦時的反抗程度這一關鍵問題向張魁姐問話。張魁姐描述了當時的情形：「小的年輕力小，掙又掙不脫，他姦過了就先跑出來。小的穿上褲子，哭到湖地

區[105]告訴母親哥子的。」縣令繼續問道:「你怎麼不叫喊呢?」張魁姐回答說:「小的叫喊,他把小的嘴捫堵的。」縣令又問:「他在屋裡按你扯你褲子的時節,你叫喊沒有呢?」張魁姐答道:「小的叫喊,他也捫住小的的嘴,喊不響了。」縣令又問:「你的褲子被他扯破沒有呢?」張魁姐回答說:「小的穿的是條藍布褲子,被他撕裂線縫的。」

穩婆檢查了張魁姐(未婚)的下體,確認此女因此「已經破身」,「並非閨女」。張起隨後呈交了這名女孩當時所穿的那條被扯破的褲子作為證物。田東的雇主作證說,他家的棗樹尚未達到能結果實的樹齡,因此田東所供關於棗樹的情節與實情不符。小丫頭的父親則作證說,當日他一回家,女兒就立刻告知他發生了強姦。此案再審時,田東便招供了。即便到了此時,縣令仍堅持追問張魁姐如何反抗強姦的情節,並被記錄在田東供詞的筆錄之中。縣令問道:「他叫喊沒有呢?」田東供稱:「小的先抱魁姐走,及把他〔她〕強姦,他〔她〕屢次叫喊,都是小的把手捫著他〔她〕的嘴,喊不響的。」田東被處以絞監候,上級覆核此案時也同意照此判決。

在證明張魁姐有過反抗強姦之舉的那些證據中,並無其身體遭到損傷一項。其陰道受到損傷,這在法律上並不被記錄為「損傷」,而只是被視為結婚之前「已經」被陰莖插入過的證據而已。那個用來陳述穩婆所提供的證據的用語——「破身」,在詞意上屬於中性,該詞並未將女孩的這種身體狀況和由正常或合法的性交行為造成的損傷加以區別對待。對陰道損傷的檢查只是被作為反面證據:若她尚未「破身」,則強姦顯然未成。此案中也無證據顯示強姦犯使用了兇器,不過張魁姐的年幼力弱可能降低了紀錄這類證據的必要性。除了這一項之外,此案可說是與清代關於強姦罪的那些審判標準完美契合的案例。在此案中,沒有任何因素導致這名女孩在法律上喪失成為強姦罪受害者的資格,不過起著決定性作用的關鍵則在於,有目擊證人證實張魁姐曾作過抵抗並試圖叫喊,且強姦犯本人的招供和被他扯破的褲子這一物

---

[105] 譯者註:「湖地區」三字,係本書作者提供的原文如此。

證亦證實了此點。[106]

如同此案所示，儘管並不一定要具備證明強姦罪成立的那些證據標準中所要求的所有專案，但仍須取得可相互印證的多重證據進行證立。而在另一類在法律文獻裡面被稱作「偷姦」或「冒姦」的犯罪行為當中，除非有足夠令人信服的證據可洗刷其汙名，否則被強姦的女子可能會被默認為甘心順從。這種情形，在上報至中央覆核的那些強姦案件中並非罕見，例如行姦者趁女子熟睡時潛上床，在她清楚意識到所發生的事情之前完成性交行為。

乾隆二十七年（1762）上報的一起發生在安徽定遠縣的案件，即屬此種情形。某天夜裡，農人王玉志（32歲）喝得爛醉，起意「偷姦」。他垂涎鄰居李狗漢的妻子王氏（18歲，與罪犯同姓但無親戚關係）已久，於是便來到他們的住處，用刀在土牆上開洞，聽到夫妻倆人都已睡著後，便鑽了進去。當時正值夏日，王玉志看到王氏裸身睡著，僅蓋著一條褲子，於是便拉開自己的褲子，爬到王氏身上姦她。王玉志供稱：「那時小的原想冒充他丈夫的，成了姦。」根據王氏的供述：

> 小婦人睡夢裡覺得身上有人，小婦人驚醒，還認是丈夫，又覺得身子與丈夫不同，小婦人把腳一伸，丈夫在腳頭睡，小婦人知道被人姦了，正要喊叫，他把舌頭伸在小婦人口內，小婦人恨極，把他舌尖咬了一節下來，他就叉著小婦人喉嚨子，小婦人拆他的手，他把小婦人右手指頭招破了，那時小婦人把腳亂蹬，丈夫驚醒起來，他就起去開門跑了。

值得注意的是，在受害者的這段供述中，那名男子的行為被描述為「姦」（動詞），其根據並不是他對受害者正在做的那種事情，而是受害人意識到他並非自己的丈夫（這說明她自己是被「姦」）。不久，王玉志攜刀返回，要求王氏將咬下來的那段舌頭還給他。此時這對夫婦才認出他來。他們逃出屋子，躲在稻草叢中，直至他離去。翌日，夫妻兩人到當地衙門報案，將那塊咬下的舌頭呈為證據。王玉志被抓獲後，縣令只需查驗他的舌傷，他

---

[106] 參見《內閣刑科題本》，71/ 乾隆 4.7.18。

便招供了。

那些對王氏有利的證據，在重要性上要大大勝過她所講述的那種自己遭性侵犯時正處於熟睡狀態的模棱兩可的陳述。王氏身上有多處瘀傷，並有一根手指破損，這些足以證明她遭到的性侵犯相當暴力。而王玉志那塊斷舌則證明她本人反抗的剛烈程度。王玉志的招供確認了她的陳述無誤，不過她還擁有最有力的目擊證人：她的丈夫（我猜測強姦案件中這種情形之所以出現得如此頻繁，是因為受害者丈夫的口供對定案極具決定性，而非這種情形真地頻繁發生）。此外，王玉志為了入屋而挖的牆洞，以及他手持兇器返回犯罪現場的事實等，亦是對王氏有利的證據。王玉志最後被處以絞監候。[107]

在上述兩起案件中，受害者均是在她應該出現的家庭生活空間範圍內被人強姦的。張魁姐當時正在自家門口玩耍，而王氏則正在自家的床上與其夫一起睡覺。嘉慶八年（1803）出版的一本官箴書探討過這一議題：

> 白晝一人行強，雖在曠野幽僻人跡罕到之處，姦多不成。若告成姦，便以強合，以和成也，或僅調戲而成姦者有之。白日圖姦多在孤村曠野，邂逅相遇，淫念頓起，其事多係一人。十五歲以下之幼女，或可強合，十六歲以上之少婦即難成。但婦女孤行無伴，多非貞節，其姦後洩露者，非因許給資財，被其詐騙，即思恐嚇訛詐，諱和為強也。

接著，該作者引述了那些表明被害者抵抗強姦的物證與證人的口供對於證明強姦案件可信的必要性。[108]

不過偶爾也有例外。四川羅江縣有一起案件，其上報至中央的時間也是在乾隆二十七年。該案中，一位名叫向氏（30歲）的女子，在沒有身體損傷、被扯破的衣物和目擊證人以證明她抵抗強姦的情況下，讓周明志（25歲，原籍湖廣的單身移民）承認強姦了她，並使其被定罪。根據向氏的口供，她的丈夫在外地經商；她剛從娘家探親回來，正在回家的路上：

---

[107] 《內閣刑科題本》，170/乾隆 27.4.17。
[108] 呂芝田，《律法須知》，卷下，頁 12b–13a。

沒人伴送，……因貪路近走了小路，撞遇這周明志走來，把小婦人按倒，一手扯脫褲子，小婦人掙扎喊叫，周明志拏刀要殺，小婦人掙不脫身，被他強姦成了，手上摔落一個銀戒指也被他拏去。

她回到家裡，向丈夫的兄長哭訴所發生的事情。根據她的描述（向氏並不認識行姦者），其夫兄長猜到強姦犯就是周明志，於是與幾名鄰居一道去抓他。他們抓到周明志，並找到了那把刀和銀戒指，經向氏辨認無誤後，將他送交官府。

本案在初審時，縣令注意到向氏身體未有損傷，亦無衣物被扯破，也沒有協力廠商證人可證實她所說的那些情節。縣令為此向她究問。向氏則堅稱自己是被「姦」的：「小婦人實因力弱，被周明志撳倒又用刀恐嚇，不能掙脫，被他姦汙，並沒有和成的事。」對向氏而言幸運的是，周明志供認自己使用了強迫手段，因此證實了她的前述陳告：

……拏一把尖刀往山砍柴，撞遇向氏走來，小的因那裡是小路沒人往來，附近又沒人戶，一時起意圖姦，上前把向氏按倒，一手扯脫他褲子，向氏不依掙扎喊叫，小的用刀恐嚇，向氏掙不脫身，被小的強姦成了，他手上摔落一個銀戒指，小的拏起……這是小的該死，情願認罪。

縣令擬判周明志強姦罪名成立，然後將該案向上司衙門呈報定奪。其上司衙門命令他到犯罪現場勘查，看看那裡是不是人來人往的大道，以及附近是否有人居住。若是，則強姦犯和受害者兩人的供述都必須駁回。於是縣令帶著其全部的隨從、受害者和被告一起來到犯罪現場，進行現場勘查。他沒有找到與之前的那些口供相抵觸的證據。在對那名已被囚禁的強姦者及其告發者再次審問時，雙方都堅持原先供認的情節。據此，縣令再次確認了前述強姦罪成立的判決，並以如下推論向上司衙門說明其判決理由：

據供前情不諱，查周明志強姦向氏係在曠野，雖無人知聞亦無損傷膚體毀裂衣服情事（引者註：依律應有），但持刀脅制向氏不

> 能掙脫致被姦汙，且向氏手上摔落戒指現在該犯身邊搜出，是其強暴之狀業已顯著，周明志合依『強姦者絞監候』律，應擬絞監候。

上司衙門在覆審此案時同意照此判決。

若此案屬於例外，則這起例外證明了成立強姦罪必須要有多重證據證實行姦者強迫而被姦者抵抗的這項大原則。儘管向氏沒有身體損傷、被扯破的衣物和目擊者證言，但她的供述仍被採納。這是由於如下這些事實：強姦犯使用了兇器；他所用的刀和向氏的戒指都在強姦犯家中被搜出；他對其罪行供認不諱，並證實向氏曾作過最大限度的反抗；縣令試著尋找與強姦犯和受害者的口供相抵觸的其他證據，但並未找到。此外，向氏獲得了其夫兄長的支持。此人對她來說甚具權威，並帶頭抓到了行姦者並到官府報案。他還證實她的丈夫出門在外，她回娘家探親事先經過夫家的允許。而這足以證明她出現在家庭生活空間之外有其正當理由。[109]

在這三起案件（特別是最後那起案件）當中，我們看到了要求強姦犯證明受害者貞節的這種詭異現象。由於任何死刑案件都必須在罪犯本人供認不諱的情況下才能成功定讞，受害女性那種滿足證明強姦罪成立之證據標準所需的的能力，最終取決於強姦犯對案情經過的說辭，例如他自己確曾使用過暴力脅迫的手段，受害者曾掙扎叫喊過等等。當然，中國帝制晚期的司法制度原本就要求所有死罪案件均須有罪犯的口供。但除了強姦罪以外，大多數的死刑案件都涉及殺人行為。而對殺人行為的認定，並不像認定強姦那樣取決於罪犯本人的主觀意識。在清代的法律中，自衛殺人的行為無法免責，但抵抗強姦的自衛殺人則屬例外。此點仍把我們帶回到主觀意識的議題上面。

女性主義學者指出，女性認為自己是被強姦，但被告卻打從心底裡認為其行為合理合法（故而對於諸如「約會強暴」、「兄弟會聯誼強暴」之類的事情，至今仍爭議不斷），這種情況並非罕見。這些學者因此認為，若要對

---

[109] 參見《內閣刑科題本》，171/ 乾隆 27.1.28。

強姦進行界定,有時要求對雙方的立場進行比較,而後選定其中一方的立場,即必須要麼接受女性的標準,要麼接受男性的標準。[110](近年來,美國的一些法院已開始接納此觀點,在判決強暴及性騷擾案件時,使用的預設基準為「明白事理的女性〔a reasonable woman〕」會怎麼想,而非傳統的普通法中那種「明白事理的男性〔a reasonable man〕」會怎麼想。)清代的法律制度要求死刑案件須有罪狀的口供,而這意味著強姦犯的立場會被應用於做成強姦案件的判決。這是清代關於強姦罪的法律當中此種被提升的利益的又一種表現方式,也是對強姦行為進行定罪時,為何女方的受害人資格不能容許有任何模棱兩可的存疑之處的又一個原因。

第六節　結語

　　中國帝制晚期關於強姦罪的法律當中的很多基本要素,此前各朝代的法律專家們也對其嫻熟於胸。事實上,其他法律傳統中的法律專家們也對此類內容相當熟悉。例如,盎格魯─撒克遜的普通法對強姦的傳統定義,是「以暴力的方式與並非自己妻子的女性進行違背其意願的非法性交(必須是陰莖插入)」。這項定義要求罪犯確曾對女方施以「具體的暴行」或口頭威脅,以此證明該行為「違背了她的意願」。同時,女方須證明自己曾做過「最大限度的抵抗」,以向強姦犯表達「不同意」的意思。若她表達自己「不同意」的方式不夠清楚,那麼女方就會被視為「自己有過失」。此外,「受害者本人不貞,是妓女,或以前曾和強姦犯有過自願發生的性關係,此類事實都將成為成立強姦罪的抗辯理由。」[111] 這種推理方式肯定會讓清代的司法官員為之擊節讚賞,甚至連唐代的司法官員也可能會對此表示贊同。關於強姦的法律當中的這些基本要素極其普遍,以至於它們可謂在傳統的父權法律制度下

---

[110] See Catharine A. MacKinnon, *Toward a Feminist Theory of the State* (Cambridge, MA: Harvard University Press, 1989), pp. 180–183.

[111] See Blond, et al., *Blond's Criminal Law*, pp. 121–127.

界定了女性的身分。直到最近幾十年來，才有一些國家開始從女性權利這種相對較新的角度對關於強姦罪的法律進行改革。

於是，從那些老生常談的內容中辨識出中國帝制晚期在此方面的特點，便顯得非常重要。特別是，要想在歷史發展趨勢的長期脈絡中理解那些對性所做的規制，就必須釐清哪些部分發生了變化而哪些部分仍大致保持原貌。其中相當關鍵的變化便在於，法律專家們所預設的那種典型的強姦罪受害者和強姦犯，均從那種以法律上的身分等級為基礎的刻板形象，轉變為與標準的家庭角色相關聯的以道德為基礎的刻板形象。

在判斷強姦罪成立與否方面，女性貞節和陰莖插入行為始終具有重要意義。但隨著以家庭為基礎的社會性別角色開始在司法上與原先那種僵化的法律身分等級區分相抗衡並逐漸壓過後者，女性貞節和陰莖插入行為也變得更加舉足輕重。到了18世紀，法律專家們不再認為區分是否構成強姦罪的關鍵在於受害女性是否具有自由民的法律身分，而是在於受害女性是否保有貞節。典型的強姦犯向來被視為那些玷汙和擾亂他人家庭世系血統的外來男子，但其身分特徵隨著時間的推移而發生了變化。也就是說，從早期那種侵犯其主人家中妻女的奴僕的刻板形象，後來轉變為那種處於家庭秩序之外掠奪成性的無賴男子。對法律專家們來說，這種新的刻板形象的關鍵，不再是區分貴族身分的主人和身分低賤的奴僕，而是區分標準家庭中的家長與存在於其外的光棍。

這種轉變，看起來類似於白凱（Kathryn Bernhardt）對關於婚姻和女性財產權利的民事法律問題所做的觀察。白凱指出，在發生於婚姻和女性財產權利方面的那種法律「小農化」（peasantization）過程中，司法審判中的首要考慮對象，從唐律中所關注的貴族，轉變為明清時期法律所關注的小農家庭。[112] 在清代的那些強姦罪案例中，典型的受害者並非士紳階層的成員（更

---

[112] See Kathryn Bernhardt, "A Ming-Qing Transition in Chinese Women's History? The Perspective from Law," in G. Hershatter et al., eds., *Remapping China: Fissures in Historical Terrain* (Stanford, CA: Stanford University Press, 1996).

不用說是舊的那種貴族階級），而是那些安分守法的小農家庭中的守貞妻女。

我們應謹記，在舊的法律制度中，那些有著賤民身分的人們在整個社會經濟秩序中扮演了極為重要的角色。即使是賤民這種藉以界定其身分的恥辱性烙印，那也是為了反襯出「良民」所擁有的那種高於他們的身分等級。從這一角度來看，唐代典型的強姦犯是那種逾越了其應處位置的男子，但他的確擁有一個適合的位置。清代典型的強姦犯則象徵著某種更加不祥之人：他是徹頭徹尾的外來者，令人感到憂懼，被認為嚴重威脅著以家庭為基礎的社會秩序，因為他在這種秩序中完全沒有位置。在清代的法律話語中，並沒有為那些正派守法的「光棍」留下一席之地。

女性貞節愈來愈被看重，意味著農家女子個體的性選擇對國家來講極具重要性。藉由立法和宣傳，清朝政府尤其希望能對女性的能動性與果斷自信加以動員，以保衛那種岌岌可危的標準家庭秩序。這種優先考慮，反映出清朝政府意識到有很多人並不遵守那種標準的家庭秩序（清代檔案中那些涉及性犯罪的生存策略是如此常見且多樣化，便是此方面的明證），並對這些人日益感到憂心忡忡。18世紀清朝政府針對關於性的規制所做的此類改革，反映出官方最高層對社會結構與人口特徵的變化給道德和政治方面造成的影響深感憂慮。

第四章 關於被雞姦男性的問題：清代針對雞姦行為的立法和對男性之社會性別角色的加固

第一節 論題

在關於性犯罪的傳統定義當中，同性之間發生的那種性行為顯然並不被包括在內。在法律上明確對男性之間的同性性行為加以禁止，首見於16世紀時的明朝，但只有到了清代，同性強姦才在立法和訴訟中變成當務之急。同時，也只有到了清代，立法者才將此類行為納入歷史悠久的「姦」罪類別之內。特別是在雍正朝，立法者開始依照那些藉以懲治異性性犯罪的既有法律，將針對雞姦行為的禁令加以系統化。

本章不僅將解釋中國帝制晚期對男子同性肛交行為的焦慮，還將在一個更寬廣的脈絡中探明此類行為是如何被入罪的。清代究竟是在何種邏輯的引導下，比照那些用以懲治異性性犯罪的標準和刑罰，對關於雞姦的法律加以重構？清代的這種積極行動，是否為這個由少數民族建立的政權強加於一種富有寬容性的古老文化之上的新舉措？又或者說，清代對雞姦行為的這些建構，是否與以往的司法思維以及當時並非專屬於官方或菁英階層的那種普遍觀念之間或多或少相互契合？[1]

一、對已有研究的回顧

異性性行為受到清代及之前諸朝的司法官員的關注，這不足為奇。但為

---

[1] 先前我對這些問題所做的初步探討，參見 Matthew H. Sommer, "Sex, Law, and Society in Late Imperial China." Ph.D. dissertation, University of California, Los Angeles, 1994; Matthew H. Sommer, "The Penetrated Male in Late Imperial China: Judicial Constructions and Social Stigma," *Modern China*, vol. 23, no. 2 (1997), pp. 140–180.

何禁止男子之間的同性性行為？有三位學者曾對清代禁止雞姦行為的法律進行過闡述。

梅傑（Marinus Meijer）認為，雖然男性之間彼此同意的同性性行為直至清代中期才開始被立法加以禁止，但此類行為遭禁的時間點，實際上還應該再往前推兩百年。他還指出，這種對雞姦行為加以禁止的法律，只不過是禁止所有婚外發生的「性交行為」（sexual intercourse）這種一貫作法中的組成部分。[2] 他的這一看法能否成立，端視其如何界定「性交行為」。但是，這種看法無法解釋為何立法者單單只挑出男子之間的肛交行為加以關注，而對其他可能的犯罪類型卻予以忽略？舉例來說，立法者從未禁止過女子之間的同性性行為。事實上，在清代或之前諸朝的文獻中，我並未發現有任何隻言片語提及女子之間的同性性行為（西方法律傳統中那些為人熟知的其他婚外性行為，例如手淫或獸交，更是全未被提及），遑論對其加以禁止。

伍慧英（Vivien Ng）則主張，清代的「同性戀憎惡」（homophobia）是滿洲征服者所精心謀劃的宣傳活動中的一部分，其目的是為了贏得那些對晚明朝廷的墮落深感不滿的保守的漢人菁英的效忠。[3] 她還認為，對「男同性戀者」的懲處，比對「女子不貞行為」的刑罰更為嚴厲。據她推測，其原因在於男子之間的同性性行為無法生育子嗣，故而這種行為「被視為對孝道要求的直接挑戰」。[4] 但她所引述的那些用以懲處和同雞姦的刑罰（即杖一百並枷號一個月），實際上和異性和姦應受的刑罰毫無二致。

韓獻博（Bret Hinsch）對上述兩種觀點加以綜合，認為在清代以前，「對同性戀一般採取寬容的態度」，而「新的滿洲道德觀」使中國歷史上首度出現了統治政權對男性之間雙方自願的同性性行為的立法禁止。[5] 理學思想與

---

[2] See Marinus J. Meijer, "Homosexual Offenses in Ch'ing Law," *T'oung Pao*, vol. 71 (1985), p. 109.

[3] See Vivien W. Ng, "Ideology and Sexuality: Rape Laws in Qing China," *The Journal of Asian Studies*, vol. 46, no. 1 (1987); Vivien W. Ng, "Homosexuality and the State in Late Imperial China," in M. Duberman et al., eds., *Hidden from History: Reclaiming the Gay and Lesbian Past* (New York: Meridian Press, 1989).

[4] See Ng, "Homosexuality and the State in Late Imperial China," pp. 88–89.

[5] See Bret Hinsch, *Passions of the Cut Sleeve: The Male Homosexual Tradition in China* (Berkeley,

來自西方的影響進一步強化了這種觀念偏執,最終導致當時政權的同性戀憎惡。[6] 韓獻博提出了許多頗有見地的論點,例如他認為,男子雙方的年齡大小與身分等級,大多和他們在肛交行為中各自扮演的角色等級高低相一致。但費俠莉(Charlotte Furth)在一篇富有洞察力的評論指出,韓獻博過度熱衷於重建與其時的同性戀憎惡相反的「同性戀傳統」,從而導致被其忽略的問題可能比得到解釋的問題還要更多。[7] 此外,韓獻博將同性戀憎惡歸因於「那種由外部引入的滿洲人的性觀念」這一論點,[8] 也遭到了質疑。乾隆應該算是最為固守滿洲價值觀的清朝皇帝,但他與咸豐、同治一樣均有好男風的傳聞。[9] 滿人漢化及入關之前的那些法律文本,並未顯露出其對同性性行為抱有任何特殊的偏見。相較於明代法律中的規定,滿洲傳統在性行為方面的禁忌更少,清代的開國者甚至還放棄了某些婚俗以順應漢人中的亂倫禁忌。[10] 事實上,目前我並未發現有任何證據足以證明清代對性的規制在某方面受到了滿人文化的影響。

費俠莉針對清代醫學文獻所做的影響深遠的研究,排除了當時將對同性產生情慾視為疾病或性變態的可能性。她指出,「醫學文獻並未將任何形式的性行為或性慾對象視為病態。」[11] 因此,清代那些針對雞姦行為的立法,

---

CA: University of California Press, 1990), p. 4, 142.
[6] See Hinsch, *Passions of the Cut Sleeve: The Male Homosexual Tradition in China*, epilogue.
[7] 參見 Charlotte Furth, "BookReview: Bret Hinsch, *Passions of the Cut Sleeve: The Male Homosexual Tradition in China*," *Journal of Asian Studies*, vol. 50, no. 4 (1991), pp. 911–912. 僅是根據袁枚所撰的一則故事,韓獻博便斷言「男子同性婚姻(male marriage)在福建相當盛行,以至於當地男子感到不得不祭祀同性戀的守護神」。參見 Hinsch, *Passions of the Cut Sleeve: The Male Homosexual Tradition in China*, p. 113. 這一守護神為兔子。韓獻博提及,「兔子」是俗語中對男娼的一種帶有侮辱性的稱呼,袁枚似乎無意於嚴肅地記載此事。對「男子同性婚姻」話語更嚴謹的討論,參見 Sophie Volpp, "The Discourse on Male Marriage: Li Yu's 'A Male Mencius's Mother,'" *Positions*, vol. 2, no. 1 (1994. spring).
[8] See Hinsch, *Passions of the Cut Sleeve: The Male Homosexual Tradition in China*, p.162.
[9] 參見 Hinsch, *Passions of the Cut Sleeve: The Male Homosexual Tradition in China*, pp. 142–143. 康無為(Harold Kahn)曾向我指出,不太可能有辦法對這些皇帝的性偏好傳聞之真偽進行證實。
[10] 參見張晉藩、郭成康,《清入關前國家法律制度史》(瀋陽:遼寧人民出版社,1988),頁485。
[11] See Charlotte Furth, "Androgynous Males and Deficient Females: Biology and Gender Boundaries

與傅柯（Michel Foucault）所稱的那種作為現代化西方的「性」（sexuality）之特點的「反常的灌輸」（perverse implantation）毫無關聯。[12]

二、性取向與雞姦行為中的等級體系

梅傑、伍慧英和韓獻博均認為，對男子雙方自願發生的雞姦行為進行禁止是清代立法的重要特徵，並將此解釋為一種對性進行壓抑的新形式，甚至是同性戀憎惡。他們關注的這種焦點似乎暗示，對性加以規制的歷史，最主要的就是個人性愛自由與極端保守的迫害之間的相互爭鬥。[13]但我們如果細看清代針對雞姦的立法，便會發現，「和同」這種說法是到了後來才被添加進去的，在最初那道促使雍正朝對此方面的法律積極加以改革的奏摺中，隻字未提那種雙方彼此同意發生的雞姦行為。[14]而且，在我所查閱過的清代檔案中，尚未發現雙方僅僅因為自願發生雞姦便受懲處的案例；那些包含自願發生雞姦情節的案例，均涉及其他更嚴重的罪行。最令清代的立法者感到焦慮的是發生在同性之間的強姦，他們加諸此罪行的那種重罰確屬前所未有。還有，針對同性性犯罪行為的刑罰，並不比針對類似的異性性犯罪行為的刑罰更為嚴厲。由此可見，問題的關鍵並不在於清朝以此來迫害性取向方面的少數者群體。

這些學者通常也使用「同性戀者」（homosexual）這一名詞來稱呼那些與其他男性發生性關係的男子，並用「同性戀」（homosexuality）來稱呼同性之間的那種性行為和性誘惑。這種用法觸及性學史研究中的一個基本爭議，亦即當代西方所知的性取向，從根本上講，到底是一種獨立於歷史變遷之外、由生物因素決定的常態？還是現代社會文化建構出來的產物？當然，

---

in Sixteenth-and Seventeenth-Century China," *Late Imperial China*, vol. 9, no. 2 (1988), p. 6.

[12] See Michel Foucault, *The History of Sexuality: An Introduction* (New York: Random House, Inc., 1978).

[13] 正是基於這一角度，梅傑盛讚清代的法律比18世紀歐洲用來懲處雙方自願的雞姦行為的那種嚴刑峻法「更加明智和開明」。參見 Meijer, "Homosexual Offenses in Ch'ing Law," p. 131.

[14] 安徽巡撫徐本所上的這道奏摺，全文載於《中央研究院歷史語言研究所現存清代內閣大庫原藏明清檔案》（臺北：中央研究院歷史語言研究所，1986–1995），第59冊，頁10。

第四章　關於被雞姦男性的問題：清代針對雞姦行為的立法和對男性之社會性別角色的加固　　131

同性情慾（homoeroticism）和同性結合（same-sex union）並非全新的現象，亦非為西方所獨有。但當我們一般性地談到「同性戀者」和「同性戀」（或與之相對的「異性戀者」和「異性戀」）時，常常伴隨著那種脫離具體時空的預設，亦即以為，無論在何時何地，均存在某種基於性慾對象的性別而形成的本質意義上的社會身分認同，且這種社會身分認同是被以同樣的方式加以體驗。[15]

在許多社會當中，性行為中的陰莖插入者和被插入者在各自所扮演角色方面的等級劃分，比性慾對象的生物性別更為關鍵。[16] 在中國帝制晚期，法

---

[15] 在這裡，我對「同性戀的」（homosexual）和「異性戀的」（heterosexual）這兩個形容詞的使用，只是強調不同的性行為和性關係本身，而無意於臆測某具體個體的性取向，或暗示對性伴侶的選擇會以一種影響深遠的方式將某人永久烙上「同性戀者」和「異性戀者」的印記。傅柯、羅伯特·帕德古格（Robert A. Padgug）和傑佛瑞·威克斯（Jeffrey Weeks）等人最早指出，從性取向的角度思考同性結合的問題，與以往的思考方式大異其趣。參見 Foucault, *The History of Sexuality: An Introduction*; Robert A. Padgug, "Sexual Matters: On Conceptualizing Sexuality in History," *Radical History Review*, vol. 20 (1979), pp. 3–23; Jeffrey Weeks, *Coming Out: Homosexual Politics in Britain from the Nineteenth Century to the Present*, London: Quartet, 1977. 另可參見 David M. Halperin, "Is There a History of Sexuality?" in H. Abelove, et al., eds., *The Lesbian and Gay Studies Reader* (New York: Routledge, 1993). 裘蒂絲·布朗（Judith Brown）自稱，其在史學論著中對「女同性戀者（lesbian）」一詞的使用，僅是「為了方便起見」；她指出，那些女子並未被其自身或其他人視為是「獨特的性行為群體和社會群體」。參見 Judith C. Brown, *Immodest Acts: The Life of a Lesbian Nun in Renaissance Italy* (Oxford: Oxford University Press, 1986), pp. 171–173. 關於對圍繞此問題之社會建構所發生的爭論的概述，參見 Edward Stein, ed., *Forms of Desire: Sexual Orientation and the Social Constructionist Controversy* (New York: Routledge, 1992).

[16] 古希臘時期的法典，使用不同的詞彙來指稱性交行為中的陰莖插入者和被插入者，但並無與「同性戀者」（homosexual）和「同性戀行為」（homosexuality）這兩個名詞詞義非常相近的詞彙。古希臘時期的法典對男子同性性行為的懲罰，著重於維護其獨特的等級體系，而不似中國的法典中那樣優先考慮藉此維護法律上的身分地位。另一方面，古希臘文獻中的一些證據顯示，那些為 20 世紀後期的美國人所熟悉的實踐當中的各種「性取向」，在當時已有存在。但是，「取向」本身並不像今天很多人所認為的那樣可決定一切。事實上，全世界現在也沒有在觀念方面就此達成共識。在南美洲的大部分地區，只有那些在性交過程中被他人用陰莖插入的男性，才會被認為是一位「同性戀者」，而在性交過程中用陰莖插入同性體內的那些男性則被賦予一種體現「男子漢」地位的角色。參見 John Boswell, *Christianity, Social Tolerance, and Homosexuality: Gay People in Western Europe from the Beginning of the Christian Era to the Fourteenth Century* (Chicago, IL: University of Chicago Press, 1980); John Boswell, "Categories, Experience, and Sexuality," in Edward Stein, ed., *Forms of Desire: Sexual Orientation and the Social Constructionist Controversy* (New York: Routledge,

律文本和文學作品均強烈地暗示，只有那些在性行為中被雞姦的男性才會被視為「異常」。就普羅大眾的看法而言，男性對另一名男子產生性慾，這並無可怪之處，在法律上也無甚特殊的意義（在法律文本中，無須另選詞彙來描述同性情慾，而只需以形容異性情慾的詞彙來同樣加以描述即可，例如「淫心」）。同性性行為中的這種角色區分，涉及多種社會等級體系，特別是社會性別等級體系，而其原型便是異性之間的性關係。

我們已經討論過，女子在婚姻關係之外與其他男子發生性關係，會擾亂父系家庭秩序並玷汙女性的貞節。而正當的性交行為，則能使個人進入成人階段的社會性別角色：通過一種不可或缺的方式，個體正式成為在固定形式的性交行為中各自扮演特定角色的男性或女性。費俠莉指出，中國帝制晚期的醫學文獻主要以陰莖無法插入或無法接受陰莖插入來界定「非男」和「非女」。[17] 易言之，若要成為「真正的」男性或女性，就必須能夠成功地展演其適當的性行為角色。

社會性別代表了社會等級高低，且由於性行為中的角色決定了社會性別角色，性交行為可以說是支配關係在社會性別上的一種反映。當男性將自己的陰莖插入女性的陰道，他同時就在行動和象徵意義上將她置於被支配的位置。於是，法律上的基本考慮，就在於確保性行為中的支配模式不至與那種標準的支配模式相衝突。這也正是唐律中那些針對姦罪的律文為何首先考慮的是防止男奴姦淫其主人家中的女子，因為這種行為與身分支配關係的「正常」方向相悖（另一方面，主人被認為當然能夠享用其女性奴婢的性服務；這種特權後來被縮減，意味著主人對其奴隸的絕對占有權遭到消蝕）。按照類似的邏輯，以陰莖插入其他男性體內的行為，會擾亂恰當的社會性別等級體系，因為在這種社會性別等級體系當中，男性的陽剛氣概，是由男性在性行為分工中所扮演的陰莖插入者角色來界定的（男性的這種陰莖插入者角

1992); Halperin, "Is There a History of Sexuality?"

[17] See Furth, "Androgynous Males and Deficient Females: Biology and Gender Boundaries in Sixteenth-and Seventeenth-Century China," pp. 1–31.

色，與他在社會分工中所扮演的丈夫／父親的角色相對應）。在中國帝制晚期，人們普遍認為，在同性性行為中被雞姦，將極大地損害其作為男性所應具有的陽剛氣慨，故而那些被雞姦的男性很受鄙視。在由居有定所的小農構成的社群中，由於個人的社會地位和經濟生存能力取決於婚姻、繁衍後代和小農經濟，這種汙名帶來的影響尤為明顯。

上述觀念由來已久。但是，先秦時期和中國帝制早期流傳下來的那些講述同性結合的經典故事，常常是將同性之間的陰莖插入行為置於身分支配關係的脈絡之中加以講述，進而明顯掩蓋了社會性別倒錯所導致的紊亂。其中最著名的幾則故事，多是講述諸侯或皇帝是如何寵愛那些年輕貌美且像女性那般氣質陰柔的變童。[18] 事實上，這種社會性別倒錯本身給先秦和秦漢時期的立法者帶來的困擾，肯定不如它後來給明代尤其是清代的立法者造成的困擾那麼強烈，否則先秦和秦漢時期的立法者應當會就這一問題進行過更明確的討論。如同女性貞節那樣，男性的陽剛氣概在中國帝制晚期倍受重視。此二者同時並存且彼此息息相關。隨著傳統的那種身分區分愈發模糊和官方對人口特徵的變化趨勢日益感到焦慮，較之以往，那種對性行為的規制，在明清時期更加側重於對男女雙方需要扮演的標準的社會性別角色加以限定和鞏固。正是在這種背景之下，那些在同性性行為中被雞姦的男性，被史無前例地當作要重點考慮的對象。

第二節　立法史

一、清代以前：作為獨立於「姦」罪之外的單獨類別

即便是在開始禁止男性之間的同性性行為之後，在相當長的一段時間裡，這種行為也在本質上被當作一種迥異於「姦」罪的類別。正如我們在本

---

[18] 關於「分桃」、「斷袖」的著名故事皆屬此列。韓獻博對此類故事作了大致介紹，參見 Hinsch, *Passions of the Cut Sleeve: The Male Homosexual Tradition in China*.

書第二章中所看到的，伏勝就性犯罪所下的那個定義（這一定義後來被用來解釋何謂「姦」），專指異性之間「男女不以義交」。清代的律學家薛允升更是認為，男子同性之間的肛交行為「本不得以姦情論」，因「男子與婦女大相懸殊」。[19]

故而，「姦」罪立法的典型目的與同性性行為無關，更遑論同性性行為是否會在「姦」罪立法中被視為犯罪。但是到了清代，「姦」這一法律用語的含義被大幅擴張：新的法律條文將同性性犯罪比照異性性犯罪進行處置，將其作為「姦」罪的一種類別納入《大清律例》當中。不過，我們可以在這種變化中發現一種基本的延續性：自宋代至清代，司法官員對男子同性性行為的興趣，始終只集中在肛交行為及其所代表的性行為角色分工，還有那些在同性性行為中被雞姦的男子所背負的汙名。相較於視同性為性慾對象這一特點，性行為角色的分工有著更為重要的意義。據我所知，除了肛交行為之外，並沒有哪種展示男子同性之愛的行為或癖好在法律話語中被專門單獨提及。

在那些針對任何形式的同性性行為的法律中，我所發現的那個出現時間最早的證據，對那種由於在同性性行為中被另一男子雞姦所導致的性別倒錯加以強調。[20] 宋代的文獻顯示，政和年間曾有一道法令規定，「男子為娼」

---

[19] 參見薛允升著，黃靜嘉點校，《讀例存疑（重刊本）》（臺北：中文研究資料中心研究資料叢書，1970），例 285-33，評注部分。

[20] 韓獻博認為自己發現了時間更早的證據。他引用了西元前 3 世紀時的一條法律，認為該法律旨在懲罰那些「強行與其男主人或女主人私通」的奴僕。在此理解之基礎上，他聲稱「秦律將異性強姦和同性強姦歸併在一起進行處理」。參見 Hinsch, *Passions of the Cut Sleeve: The Male Homosexual Tradition in China*, p. 142. 事實上，在他所引用的那些英文譯本當中，對該條法律的翻譯分別是「When a slave rapes his owner...」（參見 A. F. P. Hulsewé, *Remnants of Ch'in Law: An Annotated Translation of the Ch'in Legal and Administrative Rules of the 3rd Century B.C. Discovered in Yun-meng Prefecture, Hu-pei Province, in 1973* [Leiden: E. J. Brill, 1985], p. 169）和「If a sevant forcibly fornicates with a master...」（Katrina C. D. McLeod and Robin D. S. Yates, "Forms of Ch'in Law: An Annotated Translation of the Feng-chen shih," *Harvard Journal of Asiatic Studies*, vol. 41, no. 1 [1981], p. 116）。該條法律的漢語原文為「臣強與主姦」，其更強調的似乎是身分地位上的差別，而非被強姦者的性別。中國的法律學者將之解釋為男奴強姦了其主人家中的女性成員，並將之作表明當時著重考慮身分地位上的差異的早期證據。參見張晉藩、王志剛、林中，《中國刑法史新論》（北京：

者處杖刑一百，並處罰金五十貫錢（罰金由官府賞給告發者）。由於「娼」字意味著女性的社會性別，故而「男娼」的字面含義即「身為男性但卻像女性那般出賣其肉體者」。宋代的另一則史料則提及，男扮女裝的男娼會被以「不男」的罪名加以懲戒。[21] 這些零星的證據顯示，宋代的立法者將被雞姦者這種性行為角色與女扮男裝行為以及娼妓在法律上的低賤身分聯繫起來加以看待，並試圖對這些自甘墮落的男性加以懲戒（這些史料並未提及陰莖插入者的角色，也未使用「姦」字來描述同性性行為）。此舉的目的，顯然在於希望藉此來鞏固某些界線，亦即防止有著自由身分的平民淪落為從事包括娼妓在內的身分低賤者所操持的那些職業，同時防止男性因在同性性行為中被雞姦或男扮女裝而淪落為扮演女性的角色身分。

管見所及，明確禁止男子同性性行為的律文，最早可追溯到明代嘉靖年間。明律並未在「犯姦」律目下面提及男子之間的同性性行為。嘉靖朝禁止男子同性性行為的舉措，是在一系列補充性的「比引律」中加以規定。[22] 各條比引律的內容，均為通過援引法律上那些先前既有的規定這一處置方式，來對那些並未為律典所涵蓋的罪行進行懲處（這些補充性規定是將那種長期以來借助比附做出判決的作法予以系統化，因此，通過比附方式對男子同性性行為進行懲罰的作法，在嘉慶朝就此立法予以規定之前，應該就已行之有年）。其中對男子同性性行為進行懲罰的比引律規定：「將腎莖放入人糞門

人民法院出版社，1992），頁424。中國學者的這種解釋，比韓獻博的前述理解更為可信。唐律中有一條律文在類似的意義上使用了「主」這一術語，若參照該條律文中的其他文字以及官方對其所撰的疏議，便可以發現其意思非常明確，亦即只有主人家中的女性成員才會被設想為潛在的強姦罪受害者。參見《唐律疏議》（北京：中國書店，1990），卷26，頁17b–18a。

[21] 參見周密，《癸辛雜識》，收入《欽定四庫全書》（第1040冊）（上海：上海古籍出版社，1987），1040/58；朱彧，《萍洲可談》，收入《欽定四庫全書》（第1038冊）（上海：上海古籍出版社，1987），1038/312；薛允升，《讀例存疑（重刊本）》，例375-03，注釋部分。

[22] 這些「比引律」也被稱作「比附雜犯罪律」、「比引例」或「比附律」等，參見黃彰健編著，《明代律例彙編》（臺北：中央研究院歷史語言研究所，1979），頁1027–1069；吳壇編纂，馬建石、楊育棠校注，《大清律例通考校注》（北京：中國政法大學出版社，1992），頁1142–1144；薛允升，《讀例存疑（重刊本）》，卷52，比引律。

內淫戲，比依『穢物灌入人口』律，杖一百。」²³ 此條比引律與明律「犯姦」律目下針對異性性犯罪的法律形成了強烈的對比。首先，較之於姦罪諸律，此條比引律所規定的那種應受懲處的行為極為具體。明律「犯姦」律目下的諸律，以「姦」字來強調其適用於發生了婚外性關係的各種情形，但並未涉及具體的性行為體勢和身體部位。上引律文全未提及「姦」，更遑論清代用以指稱肛交的法律術語「雞姦」。

其次，此條比引律並未使用界定性犯罪時一直以來採用的那種「強姦」與「和姦」二分法。將同性性行為比照人身侵害加以處理的作法，儘管似乎意味著此舉被視為強姦，但在我所搜集的那些案例中，實際適用此律的僅見到一例，且該案中受懲處的是在性行為中自願被雞姦的男子。²⁴ 明代的立法者也許樸素地認定男子不可能會被強姦。

這種設想一直被延續至清代，並影響到清代的立法（詳見下文）。無論如何，對男子同性相姦的量刑（杖一百），相當接近於明律對異性和姦的懲處（杖八十至一百），而較異性強姦應受的懲處（絞刑）為輕。²⁵

此條比引律的最大特點，在於它比照明律「鬥毆」律目之下的一類罪行來懲治同性之間的肛交行為。²⁶ 顯然，立法者認為，這種比照方式，相較於比照援引「犯姦」律目下的任何一種異性性犯罪進行處置要更為精確。不過「鬥毆」律目下所列舉的罪行種類不少，因此有必要分析此處被比照的為何是「穢物灌入人口」這種罪行。這裡主要包含了三種要素：肛交、「穢物」和以嘴作為目標。將穢物灌入人口這種攻擊性行為，無疑會給對方造成身體傷害。但穢物意味著，此舉造成的玷汙和恥辱，相較於身體受到的傷害更為嚴重。此外，大多數的文化均將頭、臉這些身體部位與人格尊嚴相聯繫。易言之，在將同性之間的肛交界定為罪時，這種行為所造成的玷汙和恥辱，是較之鬥毆更被看重的考慮因素。而且，在同性肛交行為中受損害的顯然只

---

²³ 參見黃彰健編著，《明代律例彙編》，頁 1068。
²⁴ 參見《中央研究院歷史語言研究所現存清代內閣大庫原藏明清檔案》，檔案號：040-073。
²⁵ 參見薛允升，《讀例存疑（重刊本）》，律 366-00。
²⁶ 參見薛允升，《讀例存疑（重刊本）》，律 302-00。

第四章　關於被雞姦男性的問題：清代針對雞姦行為的立法和對男性之社會性別角色的加固　137

有被雞姦者：在肛交中被雞姦，等同於其口中被灌入穢物。若要說肛交行為中的陰莖插入者也受到玷汙的話，那僅相當於說動用穢物時也會弄髒自己。

二、清初的法律：同性強姦比照異性強姦處置

與絕大多數明律條文一樣，「比引律」也為順治三年（1646）頒布的大清律所沿用。此後由於新例不斷增加，許多「比引律」逐漸變得過時而遭淘汰。[27] 薛允升指出，康熙年間仍採用前述比引律來處理同性肛交的問題。我也發現雍正二年（1724）就有一起案例援引了此律。至少在雍正三年（1725）之前，這條律一直被保留在《大清律例》的文本之中。[28]

不過，早在順治十二年（1655），清代的司法機構就已使用「雞姦」一詞來指稱同性肛交行為。[29] 康熙十八年（1679）時，在「犯姦」律目之下，首度出現了用以懲治「雞姦」的例文。到了雍正朝晚期，《大清律例》藉由針對同性肛交行為進行實質性立法，取代了沿襲自明律的那種比照它律加以懲治的舊作法，並最終使先前的那條比引律壽終正寢。這項立法象徵著與先前的司法實踐分道揚鑣，從而使得同性肛交行為首次被直接融入到「犯姦」律目之下的那些異性性犯罪當中。

「雞姦」一詞的起源不詳，我沒有在清代之前的法律文本中看到過這一用語。在清代的法律文獻中，有一個其意為「雞」的字——奊，被用在此處發「雞」字的讀音。「雞姦」這種用法，看起來是後來用發音相同的「雞」字替換了原先那個含義晦澀的「奊」字。由於先前的各種辭典中均未見引過「奊」字，此字可能始於明代。明代文人陸榮將這個含義晦澀的「奊」字定義為「杭人謂男之有女態者」。[30] 據晚明時人楊時偉的說法，「奊」字專指

---

[27] 參見薛允升，《讀例存疑（重刊本）》，卷 52，比引律。
[28] 參見薛允升，《讀例存疑（重刊本）》，例 285-33，評注部分；吳壇編纂，馬建石、楊育棠校注，《大清律例通考校注》，頁 1141-1144；《中央研究院歷史語言研究所現存清代內閣大庫原藏明清檔案》，040-073。
[29] 參見《中央研究院歷史語言研究所現存清代內閣大庫原藏明清檔案》，023-085。
[30] 陸容，《菽園雜記》（臺北：臺灣商務印書館，1965），頁 132。

在性行為方面「將男作女」。[31] 這一意涵晦澀的字眼，在字形結構上富有暗示性：「男」字的下半部（即「力」）被替換成「女」字。如同楊時偉的前述定義和該字的字形結構所暗示的，「奻」字的實質內涵在於社會性別轉換，特別是加之於被雞姦男子身上的那種社會性別轉換。我們並不清楚從何時開始以及為何以「雞」字取而代之，但「雞」字向來隱含淫猥之意，例如俗語中所說的「雞巴」和「野雞」等。

康熙十八年（1679）議定的如下這條例文，標誌著「雞姦」一詞在《大清律例》中的首度登場：

> 凡惡徒夥眾，將良家子弟搶去強行雞姦，為首者立斬，為從者俱擬絞監候〔引者注：此係比照「光棍例」〕，若係和同者照律治罪。

康熙三十五年（1696）時，又在此例中補入以下新內容：「不肖惡徒將良人子弟搶去，強行雞姦，為從擬絞監候，亦不准援赦，若系和同者，照常治罪。」[32] 與明代的那條比引律相比，此例有以下幾方面的重大變化：首先，此例採用「強姦」與「和姦」的二分法，將新命名的此類罪行納入傳統的姦罪類別之下，而強姦無疑是此處關注的焦點。其次，明代的那條比引律，除了暗示同性性行為中有一方受到玷汙外，完全不區分該行為中的雞姦者和被雞姦者，而此例則明顯對這兩種角色加以區分。同性強姦犯是前面章節提過的那些光棍，他們也是清代針對強姦的立法的主要打擊對象。並且，同性相姦行為假定的受害者，相對類似於那些作為異性強姦之受害者的守貞妻子或女兒的男性版本。

康熙十八年（1679）新增的上述例文，主要旨在用來嚴懲輪姦惡行，但

---

[31] 楊時偉還補充說，「律有奻姦之條」（他使用了這一與「雞」同音的奇特字元）。他所稱的法令專條，應是指嘉靖朝的那條「比引律」，但該條比引律中並未使用「奻姦」一詞。轉引自東川德治，《中國法制大辭典》（東京：燎原出版社，1979〔1929〕），頁295；《辭海》（臺北：中華書局，1978），第1冊，頁827。楊時偉所指的這條律，可能是佛教的某條戒律（有時也稱為「律」），但我在佛教參考書中未能找到「奻姦」的說法。由於這一奇特字元的字型與其字義如此相合，我懷疑它可能是明代文人為了形象地表示雞姦而創造出來的新字眼。

[32] 《清會典事例》（北京：中華書局，1991），825/990。

第四章　關於被雞姦男性的問題：清代針對雞姦行為的立法和對男性之社會性別角色的加固　139

後來亦被用以懲治其他多種不同的罪行。例如，在雍正七年（1733）發生於廣東海陽縣的一起案件中，余子岱（57歲）將陳阿邁（16歲）誘至甘蔗地強姦並毆打致死。官府對余子岱的判決如下：

> 查定例「不肖惡徒將良人子弟搶去，強行雞姦，為首者立斬」等語，今余子岱雖無夥眾，但將陳阿邁誘逼強姦，且又立斃其命，淫惡已極，應將余子岱照「為首」例立斬。

在此案中，強姦之後還發生了兇殺。但就算該強姦犯是單人犯案，且未犯下除了強姦之外的其他罪行，官府也仍會援引前述用於懲治「為首」雞姦者的例文對其進行判決。[33] 易言之，自康熙十八年（1679）至雍正十二年（1734），對同性強姦罪行的處刑（即斬立決），要比對異性強姦罪的處刑（即絞監候）更為嚴厲。

在長達幾十年的時間裡，前述那條康熙十八年的例文，是清律文本中唯一提及輪姦男性或女性的一條規定。因此，中央的司法官員也援引此例，來對輪姦女性的罪行加以懲治。[34] 援引「光棍例」來懲治輪姦女性之惡行的作法，實際上被分為兩步，亦即藉由康熙十八年的此例援引「光棍例」對異性輪姦之惡行進行懲處。[35] 隨著雞姦被納入以往那種僅針對異性性犯罪的「姦」這一大類之中，對異性輪姦惡行的懲處，亦可比附那一用以懲治同性輪姦惡行的條文進行處置。這種比附暗示，就司法官員對強姦的理解而言，受害者的性別已逐漸變得無關緊要。

倘若雞姦行為是雙方自願發生的，又該如何處置？作為補充，前述那條康熙十八年的例重申，對於此類行為，應「照律」懲罰（後來修訂為「照常」懲罰）。此處所說的「律」，是指明代的那條「比引律」。前述康熙十八年的例對強姦罪新加了幾種刑罰，但確認對和同雞姦的行為仍沿用舊的比引律

---

[33] 參見《中央研究院歷史語言研究所現存清代內閣大庫原藏明清檔案》，059-010。
[34] 例如《內閣刑科題本》，80/ 雍正 1.4.26。
[35] 雍正五年（1727）頒行的一條例文，規定了對異性輪姦的處刑直接參照光棍例辦理，從而免掉了這種分成兩步操作的程式。參見薛允升，《讀例存疑（重刊本）》，例 366-02。

加以處刑。雍正二年（1724）發生的一起命案可作為佐證。該案中的涉案者為來自福建漳浦縣的三名士兵，塗連（36歲）與鄭起（20歲出頭）之間已保持了四年的同性性關係（塗連在性行為中扮演雞姦者），兩人同睡一床。吳宗武（24歲）與他們同房，但另睡一床。某夜，塗連外出，吳宗武因被蚊子叮咬，於是爬到有蚊帳的鄭起床上與鄭起同睡。塗連回來後，妒火中燒之下殺死了吳宗武。塗連被判「故殺」罪。與此處討論的問題更為相關的，是塗連的同性伴侶鄭起所受到的懲處：

> 鄭起聽從塗連雞姦，查律例止有男女通姦一體治罪，並無兩男雞姦治罪正條，鄭起依比附律將腎莖放入糞門淫戲，比依「穢物灌入人口」律，杖一百。

此判決後來獲皇帝批覆核准，這說明那條明代的比引律不僅被用以懲治同性性行為中的雞姦者，也被用以懲處任何由於毫無廉恥而接受被雞姦的男子。這種措辭，反映出該判決作出之時所正處的那個轉捩點：此類性行為被稱為「雞姦」，且被比照「男女」之「姦」加以處理。但在當時那些用以懲治姦罪的法令中，尚無可用來懲處雙方自願發生的雞姦行為的相應規定，因此不得不沿用明律中的那條比引律。[36]

三、雞姦被姦罪所吸收

清初用以懲治強姦的法律相當混亂。雖然法律專家們開始將同性性犯罪視同於異性性犯罪加以處置，但在處刑方面卻差異甚大。而據以處刑的法律依據，可說是由舊的明律、特別增設的新例以及許多直接或間接的比附援引所組成的大雜燴。正是由於這種混亂情況，導致雍正朝開始就此方面進行合理化。

早期的那些法令，在雍正十二年（1734）時被犯姦律目之下的一條新例取而代之。此例直至20世紀初仍有法律效力。[37] 這條新的法律，肇始於安

---

[36] 參見《中央研究院歷史語言研究所現存清代內閣大庫原藏明清檔案》，040-073。
[37] 參見本書附錄 B.1。

徽巡撫徐本所上的一份條奏。安徽巡撫徐本認為，康熙十八年（1679）那條用以懲治輪姦的例過於籠統，未能涵蓋現實中發生的那些同性強姦案件所體現的多樣性（例如有些同性強姦案涉及命案，但並非所有的同性強姦案皆與人命有關；有些同性強姦案中的行姦者不止一人，但也並非所有的同性強姦案皆系如此），但因無其他法律可用，所有的同性強姦案件，均只得援引康熙十八年（1679）的那一條例不分青紅皂白地判處斬立決。徐本聲稱自己就剛剛審理過一起同性強姦的案件，雖然該案中的罪犯是單人犯案，且除了強姦以外並未傷人，但他不得不依據康熙十八年的例判其斬立決。徐本認為如此處刑顯得過重，因為倘若受害者是女性的話，對強姦者的最高刑罰也不過是絞監候。而且，徐本注意到雍正皇帝不久前曾下詔就異性強姦罪應依不同情形分別處刑加以具體指示，因此認為「今強行雞姦之例似應一體分別更定」。雍正皇帝將徐本的條奏交由刑部審議。刑部同意徐本的建議，並擬定了詳細的方案。刑部的方案，後來成為雍正十二年時用以懲治雞姦的新例。[38]

這項法律以及其後的那些補充性規定，明確地將雞姦行為吸收到「姦」這一類別之中。對雞姦行為具體罪行的分類，均與既存的犯姦行為之分類變得相同。而且，各種雞姦罪行應受的懲罰，此時幾乎在所有細節上均變得與針對各種異性性犯罪的懲罰相同。在此前的五十年間，清代的法律專家們將雞姦行為比照異性性犯罪加以處置的作法日益頻繁。因此，這種就雞姦罪的懲罰加以合理化的工作，乃是順理成章的發展結果。

不論其受害者是男是女，輪姦罪皆依「光棍例」處刑，為首者斬立決，為從者絞監候。強姦者若是單人犯案，只要受害者為12歲以上而不論其性別，那麼其處刑即為絞監候；強姦10歲至12歲的男女孩童，處斬監候；強姦10歲以下的男女幼童，依「光棍」例處斬立決。

強姦12歲以上的受害者（不論受害者是男是女），若未成（即陰莖未插入對方的陰道或肛門），則處杖一百，流三千里。若受害者為12歲或以

---

[38] 參見《中央研究院歷史語言研究所現存清代內閣大庫原藏明清檔案》，059-010。

下的幼女幼童，則行姦者將被「發黑龍江給披甲人為奴」。

和姦 12 歲或以下的男女幼童，一律視同強姦處理，處絞監候。與 12 歲以上之人和姦者，不論對方性別為何，均依「軍民相姦」例處杖一百並枷號一個月。[39] 男子或女子賣娼，以及買娼者，同等處刑。[40]

雍正十二年以後，凡是律典未能涵蓋的所有雞姦罪行，均嚴格比照相應的異性性犯罪處置。例如在道光十三年（1833）發生於北京的一起案件中，杜住兒（30 歲）以幾個零花錢作為交換，雞姦了其同母異父的弟弟范二格（11 歲）。由於律典並未規定近親男性之間相姦該如何處理，故而，對杜住兒的判決，比照「姦同母異父之姐妹」例進行處刑。且因該案中的受害者范二格年幼，對杜住兒的刑罰加重一等。[41]

關於雞姦的上述法律話語，在其增補的過程中，也引用了一些長期以來被用於指控異性強姦的關鍵性術語和標準。如前文中所見，某些特定的因素，通過對強姦女子者自動減等處刑的方式，使得受害女子喪失了作為強姦罪行之受害者的資格，進而無法被作為強姦罪行之受害人加以對待。這種量刑方式顯示，當時的法律在界定強姦之時，並非是從受害者的角度加以考慮，而是根據那種不容於合法的性關係的陰莖插入行為讓受害者所蒙受的客觀損害進行界定。在同性之間的性犯罪被異性之間的性犯罪所吸收後，對強姦罪行之男性受害者的評斷，也遵循了同樣的邏輯。康熙十八年和雍正十二年的那些新例，將被雞姦的男性稱為「良家子弟」或「良人子弟」，亦即「出身平民家庭的兒子或弟弟」或「一名平民的兒子或弟弟」。這種稱呼，近似於強姦罪或誘姦罪中所預設的那些女性受害者——「良家婦女」或「良人婦

---

[39] 這條例文（參見薛允升，《讀例存疑》（重刊本），例 366-01），在雍正三年（1725）時取代了針對和姦的那條明代舊律（參見薛允升，《讀例存疑（重刊本）》，律 366-00），自此之後被援引於懲罰平民之間的各種和姦罪行。

[40] 對此方面異性犯罪的懲罰，參見薛允升，《讀例存疑（重刊本）》，律 366-00、例 366-01、例 366-02、例 366-04、例 366-07、例 366-10、例 366-375-03、例 366-04。對此方面同性犯罪的懲罰，參見薛允升，《讀例存疑（重刊本）》，例 366-03、例 366-07、例 366-10、例 375-03、例 375-04。

[41] 參見《刑部檔》（北京：中國第一歷史檔案館藏），奉天司 /06194。

女」，亦即「出身平民家庭的妻女」或「一名平民的妻女」。如前所述，至18世紀中期，「良」字的含義，從強調平民身分轉為強調女性貞節。同樣的，在懲罰雞姦罪行的法律中，要求男性受害者須是屬於「良」這一類別，意味著是對其性經歷和性道德的評判。借助於這種方式，那些藉以評判女性貞節和界定何謂與女性發生的合法性關係的標準，也被用於評判被雞姦的男性所遭受的損失。

但是，清代的法律專家們從未將男性完全等同於女性！我們將下文中看到，將同性性犯罪完全比照異性性犯罪加以懲治的作法，在反抗強姦這一問題受到了挑戰。男性和女性在證明自己確被強姦這一問題上的差異，非常清楚地說明了清代司法中對男子之間同性性行為的建構。

第三節　異性性犯罪的標準被適用於雞姦罪行

以下這些例證將說明，清代的法律專家們是如何運用強姦已成、身分差別及作為評判強姦受害者之性經歷的「良」這一概念，來對同性強姦加以判決。此處將被檢視的每起雞姦案件，均可在前兩章中所討論的那些異性強姦案件中找到一起或更多與其極為類似者。而這表明，以往被用於處理異性性犯罪的那些標準，如今被相當精確地擴展至將雞姦罪這一新領域也涵蓋在內。

一、同性強姦已成

雍正十二年的那條新例，借用長久以來用以評判異性強姦的術語，將同性強姦區分為「成」與「未成」。同性強姦已成的要求，是用陰莖插入了另一男子的肛門。其刑責與異性強姦相同：相對於強姦未成者被處以杖刑與流刑，強姦已成者被處以以死刑。同性強姦已成的男性受害者，不似被強姦的女性受害者那樣須在儀式上承受失貞的後果（被強姦已成的女性受害者即使死亡，官方也不會承認她的烈婦資格）。儘管如此，被其他男性雞姦已成的

汙名,看來相當強大且無處不在。

鑒於這些嚴重的後果,清代司法官員在判斷強行雞姦已成與否時極其謹慎。這一過程,非常類似於對異性強姦已成與否所做的那種調查(無疑是以後者作為基礎)。如同遭到強姦的未婚女性受害者須接受穩婆驗身那樣,聲稱自己被強姦的年輕男子也須接受仵作的驗身。18 世紀和 19 世紀的很多中央案件均有提及這道程式。在發生於北京、光緒三十年(1904)由刑部「現審」的一起案件中,這一驗身程式得到了非常詳細的呈現(雍正十二年那條關於雞姦罪行的例,此時仍然有效)。寡婦陳胡氏控告旗人德山(在逃未歸案)強姦她那 14 歲的兒子陳七五兒。在該案的檔案中,有一份未經整理的該受害男童的口供草稿,記錄了他對一些未被記錄在案的問題的回答。其內容顯示了刑部力求確認該男童所遭受的一切:

> 德山將我褲子揪下,將我姦汙已成。我欲喊嚷,德山握住我嘴不許聲張……左手掐口,右手揪褲,將我腰彎著,他亦彎腰往裡弄……亂弄順我腿流水,德山將我褲子撕破。德山已與我成姦,德山用手摳我。

刑部命令仵作給該男童驗身。仵作在查驗後報稱,男童的「穀道近下有指甲摳傷一處,現已平復,詳細查驗穀道折紋緊湊,穀道未開,實系雞姦未成」。因此,在刑部就該男童之口供所製作的正式文本中,這一事件被轉寫為:「……我那日晚……被德山將我揪住,強行雞姦未成,並用手將我糞門摳傷。」

顯然,在企圖行姦的過程中,強姦犯德山摳傷了男童,甚至已射精。但由於他的陰莖並未插入該男童的肛門,因此被認為「姦汙」並未發生。這一邏輯,與清代在處理異性強姦罪行時不認為手指插入陰道的行為屬於強姦已成的那種原則類似。[42]

---

[42] 參見《刑部檔》,四川司/19959。

二、主奴之間的雞姦

專門針對主人與其奴僕或雇工之間的同性性關係問題的法律並不存在。長期以來，主人被明確容許享用其女性奴僕的性服務，但到了清代，這一特權逐漸被法律專家們所取消。與此不同，從來沒有任何具體的法律豁免或禁止主人在性方面使用其男性奴僕。17世紀的白話小說，例如《金瓶梅》和《肉蒲團》，均暗示主人雞姦其男性奴僕的情況並不罕見。如同主人與其女性奴僕發生的性關係那樣，不管其中帶有多大的強迫性質，這種行為不大可能會被告官。[43]

但是，《刑案匯覽》中記錄了一起嘉慶三年（1798）發生的主人強行雞姦其雇工的罕見判例。山東巡撫在處理此案時，不知該如何權衡兩種相互衝突的法律原則，故而請示其上司。此案的案情本身並無爭議：一位名叫潘浚亭的地主企圖強姦其雇工邵興，邵興在反抗時踢中雇主潘浚亭的睪丸，因用力過猛致其死亡。如同我們所知，清律將同性強姦視為可恥的罪行，且對於強姦男性奴僕的主人也未明確地給予豁免權。司法官員甚至認為，只要能證明加害者確有強行雞姦的企圖，則受害者的自衛行為可被作為殺人罪的減等處刑因素。此案中，倘若雙方身分平等，則邵興最有可能受到的判決是因「擅殺有罪人」而處絞監候，且其後肯定可獲減等處刑。[44] 但他們兩人的身分並不平等。至18世紀後期，雖然絕大多數的雇工在法律地位方面已與其雇主平等，但根據具體雇傭情況的不同，仍有某些例外。顯然，邵興是被視作傳統意義上的雇工人進行處理，其法律地位相較其雇主為低，因此，此處適用的是沿用自明律的那條關於雇工人殺害雇主的律文：若殺人因鬥毆而

---

[43] 對明清時期同性情色文學所做的前沿性研究，參見 Giovanni Vitiello, "The Dragon's Whim: Ming and Qing Homoerotic Tales from The Cut Sleeve," *T'oung Pao*, vol.78 (1992); Giovanni Vitiello, "Exemplary Sodomites: Male Homosexuality in Late Ming Fiction." Ph.D. dissertation, University of California, Berkeley, CA, 1994; Volpp, "The Discourse on Male Marriage: Li Yu's 'A Male Mencius's Mother;'" Volpp, "The Male Queen: Boy Actors and Literati Libertines." Ph.D. dissertation, Harvard University, 1995.

[44] 參見本書附錄 B.2。

起,即使屬於無心,仍判斬立決。[45]

這裡的問題在於,如何就身分上的差別和反抗強姦的自衛行為可從寬處置這兩種不同的原則加以權衡。山東巡撫建議從寬,但刑部主張從嚴,因此被交由皇帝最終裁決。此案的最終判決,再次確認了同性強姦乃是可恥罪行的那種看法,但「雇工踢死雇主名分攸關……未便依常人拒姦而殺之例擬以絞候致滋輕縱」。因此,邵興被處以更重的刑罰——斬首,但他的情況同時符合「著監候秋後處決」的條件,亦即有可能會被減等處刑。[46] 對邵興的這一判決,要重於這兩名男子若是身分平等時的那種處刑,但要遠輕於若其主人未曾試圖將他強姦時的那種處刑。此判決與本書第二章中所討論的那起乾隆三年(1738)發生於直隸的案件類似。在後一案件中,男僕為了保護其兄嫂不被主人強姦而採取暴力自衛。如同那起發生時間較早的直隸案件,此處所討論的這起案件最為引人注意的特點在於,高層的司法官員通過對雇工邵興減等處刑,表達了他們對反抗強姦而自衛的雇工人的憐憫。

三、雞姦行為對身分的玷汙

在上一章中,我們檢視了一起罕見的輪姦案件。在該案中,受害者為一名從事低賤職業的守貞女子,亦即就性道德方面的那種新內涵而言,她屬於「良」,但從傳統的法律身分來看則並非如此。《刑案匯覽》中有一起同樣罕見的同性強姦案件,此案由陝西巡撫於道光四年(1824)上報至中央。兩名歹徒手持利刃和棍棒,在某條道上攔截並各自強姦了兩名路過的男子。此案案情的複雜之處在於,這兩名受害者都是演戲時扮演旦角的伶人,陝西巡撫故而認為他們「難與良人子弟並論」,是以兩名強姦犯不應被按強行雞姦的本刑處以絞監候。但這種惡行也不應縱容。因此他建議將兩名強姦犯按本刑減輕一等處刑,即杖一百並流三千里,皇帝核准同意了這項處置方案。[47]

---

[45] 參見薛允升,《讀例存疑》(重刊本),律 314-00。
[46] 參見祝慶祺、鮑書芸編,《刑案匯覽》(1834,加利福尼亞大學洛杉磯分校東亞圖書館藏),卷 53,頁 16a–17a。
[47] 參見祝慶祺、鮑書芸編,《續增刑案匯覽》(臺北:文海出版社,1970),卷 14,頁 2a–2b。

上述案件中的兩名受害者均非出賣肉體之人，亦無任何證據顯示他們曾被其他男性雞姦過，因此兩人的性經歷可被視為「良」。但是他們所從事的那種職業（即伶人），明顯降低了其法律地位，故而無法在良民身分意義上被視為「良」。而且，作為扮演女性角色的伶人，其本身已然體現了雞姦受害人所遭受的那種社會性別轉換。因此，此判決可說是對兩種相互對峙的不同原則加以權衡後的結果（既須顧及身分等級制度，又須懲處強姦罪行），其處理方式，與對強姦守貞（「良」）但身分卑賤（「不良」）之女子的那些平民身分的男性罪犯進行處刑時所做的權衡完全相同。

四、雞姦行為對男子陽剛氣慨的玷汙

男子若曾被人雞姦過，那麼他在性經歷意義上便不會被認為具有「良」的資格。因此，如同身分低下或卑賤的情況一樣，這種性經歷，同樣會被用來認定強姦罪行所造成的傷害較小，進而可據以減輕對強姦者的刑罰。這一邏輯，亦被用於評判那些眾人皆知其不貞的被姦女子。但是，將「良」的含義轉用來描述男性的性經歷，顯得相當古怪，因為「守貞」男子這一說法毫無意義。女性守貞是忠誠的一種形式，妻子在婚內與其丈夫行房，被認為與未婚的處女一樣擁有貞節。但清律並不承認男子之間的同性性關係有著猶如婚姻那般的合法情境。簡言之，所謂「良」的男子，即對那些「未被他人雞姦過的男子」的委婉說法。[48]

《刑案匯覽》中有不少反映上述看法的案例。在嘉慶二十年（1815）山西巡撫上報的一起案件中，李楞三雞姦了郭爭氣子，[49] 但郭爭氣子承認自己之前曾自願被另一名男子「姦汙」。山西巡撫據此認為，郭爭氣子「與良人有間，應將李楞三照『強行雞姦並未傷人』擬絞例上量減一等，杖一百、流三千里」。也就是說，若一名男子沒有廉恥以至於到了自願被人雞姦的程

---

[48] 梅傑試圖發展出一個被其稱為「男性貞節」的概念，參見 Meijer, "Homosexual Offenses in Ch'ing Law," p. 129. 但此概念使得這裡所討論的問題變得含糊不清，因為「良」男和「良」女之間的相似之處實際上相當有限。

[49] 譯者註：「郭爭氣子」這一姓名，係《刑案匯覽》當中的原文記述。

度，那麼強姦對他造成的可能傷害，便不足以讓強姦犯被處死刑。而且，根據針對「和同雞姦」的法律規定，郭爭氣子本人也因其過去曾自願被人雞姦的行為，而受到杖一百並枷號一個月的懲處。[50]

嘉慶二十四年（1819）對一起發生於北京的輪姦案的判決，也遵循了同樣的原則。該案的主犯全是滿洲旗人。為了洩私憤，吉林阿曾向官府誣告箚布占盜竊。箚布占知悉吉林阿與一位名叫廣凝的男子有同性性關係（廣凝在其中扮演被雞姦者的角色）。為了報復吉林阿，箚布占找來兩名友人，協助他將廣凝綁走並輪姦。由於廣凝曾被其情人吉林阿雞姦過，故而對他實施強姦的三名男子並未被判死刑，而是比照「輪姦已經犯姦婦女已成」例，「為首發黑龍江給披甲人為奴」。[51] 依照針對「和同雞姦」的法律規定，吉林阿和廣凝兩人均被處以杖一百並枷號一個月，但因二人均為滿人，故而將杖刑改為鞭刑。而且，廣凝因已烙上了被雞姦男性的汙名標籤，而被銷除旗籍。而涉案的其他人均未曾被人雞姦過，故而不用被銷除旗籍。[52]

乾隆二十七年（1762）直隸磁州上報至中央的一起案件顯示，先前曾發生過雞姦的經歷，也會影響到對殺人罪的判決。乾隆十六年（1751），寡婦馬氏雇用了無地的未婚農夫林二孟冬（時年20歲），幫她那位失去雙親的孫子李昌祚（時年10歲）耕地，以收成的六成作為酬勞。在照顧農稼期間，林二孟冬和李昌祚同住於田地中的一間茅舍。林二孟冬開始雞姦這名男童，兩人的這種親密關係維持了數年。到了乾隆二十三年（1758），林二孟冬27歲而李昌祚17歲，兩人成了村中閒言碎語的話題焦點，於是李昌祚終止了雙方的這種性關係和雇傭關係。然而乾隆二十六年（1761）的某天夜裡，林二孟冬與李昌祚兩人偶遇，林二孟冬要求發生性關係。據林二孟冬供述，

---

[50] 參見祝慶祺、鮑書芸編，《刑案匯覽》，卷52，頁7b–8a。《刑案匯覽》收錄的此案案情概述中並未提及郭爭氣子的年齡。他當時應該已過12歲，否則將他強姦的那名罪犯受到的刑罰將會更重。但他也必定相當年輕，尚未完全發育，不然的話，審判官員不可能相信單名男子就有能力完成將他強姦的行為（參見下文討論）。
[51] 薛允升，《讀例存疑（重刊本）》，例366-12。
[52] 參見祝慶祺、鮑書芸編，《刑案匯覽》，卷52，頁8a–8b。

李昌祚拒絕了他的這一要求,並說:「咱兩個幹的勾當從前被〔人〕撞見,村中談論得不成光景,誰再與你幹這沒臉的事?」隨後兩人發生爭執,林二孟冬將自己的舊情人毆打致死。

在審理這起命案時,縣官首先想到的,是雍正十二年針對雞姦的那條例中的「因姦將良人子弟殺死……亦照『光棍為首』例斬決」。[53] 但在權衡再三之後,他決定不適用這一法令,其理由是「李昌祚素與林二孟冬有姦,非圖姦『良人子弟』殺死者可比」。據此,他從輕擬判林二孟冬斬監候,而這意味著林二孟冬之後可能會被減等處刑。[54]

第四節　司法中關於那些易受攻擊的男性和危險男性的刻板形象

在司法話語當中,男性若被人雞姦,將牽涉其在身分地位上的一種屈辱的損失。這種損失與女性失貞類似,其後果在刑罰體系中也被以相同的方式加以考量。當身分低賤的男性與曾被人雞姦過的男性被強姦時,其所遭受的傷害被認為有限,故而強姦者也不會被處以一般情況下據律應處的本刑。

但是,男性因被人雞姦所受的損失,畢竟與女性失貞有著本質上的差異。顧名思義,女性可經合法方式與人性交,但她須將與其性交的權利保留給自己的丈夫。女性與人通姦,是對其丈夫所犯下的罪行,因此,強姦罪行中的女性受害者須承擔證明自己未背叛丈夫的義務。這一事實,在明清時期用來懲處和姦的刑罰中得到了反映。無論是異性還是同性之間的和姦,對其的刑罰均是相同,除了與人和姦的妻子可被其夫賣掉而終止婚姻關係之外。對於男性而言,並無與後者類似的相應措施,不論是與女子發生非法性關係的男子,還是在同性性關係中扮演何種角色的男子(即便那位同意被人雞姦

---

[53] 參見本書附錄 B.1。
[54] 參見《刑部檔》,173/ 乾隆 27.3.18。這種推理方式,在乾隆四十年(1775)頒行的一條例文中被正式加以規定。參見薛允升,《讀例存疑(重刊本)》,例 366-10。

的男子娶有妻室，其妻也不可能將他賣掉！）。清朝政府亦未為那些因反抗雞姦而死亡的男子安排類似於定期旌表烈女的儀式。

由此可知，法律專家們看待男女之社會性別的方式截然不同。男性被認為不應脆弱、聽天由命或有自毀傾向。男性的社會性別，不是為了保全自身而淪為某位合法支配者與之交媾的容器。男性被預設為不可被人雞姦，而應是陰莖插入者，亦即是性行為中的主動方而非被動方。

儘管如此，清律仍承認男性有可能被強姦，亦有可能自願被雞姦。但只有當該男子在某種程度上缺乏男子陽剛氣概時，這種性行為中的可被其他男子的陰莖插入才能夠說得通。為了理解這種不穩定的男子陽剛氣概，且讓我們仔細檢視雞姦案件中那些藉以認定系被強迫的證據標準。何種類型的男性會被司法官員想像為強姦罪行的可能受害者？

一、脅迫、稚幼與力弱

與清律中針對犯姦的本律不同，[55] 針對雞姦罪的諸條例文，均未明確闡明那些藉以判斷受害者系被強迫的證據標準。眾多案件紀錄顯示，那些長久以來用於審查女子被姦案件的證據標準，通常也被適用於處理同性強姦案件：這些案件紀錄提及身體損傷、被扯破且染血的衣物，司法官員訊問受害者是否有過叫喊和掙扎，須有行姦者承認其罪行的口供，且最好能有證人。儘管如此，對強姦罪行中男性受害者的想像，仍與對女性受害者的想像有重要的差別。例如，在同性雞姦案件中，家庭內部生活的議題從未出現。男人乃至年幼男童基於各種原因出現於家屋以外的場合完全正常，在我所看過的清代同性雞姦案件檔案中，此類案件的案發地點多是位於路邊或鄉村間的田邊小徑。實際上，相關的案件紀錄顯示，不相干的男子晚上同睡在一張床上，這種情況在當時相當司空見慣。而這雖然並不意味著這些同床而眠的男子之間必然會發生性行為，但無疑提供了此類機會。

---

[55] 參見本書附錄 A.2。

第四章　關於被雞姦男性的問題：清代針對雞姦行為的立法和對男性之社會性別角色的加固　151

　　懲治異性強姦與同性強姦的重要差別在於，審判官員認為男性基本上具有反抗的能力，而預設女性則是人弱力微。當然，在面臨被強姦的威脅時，女性應當進行反抗，但表明反抗的最有力證據是她被殺或自盡。除了死亡之外，身受重傷也是女性受害者據以主張自己曾反抗過的最好辯護。在這裡，死亡和受重傷，成為弱者據以證明自身無疑曾反抗過的武器。與此相對，司法官員認為男性根本不可能會被強姦：成年男性若遭人雞姦已成，則必是出於自願。只有那些因力弱而無力反抗的男性，才有可能在違背其意願的情況下被人雞姦，而在那些力弱男性當中，最易想到的便是年幼之輩。例文中的用語將強姦罪行中的男性受害者描述為「良人子弟」或「良家子弟」。這種措辭，意味著強姦罪行的男性受害者是家庭中那些年幼、輩分低的成員。用於描述強姦罪行中中女性受害者的相應用語，則是「良人妻女」或「良家婦女」。「女」（女兒）無疑意味著年幼，但「妻」則並非如此；此處被加以強調的並非年幼，而是家庭內部的性別從屬關係。針對雞姦罪行的立法，則完全沒有提及與作為強姦罪之潛在受害者的「妻」相對應的丈夫。

　　實際上，在同性強姦的指控中，受害者的年幼和家庭出身都是重要的考量因素。我收集了30起涉及同性強姦情節的中央案件，其中包括13起因反抗強姦而導致的自衛殺人案件（司法官員認定涉案者所言的強姦情節可信）。這些樣本最引人注目的共通之處在於，受害者均年幼而強姦犯則相對年長：所有案件中的強姦犯，均比受害者年長。具體而言，在這些強姦案件中，強姦者相較受害者平均年長15歲，而在那13起因拒姦而自衛殺人的案件中，強姦者相較受害者平均年長20歲。這些同性強姦者的平均年齡為33歲，而其受害者（包括因拒姦而自衛殺人的強姦受害者）的平均年齡只有16歲。

　　這些資料，證實了清代司法官員那種將強姦罪行的男性受害者想像為被年長男性加以性侵犯的年幼男童的預設。在涉及殺人的案件中，無論殺人者是強姦犯還是強姦行為的受害者，殺人罪行本身都是官府調查和確保準確治罪的重心所在。因此，如果我們將這些涉及殺人的案件排除在外，那麼將可

以把司法意義上典型的同性強姦（在這些案件中，強姦罪行是關注的焦點）看得更加清楚。而在這些「純粹」的同性強姦案件中，受害者的平均年齡下降至 13 歲。這有力地強化了那種將年幼男童預設為強姦罪可能的男性受害者的刻板印象。此類案件全由受害者的父母或其他長輩報官的事實顯示，與異性強姦一樣，同性強姦也被設想為不僅是對受害者本人也是對受害者家庭的侵犯。

我們不應據此認為年長男性就不會被年輕男性強姦，而應說當時存在一種強大的司法偏見拒絕承認年長男性也有可能成為強姦罪的受害者。甚至對於年輕的受害者，司法官員也可能相當懷疑加害者是否確是使用強迫手段完成雞姦。在咸豐元年（1851）來自直隸寶坻縣的一起案件中，受害的農人陳賞兒（14 歲）和三名年長者一起在村中擔任更夫。其中一位名叫韓雲瑞（25 歲）的更夫此前曾在獄中服刑多年，直至不久前才被釋放出獄。四人分兩組輪班值更巡夜，輪到休息的一組則睡在更夫棚裡。某天夜裡，當其他兩名更夫外出值更時，韓雲瑞趁機強姦了陳賞兒。陳賞兒的父親將這樁強姦罪行報官。仵作查驗後，證實陳賞兒確已遭到雞姦。韓雲瑞被捕後供認了其罪行。縣官依照「將良人子弟強行雞姦並未傷人」例，擬對韓雲瑞判處絞監候。但是，直隸按察使根據以下理由，否決了縣官的前述建議：

> 查強姦已成之案，行強之人果有強暴情狀，而被姦者自必掙扎受傷，此案……陳賞兒年已十四，並非實在幼稚……不難立時走脫。何以僅止哭喊？迨被揪按倒炕，[56] 又不力掙，任聽姦汙，而〔其他打更之人〕亦必近在左右，當陳賞兒被姦喊嚷，何又均未聽聞？……其身體肌膚毫無受傷，情有可疑。

在這裡，直隸按察使援引了明清律中適用於女子遭強姦情形的那種證據標準。但是請注意，他特別強調了該男童的年齡。而當受害者若是女性時，年齡因素並不會被以這種方式加以考慮。他下令保定府重審此案，以確認是

---

[56] 炕是一種用磚砌成並可燒火取暖的床，在中國北方很常見。

否真屬強迫。保定知府查清相關事實後，描述如下：

> 「〔韓雲瑞〕正欲行姦，陳賞兒警覺起身，不喊罵。韓雲瑞淫心未泯，起意強姦，即將陳賞兒合面按倒炕上，用手將陳賞兒上身並兩手壓住，又用身軀伏壓其下身，陳賞兒人弱力微，未能掙脫，大聲哭喊，亦因左近無鄰，無人聽聞接應，致被韓雲瑞姦汙。」
>
> 直隸按察使被保定知府的上述描述說服，同意依照原審所擬判決。[57]

二、同性強姦中的「男子拒姦殺人」

司法懷疑主義最為清晰的表達，體現於對那些聲稱自己是因反抗強姦而自衛殺人的男子的處置。在此類案件中，很多都涉及使用刀或其他利器殺死受害人所稱的強姦者。清代的審判官員相信，即便是十多歲的少男，也不大可能仰賴此類武器來反抗強姦，因此對操此說辭的人相當懷疑，並認定這是為了掩飾真正的殺人動機而編造出來的謊言。

但是，對於因反抗強姦而犯下殺人罪的男子，清律有時會酌情減等處刑。直至18世紀後期，此類殺人案件的通常司法處置程式是，由地方督撫上報中央，建議依照相關的殺人罪條文加以懲治，同時又補充說明諸種可以考慮從輕處理的情形，並請旨減等處刑，最終由中央裁決。[58]

不過，殺人者（即那些聲稱自己被性侵犯者）的年齡，才是對其寬大處理與否的關鍵。在乾隆九年（1744）來自直隸四旗廳的一起案件中，一位名叫馬忠孝的男人以斧頭砍死同床的武國棟。他聲稱武國棟企圖強姦自己。直隸總督建議對馬忠孝寬大處理，但被以如下理由駁回：「如馬忠孝年已二十正，當年壯力強之時，武國棟何能用強欺姦？」因此，該案被發還重審。當被問及其年齡和體力狀況時，馬忠孝供稱：「那年小的原止十九歲，本來力小，他力氣又大，被他抱住再掙扎不脫。」重審此案的地方官員於是向上峰

---

[57] 參見《順天府檔案》，167/咸豐1.2.6。
[58] 參見吳壇編纂，馬建石、楊育棠校注，《大清律例通考校注》，頁785。

報稱：

> 據該犯供稱是年僅止十九，雖年不甚幼，而力不甚強，卑職當堂察看該犯秉質原非強壯，武國棟年長以倍，欺其年輕力怯，欲行強姦，事屬可信。

直隸總督隨後親自驗看了該犯人，得出的結論與上引所言相同，於是堅持採用先前上呈中央的那一擬判建議。[59]

到了18世紀後期，清廷正式立法規定，那些因反抗強姦而殺人的男性應受到寬宥。但是，若想得到這種寬宥，除了要求具備表明對方企圖強姦自己的確鑿證據外，殺人者還必須符合以年齡為基礎的嚴苛條件。乾隆四十八年（1783）的一條例規定，只有當「死者年長於兇手十歲以外」，才能考慮對拒姦殺人的男子減等處刑；若「死者與兇犯年歲相當，或僅大三五歲」，則須依謀故鬥殺本律定擬，不得減等處刑。12年後（即乾隆六十年），清廷又續纂了一條新例規定，拒姦殺人的男子「或年長兇手雖不及十歲」，但如果滿足嚴格的證據要求（即「拒姦供確可憑及圖姦生供可據者」），則可減等處刑。至道光三年（1823），清廷最終立法宣布，15歲或以下的男童，若因反抗比其至少年長十歲的強姦者而將後者殺死，則可免除對該男童的刑罰，但須符合嚴格的證據要求。倘若現有的證據並不完全符合例文中所規定的那種嚴格標準，但處理案件的官員們認為男童反抗強姦的情節可信，則他將被處以「杖一百，照律收贖」。[60] 此立法的目的，是為了防止殺人犯逃過其應承受的重刑而僅被處以較輕的刑責。[61]

但是，藉由詳細說明可獲得減等處刑的條件，司法官員亦勾勒出其心目中可信的強姦罪行之男性受害者的形象。只有當受害者是男童或年少力弱的男性，且加害者較其年長且更強壯有力時，強姦暴行才有可能得逞。也只有

---

[59] 參見《中央研究院歷史語言研究所現存清代內閣大庫原藏明清檔案》，133-099。
[60] 參見本附錄 B.2。《清會典事例》，卷801，頁768–769。
[61] 參見吳壇編纂，馬建石、楊育棠校注，《大清律例通考校注》，頁785；Meijer, "Homosexual Offenses in Ch'ing Law," pp. 124–126.

第四章　關於被雞姦男性的問題：清代針對雞姦行為的立法和對男性之社會性別角色的加固　155

在這種情況下，受害者在自衛過程中借助刀刃等武器抗衡加害者的行為，才有可能在審判中得到寬宥。

關於異性強姦的司法話語可謂鉅細靡遺，但從未像上述那般將年少等同於力弱。

任何女子當場殺死企圖將她強姦的男子，均能被免處刑罰；律典中也未曾提及以年齡為基礎的資格問題。[62] 而在被性侵犯的殺人者為男性的情形當中，只有當他的年齡為 15 歲或以下，同時比企圖對其加以性侵犯者至少年輕 10 歲，且現有證據符合異常嚴苛的標準（包括實施性侵犯者臨死前在目擊者面前供認其罪行），他才有可能獲得徹底寬宥。其言外之意，是將男童的力弱和因年幼而易遭人強姦得逞與女性相聯繫：女性的弱點（以及借助某種可抗衡的武器的相應需要），同樣體現於年幼男童身上。

乾隆二十七年（1765）頒行的兩條法令，印證了此種觀念。其中規定，地方官若未將那些強姦「幼女、幼童、婦女」的「光棍」逮捕歸案，便須接受行政上的處分。這些法令顯示，除了「幼童」之外，其他男性不被視為強姦罪行的可能受害者。[63]

儘管出人意表，但 19 世紀中期太平天國所頒布的法律對強姦罪行也有同樣的預設。其中的一條法令如此規定：「凡姦老弟，如十三歲以上皆斬，十三歲以下，專斬行姦者，如系和姦皆斬。」換言之，只要其年齡為 13 歲以上，任何被強姦的男性均被視作自願，但這種年齡條件並未被適用於女性受害者。[64] 太平天國和滿清朝廷均採納了同樣的原則，這顯示此項原則應是源自那些針對社會性別展演的相當普遍的基本預設。

成年男性被視為強壯有力和不會被人雞姦得逞，因此，若有某位男子遭人雞姦得逞，那麼只能解釋為其年少力弱或系不知羞恥地出於自願。不論其年齡大小，所有女性均被視為力弱和可能被人強姦得逞，但她們被期望須採

---

[62] 參見薛允升，《讀例存疑》（重刊本），例 285-20。
[63] 參見《清會典事例》，卷 128，頁 658–659。
[64] 參見邱遠猷，《太平天國法律制度研究》（北京：北京師範學院出版社，1991），頁 50。

取各種可能的方式來抵抗這種性侵犯，而可能發生的典型情況則是殉節而非自衛殺人。清代的司法制度預設，強姦罪行的男性受害者，因其年幼，所以力弱；因其力弱，所以易遭人強姦得逞；因其年幼和易遭人強姦得逞，所以其情況近似於女性。唯有在這種情況下，才可想像男性亦可能會遭人強姦。這種關於「良」的論述，從未將那些雞姦其他男子得逞的男子包括在內，就像它不將與女性犯姦的男子包括在內那樣。「良」只被用來指稱扮演「女性」之性角色的男子和女子。今天的一些女性主義者聲稱，無論其生物學意義上的性別為何，被作為強姦對象的，都是那些扮演女性社會角色之人。[65] 清代的司法官員的所見似乎與之略同。

三、同性強姦犯的形象側寫

如同異性強姦罪行中的情形那樣，同性強姦案件中的證據，也傾向於證明律例當中那種將強姦者描繪為「光棍」的刻板形象屬實。在我作為樣本研究的 39 起中央案件中，包括了 42 名強姦犯（有兩起案件涉及輪姦）。這些強姦犯的平均年齡為 33 歲。其職業狀態可知者有 37 人：2 人無正當職業；有 18 人從事低賤或邊緣的行業，其中包括 5 名士兵、4 名挑夫小販、3 名僧侶、2 名乞丐、2 名短工、1 名更夫以及 1 名剃頭匠；在其職業相對而言稍稍體面一點的那些人當中，有 12 人為農夫，另還包括 1 名客棧掌櫃、1 名酒肆老闆、1 名學徒、1 名學生和 1 名生意人。幾乎所有的人都被描述為相當貧困。

在這批樣本中，可以確認其婚姻狀態的強姦犯共有 28 人，其中 24 人單身（占全部 42 名強姦犯的 57%），4 人已婚。其他 14 名強姦犯的婚姻情況不詳，但我們可推斷這些人中絕大多數屬於單身（詳細的理由，請見本書上一章）。這些人的未婚身分，並非他們主動選擇的生活方式。和同時代的其他很多社會一樣，在清代中國，結婚與否和與誰結婚，很少取決於個人的意願。

---

[65] See Catharine A. MacKinnon, *Toward a Feminist Theory of the State* (Cambridge, MA: Harvard University Press, 1989), p. 178.

第四章　關於被雞姦男性的問題：清代針對雞姦行為的立法和對男性之社會性別角色的加固　157

大多數的強姦犯都跟受害者有幾分相熟，但彼此素不相識的也有9例，且有12起案件中的強姦犯為外地人（即來自別村或他縣）。有4人有前科，另有4人被證人形容為「惡棍」。至少有10人在企圖強姦受害者時處於醉酒的狀態。

再一次地，我們認出這是一群無家無產且不安分守己的男子，他們雖然還算年輕，但已到了由於前途渺茫而可能產生憤恨心理的年紀。他們的此種形象側寫，與上一章中所見的異性強姦犯的形象側寫如此酷似，而這實非巧合。在清代的法律專家們眼中，光棍在性方面對於正經人家的妻女及「子弟」具有同樣的威脅性。

四、光棍在性交對象方面的雙性選擇

我們該如何描述這些不安分守己的男子的性行為特徵，誰又會被刻板化地認為是既針對守貞女子又針對稚弱男童的強姦犯？在性侵對象方面，有數起案件將單身的強姦犯描述為有著雙性偏好：其性侵對象有男有女，但他始終扮演著侵略性的行姦者角色。[66] 然而，其性慾對象本身具有雙性特徵，這似乎並不構成問題，因為法律專家們並未將此點單獨挑出來加以解釋或評論。毋寧說，光棍的問題在於，他們缺乏自制且藐視一切的行為界限，故而威脅到社會秩序。

乾隆十年（1745）來自湖南綏寧縣的如下案件，便是這樣的一個例子。龍秀文（20歲）企圖強姦其鄰居之子胡岩保（13歲），並將其扼死。龍秀文係一名貧農，單身且前途渺茫，與一名鄰家女孩私下有染。這名女孩已被許配他人，龍秀文原本計畫在她出嫁之前兩人私奔。但某日龍秀文遇到正在田裡務農的胡岩保，見其稚幼且「生的白淨」，便產生了淫慾，於是將胡岩保誘至僻靜處企圖將其強姦。當遭到這名男孩的反抗時，龍秀文將他扼死。他企圖將男孩的屍體肢解，使之看起來像被野獸所咬死，同時也指望在自己

---

[66] 此處所稱的「雙性」，僅是用來描述文中所討論的那些強姦犯將男女兩性均視為其性獵物的事實。我並非用其暗示清代文獻中所記載的這些人的性取向。

和那名鄰家女孩私奔後，該女孩的父母會誤以為這具被毀壞的屍體是自家女兒而不去追拿他們。證據確鑿之下，龍秀文被緝拿歸案，並因其強姦並殺害「良家子弟」而被判斬立決。

此案的題本強調龍秀文無惡不作。通姦、私奔、強姦、謀殺及碎屍……，所有可想到的禁忌，他都一一觸犯，以滿足自己的犯罪衝動。但他對男女兩性均有性慾的事實，在題本中並未被特意加以強調。[67]

第二個例子是乾隆十七年（1752）來自陝西南鄭縣的一起案件。李世壽（35 歲左右）是一名來自外縣的貧窮剃頭匠，未曾娶妻。他與鄰居家的男孩何廷柱（當時 17 歲）關係甚好。一日，他按住何廷柱，強行將其雞姦（「硬把小的雞姦了」）。何廷柱覺得此事非常丟臉，故而沒有告訴任何人。但從他之後仍繼續和李世壽往來並「常被他姦」來看，何廷柱可能對此並不十分介意。後因何廷柱染上「楊梅毒瘡」，其父終於發覺此事，並勒令他斷絕與這名剃頭匠的往來（何廷柱此後雖不再任由李世壽雞姦，但私底下仍與其廝混）。何廷柱娶妻後，李世壽開始逼他共用其妻，但遭何廷柱拒絕。某天夜裡，李世壽翻牆跳入何家院內，持刀對著何廷柱，企圖強姦他的妻子。何廷柱最終刺死李世壽，解救了自己的妻子。[68]

李世壽代表了清代司法制度中所預設的最典型的光棍形象：他是一位無家無產的外地人，執意要破壞他人的本分家庭，且在此過程中違犯了各種神聖不可侵犯的行為界限。縣官的下屬在李世壽的私人物品中發現了一雙纏足女子所穿的繡花鞋，而這在案件報告中被認為是表明此人具有危險的性犯罪傾向的主要證據（這雙繡花鞋必定是他偷來的，不然的話，他要這雙鞋子做何用途呢？）。[69]

從對這些光棍的描述來看，他們在選擇性交對象方面的雙性傾向，看起來幾乎被認為是理所當然。法律專家們所關注的焦點是，這些人扮演著具有

---

[67] 參見《內閣刑科題本》，119/ 乾隆 10.12.3。
[68] 何廷柱被以「擅殺有罪人」判處絞監候，但從此案的案情來看，他之後肯定可獲得減刑。
[69] 參見《內閣刑科題本》，144/ 乾隆 17.7.4。關於繡花鞋的情色用途，參見 Howard Levy, *Chinese Footbinding: The History of a Curious Erotic Custom* (New York: Walton Rawls, 1966).

侵略性的行姦者角色，全然罔顧禮法。同性情慾被與異性情慾同等對待（司法上採用同樣的語詞來描述此二者），而非被單獨挑出來加以或重或輕的譴責。顯然，法律專家們並不認為此類性慾需要給予特別的關注或難以理解。

明清白話小說中的浪子角色，與這種具有侵略性的行姦者極其相似。在性交對象方面，浪子同樣帶有雙性傾向，儘管他們最迷戀的仍是女性。如同光棍那般，浪子的危險性在於他們貪得無厭地追逐性獵物，而不在於其性慾對象男女皆可。因此，當《金瓶梅》一書描寫西門慶雞姦其書童時，此故事情節乃是為了強調男主角恣意地放縱自己；西門慶更具危險性的行為在於，他放浪地引誘他人妻室，隨後造成許多家庭破裂。此外，當《肉蒲團》中的男主角未央生身邊沒有女子可供其宣洩性慾時，他便找了一位童僕的「後庭」作為替代，不過未央生同樣將其精力主要用於追求他人的妻子。這些小說暗示，男主角們帶有犯罪傾向的過度縱慾有損其健康。但更嚴重的後果是，此類行為破壞了構成家庭秩序和社會秩序的各種界線。[70]

這些小說中的浪子，與實際強姦案件中所展現的那種其形象刻板化的光棍之區別在於，前者為享有特權的菁英中的一員，擁有各種物質性資源和社會資源，因此很少落入法網。但他們和光棍一樣，都扮演著具有侵略性的行姦者角色，選擇性交對象時均有雙性傾向，而這對社會秩序來說構成了一種特殊的陽具威脅。

五、針對少男的淫慾

司法上將光棍視為對良家子弟的一種潛在威脅這一預設，與中國帝制晚期時常可見到的那些描繪少男引發他人產生占有其肉體的性慾望的佐證互相呼應。無論是在清代的司法案件當中，還是在明清時期的白話小說當中，

---

[70] 參見芮效衛（David Tod Roy）在《金瓶梅》英譯本中對「社會崩解之原因」所做的分析（David Tod Roy, trans., *The Plum in the Golden Vase (or, Chin P'ing Mei), Volume One: The Gathering* [Princeton, NJ: Princeton University Press, 1993], pp. xxix–xxxi），以及韓南（Patrick Hanan）對李漁所撰小說中之浪子角色的探討（Li Yu, *The Carnal Prayer Mat*, trans. by Patrick Hanan [Honolulu, HI: University of Hawai'i Press, 1996 (1657)], pp. vii–ix）。

對於那些具有侵略性的行姦者而言，少男被賦予了可被其作為性交對象的「女性」角色。吸引這些行姦者的，看起來是不同類型的女性化氣質，而與擁有這些女性化氣質的個體本身的生物性別無關。

題本中在記錄那些同性強姦案件時，常常例行化地稱強姦犯因見受害者「年幼」或「少艾」而產生淫慾。「少艾」一詞帶有強烈的女性氣質意涵，在描述異性強姦案件的同類情境時常用到此詞。同性強姦犯們的供述有時更為詳細。例如，在雍正七年（1729）發生於廣東的一起案件中，余子岱（57歲）稱其受害者（16歲）「年少美好」；[71] 在乾隆四年（1739）來自陝西的一起案件中，王崇業（22歲）如此描述其受害者三保兒（9歲）：「三保兒面目生的乾淨，原想姦他」；[72] 在乾隆十年（1745）來自湖南一起案件中，龍秀文（22歲）供稱：「小的因胡岩保（13歲——引者注）生得白淨，一時起意想雞姦他」。[73] 此類情慾化表達，不僅可見諸強姦犯之口，在和同雞姦案件中亦有使用。

如同對強姦犯在選擇性侵對象方面的雙性傾向無須在司法上做特意分析那樣，司法官員在轉錄這類供詞時也未加上任何評注。製作案卷的主筆者顯然認為，其上司在覆核時均不會對強姦犯此方面的供稱有所懷疑，因此無須特別加以解釋。他們能做此假設的理由在於，並非只有那些身處社會邊緣的性獵食者所代表的亞文化，才會用色情的眼光將少男視為可讓其宣洩淫慾的女性化對象。

在《金瓶梅》一書中，那些扮演被雞姦者角色的男子，無一例外地均是由於年少且舉止女性化而引發對方的性慾。例如，西門慶與其書童之間的那種特殊體驗，乃是始於如下情形：「西門慶見他吃了酒，臉上透出紅白來，紅馥馥唇兒，露著一口糯更牙兒，如何不愛？於是淫心輒起。」在交媾過程中，西門慶稱其書童為「我的兒」，而書童則稱他為「爹」（這與西門慶的

---

[71] 參見《中央研究院歷史語言研究所現存清代內閣大庫原藏明清檔案》，041-007。
[72] 參見《內閣刑科題本》，70/ 乾隆 4.9.5。
[73] 參見《內閣刑科題本》，119/ 乾隆 10.12.3。

第四章　關於被雞姦男性的問題：清代針對雞姦行為的立法和對男性之社會性別角色的加固　161

妾稱呼西門慶的方式相同）。[74] 這本小說中的後面部分，提及道士金宗明何以著迷於被他雞姦的男子：

> 手下也有兩個清紫年小徒弟，同鋪歇臥，日久絮繁。因見經濟生的齒白唇紅，面如傅粉，清俊乖覺，眼裡說話，就纏他同房居住。

該小說中順帶提及金宗明也嫖妓女。[75]

在《肉蒲團》一書中，李漁以相似的措辭解釋了男主角對其兩名童僕（分別名叫「書笥」和「劍鞘」——這是一個多麼符合被雞姦者的稱呼！）的淫慾：「兩個人物都一樣妖姣，姿色都與標緻婦人一般。」男主人公更鍾愛書笥，因為在這兩名童僕中他更會作「嬌態」，且「性極狡猾」，「行樂之時態聳駕後庭如婦人一般迎合」。[76] 李漁在其撰寫的故事《男孟母教合三遷》中，將一名少男描述為第三性，形容其女性氣質比真正的女人更「天然」、更具誘惑力。擁有一副柳腰的男童瑞良，被其形容為「絕世美女」。當瑞良的男性性徵開始顯現（其男性生殖器逐漸發育，並產生了想與女子交媾的性慾望），為了保有吸引其「丈夫」的那些特質，他決定自宮。[77]

無論是在真實的案件紀錄當中，還是在虛構的白話小說裡面，被作為性慾對象的男性，其吸引力很大程度上在於他符合某種女性化的美貌標準。年輕、白淨、面容清俊、唇紅齒白、體態苗條，所有這些特質結合在一起構成了情色魅力。明清時期的春宮畫常將女性和被雞姦的男性描畫為較其男性伴侶皮膚更為白皙、鬚髮體毛更少。[78] 對於上述文獻中所描繪的那些具有侵略性的行姦者而言，其性慾對象最吸引他們的，相較於生物學意義上的性別，

---

[74] 參見《金瓶梅詞話（萬曆年間版）》（香港：香港太平書局，1988），第 34 回，頁 11b–12a。

[75] 參見《金瓶梅詞話（萬曆年間版）》，第 93 回，頁 10a。

[76] See Li, *The Carnal Prayer Mat*, pp. 120–122.

[77] 參見 Volpp, "The Discourse on Male Marriage: Li Yu's 'A Male Mencius's Mother.'"《肉蒲團》和《男孟母教合三遷》分別有韓南（Patrick Hanan）和袁蘇菲（Sophie Volpp）的英譯本。

[78] 參見《金瓶梅詞話》第 93 章章首描畫陳經濟被道士金宗明雞姦的雕版插圖「金道士變淫少弟」，以及以下諸書中的相關插圖：John Byron, *Portrait of a Chinese Paradise: Erotic and Sexual Customs of the Late Qing Period* (London: Quartet Books, 1987); Charles Humana and Wang Wu, *The Chinese Way of Love* (Hong Kong: CFW Publications, 1982).

看起來是這些男子所具有的那種女性化特質。

這類證據，有助於我們理解那種造成法律專家們堅信為何須對「良家子弟」加以保護的威脅。在關於易受侵害的男子的法律話語當中，彌漫著對未成年男孩尚在社會性別方面曖昧不清的焦慮，這是因為未成年男孩的成熟男性氣概尚未通過經由成婚所獲得的社會角色和性別角色得到鞏固。法律理論為這樣一種預設所支配，即認為某人在交媾中被對方的陰莖插入，會被以一種意義深遠的方式使其女性化：此行為會使生物學意義上的女性成為社會意義上的女人（即妻子和母親），正如在交媾中用陰莖插入對方的行為被認為使得生物學意義上的男性成為社會意義上的男人（即丈夫和父親）。對於少男而言，在交媾中被他人雞姦，會導致他的社會性別降等或轉換，進而造成他在成長為男子漢的坎坷人生路上走向歧途。

第五節　大眾觀念中的等級體系和汙名標籤

不過，上述觀念實際上在社會當中到底有多普遍？到目前為止，我們已經探討了涉及同性強姦的立法和眾多中央案件，並藉此分析了司法審判中關於光棍以及易受性侵犯的那些男性的刻板形象。我們也已看到，潛藏於此類刻板形象背後的某些基本假設，在當時的白話小說中亦有所反映。然而，那些既非官員又非白話小說創作者的普通大眾在此方面的看法如何？清代的那些案件紀錄反映出他們如何看待雞姦？還有，他們對雙方自願的同性結合的看法又是如何？我們能否從他們的看法當中，瞭解到此類同性結合實際發生的具體情形？這種關係中的當事人如何看待自身？別人又是如何看待他們？

一、彼此類似的不同等級體系

相關案件紀錄中的證據顯示，司法上看待雞姦的基本觀點，與當時社會

中廣泛存在的實踐與觀念之間有著明顯的一致性。其中的最明顯之處是認為，被雞姦的男子比行姦者年輕，因此，性行為角色方面的社會性別等級體系，類似於年齡方面的等級體系。在之前討論過的那些強姦案件中，我們已經看到了這一現象。而在我搜集的所有被作為和同雞姦治罪的同性相姦案件中，也同樣如此，僅有兩起案件例外。下文將討論的這兩起屬於例外的案件，可證明存在一種認為性行為角色方面的等級體系應當相契合於年齡方面的等級體系的原則。被雞姦的男性不僅相對年輕，且在絕大多數的案件中均屬未婚。在被司法官員視為和同雞姦的那些性關係中，年齡方面的等級體系和性行為角色方面的等級體系，通常又與其他方面的等級體系相類似。後者包括資歷或地位方面的等級體系（例如僧道雞姦其新入門的徒弟）、財富方面的等級體系（例如行姦者向對方提供錢財或給予其他方面的物質幫助），有時還包括社會階級方面的等級體系（例如雇主雞姦其雇工）。其結果是進一步強化了原本就內在於性行為角色方面的等級體系之中的各種社會性別權力關係。

在相關案件中所記錄的那些雙方自願的同性結合中，可以明顯看到將被雞姦的男子歸入女性角色的跡象。有一些雙方自願的同性結合涉及勞動分工，例如在一起案件中，在性行為中扮演被雞姦者角色的男子在家中織布，而其同性伴侶則將布匹拿到市集上出售。在很多此類案件中，兩名或兩名以上在性行為中扮演主動者角色的男子，為了獲得同一名扮演被雞姦者角色的男子而發生爭奪。但是我並沒有發現在性行為中扮演雞姦者角色的男子被其他多名男子作為意欲占有的對象而進行爭奪的相反情況。[79]

在有的時候，同性伴侶之間的相對權力關係，係比照於異性夫妻之間的那種相對權力關係。例如在乾隆二十七年（1762）來自於廣東饒平縣的一起案件中，潘阿三（18歲）拜剃頭匠廖阿六（26歲）為師，並住在其家中，

---

[79] 在清代秘密幫會的「幫規」中，那些針對雞姦行為的戒律預設年齡等級是與性行為角色相一致，並將少艾男童和少男描述為幫中那些年長的弟兄為之爭奪的性對象。參見 Fei-ling Davis, *Primitive Revolutionaries of China: A Study of Secret Societies in the Late Nineteenth Century* (Honolulu, HI: The University Press of Hawaii, 1977), p. 147.

後被廖阿六雞姦。潘阿三於是逃至另一位男子處待了數天，期間他自願接受被該男子雞姦。廖阿六知悉此事後，追至潘阿三的新住處，將潘阿三帶回家中並加以責罵。自此之後，潘阿三便經常反抗和咒罵廖阿六。某天夜裡，潘阿三拒絕磨剃刀以為次日的工作做準備，廖阿六因此打了他一頓。當晚，潘阿三又不肯讓廖阿六雞姦，於是廖阿六將他扼死。[80] 此一情形，與清代司法檔案中那種殺妻的典型情形相當吻合——由於妻子不守婦道（如通姦、擅自離家、拒絕與其性交以及有其他違抗行為）致使其丈夫怒起殺機。

二、作為雞姦者的成年男子

案件紀錄顯示，一名男子的性行為角色，在其人生的不同階段可能會發生變化。[81] 其中最根本的觀念是，成年男子應當通過結婚成為一家之主，其在性行為中應當扮演的角色是（對其妻子的）陰莖插入者，而不是被人雞姦。結婚象徵著極為關鍵的過渡儀式：隨著婚姻關係的締結，男女雙方開始承擔性行為分工和社會勞動分工中各自應當扮演的不同角色，亦即分別作為丈夫（性行為中的陰莖插入者）和妻子（性行為中的被插入者）。

許多案件顯示，某些在年少時被較其年長的男性雞姦的男子，當初或多或少地出自心甘情願，但後來其性行為方面的角色認知發生了轉變。有時是年輕的一方在長大後拒絕其舊情人的求歡：「年長，不做這事。」[82] 娶妻有時也會造成這種相應的態度轉變，例如在乾隆四年（1739）發生於四川羅江縣的一起案件中，農夫周久（19歲）殺死了較其年長的和尚清月。據周久供稱，他家離清月的寺廟不遠，乾隆元年（1736）周久到廟裡玩耍，清月以幾個胡桃為餌，將他誘姦。這種性關係只發生了一次，此後周久再未去過那座寺廟。乾隆三年（1738）中的某日，清月企圖強迫周久再次與他發生性關係，被周久用刀殺死。周久被捕後，聲稱是自己是出於自衛，但縣官對此表

---

[80] 參見《內閣刑科題本》，170/ 乾隆 27.4.18。
[81] See Hinsch, *Passions of the Cut Sleeve: The Male Homosexual Tradition in China*, p. 136.
[82] 參見《內閣刑科題本》，177/ 乾隆 27.3.30。

第四章 關於被雞姦男性的問題：清代針對雞姦行為的立法和對男性之社會性別角色的加固　165

示懷疑：「清月既經姦過你，為什麼這一次你就持刀堅拒砍死他呢？……明是別有情弊，有心砍死他的。」周久答稱：「小的從前年紀還少，一時貪吃菓子被他姦了，後來想起好不羞愧，如今年已長大，又娶了妻子，如何還肯做這沒臉面的事？」縣官及其上司均接受了周久的這一解釋。[83]

在乾隆四年（1739）來自山東文登縣的一起案件當中，同樣可以見到某男子在性行為角色方面的此種轉變。在該案中，農夫董二（28歲）殺死了較其年長的孫和尚。據董二供稱：

> 小的幼年常到廟裡頑耍，被孫和尚哄著給果子吃，把小的雞姦了，後來孫和尚搬在峯山寺住，離（小的住的）瓜落寨有四里多路，他時常到寨裡化糧，遇著晚了就在小的家住宿，合小的行姦。

在其21歲時，董二娶了香氏為妻。董二回憶道：

> 孫和尚屢次向小的說要合小的女人睡覺的話，小的沒有依他。乾隆元年三月裡小的因窮過不得，時常問孫和尚借百十個錢買米吃，就叫他同女人有了姦。以後他時常往來，小的零星使過他幾百錢。

生活上的貧困，最終迫使這對夫婦搬至香氏娘家居住，因此妨礙了孫和尚與董二之妻繼續苟合。此後不久的某天夜裡，董二又到孫和尚的廟裡向其借錢過冬。孫和尚拒絕了董二的這一請求，聲稱除非董二帶著其妻住到寺廟附近。董二隨即表示他正準備要往東去外地找事做。聽聞此事後，孫和尚一氣之下上床睡覺。當晚在廟裡過夜的董二也爬上炕和他同睡。後來孫和尚喚醒董二，再次逼他搬至附近居住，以便繼續他們之間那種以性換錢的交易。結果雙方發生爭執，孫和尚咒罵董二，董二便將他毆打致死。

在長達六年的時間裡，董二由起初甘願被孫和尚雞姦，到後來自己娶妻從而在性行為中扮演陰莖插入者角色。在此期間，孫和尚的淫慾，也由董二

---

[83] 參見《內閣刑科題本》，71/乾隆4.7.12。

轉移至董二的新婚妻子身上。董二為了錢財而與孫和尚共用香氏，故而兩人均能與她交媾。由於孫和尚的性慾焦點徹底發生轉移，以至於他在喪命的當晚雖和董二同睡一床，也未表露出想與董二發生性關係的興趣。[84]

　　乾隆四年（1739）來自陝西高陵縣的一起案件，則從另一角度展示了某些男性對人生歷程中性行為角色轉變的各種態度。趙全福（53歲）是一名來自河南的游方道士，應一名無力撫養兒子的農夫的請求，收其子苗正來（13歲）為徒。就在拜師後的首日早上，趙全福便開始將這名男孩雞姦，並以毆打相威脅使其不敢抗拒。此後兩人雲遊各地，以做法事換取布施。苗正來始終與趙全福同睡，並任其雞姦。四個月後，他們遇到另一名游方道士楊長明（39歲）。趙全福請楊長明教苗正來念經。不久，楊長明亦欲雞姦苗正來。起初苗正來拒絕，楊長明以他沒有背好功課為由，威脅要打他並告訴其師父，苗正來只好順從。

　　之後不久，楊長明企圖說服苗正來拋棄趙全福跟自己走：「你為什麼出家？你跟我還了俗，我與你娶媳婦子。」趙全福無意中聽到這番話，便指責楊長明誘拐自己的徒弟。他也猜到楊長明與這名男孩發生了性關係，於是妒火中燒。兩人後來因此發生打鬥，楊長明被殺。

　　該案中最有意思的一個細節，是楊長明用以說服苗正來與自己一道出走時所做的那個承諾，儘管楊長明可能只是出於虛情假意。苗正來既是一名新入門的小道士，又是一名無家可歸的乞丐（他和其師父在河南北部和陝西中部的各地大約流浪了一年）。還俗娶妻意味著擺脫了這兩種邊緣的身分，從而成為已婚的一家之主過上安定的生活。對絕大多數無地的農民而言，過上這種生活可能是一種巨大的誘惑。同時，楊長明的那個承諾，給了苗正來以在年齡和性行為角色方面均過渡為成人的希望，亦即由被支配、被雞姦的男孩轉變為自身即在性行為中扮演陰莖插入者角色的成年人，擁有服從自己、可用來滿足自身性需要的妻子。因此，楊長明的這一提議，似乎頗具誘惑

---

[84] 參見《內閣刑科題本》，69/ 乾隆 4.6.20。

力,趙全福嫉妒地發現楊長明和這名男孩的關係越來越親密。[85]

很多雞姦案件均涉及年長的僧道雞姦其未成年的新門徒,猶如舉行入門儀式一般。因此,我們可推測,在這些年長的僧道當中,應有不少人在年少時也曾被比其年長的僧道雞姦過。這裡看起來貌似存在著一種性服務方面的分工:男孩們在年少時以提供性服務的形式換取年長者對自己的培養和照顧,待他們長大後,自己又雞姦比其更年輕的新徒弟。明清白話小說中對出家僧道之間發生的雞姦行為所做的那些詼諧嘲諷,強化了這一推測。

這些案件證據所凸顯的,並不僅僅只是年齡方面的等級體系強化了性行為角色方面的等級體系,而且還包括充分社會化的成年男性被認為只可在性行為中扮演陰莖插入者的角色,以及朝向這一角色的轉變被視為非常令人嚮往。而朝向這種角色的轉變,可能涉及多個因素:年齡(長大成人),婚姻(承擔起作為丈夫的社會角色,後者藉由在性行為中扮演陰莖插入者的方式加以強化),以及避免被人雞姦(若之前曾有過,則以後應避免再次發生)。

三、因被人雞姦而蒙受的汙名

來自各地的此類案件均顯示,那些被人雞姦的男子,普遍會蒙受強大的汙名,但這種汙名不會波及將其雞姦者。一些企圖雞姦他人的男子,強烈抗拒他人對自己的雞姦。在乾隆三年(1738)發生的一起案件中,王四(20歲)是一名來自直隸固安縣的窮人,正在北京找散工做。某個冬天的夜裡,王四由於沒錢租住客棧暖鋪,只好蹲在崇文門城牆根下過夜。到了半夜,另一名也準備在城牆下睡覺的男子向他搭話。後來證實此人名叫董魁(25歲左右),是一名窮困潦倒的旗人,以在送殯隊中擔任鼓手作為謀生手段。王四供稱:

> 他〔董魁〕說:「兩個人一塊兒睡暖些。」我說:「我不同你一塊睡。」他就說:「你不同我睡,我就要打你了。」我看他身體

---

[85] 參見《內閣刑科題本》,75/ 乾隆 4.5.11。

壯大，打他不過，就同他在一處睡了。他又摸我褲子說：「你給我雞姦了，我買一條棉褲給你穿。」我說：「你給我雞姦，我給你棉褲穿。」他就罵說：「你不教我雞姦，我就打死你，黑夜裡還沒有人知道的。」我害怕，哄他說：「這時候還早，恐有人走過看見不象樣，你且睡到半夜裡再說罷。」他就睡著了。

待董魁睡著後，王四將之殺死。儘管王四那句要求顛倒性行為角色的回話可能屬於貧嘴，但他似乎認為雞姦董魁比被董魁雞姦要好。而董魁則將王四的回嘴視為侮辱，因此他的反應變得充滿火藥味。[86]

有的時候，被雞姦者所感受到的屈辱，與將其雞姦者的那種洋洋得意形成了強烈對比。乾隆四年（1739）上奏的一起發生於直隸八溝廳的案件，提供了此方面的佐證。某日夜裡，來自山西文水縣的散工李選（29歲）在其兩位友人牛永泰和遲廷光的家中借宿。牛永泰和遲廷光一直同住，且一起種地，兩人的關係顯然值得玩味。當時三人同睡一炕。以下是李選的供述：「小的已經睡熟，那牛永泰把小的雞姦起來，小的被他姦醒了，那時小的因遲廷光在炕，這樣沒臉的事不好言語，只得隱忍了。」數日後，李選在一家酒館裡遇到熟人魏明侯，「（他）對著小的說：『你們文水縣人都是當兔子出身的。』小的因想起牛永泰姦小的的事來，就疑心牛永泰口嘴不謹，告訴了人，魏明侯是有心說的。臉上害羞。」於是李選來到牛永泰家中與他對質。時值夜晚，牛永泰已準備上床睡覺：

> 小的說：「你姦了我，我倒含忍了，你反告訴別人，這是什麼意思？起來與你說個明白。」他又說：「我偏不起來，你待怎樣呢？」小的見鍋臺上放一塊石頭，掇起來嚇唬他說：「你不起來我就要打了。」牛永泰說：「料你兔子也不敢！」

結果，李選一怒之下將牛永泰打死。在認罪後，李選道出了自己的殺人動機：「小的實是因被牛永泰姦了，又被人笑話，走去與他理論。他又罵小的是『兔子』，一時氣得慌，有心要打死他的。」

---

[86] 參見《內閣刑科題本》，74/ 乾隆 4.3.2。

顯然，牛永泰自己並不以對男人有性慾為恥，也不認為自己是「兔子」（「兔子」一詞在俗語中是指男娼[87]）。相反，李選則因被自己被雞姦而深感屈辱，在此事被公開後更是如此。李選似乎認為，他所扮演的性行為角色，比被利用或被強迫更加可恥。對李選而言，不讓當時睡在一旁的遲廷光發覺自己被雞姦，比中止這種性行為本身更重要，因此他隱忍下來使該行為得以繼續。依照同樣的邏輯，在眾人面前丟臉，比被雞姦的事實更為嚴重。也正是此點促使李選去找牛永泰對質，並將其殺死。[88]

四、雞姦的汙名與為此蒙羞的家人

由遭人雞姦而蒙受的汙名，並不僅僅被貼於被雞姦者本人的身上。眾多的案件均顯示，被雞姦者的家庭也會因此大失顏面，特別是當這種醜事被公開之後。例如，在乾隆七年（1742）來自陝西寶雞縣的一起案件當中，李川娃（26歲）將鄰村的男孩楊四娃（16歲）灌醉後強姦。這名男孩因極感丟臉而未告訴任何人。大約一個月後，他在街上遇到李川娃與幾名友人在一起，李川娃當眾要求再次雞姦他。據這名男孩陳述：「小的不依，（李川娃——引者註）就把小的打罵。小的哭著回來，小的父親再三追問，小的把他雞姦的事向父親說知。」男孩之父楊桂和對自家兒子公然受辱怒不可遏，他在集鎮附近的茶館內找到了李川娃，並當面質問。據楊桂和後來供稱，李川娃當時再次當眾回嘴道，「我姦你的兒子，你敢把我怎樣？」於是，楊桂和用屠刀將李川娃殺死。

在這起案件中，行姦者的洋洋自得，再次與被雞姦者所感到的那種屈辱構成了鮮明對比，且當李川娃將自己雞姦男孩楊四娃的事情公諸於眾後，這種屈辱感更是被進一步強化。在大庭廣眾之下被公然羞辱，這讓那名男孩的

---

[87] 在乾隆四年（1739）來自陝西的一起案件中，一名男子向一位男童求歡：「人說你是個兔子，如今我要誘你，你賣不賣？」參見《內閣刑科題本》，70/ 乾隆 4.9.5。還可參見 Hinsch, *Passions of the Cut Sleeve: The Male Homosexual Tradition in China*, p. 133.

[88] 參見《內閣刑科題本》，76/ 乾隆 4.3.23。

父親忍無可忍，於是認為必須除掉這名惡棍，否則會受到更多的侮辱。[89]

這種屈辱感，有時也會引發被雞姦者的家人對行姦者採取暴力行為。例如在乾隆四年（1739）由河南巡撫上報的一起案件中，[90] 雇農宋朝漢的父母早逝，由宋朝漢將弟弟宋五撫養成人。他們非常貧窮，且均未婚。據宋朝漢供稱，宋五從小「癡憨」，「日與乞丐為伍」，且「不務正業」。根據題本中對此案案情的概括，某日，宋朝漢發現其弟行走困難：「詢知穀道生有惡瘡，係被人雞姦所致，宋朝漢以有玷家聲囑其再勿他往。宋朝漢外出傭工，至晚回家，見宋五僵臥門首，宋朝漢令其進內，宋五不遜。」宋朝漢為此勃然大怒，結果將弟弟勒死。[91]

清代的州縣官在審判此類暴力行為時，有時會將被雞姦者家人的顏面受損作為請旨減刑的考慮因素。《刑案匯覽》記載了道光二年（1822）同樣發生在河南的一起案件。在該案中，一位名叫蘇勇木的男子企圖強姦一名9歲的男孩。男孩的父親蘇逢甲將此事告知了蘇勇木之父，結果蘇勇木被其父嚴厲責罵。蘇勇木故而跑到蘇逢甲家門口，對這家人大聲辱罵，並公開宣揚自己曾對那名男孩所做的事情。蘇逢甲因在大庭廣眾下失了臉面，心煩意亂之下，勒死了自己的兒子（未遂強姦之受害者）。審理此案的縣官認為，此男孩之死「……實由該犯（蘇勇木）強姦起釁」，主張蘇勇木強行雞姦幼童（未遂）有罪，且應對男孩之死負責，故而將蘇勇木的刑罰由流刑改判為更重的軍流——發配新疆為奴。蘇逢甲則似乎並未受到任何懲處。[92]

五、和同雞姦關係中的汙名與掩飾

那些在情投意合的關係中接受雞姦的男子，同樣害怕事情會暴露。當這種性伴侶居住在由小農家庭構成的較大社群中時，這種顧慮似乎更為明顯。

---

[89] 參見《內閣刑科題本》，184/ 乾隆 27.2.20。
[90] 該案題本的現存部分並未列出案發地所在的縣。
[91] 參見《內閣刑科題本》，74/ 乾隆 4.4.25。
[92] 參見祝慶祺、鮑書芸編，《刑案匯覽》，卷 52，頁 6b。

第四章 關於被雞姦男性的問題:清代針對雞姦行為的立法和對男性之社會性別角色的加固　171

與此相對,在主流社會群體之外那些全由男性構成的環境裡面,例如在士兵、船員或僧道當中,此類同性之間的性結合並不太講究掩人耳目,儘管雙方的性行為角色照樣區分等級;相關的案件紀錄顯示,兩人之間的這種關係,常常在其同伴當中人盡皆知。在前面引述的很多案例中,某人曾被雞姦的事情被公之於眾,會被形容為大失顏面:最常見的措辭是「沒臉面」、「丟臉」和「見不得人」。事實上,在大部分涉及性侵犯的案件中(無論是涉及異性之間的性侵犯,還是同性之間的性侵犯),村頭巷尾的閒言碎語所帶來的壓力,都是一個主要的因素。此因素一再被援引說明某些絕望行為的動機,其中包括殺人(以避免或報復強姦、通姦或同性性關係被暴露)、自殺(婦女基於遭強姦或調戲的屈辱而感到絕望)以及魯莽的墮胎行為(最常見的是寡婦為了避免其與人私通之事暴露)。

發生於直隸定州的一起案件,說明了兩情相悅的兩名年輕男子所承受的汙名壓力。張起豹和黃牛兒兩人在雍正五年(1727)時被農夫白成文雇為長工,當時兩人分別為 24 歲和 19 歲。兩人均未婚,因此在白家同睡一床,不久後開始發生性關係。起初兩人可能是輪換扮演不同的性行為角色(張起豹供認他和黃牛兒「彼此雞姦」),但後來是由張起豹扮演被雞姦者的角色,儘管張起豹比其性伴侶年長(或許在此類情投意合的同性性關係當中,刻板印象中的那種性行為角色分配不甚重要)。[93] 據張起豹回憶,「那時發過誓不許告訴別人」,且「已經相好這四五年了」。自雍正九年(1731)開始,兩人分別受雇於不同的雇主,不再同住,因此改在當地寺廟裡幽會。有一次兩人相好時被村民撞見,後者問他們在幹什麼。讓張起豹驚駭欲絕的是,黃牛兒居然告訴這名村民說他正在雞姦張起豹。據張起豹供述:「小的想著三十來歲的人,他只管向著人聲揚這事,叫村裡人知道,還有什麼臉面去見人?原氣的慌……他不認不是,反嚷罵起來,小的越發忿恨……」後來張起

---

[93] 與本案中此種情形構成對比的,是約翰·R. 克拉克(John R. Clarke)對現藏於荷蘭萊頓的古羅馬男子與少年發生性行為的圖像所做的精彩分析。參見 John R. Clarke, *Looking at Lovemaking: Constructions of Sexuality in Roman Art, 100 B.C.–A.D. 250* (Berkeley, CA: University of California Press, 1998), pp. 38–42.

豹趁黃牛兒小睡時，以斧頭將其砍死。

此案初審時，張起豹對自己的殺人罪行供認不諱，但顯然試圖保護自己的名譽而拒不承認兩人之間存在性關係。他聲稱，黃牛兒在別人面前揚言雞姦過自己，而這純屬「誣衊」。直至第二次審訊時，他才說出了實情。此案的案卷紀錄並未說明他為何對此予以承認，但村中無人懷疑他們兩人有超出朋友關係之外的其他關係。身為未婚且貧窮的雇工，張起豹缺乏在鄰里間建立起受人尊重的社會身分所需的資源；他僅有的資本，或許是他已成年的事實及所具有的男子陽剛氣概。倘若大家知道他曾被雞姦過，且是被比自己年輕的男人雞姦，那麼這些本已相當貧乏的資本就會進一步受到嚴重破壞。黃牛兒顯然未考慮到張起豹的這種顧忌：他告訴其雇主白成文自己曾雞姦過張起豹（對自己所扮演的行姦者角色的炫耀，顯然被認為能提升其本人的男子陽剛氣概）。[94]

在乾隆二十七年（1762）來自湖北的一起案件中，類似的壓力同樣產生作用。在該案中，涉案的三人均是從孝感縣來到（位於孝感縣西北約兩百公里外的）襄陽縣作為雇工人，吳大謀（30歲）與其結拜兄弟施士孔（31歲）保持了六年的同性性關係。如同由其各自年齡所構成的那種等級關係所暗示的，在兩人的這種同性性關係當中，是由施士孔雞姦吳大謀。吳大謀事實上在其孝感老家有妻女，他是迫於貧困才於乾隆二十六年（1761）離開她們，跟隨施士孔來到襄陽，受雇於朱鳳起家耕種十畝地，兩人同住在朱家的一間房內。為了添補收入，由吳大謀在家織布，施士孔拿到市集上出售（請注意，兩人的這種勞動分工，明顯契合於普通家庭中那種夫妻各自扮演的角色）。據吳大謀所言，兩人「原是極相好的」。

六個月後，他們遇到另一位同樣由孝感移居此地的雇工劉懷志（24歲）。劉懷志搬來與兩人同住，並結拜為兄弟。但搬來後不到三日，劉懷志就發現了兩人的這種性關係及其各自扮演的性行為角色分工。第三天，劉懷

---

[94] 參見《中央研究院歷史語言研究所現存清代內閣大庫原藏明清檔案》，050-004。

第四章 關於被雞姦男性的問題：清代針對雞姦行為的立法和對男性之社會性別角色的加固　173

志趁吳大謀落單時對其加以要脅，聲稱吳大謀如果不也讓他雞姦，自己便會將施士孔雞姦吳大謀的事情公諸於眾。吳大謀只好屈從。不久後，施士孔發現這兩人背著自己私通，感到異常憤怒。吳大謀於是隨劉懷志搬至他處居住，但十四天后，施士孔因嫉妒而殺死了劉懷志。

殺人事發後，施士孔和吳大謀均被逮捕歸案。在審理此案的過程中，縣官要求吳大謀對其行為加以解釋：「你與施士孔雞姦數年，自必情意厚些，怎不與施士孔同住，反與雞姦未久的劉懷志住宿？且劉懷志比你年紀小些，你倒如何給他雞姦呢？」吳大謀答稱：

> 小的本與施士孔情意厚些，只因被劉懷志看破姦情，那日他見施士孔不在家裡，挾住要姦。他雖年紀小些，小的也不得不依從他。後來施士孔看破了，兩次吵鬧，小的生怕外人曉得丟臉，適劉懷志向小的說同住一屋不便做事，他就租了房子，要小的同他搬移。小的心想若搬了去彼此離開，倒免得吵鬧被外人聽見恥笑，所以就同他搬住的。

此案第二次開堂審理時，縣官再次追問了同樣的問題。吳大謀補充道：「至小的年紀雖比劉懷志長些，因小的與施士孔做這下流的事，被劉懷志知道挾著，小的不得不依他的。」

似乎所有人都對年長男子接受被較其年輕的男子雞姦大感奇怪。儘管如此，縣官最終還是接受了吳大謀的那種解釋，亦即由於擔心自己被雞姦的事情被公諸於眾，他才默默忍受被比自己年輕的男子雞姦的那種屈辱。因他對此非常害怕，吳大謀甚至拋棄了與他保持了多年關係的同性性伴侶，而與對其進行脅迫的另一男人同住。劉懷志正是意識到男人被雞姦有多丟臉，他才會以此去要脅吳大謀。[95]

對吳大謀的審問顯示，在這一方面，司法上的標準與普羅大眾的觀念相當一致。在我所看過的所有案例中，縣官對此類同性性伴侶的相對年齡專門

---

[95] 參見《內閣刑科題本》，185/乾隆27.9.24。

加以過問的，僅此一例而已。任何扮演被雞姦者角色的男子，看起來必然會被貼上汙名標籤，但只有當此類性伴侶在性行為中的角色分工與他們各自在年齡、階級、財富等其他等級體系中的所處位置相契合時，這種同性性關係才會更容易讓人理解。當某樁同性性關係中雙方的性行為角色分工違反了這些等級體系之間那種「理所當然」的一致性時，便產生了須專門對其加以解釋的必要。[96]

顯然，無論是身體方面，還是情感方面，同性性關係都更為複雜，並非僅是單獨關注肛交這一焦點那麼簡單。相關的案件紀錄顯示，縣官們逐漸發展了藉以說明何種特定的行為應被當作犯罪加以懲處的證據；司法上對雞姦的這種執迷，使得此類行為受到如此多的重視。我們不能寄希望於從這些司法文獻當中獲知此類同性性關係對於其參與者所具有的全部意義。然而，司法案例確實提供了關於雞姦行為之象徵意義的豐富資訊，而這些資訊足以說明，司法上對雞姦的建構，乃是與一種更為普遍的理解方式相一致。司法上將雞姦比照異性之間的姦罪進行處置，乃是將當時社會中那種關於性交過程中的陰莖插入行為對於性伴侶雙方而言的各自意義的普遍觀念，轉化為成文法中的內容。

第六節　階層分化與男性的性生活

可以看出，人們在婚姻、生育和情慾等方面的需求得到滿足的機會高低，更多的是取決於其所占有的各種物質資源和社會資源，而非其個人的意願。對於男多女少且此種情形在窮人當中尤為嚴重的認知，只會進一步強化此種印象。通過這一視角，我們可以勾勒出男性「性生活」（在此專門指性行為的典型模式）的大致等級體系與社會階層分化的等級體系之間的那種對應關係。至少，我們可以借助於此角度，對這種等級體系可能導致的極端結

---

[96] 魏濁安（Giovanni Vitiello）在道家關於男子同性性關係的討論中發現了類似的證據。參見 Vitiello, "The Dragon's Whim: Ming and Qing Homoerotic Tales from The Cut Sleeve," p. 357.

果加以推測（這是一幅與今天為人們熟知的那種性取向分類大不相同的圖景）。

一、被邊緣化的男子：同性性行為作為生存策略

討論至此，有一點應已相當明確，那就是並非只有那些形象刻板化的強姦犯才身處社會邊緣而不容於那種居有定所的家庭的秩序。事實上，在我所搜集的那些被清代司法官員認定為和同雞姦關係的案件中，絕大多數均涉及在社會中被邊緣化的男子，亦即那些由於貧困、身分、職業等方面的綜合因素而被排除在主流的婚姻家庭模式之外的男子。在這裡，我將對男子同性性伴侶雙方一起加以討論，亦即在其同性性行為中各自扮演雞姦者角色和被雞姦者角色的男子雙方。他們是雇農、乞丐、僧道、士兵、船員、海盜、剃頭匠、小販等等。其中有相當數量的人是赤貧的外來移民，幾乎所有人均未娶妻，且缺乏與其父母家庭的聯繫。簡言之，這些人是游離於清代主流社會之外的被邊緣化的男性。

這並不是說菁英階層的男性就不會與其他男性發生同性性行為，實際情況遠非如此。白話小說的浪子，只是其中最廣為人知的一個例子而已。毫無疑問，家境富裕的男性被認為應當通過娶妻生子以確保其家族血脈和財產得以延續。這些人也可能會雞姦其男性奴僕，或狎弄男性伶人和男娼（他們是更邊緣化的男性），但此類消遣須以不妨礙盡孝道作為前提。此方面的一個典型例子或許是乾隆皇帝，即便他據傳有男風之好，但仍育有 27 名子女。[97]

就當時存在著的那種與雞姦或同性性結合特有的性行為方式相關的社會身分而言，它可能與一些由於各種原因而無法融入正常的婚姻家庭模式中去的被邊緣化的男性有關。在案件紀錄中，可看到被邊緣化的男性彼此結合，以此作為滿足各種人性需求的一種方式。這種關係是清代司法案件當中

---

[97] 參見 Arthur W. Hummel 編，*Eminent Chinese of the Ch'ing Period*（臺北：成文出版社，1970，據 1943 年版重印），頁 372。

可見到的更大規模的「非主流家庭」模式的子集之一：在此類關係中，與同性性行為相伴生的，還有不同形式的資源分享、共居和擬血緣關係（例如結拜兄弟、師徒關係等）。當然，有時也可看到某些同性性伴侶之間存在著強烈的愛戀（和嫉妒）之情的證據。但在這種環境當中，性結合似乎扮演了一種起到重要作用的角色；在一個對無依無靠的個體充滿敵意的世界當中，這是他們為了生存而形成的多方面聯合中的構成要素之一。[98]

晚明時期的文人沈德符認為，在那些被隔絕於與女性的性接觸之外的男性當中，存在同性之間的性結合乃是一種很自然的現象：

> 宇內男色有出於不得已者，數家按院之身辭閨閣，閫黎之律禁〔與婦女〕姦通，塾師之客羈館舍，皆係托物比興，見景生情，理勢所不免。又罪因久系狴犴，稍給朝夕者，必求一人作偶。……又西北戍卒貧無夜合之資，每於隊伍中自相配合。……孤苦無聊，計遂出此。……雖可笑亦可憫矣。

沈德符將上述情形視作同性結合的通常模式，並將之與其所謂的「得志人士致變童為廝役」或追捧伶人的新的頹廢風尚相對比。[99] 在沈德符看來，那種新的風尚之所以頹廢，是因為菁英階層的男性經由婚姻（和納妾），原本就已得到太多滿足其性慾的管道。因此，就這些人而言，雞姦被認為是一種肆無忌憚的過度縱慾。[100]

---

[98] 在海盜當中，那些被俘虜的男性，通過接受被雞姦而轉換身分成為海盜團夥中的一員，並藉此鞏固了擬血緣關係以及庇護者與被庇護者的關係（地位較低的海盜甘願被那些能給他好處的海盜們雞姦）。參見 Dian Murray, *Pirates of the South China Coast, 1790–1810* (Stanford, CA: Stanford University Press, 1987); Dian Murray, "The Practice of Homosexuality Among the Pirates of Late 18th and Early 19th Century China," *International Journal of Maritime History*, vol. 4, no. 1 (1992). 那些在主流的婚姻家庭模式之外的女性，亦可通過擬血緣關係形成同性性關係，參見 Marjorie Topley, "Marriage Resistance in Rural Kwangtung," in M. Wolf and R. Witke, eds., *Women in Chinese Society* (Stanford, CA: Stanford University Press, 1975).

[99] 「變童」是指那些言行舉止女性化、在同性性行為中扮演被雞姦者角色的的年輕男性。

[100] 參見沈德符，《萬曆野獲編》（臺北：藝文出版社，1976），卷 24，頁 26a–26b；Furth, "Androgynous Males and Deficient Females: Biology and Gender Boundaries in Sixteenth-and Seventeenth-Century China," pp. 13–16.

二、一起關於滿人浪子的刑案：同性性行為作為個人嗜好

乾隆二十九年（1764），一名滿洲貴族因犯雞姦而被治罪。這起相當罕見的案件，可被用來說明沈德符為何對此類新的頹廢風尚倍加責難。在我所閱讀過的檔案當中，這也是菁英階層成員因性犯罪而被懲處的唯一例子。不過遺憾的是，關於此案的案件紀錄，我只看到一份上呈御前的判決節錄，其中未對證供有所記錄，故而有很多細節語焉不詳。

五党阿的爵位為三等男，屬滿洲鑲紅旗，住在北京，其年齡不詳，但被描述為「年幼無知」。乾隆二十七年（1762），他與其友福甯阿（同屬滿洲鑲紅旗，其爵位亦為三等男）共同擔任乾隆皇帝南巡的侍從。在杭州期間，這兩位男爵一道嫖了一名兼做剃頭匠的男娼——名叫王二官的年輕漢人。[101] 後來，王二官來到北京，成為福甯阿家中的僕從。但數個月後，福甯阿因「狎優[102]飲酒犯事」被處流刑（遺憾的是，那份判決節錄並未述及此椿醜聞的細節）。因福甯阿出局，五党阿企圖說服王二官專門服侍自己，但遭到後者的拒絕。王二官在北京一家兼做相公堂子的剃頭鋪找到一份工作，以應召上門服務營生。五党阿出資嫖過王二官多次，後來又替他還清欠店主的債務，為他贖身。王二官終於同意搬至五党阿家中同住。在接下來的五個多月裡，五党阿為他購置了精美的衣物、供給他金錢，並多次與他發生性關係。即便如此，王二官仍認為報酬太低，於是離開了五党阿。九天后，五党阿將他勸回，但兩個月後王二官再次離開。五党阿希望改用恐嚇的手法使他順從，於是以王二官乃是逃奴為由，向北營守備衙門舉報。雖然王二官被捕，但調查此事的守備發現事情可疑，於是將兩人監禁了一整夜。第二天，五党阿承認自己

---

[101] 正如梅傑（Marinus J. Meijer）所指出的，《刑案匯覽》中有數起案件均涉及在剃頭鋪工作的男娼，但我們並不清楚這些男子在從事性服務的同時是否也真地從事幫人剃頭的工作，參見 Meijer, "Homosexual Offenses in Ch'ing Law." 剃頭業也與某些傳統上以提供包括性服務在內的娛樂服務為業的身分低微的群體有關，參見 Anders Hansson, *Chinese Outcasts: Discrimination and Emancipation in Late Imperial China* (Leiden: E. J. Brill, 1996).

[102] 在清律中，「狎優」一詞在字面上的意思是「與伶人有不當的親密關係」，同時也是嫖男娼的委婉說法。參見薛允升，《讀例存疑》（重刊本），例 375-04。

是誣告。但他的一位曾做過縣官的叔父神通廣大，暗中出力使兩人獲釋。

執迷不悟的五兌阿仍無法控制自己的情慾。在接下來的一個多月裡，他繼續追求這名剃頭匠，並企圖強迫他回到自己身邊。兩人多次在公共場合發生口角。絕望之下，五兌阿再度向提督衙門控告王二官乃是逃奴和竊賊。這一次，此事被上報至刑部，兩人之間那種真正的關係被暴露於眾人眼前，五兌阿的家族人脈此時也無法發揮作用。刑部認為這並非一起普通的雞姦案件：

> 今已革男五兌阿身系滿洲現任職官，並不安分守法，乃將剃頭下賤之王二官邀留至家，和同雞姦。王二官幾次躲避，該犯仍往找尋，復兩次赴官妄行喊告，殊屬無恥！

和之前福甯阿的情況一樣，五兌阿被發配至伊犁當差。由於他犯下多重罪行，故而其刑罰相較於和同雞姦的本刑為重。王二官所受的懲處，則是「和同雞姦」的本刑——枷號一個月並杖一百，被移送至其家鄉杭州執行。儘管王二官曾是五兌阿的家僕，且在案件紀錄中被形容為「賤」，但這並未讓他們之間發生的雞姦行為得到寬免。至乾隆二十九年（1764）時，家主若與其女性僕役發生性關係所能得到的寬宥，在司法上被大幅度地限縮，而這看來也讓家主與男性奴僕之間發生的性關係再無任何獲得寬宥的轉圜餘地。五兌阿那位頗有人脈的叔父和先前下令釋放兩人的守備，也都受到懲處。皇帝核准了這一判決。[103]

此案的簡略紀錄中未曾提及任何女性的性伴侶，故而這兩名滿洲貴族很可能是將其性慾對象專注於男性身上。然而，我們仍可合理地推測說，像他們這種擁有此類地位的男子，應該都娶有妻室，不管他們對女性有無性慾。正如那些更常因為雞姦而被治罪的邊緣男性一樣，不管其對女性有無性慾，他們都沒有妻子。依循沈德符的觀點，我們可以得出結論說，五兌阿和福甯阿將男性作為自己的性慾對象進行追求，完全是為了個人的快感和滿足。另

---

[103] 參見《刑部檔》，直隸/1112。

一方面,從事性交易的王二官,則是那些雞姦案件中更為典型的角色。對他而言,與男人發生性關係是一種藉此勉強度日過活的手段,充其量也只是一樁朝不保夕的生意而已。

另一點也很引人注意。那份對五兌阿的判決,對他與一名身分卑賤且操持下流營生的男子交往長達如此之久的可恥行徑刻意加以強調;五兌阿此舉被認為使他身為旗人貴族的身分蒙受恥辱。不管怎樣,他的這種不計後果的行為至少持續了兩年時間,直至他最終被問罪,而他之所以引起官府的注意,只是因為他兩次向官府提起誣告。易言之。有著五兌阿那般身分地位的男子,在性慾對象方面可以有很多選擇,只要他稍稍謹慎一些,便不會因為沉溺於對男子的性慾當中而遇到任何障礙。

三、陳經濟的悲慘下場

《金瓶梅詞話》中西門慶之女婿陳經濟的命運,可作為對本章內容的總結:小說後面部分中對陳經濟之悲慘下場的那些描述,繪製出一幅關於性行為角色的那種等級體系和社會階層分化所導致的各種機會是如何串聯起本章所述各種主題的圖像。在西門慶死後不久,陳經濟便開始與西門慶生前那位聲名狼藉的寵妾潘金蓮私通。此時,這是一個在交媾中扮演著陰莖插入者的角色:無論是潘金蓮(及其侍女春梅),還是小說作者的敘事筆法,均將大部分的注意力聚焦於陳經濟的陰莖上面。但小說中在幾章之後,陳經濟便失去了財產和妻子,且變得無家可歸。他先是托庇於一幫棲身更棚的乞丐,並遭乞丐首領雞姦。根據小說中的描述,他夜裡夢見自己與潘金蓮在一起時的那些美好日子,醒來後發現自己周圍都是乞丐,忍不住放聲大哭。接著,陳經濟又入道觀當小道士,與道士金宗明同睡一床:

> 晚夕和他吃半夜酒,把他灌醉了,在一鋪歇臥。初時兩頭睡,便嫌經濟腳臭,叫過一個枕頭上睡。睡不多回,又說他口氣噴著,令他吊轉身子,屁股貼著肚子。那經濟推睡著,不理他。他把那話弄得硬硬的,直豎一條棍。抹了些唾津在頭上,往他糞門裡

> 只一頂,原來經濟在冷舖中被花子飛天鬼侯林兒弄過的,眼子大了,那話不覺就進去了。這經濟口中不言,心內暗道:「這廝合敗。他討得十分便益多了,把我不知當做甚麼人兒。」[104]

陳經濟的命運,是《金瓶梅詞話》中那種諷喻的縮影。因果報應是這本小說的一大主題,書中所有的反面角色均一一遭到惡報(在小說的倒數第二章中,陳經濟被那些妻子遭其姦淫的丈夫們中的一位殺死)。陳經濟在性行為角色等級體系中的降格,象徵著他的運勢由於因果報應而一落千丈:從富有、張狂地姦淫他人妻子的男子,變成扮演被人姦淫的女性角色,屈辱地為乞丐和道士提供性服務。陳經濟淪入由邊緣男性所組成的弱肉強食社會之後,惡劣的處境迫使他不得不屈從以求生存。每次的雞姦行為都是一樁交易:乞丐收容陳經濟並提供食物讓他熬過嚴冬,而道士則成為陳經濟在道觀內的資助人和保護者。

另外,陳經濟這位24歲的男子,在他這種新的性行為角色中被諷刺性地刻畫為女性化的年輕人。當道士金宗明注意到「經濟生的齒白唇紅,面如傅粉」時,其淫心輒起。[105] 在《金瓶梅詞話》第93章之章首所附用來展現此場景的那副雕板插圖中,被雞姦的陳經濟被描畫為嘴上無鬚的年輕人,與將他雞姦的那位滿臉鬍鬚的道士金宗明形成了鮮明的對比。該幅插圖的標題為「金道士變淫少弟」。[106] 陳經濟在性行為角色方面所遭遇的這種逆轉,是他喪失了財富、身分和權力所導致的直接後果,而失去成熟男子的陽剛氣慨,則更進一步強化了這種逆轉。他在故事中的命運變化,概括體現了當時

---

[104] 參見《金瓶梅詞話(萬曆年間版)》,第93回,頁10a–10b。
[105] 參見《金瓶梅詞話(萬曆年間版)》,第93回,第10a。
[106] 在此前的一幕場景中,陳經濟為了讓潘金蓮為其口交而作準備,「把那話弄得硬硬的,直豎得一條棍。」參見《金瓶梅詞話(萬曆年間版)》,1988,卷82,頁5b。小說中後來寫到金宗明準備雞姦陳經濟時,又使用了完全相同的措辭,參見《金瓶梅詞話(萬曆年間版)》,第93回,頁10a。這種將相同措辭和意象重複書寫的策略,是小說創作中常用的手法,藉由前後呼應以強調不同人物間的對應關係和因果關係,參見 David Tod Roy, trans., *The Plum in the Golden Vase (or, Chin P'ing Mei), Volume One: The Gathering*, pp. xxvii–xxix. 小說此處則是極力諷刺陳經濟在性行為角色方面的逆轉——他現在所承受的下場,正是他過去對別人所做之事。

社會中對在交媾中被陰莖插入此一行為之意涵的普遍看法，而正是這種普遍觀念影響了當時司法上的思維方式。

第七節　交媾過程中陰莖插入行為的意涵

交媾過程中的陰莖插入行為，意味著一種支配性的社會性別等級體系。在此方面，中國與古希臘、古羅馬世界的情況頗為相似。在古希臘、古羅馬的社會當中，「在交媾中聽任他人用陰莖插入自己體內，是一種放棄權力和權威的象徵，但這種性行為方式與其說構成了同性戀與異性戀的對比，毋寧說是區分了支配與服從的關係。」[107] 在中國帝制晚期，司法上對男子同性性行為的建構模式，是以性別不平等的異性性關係作為原型。後者主張，交媾過程中各自扮演的陰莖插入者和被插入者的角色，只能分別專屬於男性和女性，由主動的男性支配被動的女性。在這種情境中，性行為變得與社會性別體系中那種不平等的權力分配緊密糾纏在一起，既構成了一種對那種不平等權力的表達，又是一種將那種不平等權力刻在了性伴侶的身心之上的具體作法。交媾過程中的陰莖插入行為，亦由此成為性別支配關係的隱喻和肢體性表達方式。

在盛清時期的那些法律專家們看來，在事物的正當秩序中，交媾過程中的陰莖插入行為只可發生在婚姻內部。身為一家之長的丈夫，在交媾過程中用陰莖插入自己妻子的體內：通過這種方式，他使父權制家庭得以再生產，並鞏固了社會性別等級體系中的核心內容。在中國帝制晚期，男女只有步入婚姻，才會被在社會意義上視為成年，其中一個關鍵的過渡環節是性交。若未完成性交，例如新娘拒絕性交或因女方的生理結構異常導致新郎無法完成性交時，新娘可能會被休棄。[108] 待性交完成後，男女便各自承擔起作為丈夫

---

[107] See Boswell, *Christianity, Social Tolerance, and Homosexuality: Gay People in Western Europe from the Beginning of the Christian Era to the Fourteenth Century*, p. 155.

[108] 參見《內閣刑科題本》，74/ 乾隆 4.3.27。

和妻子的不同社會角色，在性行為角色方面則具體體現為陰莖插入者和被插入者。交媾過程所發生的陰莖插入行為，代表雙方開始進入各自在社會性別方面和等級體系中須扮演的不同角色；性行為方面的分工，反映並界定了社會勞動方面的分工。用布迪厄（Pierre Bourdieu）的術語來說，這些象徵性的聯繫，代表著性行為領域與社會政治領域之間的某種同構性。[109]

在明清時期，無論是貞節崇拜，還是對各種姦罪的懲罰，均將此種針對交媾中的陰莖插入行為之意涵的觀念加以成文法化。倘若某位女性在合法婚姻的情境之外與男人發生了性關係（與人私通、寡婦再醮或被強姦），她的貞節便受到玷汙。在朝廷的貞節崇拜制度中，藉由使那些拒姦殺人或自盡的女性受害者失去被旌表的資格，來象徵她們因受姦汙而在客觀上造成了降格。這種玷汙，相當於賤民身分帶來的那種汙名。故而，強姦或誘姦一名本身因犯姦行為或卑賤身分而貞節已然被玷汙的女子，對該女子造成的傷害，被認為遠不及強姦或誘姦平民身分的守貞女子來得嚴重，對這種行為的懲罰也因此相對不那麼嚴厲。將性交過程中的陰莖插入行為視為開始進入新的社會角色、占有或玷汙的觀念，體現了對男子之間同性肛交行為的大眾看法和司法上對此行為的建構。同樣的，對於這些男性來說，性交過程中的陰莖插入行為，決定了雙方在性行為等級體系中所處的各自位置。被雞姦的男子蒙受了一種被理解為社會性別轉換或男性陽剛氣概衰退的損失。但行姦者則不會蒙受此種損失，因為他所扮演的終究仍是男子漢的角色。

行文至此，我們便能理解為何清代或那些時間更早的法律文本中均全未提及女子之間的同性性行為，更加不用說對這種行為加以禁止。未在法律文本中被提及，並不意味著女性之間就不會彼此發生性關係。事實上，很多非法律主題的文獻都提及女性之間的同性性行為。[110] 同時，這也不意味著立法

---

[109] See Pierre Bourdieu, *The Logic of Practice* (Stanford, CA: Stanford University Press, 1990), p. 71.

[110] 參見戴偉，《中國婚姻性愛史稿》（北京：東方出版社，1992）；Hinsch, *Passions of the Cut Sleeve: The Male Homosexual Tradition in China*, 附錄部分；李夢生，《中國禁毀小說百話》（上海：上海古籍出版社，1994），頁 256–258；Topley, "Marriage Resistance in Rural

第四章　關於被雞姦男性的問題：清代針對雞姦行為的立法和對男性之社會性別角色的加固　183

者對此類事情一無所知，只不過女子之間的同性性行為並未被視為犯罪而已。鑒於當時的法律和社會規範均被陽具崇拜主義所浸染，上述解釋便不難得到理解——倘若社會性別和權力關係乃是取決於性交過程中陰莖插入行為所象徵的等級體系，那麼，與陰莖無關的性行為，便不會被認為將會對社會性別與權力關係構成威脅。[111]

本章所描述的，是一段既有延續亦有變化的歷史。此種延續性有著深遠的影響，這也正是明代白話小說中的那些軼事亦能幫助我們理解18世紀的立法的原因所在。對姦罪的懲處，起初是為了控制與女性發生性接觸的管道。因此，最初對男子之間的同性性行為加以懲處的那些法律，並不將這種行為稱為「姦」。然而，宋代和明代針對同性性行為的立法，均執迷於認為不正當的性交將會造成玷汙這一共同的觀念。此種共同觀念，貫穿在清代那種將男子之間的同性雞姦行為重新解釋為「姦」的一種變體的改革當中，並據此建構了將同性性侵犯「比照」異性性侵犯加以同樣治罪的那種邏輯。就像當時對女性貞節的癡迷那般，18世紀時對雞姦的這種關注絕非無中生有。對社會性別展演的焦慮在不斷加劇，這促使清代的法律專家們更為細緻地對雞姦問題加以審視，但他們對此種罪行的建構基本承襲自那些過去已有的見解。

在此方面，清代特有的變化又是什麼？明代關於雞姦的律文雖然對此種性行為本身規定得再為明確不過，但既未考慮脅迫的情形、被雞姦者的年齡問題，亦未考慮性伴侶雙方的身分特徵或社會背景等問題。而且，明代對此種行為的懲罰，所使用的仍是本刑中最輕的那一等級。而到了清代，我們可

Kwangtung;" R. H. Van Gulik, *Sexual Life in Ancient China: A Preliminary Survey of Chinese Sex and Society from Ca. 1500 B.C. till 1644 A.D.* (Leiden: E. J. Brill, 1974).

[111] 《弁而釵》是晚明以降的一部同性情色小說集，在其所收錄的那個關於「女人國」（在這個虛構的國度，所有的性別角色均全部顛倒過來）的故事中，「國王」（一位女扮男裝者）將來訪的少年娶為「王后」。在成親時，（女）國王以假陰莖對（男）王后進行肛交；由於作為替代的假陰莖維繫了適當的支配關係，性行為中與陰莖插入行為相關的等級體系，得以與該國那種顛倒的社會性別等級體系相一致。參見 Vitiello, "Exemplary Sodomites: Male Homosexuality in Late Ming Fiction," pp. 164–173.

看到光棍這一角色的出現，也可看到與對異性強姦的那種焦慮相類似的對同性強姦的焦慮。隨著「良」這一概念原先那種用以標記法律身分的內涵逐漸消褪，它轉而被用於表示符合標準的社會性別角色之意，無論是對於男性還是女性來說皆是如此。特別是雍正朝時期的那些立法，顯示出對將男性社會性別刻意比照女性社會性別加以加固的強烈關注，以保護正經人家中的守貞妻女和少男們免遭那些掠奪性的光棍們的性侵犯。

我們可以合理地推測，男女婚姻市場上過剩男性人數的日漸增長，導致了在小農社會和待審刑案中出現了更多的同性結合和同性強姦的人物形象。這或許有助於解釋那種認為男子陽剛氣概因此受到威脅的新認識。清代的司法官員吳壇在其寫於乾隆四十五年（1780）的一則注釋中提及，以往的法律對「男子拒姦殺人」的問題並無明確規定，但到了乾隆朝時，這類案件已相當常見，故而有必要頒布專門的例以指導官員辦案。[112] 此外，被雞姦的男性在明清法律中成為司法上的新焦點，而這或許是我們在關於異性強姦的法律中已然看到的那種法律「小農化」的又一徵兆。在守土重遷的農業社會中，男性因被雞姦而蒙受的嚴重汙名，可能在某種程度上反映了貧苦農民對社會地位下滑的深重焦慮：倘若同性結合是與那些前途渺茫的邊緣男性聯繫在一起，那麼，被雞姦之人的角色，就是一名男子所可能墮入的底層中的最底層。對於一名竭力維持基本生存的農民來說，被雞姦的男性可能象徵著他所感到的諸多強烈恐懼的實質所在，亦即那種淪入貧困絕望的邊緣階層和失去謀生手段、家庭甚至男子陽剛氣概的高度風險。

將被視作情慾對象的少年、女性化氣質和成為雞姦的對象這幾點結合起來來談，意味著在年輕男子在其社會性別方面存在著一種不穩定性。而這種不穩定性，在那些尚未經由作為過渡方式的婚姻獲得成熟男子之陽剛氣概的少男身上尤為明顯。少男們似乎被認為容易遭人雞姦。就此而言，他們被視為是潛在的女性。我們討論過的一些案件顯示，年少的男子相對而言更有可

---

[112] 參見吳壇編纂，馬建石、楊育棠校注，《大清律例通考校注》，頁785。

能接受被雞姦，但待其成年後，其中的許多人便會拋棄這種心態。因此，在律例所用的措辭中，必須加以保護的正是那些具有平民（「良」）身分的未被人雞姦過的（「良」）「子弟」，亦即那些尚未從社會性別模糊的青春期步入有著陽剛氣概的成年階段的稚弱少男們。還有，國家必須保護他們免遭那些自身無家可棲並對他人家庭構成威脅的無賴漢的性侵犯。

　　清代的法律專家們意在將性行為導入那種公認的社會性別角色的軌道之中。當其他的社會界限變得越來越模糊時，此點更會被優先加以考慮。針對雞姦行為的新法律在此時大量出現，不僅表明那些易受傷害的男性們因面臨被雞姦的威脅而讓人愈發為之憂心重重，而且還暴露了另一種憂慮，亦即這些男性們也可能會將此種與秩序要求背道而馳的性行為角色當作一種享樂方式。並非只有女性貞節被玷汙才會損害家庭內部的社會性別等級體系，男子陽剛氣概的衰退也會導致同樣的結果。

第五章　貞節崇拜中的寡婦：清代法律和婦女生活中的性事與財產之關聯

第一節　引言

就中國帝制晚期的寡婦們而言，性事與財產在諸多方面均有緊密的關聯。此判斷既與官方話語相一致，也符合當時的社會習俗。而由於官方話語與社會習俗對彼此的影響是如此之深，以至於很難（可能也不宜）將兩者分開來加以討論。清代那些涉及寡婦的司法案件，使我們得以對這一充滿各種互動的地帶加以探究，其中包括利益與情感之間、官方急務與民眾策略之間、外顯表達與私密生活之間的各種互動關係。

對於國家來說，寡婦被視為財產關係和性關係在意識形態層面的一個關鍵交匯點。「節婦」在官方宣教中扮演著重要的作用，這一角色將（妻子對丈夫的）性忠誠與（臣民對君主的）政治忠誠聯繫在了一起。[1] 相較於對其

---

[1] 本章內容的最初版本為 Matthew H. Sommer, "The Uses of Chastity: Sex, Law, and the Property of Widows in Qing China," *Late Imperial China*, vol. 17, no. 2 (1996), pp. 77–130. 有關明清時期寡婦貞節的代表性論著包括：Mark Elvin, "Female Virtue and the State in China," *Past and Present*, vol. 104 (1984); 劉紀華，〈中國貞節觀念的歷史演變〉，收入高洪興等主編，《婦女風俗考》（上海：上海文藝出版社，1991）；Susan Mann, "Widows in the Kinship, Class, and Community Structures of Qing Dynasty China," *Journal of Asian Studies*, Vol. 46, No. 1 (1987), pp. 37–56; Ann Waltner, "Widows and Remarriage in Ming and Early Qing China," in R. Guisso and S. Johannesen, eds., *Women in China: Current Directions in Historical Scholarship* (Youngstown, NY: Philo Press, 1981). 一種較具爭議的觀點認為，因科舉考試競爭日趨激烈而形成的「男性焦慮」，藉由「一種替代性道德（vicarious morality）的心理機制」，導致了寡婦自殺的情況增多，參見 T'ien Ju-k'ang（田汝康），*Male Anxiety and Female Chastity: A Comparative Study of Chinese Ethical Values in Ming-Ch'ing Times* (Leiden: E. J. Brill, 1988). 但遺憾的是，田汝康並未能證明上述兩種現象之間的因果關係。正如曼素恩所言，解釋寡婦自殺更有說服力的說法是女性焦慮而非男性焦慮，參見 Susan Mann, "Suicide and Survival: Exemplary Widows in the Late Empire,"收入《中國の伝統社會と家族：柳田節子先生古稀記念》（東京：汲古書社，1993），頁 23–39。

他女性，明清兩代的法律均在財產和自主性方面賦予了寡婦以最大限度的權利。但寡婦能獲得這些權利的前提是她保持貞節，而再婚或通姦均會破壞這種狀態（因此，再婚和通姦只是同一主題的不同表現方式而已）。性事與財產之間的這種相互關聯性，為大量的民刑事判決提供了素材，而這些判決正是清廷藉以落實其道德準則的最直接手段。那些現存的案件紀錄為我們開啟了一扇新的視窗，讓我們得以一窺朝廷是如何致力於推廣女性貞節觀，以及此種努力又對普通百姓的生活造成了什麼樣的影響。

本章首先將從那些關於寡婦之性活動與財產的官方話語入手展開討論。不過本章試圖回答的根本性問題則是，此類話語對那些出現於案件紀錄當中的人們（農民、市井小民和其他家有薄產、有著卑微理想的小人物）有何影響？性和財產在他們的生活中是如何發生關聯的？日常生活中的務實邏輯，是借助於何種關係（如果存在此種關係的話）被與朝廷的首要急務和自我標榜聯繫在了一起？

財產與性規範之間那種最基本的關聯顯而易見：只有當喪夫女子擁有一定數量的財產時，她才有選擇守寡的切實能力。因此，守寡成了菁英階層的身分象徵之一，而在赤貧群體當中則盛行再婚。[2] 司法案件中的那些證據，使得我們能對上述現象展開進一步討論，以揭示那種展現赤貧寡婦之生存策略的性契約觀念。同時，我們也能更清楚地瞭解到，相對於官方那種高不可攀的貞節標準，這種性契約觀念在女性的個體生活當中具有何種意義。

但是，這一領域中絕大多數的法律行動，都聚焦在那些擁有勉可度日之薄產而無需訴諸再婚、仰賴接濟或從事賣娼以過活的年輕寡婦身上。只要她

---

[2] 許多學者已經討論過這種經濟邏輯的不同方面，參見夫馬進，〈中國明清時代における寡婦の地位と強制再婚の風習〉，收入前川和也編，《家族、世代、家門工業化以前の世界から》（京都：ミネルバ書房，1993）；Jennifer Holmgren, "The Economic Foundations of Virtue: Widow Remarriage in Early and Modern China," *The Australian Journal of Chinese Affairs*, vol. 13 (1985), pp. 1–27; Mann, "Widows in the Kinship, Class, and Community Structures of Qing Dynasty China;" Waltner, "Widows and Remarriage in Ming and Early Qing China;" Arthur P. Wolf and Chieh-shan Huang, *Marriage and Adoption in China, 1845–1945* (Stanford, CA: Stanford University Press, 1980).

們保住貞節,便可享有在任何一種社會階層的女性當中均非常罕見的自主性。但有兩種因素會對這種自主性構成威脅。

首先,倘若這名寡婦有姻親,則她與姻親之間可能會產生某種緊張關係。雖然正統的觀念和法律均主張應維護所有男性的世系血統,[3] 但已故男子的那些兄弟們可能會有其他的優先考慮,尤其當這些兄弟們是掙扎於生存線邊緣的小農之時更加容易如此。分家時兄弟們均分所得的那些財產,實際上可能很少。因此,就算那些活著的兄弟們不去覬覦其已故兄弟在世時所分得的那份財產,他們也很可能會覺得對待兄弟的遺孀不妨另當別論。我們無須將那些貪圖年輕寡婦之財產的姻親視為在道德上醜陋不堪;他們只是希望她能另謀出路,那樣他們便可以利用已故兄弟的財產稍稍改善下自家的處境,儘管那也只是杯水車薪。有些人可能會認為,如此安排對於其兄弟的遺孀而言也是最佳的選擇,因為鑒於男多女少的社會現實,年輕寡婦似乎不難找到新的丈夫,而孤身一人的女子則可能會陷入生活困頓之中。[4]

其次,一名擁有財產的寡婦所受到的直接監督極少,因為她是其亡夫家中受習俗和法律保障的具有權威之人。實踐當中的這種自主權為個人自由創造了空間,而這種個人自由有時會導致一些與正統的觀念相當不符的結果。因守寡而得到的自主權為通姦提供了機會,而通姦反過來又有損於那種使通

---

[3] 在宋代以前,宗族和祖先崇拜是根據長子繼承制的貴族式價值觀加以組織起來。宋明理學對親族原則進行重構,將家族各分支納入更平等的體系之內,從而使所有男性都能成為以他本人為宗的祖先。宋代以降,越來越多的人們被納入這種親屬網路當中,並尊奉與之相應的意識形態。參見 Patricia B. Ebrey, "The Early Stages of Development in Descent Group Organization," in P. Ebrey and J. Watson, eds., *Kinship Organization in Late Imperial China, 1000–1940* (Berkeley, CA: University of California Press, 1986); Charlotte Furth, "The Patriarch's Legacy: Household Instructions and the Transmission of Orthodox Values," in K. C. Liu, ed., *Orthodoxy in Late Imperial China* (Berkeley, CA: University of California Press, 1990).

[4] 夫馬進認為,無子的年輕寡婦最易遭受這種排擠,因為姻親往往把趕走寡婦視為避免家產被分的方法之一,參見夫馬進,〈中国明清時代における寡婦の地位と強制再婚の風習〉。另可參見 Holmgren, "The Economic Foundations of Virtue: Widow Remarriage in Early and Modern China." 關於宋代寡婦受姻親排擠,參見 Patricia B. Ebrey, *The Inner Quarters: Marriage and the Lives of Chinese Women in the Sung Period* (Berkeley, CA: University of California Press, 1993), pp. 190–194.

姦得以可能發生的自主權。

在寡婦與其姻親之間發生的諸多衝突當中，這些因素都彼此相互影響。寡婦的財產權和自主權須以性作為基礎這一觀念，可能是來自於官方話語，但那些出現在案件當中的人們（大多數為農民）顯然對此觀念亦相當熟悉。普通百姓是否和官方分享著相同的價值觀，這是一個見仁見智的複雜問題，但可以肯定的是，某些民眾或多或少確是如此。[5] 就算一般的民眾並不認同官方的這些價值觀，他們也很清楚如何利用官方的這些價值觀來維護自己的操控力和財產；官府開始介入此類糾紛，通常是因為某方當事人試圖將官方的這種介入當作表明己方已獲官方授權的策略。那些關於寡婦身分問題的爭執，在公堂上需要根據有關貞節和財產的官方話語來加以解決，因此當事人雙方均會將對己方有利的官方分類和刻板形象善加運用。在這當中，「訟棍」無疑也發揮了推波助瀾的作用，他們協助訴訟當事人製作出具有說服力的訴狀，對其故事加以包裝。[6] 在這裡，我們看到了父權等級制的各個層面相互正當化並彼此強化的實踐過程：當市井小民為了獲得司法上的支持而援引官方的各種美德標準時，國家所標榜的那種作為家庭價值之捍衛者的地位也得到了強化。同時，那些成功扮演此類官方標準之捍衛者角色的人們，也得到了國家權力的支持。

---

[5] 曼素恩對這一學術爭議的討論，參見 Mann, "Widows in the Kinship, Class, and Community Structures of Qing Dynasty China." 伊懋可（Mark Elvin）認為清代雍正朝在民間推動貞節觀的舉措頗見成效：「……菁英階層的道德觀念，特別是關於寡婦應當忠貞的觀念，逐漸『被大眾化』（democratized）」，參見 Elvin, "Female Virtue and the State in China," p. 123. 史維東（Alan R. Sweeten）持相同意見，認為至晚清之時，「寡婦貞節觀已滲透至村落層級」，參見 Alan R. Sweeten, "Women and Law in Rural China: Vignettes from 'Sectarian Cases' (chiao-an) in Kiangsi, 1872–1878," *Ch'ing-shih wen-t'i*, vol. 3, no. 10 (1978), p. 52. 但武雅士（Arthur Wolf）斷言，就一般民眾的行為而言，「貞節寡婦的觀念毫無影響」，參見 Arthur P. Wolf, "Women, Widowhood and Fertility in Pre-modern China," in J. Dupaquier et al., eds., *Marriage and Remarriage in Populations of the Past* (London: Academic Press, 1981).

[6] See Karasawa Yasuhiko, "Composing the Narrative: A Preliminary Study of Plaints in Qing Legal Cases," presented at the Conference on Code and Practice in Qing and Republican Law, University of California, Los Angeles, CA, 1993; Philip C. C. Huang, *Civil Justice in China: Representation and Practice in the Qing* (Stanford, CA: Stanford University Press, 1996), pp. 152–168.

對此類司法案件加以解讀時遇到的風險之一在於，它們或許會讓人以為衝突和危機乃是常態。此類案件所凸顯的那些危機的確存在。然而更重要的是，那些危機所暴露的各種裂痕和實踐邏輯，並非僅是影響到出現於衙門訟案之中的那一小部分人的生活，而是還對更多人們的生活造成了影響。這些相同的力量，以其潛移默化的形式，在各個不易為人察覺的方面均產生了實際影響。那些偶發的公共危機，提供了毫無掩飾地將性秩序予以落實的契機，並進一步強化了上述那種影響。我們應當推想，此類危機所揭示的那些力量，是如何左右著很多從未步入衙門興訟的人們所做的選擇。

第二節　官方對貞節的評判標準

一、貞節烈女：法律的儀式維度

婦女的貞節，被理解為妻子對其丈夫絕對的性忠誠。清代官方據以評判婦女貞節的，乃是她們在面臨諸如喪夫、被人企圖姦淫或調戲等挑戰時所做的反映。例如她為自己設定的貞節標準有多高？她願意付出多大代價以捍衛其丈夫的性壟斷權？

清代官方評判貞節的正式途徑有兩種，其一是皇帝下詔旌表節婦烈女，[7] 其二是依據受害者的行為來評判那些危害貞節的罪行。它們分別代表了朝廷法律當中所包含的「禮」與「法」這兩個維度。典型的貞節烈女形象為「節

---

[7] 關於清代的貞節話語源自宋代的說法，參見 Ebrey, *The Inner Quarters: Marriage and the Lives of Chinese Women in the Sung Period*. 有關旌表的概況簡介，參見 Mark Elvin, "Female Virtue and the State in China," *Past and Present*, vol. 104 (1984)；劉紀華：《中國貞節觀念的歷史演變》；Mann, "Widows in the Kinship, Class, and Community Structures of Qing Dynasty China," pp. 37–56; 小竹文夫著，畢任庸譯，〈清代旌表考〉，《人文月刊》，第 7 卷，第 1 號（1936）；曾鐵忱，〈清代之旌表制度〉，《中國社會》，第 1 卷，第 5 期（1935），後收入高洪興等主編，《婦女風俗考》（上海：上海文藝出版社，1991）。關於清代的相關法律，參見《清會典》（北京：中華書局，1991），卷 30，頁 254–255。關於清代法律令此方面的後續編纂，參見《清會典事例》（北京：中華書局，1991），卷 403、卷 404。

婦」，亦即那些在喪夫後既未再婚也與其他任何男子發生性關係的寡婦。對節婦的推崇，至少可追溯至首開將儒家道德作為國家信條之先河的漢代。而清代則直接承襲了元明兩代的先例。[8] 元代在大德八年（1304）由禮部針對受朝廷旌表的節婦資格加以規定：該女性須至少在其30歲至50歲的這二十年間未曾再婚或與人通姦，且其「貞」在當地廣為人知。經由鄉鄰的舉薦，地方官將符合上述條件的寡婦上報朝廷請求旌表。[9]

明代於洪武元年（1368）對這些條件加以重申，並另外增加了一項獎勵，亦即免除節婦所在家庭的徭役。此外，明代還從正德六年（1511）開始旌表「不受賊汙貞烈婦女」，亦即那些在抗拒強姦的過程中被殺或自盡且未遭姦淫得逞的女子。朝廷會為這些女子立牌坊，並支付其喪葬費用。[10]

無論是守節的寡婦，還是因拒姦而亡的烈婦，均被描寫成採取極端的手段以抵抗與丈夫之外的其他男子發生性關係，不管後者是通過再婚、通姦抑或強姦等方式。守寡被認為在經濟和情感兩方面均會遭遇困境（司法檔案中常常稱之為「苦守」）。那些寧死也不願放棄維護其丈夫的性壟斷權的女子被推崇為「烈女」，猶如那些為君盡忠的官員被稱為「忠烈」。從理論上講，這兩類「殉烈者」皆是主動選擇了一條極其困難但忠貞不渝的道路，而拋棄了其他那些簡單易行但可恥的作法。[11]

清廷賜銀給貞節烈女所在的家庭，以資助為其樹立貞節牌坊，並在當地建造「節孝祠」供奉貞節烈女的牌位以使其得享祭祀。此外，雍正皇帝更是推動了將貞節旌表的範圍擴展至平民階層，他將那種家境貧寒但能守貞的節

---

[8] 參見劉紀華，〈中國貞節觀念的歷史演變〉；Elvin, "Female Virtue and the State in China."
[9] 參見《元典章》（北京：中國書店，1990），卷33，頁17a。
[10] 參見《明會典》（北京：中華書局，1988），卷79，頁457。
[11] 關於明代的女性貞節崇拜，參見 Katherine Carlitz, "Desire, Danger, and the Body: Stories of Women's Virtue in Late Ming China," in C. Gilmartin et al., eds., *Engendering China: Women, Culture, and the State* (Cambridge, MA: Harvard University Press, 1994). 另外，亦可參考曼素恩關於地方誌中對寡婦守節困苦之描述的論述，參見 Mann, "Widows in the Kinship, Class, and Community Structures of Qing Dynasty China," pp. 37–56.

婦視為婦德所能達到的高峰。¹²

在雍乾兩朝，官方通過對絕對的性忠誠這一用來界定原有的那兩大類女性典範¹³的大原則詳加闡述的方式，大幅擴展了符合官方旌表資格的女性範圍。其結果是造成了貞節牌坊的數量空前激增，正如伊懋可（Mark Elvin）所評論的，「旌表制度變成了一條裝配流水線」。¹⁴

在守寡期的計算方面，清代將這樣一類女性也包含在內，亦即那些尚未成婚便遭逢其未婚夫身故，但仍堅持搬到其未婚夫的家中伺奉公婆，並拒絕改嫁他人的女子。此外，在清代中期，有一類人數的擴增，也逐漸縮短了取得節婦資格所需的時間。那些自殺殉夫的寡婦、自殺追隨其未婚夫於九泉之下的未婚妻以及「撫子守志，因親屬逼嫁投繯的孀婦」，此時均有可能被作為節婦旌表。¹⁵這些新增的資格，是將節婦和烈女這兩種貞烈典範合二為一。於是，自乾隆二十四年（1759）開始，那些因為受到非脅迫性的調戲而自殺的女子也被作為節婦加以旌表。¹⁶這一作法將女子應當避免為通姦或強姦所玷汙的那種邏輯加以延伸，絕對的性忠誠開始變得意味著女子即便僅是受到合法丈夫之外的其他男子的性挑逗，她也必須以死明志。¹⁷

但是，即使某位女性做出此等貞烈之事，她也未必就有資格成為節婦。

---

¹² See Elvin, "Female Virtue and the State in China."
¹³ 譯者註：指節婦和烈女。
¹⁴ See Elvin, "Female Virtue and the State in China," p. 135.
¹⁵ 參見《清會典事例》，卷403，頁503。正如曼素恩所注意到的，清代諸帝試圖阻止寡婦們自殺，而將寡婦活下來侍奉其夫家成員視為更值得讚美的行為，參見Susan Mann, "Historical Change in Female Biography from Song to Qing Times: The Case of Early Qing Jiangnan (Jiangsu and Anhui Provinces)," *Transactions of the International Conference of Orientalists in Japan*, vol. 30 (1985), pp. 65–77; Mann, "Suicide and Survival: Exemplary Widows in the Late Empire," pp. 23–39. 不過，他們似乎又常常樂於允許例外情形的存在，一連串詔令的旌表包含了許多寡婦因自殺而獲旌表的例子，參見《清會典事例》，卷403、404。類似的例子還有「割肝（割股）療親」的行為，即以自己軀體的一部分為藥引餵養生病的父母，仍反復受到表彰，參見 T'ien, *Male Anxiety and Female Chastity: A Comparative Study of Chinese Ethical Values in Ming-Ch'ing Times*, pp. 149–161.
¹⁶ 參見《清會典事例》，卷403，頁510–511。
¹⁷ See Marinus J. Meijer, "The Price of a P'ai-Lou," *T'oung Pao*, vol. 67 (1981).

因為在明代，那些因反抗強姦而喪命的女性受害者，若已被施暴者強行玷汙，那麼就會失去被旌表的資格；[18] 同樣的，倘若她以往有過婚外性行為的紀錄，那麼也會喪失節婦的資格。再婚的寡婦即使未被強姦犯玷汙，也不具備節婦的資格，因為再婚本身即代表她經不起貞節最基本的考驗。[19] 一名女子唯有堅持最高的標準（亦即未與其丈夫以外的任何男子發生過性關係，保持清白之身而死），她才有可能獲得節婦的榮銜。

二、危害貞節的罪行：法律的刑罰維度

貞節所面臨的某些考驗，涉及那些被清律界定為犯罪的男性行為。但定罪與量刑皆取決於女方的反應：女性在面臨這種考驗時所堅持的貞節標準越高，對她實施性侵犯者將領受的刑罰也就越重。我們已經在對強姦案件的審判中看到此一原則的運作方式。但是，最引人注目的或許是「調戲」或「調姦」的罪行。倘若一名男子調戲或調姦某女子而該女子僅是向官府告發，那麼該男子將視案情輕重被處以笞刑或一段時間的枷號。[20] 但如果遭調戲或調

---

[18] 這條法令在清代嘉慶八年（1803）時放寬，故而女子若被兩名以上男子性侵犯，即使已被姦淫，仍符合烈婦的條件。在極特殊的情況下，女子即使只被一名侵犯者強姦，也有資格獲得較低一級的榮譽，但她必須在被強姦之前已被罪犯制服並捆綁，參見《清會典事例》，卷404，頁516。此項變革的提議者認為，為叛亂者所擒的官員可能被迫下跪，但這並不證明他不忠，同理，被一夥強姦犯制伏服後遭姦淫的女子，也不能理所當然地被視為不貞，參見《皇朝經世文編》（臺北：國風出版社，1963），卷92，頁33a-33b。這種變化，意味著貞節的定義逐漸由客觀身分轉移至動機的純潔度，參見 Elvin, "Female Virtue and the State in China," 注釋第177; Matthew H. Sommer, "Sex, Law, and Society in Late Imperial China", Ph.D. dissertation, University of California, Los Angeles, CA, 1994, pp. 415–419. 亦可參見本書的結論部分。

[19] 參見《清會典》，卷30，頁254。對此問題的看法，早期曾有分歧。乾隆二十三年（1758），江蘇按察使向皇帝建議應對舉薦貞節烈女的規範加以闡明，將再婚寡婦排除在外，皇帝起初對此表示反對，參見《清會典事例》，卷403，頁510。但我從未見過再婚寡婦曾被舉薦的例子，更遑論獲得旌表。乾隆五十七年（1792），皇帝甚至明令禁止下級官員舉薦再婚寡婦，參見《清會典事例》，卷403，頁513。我曾讀到乾隆朝晚期、嘉慶和道光年間的許多刑科題本皆強調案中因抵抗強姦而死的寡婦曾再婚，以解釋為何不舉薦她使其得以被旌表。

[20] 參見薛允升著，黃靜嘉點校，《讀例存疑（重刊本）》（臺北：中文研究資料中心研究資料叢書，1970），例366-13。

姦的女子自殺身亡，那麼她就有資格成為節婦，而自雍正朝開始，對女子加以調戲或調姦的男子將被處以絞監候。在對此類男性罪犯進行定罪量刑時，更多的是視女方對所遭受的調戲或調姦的反應而定，而非男性所實施的此種行為本身。

另一個例子是那種強迫寡婦再嫁的罪行。就此種罪行而言，刑罰的具體輕重，取決於罪犯與受害者之間的親屬關係遠近。[21] 若寡婦不願與新丈夫成婚而自殺身亡，則那名強迫她再嫁的親屬（無論其與自盡的寡婦是何種親屬關係）將被以最重的刑罰論處。即便迫其再嫁者為那名自殺身亡的寡婦自己的父母，他們也將因為此罪而被處以杖刑和徒刑。這種殉節使得強迫再嫁成為一種嚴重的罪行，而殉節的寡婦則將被旌表。若寡婦已與其再嫁的新丈夫成婚，而她並未選擇自殺，則強迫其再嫁的親屬所受的刑責將大為減輕。若寡婦最終被親人勸服而屈從於強迫再嫁，則如同強姦案件中的情形那樣，順從於即成事實便等於同意，故而迫其再嫁的親人的刑責也將最輕。事實上，在雍正朝和乾隆朝初期，一名寡婦被迫完成了再婚而並沒有自殺，那麼她甚至會失去離開其新丈夫的選擇權，而她的新丈夫也不會受到任何懲罰。正如雍正三年（1725）時的一份奏摺說道，此類寡婦「是業已失身，無志可守，不必追歸」。[22] 若寡婦因為與人通姦而失貞，則其姻親便獲得了將她嫁賣的法定權利而無需顧及寡婦本人的意願。[23]

顯然，強迫再嫁的罪名僅適用於受害者乃是節婦之時，而該罪名成立與否，係取決於此類女性作為寡婦的客觀身分，而非取決於再嫁行為是否違背其個人的意願。在確定每一類別的罪行之前，均須先對受害者進行評判，後者的情況決定了罪犯所受的刑責之輕重。最高的貞節標準是女子以清白之身殉節，而她所得到的回報有二，其一是被朝廷作為節婦旌表，其二是相關的罪犯將被處以最嚴厲的刑罰。

---

[21] 參見本書附錄 C。
[22] 參見吳壇編纂，馬建石、楊育棠校注，《大清律例通考校注》（北京：中國政法大學出版社，1992），頁 446。
[23] 參見薛允升，《讀例存疑（重刊本）》，律 366。

第三節　作為性存在的寡婦

一、貞節與寡婦所享有的附條件的法定權利

清代的法律專家們將寡婦視為一種性存在（sexual being），認為她們若非守貞則即屬不貞。[24] 而無論寡婦是否選擇守貞，皆會引發一連串的法律後果。能夠證明自己貞節的寡婦，便能享有對女性而言相當獨特的法定權利。但是，這些法定權利並不能被與現代西方所謂的不可剝奪的人權相混淆：若寡婦再婚或與人通姦，她便會喪失在夫家的身分以及因此種身分而獲得的那些附條件的權利。[25]

在中國帝制晚期，無論是在法律還是習俗當中，寡婦的財產權皆取決於其婚姻地位。[26] 而婚姻地位中隱含的基本要素是貞節。明代的一條法令對寡婦（妻，而非妾）的財產權加以規定，該法令後來在清代正式成為一條例文：

> 婦人夫亡無子守志者，合承夫分，須憑族長擇昭穆相當之人繼嗣。其改嫁者，夫家財產及原有妝奩，並聽前夫之家為主。[27]

按照此條法律的規定，守貞的寡婦有權獨立支配亡夫從其父那裡分得的那部分財產。若其亡夫無子，則應為他指定繼承人以傳宗接代，並侍奉她安度晚年。只要其亡夫留下的財產足夠讓她維持生計，上述那些授權其行使的權利，可使寡婦得到對女性而言非常獨特的自主權。但若寡婦再婚，她便須

---

[24] 關於這兩種刻板印象在非法律話語中的情況，參見 Waltner, "Widows and Remarriage in Ming and Early Qing China;" Mann, "Widows in the Kinship, Class, and Community Structures of Qing Dynasty China," pp. 37–56.

[25] 基於此種目的，只有當寡婦被認為其行為不端時才構成失節。例如，雖然被強姦犯姦淫的已死女子沒有資格獲得貞烈身分，但活著的寡婦不會因此被剝奪原有的權利。

[26] 關於家產的相關法律和習慣之代表性研究成果，參見滋賀秀三，《中国家族法の原理》（東京：創文社，1967）。另可參見 David R. Wakefield, "Household Division in Qing and Republican China: Inheritance, Family Property, and Economic Development." Ph.D. dissertation, University of California, Los Angeles, CA, 1992; Jing Junjian, "Legislation Related to the Civil Economy in the Qing Dynasty," trans. by M. Sommer, in K. Bernhardt and P. C. C. Huang, eds., *Civil Law in Qing and Republican China* (Stanford, CA: Stanford University Press, 1994).

[27] 參見薛允升，《讀例存疑（重刊本）》，例 78-2。

第五章　貞節崇拜中的寡婦：清代法律和婦女生活中的性事與財產之關聯　197

脫離夫家的宗族，並喪失擁有包括其先前帶至夫家的那部分嫁妝在內的所有財產的權利。另外，此條法律未言明的預設是，寡婦的子女需留在其亡夫的家族之中。因此，再婚寡婦也喪失了擁有其子女的權利。

　　明清兩代的律典均禁止寡婦（不論她是妻還是妾）在法定的三年喪期內再婚，違者將被處以杖一百並宣告其新締結的婚姻無效。法律還規定，命婦（即高階官員的遺孀）終生不得再婚，違者將被褫奪因其夫身分而獲得的誥封，並處以與在喪期內再婚的平民寡婦同樣的刑罰。[28] 後一法律規定強調了性方面的美德與政治美德之間的關聯：當其丈夫是一名朝廷命官時，妻子對丈夫的性忠誠便顯得更為重要。

　　除了受到上述限制之外，寡婦可以合法地再婚，儘管這種行為往往被汙名化。事實上，在寡婦再婚的具體情形當中，有很多是發生在為其亡夫所服的三年喪期之內（寡婦為貧困所迫），因此違反了法律規定。對於那些缺乏其他謀生資源的貧窮寡婦，州縣官們有時不會強制執行那條為夫服喪期間不得再嫁的禁令。儘管司法官員所致力推廣的是一種絕對的貞節標準，但在此類案件中，他們認為這種再婚能將每位女性都納入一個家庭當中，因此是一種兩害相權取其輕的不得已之舉。[29] 在司法實踐中，再婚的寡婦雖然失去了她在亡夫家中的權利，但似乎又在新丈夫家中獲得同等的權利。易言之，只要再婚的寡婦在其第二任丈夫死後不再改嫁，且無其他不貞的行為，那麼她便有權管理其第二任丈夫的財產和照顧與其所生的子女。上述規則儘管未見於明清兩代的律典之中，但可從許多案件的裁決之中推論得出。[30]

　　另一種形式的不貞行為是與人私通，亦即和姦。女子若與人私通，除了須受杖刑之外，明清律中針對和姦的本律還規定，「姦婦從夫嫁賣，其夫願

---

[28] 參見薛允升，《讀例存疑（重刊本）》，律 105。
[29] 例如《中央研究院歷史語言研究所現存清代內閣大庫原藏明清檔案》（臺北：中央研究院歷史語言研究所，1986-1995），057–121。
[30] 例如《順天府檔案》，162/ 道光 25.3.8；汪輝祖，《汪龍莊遺書》（臺北：華文書店，1970），頁 360–363。

留者，聽。」[31] 在這種情形中，姦婦不僅喪失了針對財產和子女的任何權利，連其自身也成了可被夫家賣掉的物品。背夫在逃的女子亦可「從夫嫁賣」。[32] 明清律典中雖未就寡婦與人私通的情形予以單獨列明，但在司法實踐當中適用與上述相同的那些法條（寡婦被視為其夫恰巧亡故的人妻），其夫家姻親可將她嫁賣。例如在乾隆二十七年（1762）來自四川奉節縣的一起案件中，寡婦周蔡氏與她家中的一名雇工私通。在對這名寡婦進行杖責之後，縣官將她交回給其公公，令其將她嫁賣。她的公公通過媒人為其找了位新丈夫，後者付了65兩銀子作為聘禮。[33]

不過，州縣官僅是命令與人私通的寡婦「歸宗」的情況，似乎也很普遍。在這種情形中，該寡婦將聽由其娘家處置。其娘家可選擇將她供養終老，亦可選擇將她再嫁他人。

很多案例都顯示，那些被逐出夫家的寡婦無法享有對財產和子女的權利（雖然有些姻親在此方面也會稍發慈悲）。在道光十一年（1831）發生的一起案件中，直隸寧河縣的寡婦魏楊氏因與人私通而被逐出夫家，她連要保留自己的「粗穿衣服」，也須經過其亡夫的繼子允許，由他將衣物帶至衙門，當著縣官的面交到她手中。[34] 在嘉慶四年（1799）來自四川的一起案件中，巴縣知縣下令將龔李氏逐出夫家，不管她如何哀求，仍然被迫與其子女分開。[35]

與人私通的寡婦未必皆會被逐出夫家，但是否對其採取寬大處理，取決於她夫家那些親戚們的態度。此為下述法條的一種延伸：「其夫願留者，聽」。[36] 乾隆二十七年（1762）來自江西鄱陽縣的一起案件，可作為此方面的一個佐證。王光滿的遺孀吳氏（36歲）供認自己與亡夫的一位遠親通姦，

---

[31] 參見本書附錄 A.2。
[32] 參見薛允升，《讀例存疑（重刊本）》，律116。
[33] 參見《內閣刑科題本》，187/乾隆 27.12.11。
[34] 參見《順天府檔案》，169/DG 11.3.?。
[35] 參見《巴縣檔案》，檔案號：2-4148、2-4152、2-4154。
[36] 參見薛允升，《讀例存疑（重刊本）》，律366。

但她懇求縣官：「只求寬免嫁賣，小婦人情願改過扶子，小婦人母子不致分離，就感恩了。」她的姻親們也同意這一請求，向縣官稟稱道：「叔子王光滿僅遺一子，實不能離吳氏領管。如今吳氏既肯改過，求給小的們族眾領回撫養幼弟就是了。」於是縣官將吳氏杖責之後，下令「應交該族長領回管束，聽其撫子成立以續王光滿後嗣」。

在上述案件中，姻親們的支持非常關鍵：吳氏承諾對已故丈夫負責，撫養其子以保其後嗣，因而有了寬宥她的正當理由。另一點可能也很重要——吳氏的丈夫沒有兄弟，其公婆也已去世，因此沒有直系姻親干涉或垂涎她的財產。其亡夫的堂兄弟得知吳氏的姦情後，儘管不願容忍此事，但也只是警告她的情人離開，並未興訟。直到某天夜裡吳氏的情人被她所雇的工人誤作盜賊殺死，她的行為才引起官府的注意。[37]

就對財產和子女的權利而言，與人私通的寡婦和再婚的寡婦在法律上的地位相同。寡婦在其亡夫家中的地位，包括管理其亡夫財產和撫養其子女的權利，完全取決於她是否維持自身的貞節。

二、拒絕再婚的權利

節婦在法律上享有拒絕再婚的獨特權利。包括她的父母和公婆在內，任何人若強迫她再婚，均須冒嚴刑加身之危險。除了尼姑以外的其他女性，[38] 皆無此項可拒絕再婚的權利。未嫁女子為了反抗婚嫁之命（或者父母的其他任何命令）而將自己的父母告到衙門的事情，自然更不可能發生。同樣的，正如我們所見，寡婦若與人私通，其姻親們便可不顧其本人的意願而將她嫁賣。

《大清律例》中那條禁止「強嫁」任何「自願守節」的寡婦的主要例文，雖然是在嘉慶六年（1801）最終定型，但其基本輪廓早在乾隆五年（1740）時便已初顯端倪。這一法條的適用，是以那名遭人懷疑的寡婦本身確係清白

---

[37] 參見《內閣刑科題本》，185/ 乾隆 27.4.20。
[38] 女性一般須徵得其父母同意或業已守寡，才能出家為尼。

且願意繼續守節為前提。故而，正如我們所見，強迫此類寡婦再婚的行為，便被認為是侵犯其貞節的罪行。此罪行被理解為是由寡婦本人的親屬實施，而那些外人（例如媒人和被安排擬嫁的新丈夫）則被視為協助主犯的從犯。因此，此罪行也褻瀆了家庭成員之間的那種道德紐帶。前述例文根據寡婦所遭受的強迫形式之差異以及她在面對強嫁時所堅持的貞節標準之高低，就該罪行的嚴重性程度劃定等級體系。隨後又在各等級當中，根據罪犯與寡婦之間的親屬關係遠近，科以輕重有別的相應刑罰。對罪犯們的具體量刑，係比照處置親屬之間的暴力犯罪的相同原則而定。因此，若迫其再嫁的罪犯為該寡婦的尊親屬，那麼其與該寡婦的親屬關係越近，則所受的刑罰越輕；若迫其再嫁的罪犯為寡婦的卑親屬，那麼其與該寡婦的親屬關係越近，則所受的刑罰越重。這種作法反映了如下原則，亦即在近親當中，尊親屬擁有要求卑幼服從自己的合法權威，而卑幼則須順從其尊親屬的這種權威（尊親屬的地位是根據其在家族中相對而言的年紀大小和輩分高低來定）。同樣是強迫寡婦再嫁，相較於迫其再嫁的罪犯是該寡婦的遠親或其他無關人等的那種情形，尊親屬的刑責更輕，而卑親屬的刑責則更重。至於寡婦受迫擬嫁的新丈夫和媒人應受的刑責，則要輕於主犯。

另一條後來纂修的例文，特別提及強迫寡婦再嫁的行為具有牟利的動機。[39] 此例所設想的罪犯為寡婦的「期功以下卑幼及疏遠親族」，亦即除寡婦的父母和公婆之外的其他任何親屬。此類人若強迫寡婦再嫁，則其所受的懲處，要遠比前述主要例文中的強迫寡婦再嫁者所受的更為嚴厲。故而，卑親屬強迫寡婦再嫁，若造成再婚已成或致使寡婦自殺，則將對其處以絞監候或斬監候（依乾隆朝的秋審制度，此類案件毫無例外應執行死刑，且不能緩決）。[40] 如同在事涉強姦和調戲的那些案件中那樣，在清代，對造成上述兩種後果的強迫寡婦再嫁之罪行的處刑日趨嚴厲，至雍正和乾隆兩朝時，此類

---

[39] 參見本書附錄 C.2。
[40] 參見剛毅，《秋讞輯要》（臺北：文海出版社，1968），頁 259。

罪行最重時將被處以死刑。[41]

該例文列出了強迫寡婦再嫁以牟利的兩種情形：「謀占資財」和「貪圖聘禮」。在第一種情形當中，罪犯們被想像為借助於強迫寡婦再婚，使她喪失了對其亡夫所遺財產的權利（這樣的話，迫其再嫁的罪犯便容易將這些財產據為己有）。第二種情形則更為直接：將寡婦賣掉以得到其賣身錢。諸多案件紀錄顯示，後一種情形多是發生於極其貧困的人群當中。對那些一貧如洗的人們來說，賣掉寡婦所得的聘禮，在價值上將遠超寡婦留下的任何財產。[42]

設置這些法律保護手段的預期目的，並非是為了維護寡婦自身的利益，而是旨在保障寡婦亡夫的家庭整體和血脈。按照立法者們的想像，貞節寡婦易受其近親屬尤其是姻親的侵害。寡婦的這些近親屬們，被預設為會基於貪婪之心而對她的守節決定橫加阻撓。他們藉以從中牟利的方式是，對寡婦的清白聲譽加以敗壞，並使其亡夫的家庭解體。但歸根結底，真正的節婦握有殺手鐧，因為她寧可選擇自殺也不屈從於這些卑鄙伎倆。

不過，若寡婦不貞，則情況便會發生逆轉：她將失去保有其亡夫所遺財產和子女的權利，而其姻親則將取而代之，成為其家庭利益的監護人。既然寡婦拒絕再婚的全部理由都在於她保持貞節，那麼她一旦與人私通，便會失去拒絕再婚的權利。將與人私通的寡婦逐出夫家或將其嫁賣，也因而成為其夫家宗族合法的自衛之舉。

---

[41] 詳情參見《清會典事例》，卷756，以及薛允升在《讀例存疑》中的相關評注（薛允升，《讀例存疑（重刊本）》，例105-1、例112-4）。

[42] 目前所見對強迫再婚所涉經濟動機所做的最詳盡的討論，參見夫馬進，〈中國明清時代における寡婦の地位と強制再婚の風習〉。另可參見 Holmgren, "The Economic Foundations of Virtue: Widow Remarriage in Early and Modern China," pp. 11–14.

第四節　強迫再婚、自殺和貞節標準

一、一名自殺的寡婦：烈女抑或蕩婦？

刑名幕友汪輝祖所記述的一則案例，可用來說明司法官員是如何以貞節與否作為前提來對寡婦們加以評判。該起乾隆四十七年（1782）時發生於浙江的案件，涉及一位自盡身亡的寡婦葉氏。葉氏的首任丈夫在與她成婚十七年後身故。此後不久，她改嫁給一名孫姓男子。但不到一年，該孫姓男子也撒手人寰。這使她在34歲時再度成為一名寡婦。在葉氏如今的家中，除了一個由其孫姓亡夫與前妻所生的兒子（4歲）之外，還雇有一名秦姓工人幫忙耕種孫姓男子留下的二十餘畝薄田。

不久，一位名叫孫樂嘉的姻親試圖勸葉氏將工人秦某解雇，以免被外人說閒話。葉氏雖然口頭上答應，卻並未踐行諾言。於是孫樂嘉自己去找秦某，但秦某拒絕辭工，其理由是女主人還欠他工錢。此後，孫樂嘉和其他族人開始向葉氏施壓，要她再婚。葉氏托稱需要時間找到合適的再婚對象。當這些姻親們為她在鄰村找到新丈夫人選時，葉氏到當地衙門遞狀興訟，指控孫家強迫她再婚。她所雇用的那名工人秦某則作為其抱告（按清代法律的規定，婦女告狀須有男性作為抱告）。族長和孫樂嘉於是想將秦某找出來懲戒一番，但秦某聞訊後逃之夭夭。隨後他們責罵了葉氏，而葉氏於當晚自縊身亡。

審理此案的縣官及其上級均同意葉氏的自殺是迫於姻親們施加其身的那種再婚壓力，但對接下來應援引哪一法條卻存在分歧。倘若孫氏族人是為了藉此攫取葉氏亡夫的田產，則他們的行為便構成了強迫寡婦再婚以牟利的罪行，故而應受更嚴厲的懲罰。湖州知州就此向其幕友汪輝祖詢問意見。

到此處為止，那種為司法官員所接受的案情說法，一直認為葉氏是一名守節寡婦。她的不願再婚，被認為係出於對其孫姓亡夫的忠誠；正是這種忠誠，導致她拖延再婚、到衙門狀告姻親迫嫁，乃至最後以自縊的方式結束自

己的生命。但汪輝祖在重新核閱此案的紀錄發現，在她自盡身亡時：

> 葉屍面抹脂粉，上著紅衣，襯色衣，下著綠裳，紅小衣，花膝褲，
> 紅繡鞋。臥樓一間內係葉室，中間版隔無門，外即秦床。

汪輝祖認為，這些細節強烈暗示葉氏與她雇傭的那名工人之間有姦情。無論如何，由於葉氏在其首任丈夫死後又改嫁他人，這讓人很難相信她如今還能保有崇高的貞節標準：

> 葉之死距孫死不及一年，面傅脂粉，服皆豔妝，此豈守寡情形？
> 舍十七年結髮之恩，守十一月後夫之義，天下斷無是情。所謂守
> 者，殆不忍舍秦耳……是葉之輕生由於秦去，惟秦是究，自得實情。

那名秦姓工人後來被緝拿到案。結果不出所料，他供認出自己確與葉氏有姦情。因此，此案最終的判決，宣告了並不存在那種強迫寡婦再婚的犯罪企圖。

本案的關鍵在於葉氏是否貞節；對此問題的不同回答，將導致一連串既有法律意義也有象徵意義的不同後果。若葉氏清白守志，則她的自盡將成為婦德之典範；那些將她逼死的姻親們也擺脫不了藉此謀占葉氏亡夫所留田產的嫌疑，因此將被嚴懲。若葉氏的貞節有失，則其死亡就只是荒淫放蕩的應得下場；唯一應受懲處的是與她私通的姦夫，其姻親們的行為則可被視為捍衛家族血脈純潔所做的努力。汪輝祖認為，此案起初調查時未能發現葉氏與人私通，乃因「曆訊皆舍其本也」。[43]

二、對烈女形象的描繪

乾隆四年（1739）來自安徽宣城的如下案例，提供了一個關於貪財姻親與貞節寡婦之間如何進行道德角力的典型例證。此類案件反映出朝廷旌表貞節的政策在「禮」與「刑」兩方面最直接的互動。據該案的案件摘要中所稱：

---

[43] 參見汪輝祖，《汪龍莊遺書》，頁360–363。

雍正陸年，陳來（引者註：吳氏之夫）病故，之相夫婦（引者註：吳氏的公婆）欲令吳氏他適。氏曾剪髮明志。迨之相夫婦故後，氏因家貧攜子求乞，詎子年幼迷失無蹤，獨自苦守已經拾載。

陳之萬是吳氏親等最近的在世姻親，他「屢勸氏嫁，（吳氏）不從，頓欲強奪其節。」易言之，陳之萬強迫吳氏再婚，以杜絕她繼續向他的家族尋求救濟，同時也垂涎將吳氏嫁掉後所可能得到的那份聘禮。不料，當吳氏被綁著送至她的新丈夫繆子通家時：

……哭罵不肯成親，子通詢知強嫁情由，不敢逼從，令伊幼子繆招兒伴宿，並未成婚。次日，子通往尋陳進（引者注：媒人）等索退財禮，躲匿不見。至拾肆日，令子將吳氏送回，吳氏複被之萬詈罵，氣忿不甘，即於是夜在陳之萬家內自縊殞命。

在對那些欺凌吳氏的罪犯們進行判處後，縣官下令追回她那些已被其姻親瓜分的薄產，責令她的兄弟代為管理，並命他負責尋找吳氏那名失散已久的兒子。至於這名寡婦本人：

吳氏於貳拾柒歲喪夫，先經剪髮明志，守節拾載，被陳之萬等強嫁不從，激烈自縊。似此苦節，洵屬可嘉，應請旌表，以維風化。[44]

為了確證該寡婦是否貞烈，審理案件的司法官員們會仔細盤問寡婦的那位新丈夫，以查明她被送至他家中後所發生的事情。以下這份來自安徽六安州並被錄入嘉慶二十二年（1817）上奏中央的題本之中的口供，清楚描述了寡婦是如何對強迫再婚進行反抗。這份口供從格式上看是在回答各種互不關聯的問題，但讀起來卻猶如記錄了寡婦在應對一連串挑戰時的獨白。供述者是向寡婦余氏（34歲）提親的男子林待榮（39歲）。林待榮直至上門迎娶余氏時，才發現她是被逼再婚，但他仍接受了這樁婚姻交易（「小的因事已做成，不肯歇手，只道娶回可以勸允」）：

---

[44] 參見《內閣刑科題本》，75/乾隆 4.5.30。此例顯示，偶爾也有赤貧寡婦會拒絕再婚。易言之，認為寡婦因經濟動機而再婚的情形應相當普遍的這種看法，雖然整體上大致正確，但並不能用來解釋任一案件中的實際行為。

把余氏抬到小的家時已三更，余氏哭鬧不肯成親，經母親伴宿勸解。拾伍日下午，小的勸余氏吃飯，余氏將盌盞打碎，並把頭髻剪落，向小的辱罵。小的生氣，用拳毆傷他（她）鼻樑連左眼眶。余氏潑鬧，小的把他（她）揪住，拾起柴片連毆他（她）左臂膊、左右肋肘、左手背、脊背左幾下，余氏臥地亂滾，罵不住口，小的又打他（她）左右臁肕各一下。父親趕來喝阻，並把小的責罵，叫去找同原媒將余氏送回，免得鬧事。是夜仍叫母親伴同余氏歇宿。拾陸日早，小的去尋王升們（引者注：媒人）退還財禮，好把余氏送回。不料余氏乘母親赴廚煮飯，在房自縊身死。實因余氏潑鬧辱罵，一時氣忿毆打，並無毆逼成親的事。

和前一案例中所見的情形相同，此案當中也是女子為了捍衛貞節而進行正當抵抗。被強行送到其新「丈夫」家中後，餘氏拒絕進食：進食可能代表著她願意加入新家庭。此外，如同前一案例中的那名寡婦，她也剪髮以明志。這是一種聲明棄絕性生活的舉止，與「削髮為尼」的象徵意義相似。[45]當遭到其新「丈夫」的毆打時，她便咒罵還擊，最後上吊自盡，以避免與那位篡奪其丈夫位置的男子發生進一步的接觸。[46]

對那些被強迫再婚的寡婦之新「丈夫」進行審問的重點，在於弄清他是否已與該寡婦圓房。若他已玷汙了該寡婦，則會受到更嚴厲的處罰；若這名寡婦「聽任」該男子與其交媾，則她便失去被旌表為節婦的資格。此問題相當重要，以至於有省級官員甚至特地下令指示其下級應如何辦理此類案件：「嚴審證人，確證謀占資財、合謀壓迫再婚、強逼成婚致使上吊自盡之全部事由，查清有・無・姦・汙・（著重號為引者所加）。」上述這段話，係摘

---

[45] 在廣東順德縣，拒絕在夫家飲食，為「不落家」婚俗中具有重要象徵意義的舉動，參見 Janice E. Stockard, *Daughters of the Canton Delta: Marriage Patterns and Economic Strategies in South China, 1860–1930* (Stanford, CA: Stanford University Press, 1989), p. 20. 有關剪髮或其他自毀容貌的策略，參見 T'ien, *Male Anxiety and Female Chastity: A Comparative Study of Chinese Ethical Values in Ming-Ch'ing Times*, p. 37; Carlitz, "Desire, Danger, and the Body: Stories of Women's Virtue in Late Ming China," pp. 113–114.

[46] 參見《內閣刑科題本》，138/ 嘉慶 22.6.26。

抄自乾隆二十七年（1762）來自湖北隨州的一起案件的卷宗。在該案中，寡婦謝氏亡夫的一位堂兄弟覬覦其財產而強迫她改嫁，結果導致謝氏自殺。在接獲上述指令後，知州在訊問「新郎」王化章（30歲）時，特地命其回答是否已與寡婦謝氏圓房的問題。王化章供稱如下：

> 謝氏不肯成親，說他（她）被搶嫁，仍叫送他（她）回去……小的央了鄰婦張氏陪伴勸解。謝氏對張氏說，若不送回他（她）就尋死。父親聽得這話害怕，叫小的快尋媒人說明，好送謝氏回去。小的去找他們，都躲避不見。到晚上回去，父親說今日晚了，且到明日再去找尋。父親當時叫張氏與謝氏同他女兒在南首房內睡。父親又叫小的與他同鋪。不料到貳拾貳日早，張氏在房喊叫說謝氏吊死了，小的忙同父親到房裡，在床架上把謝氏解放下來，已灌救不活了……小的實沒強逼成婚姦汙謝氏的事，現有張氏可問。

鄰居張氏和王化章的父親均證實，王化章整夜都待在另一間屋子裡，沒有機會對那名寡婦進行性侵犯。事實上，王化章之父當時就對此非常擔心，故而特意讓兒子與自己同床而眠，以確保其子不會找寡婦謝氏強行發生性關係。[47]

由於這些寡婦名義上是為了其亡夫而捐生殉節，故而另一個重點考慮是保護其亡夫的利益。在本節所引述的第一起案件中，縣官下令將寡婦吳氏那些已被其姻親瓜分的財產（儘管非常微薄）重新聚攏，然後交由她的兄弟代管，直至找到她那失蹤的兒子來繼承。[48] 而在本節引述的最後一起案件中，謝氏的丈夫家財更多，卻無子嗣。他的土地、牛和女兒均被交由寡婦謝氏的兄弟代管，以留待日後為他擇立一名合適的男子作為嗣子加以繼承。該名嗣子將獲得這份財產，同時亦須負責撫養寡婦的女兒並為她安排婚嫁，此外，

---

[47] 參見《內閣刑課題本》，182/ 乾隆 27.7.29。
[48] 參見《內閣刑科題本》，75/ 乾隆 4.5.30。

他也須承擔作為嗣子對承繼宗祧的已故父母在禮制方面的各種義務。[49] 在上述每起案件當中，審理案件的縣官們均試圖從物質要素和成員組成這兩方面將已故丈夫的家庭重建為一個獨立的單位，以使得該案中的寡婦不至於白白殉節而死。

此類案件紀錄均以請求對殉節的寡婦加以旌表作為結尾，其字裡行間流露出強烈的政治意味。前面引述的第一起案件即屬此例。寡婦謝氏一案亦復如是：「查謝氏因黃正吉等搶嫁，守正不汙，捐軀明志，洵屬節烈可嘉，應請旌表，以維風化，以慰幽魂。」在諸如此類請求旌表的文字段落中，「旌表」二字是被寫於行首空白處，高出正文中的其他部分。這種寫法通常用於文中提及皇帝的情形：經由旌表，皇帝親自認可了烈女的貞烈行為。旌表烈女時慣用的「捐軀」一詞，通常是被用於描述士兵或忠臣的慷慨赴義。如同「正」、「烈」、「風化」等詞那樣，這種措辭可謂那種將貞節與政治忠誠相類比的觀念之縮影。[50]

在這些刑科題本當中，烈女被描述成有著自我意識且意志堅定之人，但她所擁有的這種力量導向了自我捨棄，其邏輯上必然的極端結局便是自殺。對於朝廷而言，自我捨棄集中體現了女性恰如其分的果敢自信，而這種貞節方面的主體屬性之最終表現，則是女性親手將自己的存在從事件中抹掉，留下一片空白，以待司法官員們通過頌揚其大義的方式加以填補。烈女雖被描繪成是一個為自己主動作出抉擇的主體，但她之所以能在官方話語享有尊榮，乃是基於她是為了其丈夫而非為自己而活的這樣一種假設——其自身生死的唯一意義在於對丈夫無條件的忠誠。

那些受旌表為烈女的女子，或許是清代司法檔案中最難懂的人物。此類案件的摘要，讓人聯想到各地方誌的節烈傳中的那種陳腔濫調，而寡婦本人的動機卻是模糊不清。她們的抗爭和絕望，看起來未必皆是受官方議題的影

---

[49] 參見《內閣刑科題本》，182/ 乾隆 27.7.29。
[50] 參見《內閣刑科題本》，182/ 乾隆 27.7.29、176/ 乾隆 27.10.14。

響，其中的一部分女子也許是由於珍視自己所享有的那種自主權。[51]

三、「假順」

乾隆三十四年（1769）來自四川巴縣的一起案件，提供了關於寡婦拒絕被安排再婚的更為寫實的情形。該案中的這名寡婦並未選擇殉節，而是從夫家出逃並向官方控訴其遭遇。何劉氏（36歲）是何瑞祥的遺孀，其亡夫遺下的財產，可供她和幼子及童養媳過著獨立自主的生活。根據她的呈控——

> 遭氏夫弟何瑞林屢逼氏嫁，謀吞氏夫所遺當田價銀一百兩並賣田價銀五十六兩。氏迭經約鄰藍應祿等理論可質。殊瑞林狼心無厭，串棍晏華茂，統凶楊玉伯等多人膽於本年三月二十六蜂擁氏家，將氏繩捆手足，搶至地名上洞沱，與楚民黃姓為婚。氏欲自盡，奈九歲孤兒難舍，是以偷生假順黃姓，始得於本月初八脫逃虎口回家，哭投（鄰人）⋯⋯清查氏夫當賣田銀以及衣谷米物傢俱悉被瑞林一卷鯨吞。

何劉氏的這番陳述，得到八名鄰人的證實，但縣官對這名寡婦本身的行為卻抱持著譏諷的態度：「該氏於三月二十六被搶，至四月初八始回，是與黃姓成婚幾及半月，尚得謂之『假順』乎？」不過即便如此，縣官仍判定那些將何劉氏捆綁搶走之人有罪，並責令他們將財產歸還這名寡婦。縣官撤銷了這門婚事，並向寡婦的兄弟允諾，日後若發現寡婦的姻親們再有此種惡行，則他們可即行向官府報告。相較於因謀占資財而強迫寡婦再婚的姻親們按照律例所定本刑須受的刑罰的那種嚴厲程度，此案中罪犯所受的懲處顯然

---

[51] 有關方志中的節烈傳，參見 Patricia B. Ebrey, ed., *Chinese Civilization: A Sourcebook* (New York: Free Press, 1993), pp. 253–255; Mann, "Historical Change in Female Biography from Song to Qing Times: The Case of Early Qing Jiangnan (Jiangsu and Anhui Provinces)," pp. 65–77; "Widows in the Kinship, Class, and Community Structures of Qing Dynasty China," pp. 37–56; Elvin, "Female Virtue and the State in China;" Jonathan Spence, *The Death of Woman Wang* (New York: Penguin Books, 1978), chapter.3, chapter 5. 有關自主權本身價值的探討，參見 Waltner, "Widows and Remarriage in Ming and Early Qing China," pp. 141–142; Wolf, "Women, Widowhood and Fertility in Pre-modern China," p. 142.

相當輕微。這名寡婦的亡夫之弟何瑞林和其他人僅受到杖刑之懲罰，且在具結悔過後便被釋放。但是，何瑞林作為何劉氏在服制上之大功親中的卑親屬，其動機又是藉迫兄嫂再婚以牟利，他本應被判處斬首。[52] 該案中那位黃姓的「新郎」似乎全未受罰，而是被視為何瑞林等人詐欺行徑的受害者。

顯然，縣官認為何劉氏對強迫再婚所做的反應遠非令人滿意。何劉氏竭力為自己的行為辯護：她本應選擇自殺，但她首要的責任是撫養其子——其亡夫的繼承人，於是選擇了忍辱偷生。但縣官對她的這種犧牲方式很不以為然，因此對加害者們從輕發落。[53]

第五節　沒有資財的寡婦

一、貧困與官方所宣揚道德的局限性

很多寡婦完全負擔不起清廷所極力頌揚的那種貞節。從案件紀錄來看，寡婦為了替亡夫還債或辦理喪事而在其死後很快就改嫁的情形，絕非罕見。實際上，她將自己賣給新的丈夫，在與後者成親之前用所得聘禮償還亡夫的債務。[54] 來自巴縣的一份契約中便透露出此種端倪：

> 立主婚出嫁文約
>
> 孫門余氏今因夫身故，遺子孫文榜幼小，家貧無靠，難以苦守。有在城商民汪釗請媒證說成孫、余二姓，余氏自行主許與汪釗為配，遺子文榜、女二姑隨母帶至汪姓教育、交書、聘定，甫養成

---

[52] 參見本書附錄 C.2，B 項。
[53] 參見《巴縣檔案》，檔案號：1-1673，1-1674，1-1677。
[54] 對於某些寡婦來說，另一種選擇是賣娼，參見《巴縣檔案》，檔案號：3-8768，4-4881。自 17 世紀 70 年代開始，為了至少讓一小部分的貧窮寡婦有可能選擇守節，一些地方士紳和官員為其提供慈善救濟的居所。參見 Angela Leung, "To Chasten Society: The Development of Widow Homes in the Qing, 1773–1911," *Late Imperial China*, vol.14, no. 2 (1993); 夫馬進，〈清代の恤嫠會と清節堂〉，《京都大學文學部紀要》，第 30 號（1991）；Mann, "Widows in the Kinship, Class, and Community Structures of Qing Dynasty China," pp.37–56.

人之後孫姓歸宗，不得阻滯。當日請親友街鄰眾議出備財禮錢貳拾陸千文整，帳目除靈棺木追資費用。當日交足，開銷各項明白，認從汪姓擇期完聚。日後倘有本族孫姓伯叔人等不得別生異言。此係二家情願，中間無強逼情由。今恐無憑，立此婚約一紙為據。

永遠為照[55]

媒證：親叔孫芳虞（代筆）、孫國甫（主婚）

乾隆二十五年三月二十二日立婚約人

孫門余氏立

　　上述文字強調此契約乃是寡婦主動自願訂立，並特別言明她是「立」約之人。就此而言，這份契約不同於當時一般的婚約文書，因為後者從不以新娘的名義撰寫。該契約的上述特點，意味著人們明白寡婦擁有受習俗和法律保障的拒絕再婚權。

　　由於亡夫家的姻親們太窮而無力養活寡婦及其子女，沒有財產的寡婦於是帶著自己的孩子再嫁他人（如同上述契約中所約定的那樣），這種情況看起來頗為常見。我在清代檔案中看到過這樣的例子，寡婦讓與她再婚的男子保證其亡夫之子不致被迫改從繼父之姓。[56]

　　這份契約的目的之一是記下雙方商定的各種條件，以便在萬一鬧至官府時可藉其之力加以執行。另一個目的可能是將寡婦的再婚之舉予以正當化。上述契約將寡婦描述為迫於貧困和撫養幼子之需，不得不無奈地放棄守節。該契約還努力刻畫這名寡婦對已故丈夫的忠誠：她在用再婚所得的聘禮償付亡夫的喪葬費用，而她本人雖離開亡夫的家族，但會確保其子留在亡夫家的世系之內，因而保全了其宗嗣。換言之，在現有的物質條件下，她已竭盡全力做了一名節婦所應做的事情。我們無由得知這份契約在多大程度上反映了她真正的想法——這種契約充其量只是可能記錄了她那已被多層（例如常用

---

[55] 在這件文約的原件當中，「永遠為照」四個字被寫得很大。
[56] 有關寡婦攜子再嫁的問題，參見 Waltner, "Widows and Remarriage in Ming and Early Qing China," pp. 143–145.

的寫作風格、契約格式、男性代筆人等）過濾的「聲音」。即便如此，這份契約仍提示我們，人們時常因為無法在自己生活中實踐正統的價值觀而心懷愧疚。[57]

雍正十一年（1733）來自貴州遵義縣的一起案件，顯示了官方所宣揚的道德是如何得不切實際。鄭氏之夫袁瑜（農民）於雍正十年（1732）去世後，她和四名幼子只好向娘家舅媽借貸度日。她的姻親們雖希望能幫到她，但實在因家貧而自顧不暇。這名寡婦允諾用將來再嫁所得之聘禮償付債款，才為其亡夫賒得一具棺木。

然而，當她表示勉強接受再嫁的意思後，鄭氏發現自己成為搶手的人物，因為她生育兒子的能力有目共睹。由於這一原因，且替她說媒的姻親也頗為其利益著想，鄭氏得以開出較好的條件。其中一名求婚者是她的表兄弟雷棟（35歲），因其妻「沒有生得兒女，見鄭氏兒子生得多，想娶他做妾」。雷棟通過媒人表示願意出二兩銀子作為聘金。但鄭氏不願為妾，同時也擔心這樣嫁過去會對孩子們不利。另一名更具吸引力的求婚者是鄒登朝（37歲），其妻已去世且無子嗣，故而鄭氏若嫁給他，便可享有完整的妻子身分。鄒登朝願意出五兩銀子作為聘金，而這個數額足以清償鄭氏之前欠下的那些債務。他還同意撫養鄭氏的兒子們，讓他們保留親生父親之姓。鄭氏對此表示接受，於是在她第一任丈夫過世約六個月後再嫁給鄒登朝。

後來鄒登朝被控殺人（被鄭氏拒婚的雷棟攻擊了鄒登朝，鄒登朝在自衛時將其殺死），縣官因此留意到鄭氏再婚的時間。我們知道，《大清律例》禁止寡婦在夫喪後三年內再婚。當縣官就這一事實訊問鄭氏時，她試圖為自己辯護：

> 小婦人丈夫留下四個兒子，年紀都小，餓不過，日夜啼哭。小婦人還餓得起，就是餓死了也說不得可憐，四個兒子若餓死了，把丈夫的後代都絕了。小婦人沒奈何，只得嫁了人好保全這四個兒

---

[57] 參見《巴縣檔案》，檔案號：1-1623。

子的。

鄭氏上述所言，似乎影射宋明理學反對寡婦再婚的那句名言：「餓死事小，失節事大。」[58] 如同前述那名「假順」的寡婦，鄭氏聲稱是自己為了其亡夫更長遠的利益著想才未自盡。

針對這名寡婦違法的婚姻，縣官也訊問了同樣應受懲處的媒人。媒人的供述十分坦率，毫無道德上的文飾：

> 鄭氏的男人死了連棺材都沒得，後來說鄭氏嫁了人就還銀子，才賒了一口棺材。他（她）家有四個兒子因沒有飯吃，餓不過，日夜叫喚，那〔哪〕裡等得喪服滿？這些人都好餓死了⋯⋯替他（她）做媒只算做了一件好事。

縣官最後決定從寬處理：「鄭氏雖貧無所依，猶當終喪⋯⋯第保嬰以繼夫後，情尚可原⋯⋯應請原情，免其擬罪離異。」無論是寡婦，還是縣官，均不得不以她對其第一任丈夫那種發自內心的忠誠為由，為她在夫死之後迅速再婚的行為做辯護。但是，這仍不免令人感到，這名縣官或許只是迫於那種造成無產寡婦在其夫死後再婚的情況相當普遍的經濟現實，才做了如此讓步。事實上，我並未在檔案中看到過任何一起這種關於寡婦提前再婚的禁令被真正執行的案件。[59]

在 19 世紀，清廷允許在某種程度上對這類案件從寬處理。嘉慶二十一年（1816），刑部頒布規定稱，喪期內再婚的寡婦，在接受懲罰之後，可繼續保有與新丈夫的婚姻，除非再婚之前有通姦行為。[60] 光緒四年版（1878）的《大清律例》在注釋中規定，為了支付亡夫喪葬費用而提前再婚的寡婦，應依「不應為」律減輕刑責（從杖一百減至杖八十），並可保有與新丈夫的

---

[58] 參見劉紀華，〈中國貞節觀念的歷史演變〉，頁 526；Ebrey, *The Inner Quarters: Marriage and the Lives of Chinese Women in the Sung Period*, p. 199.

[59] 參見《中央研究院歷史語言研究所現存清代內閣大庫原藏明清檔案》，第 57 冊，檔案號：057-121。

[60] 參見姚雨薌等編，《大清律例會通新纂》（臺北：文海出版社，1987），卷 9，頁 5b。

婚姻關係。至 19 世紀早期，對於那些因貧窮而賣妻的丈夫，官府已開始採取同樣的方式加以處置。[61] 這種寬大處理的政策，源於官方逐漸意識到強迫窮人遵行貞節的作法缺乏成效。[62]

二、性契約之取消

並不是每一位貧窮寡婦都能有在為她商議再婚的過程中為其利益著想的姻親。故而，有些寡婦在得知姻親將她再嫁他人所訂立的契約中所寫的那些條件時大感震驚，但為時已晚。特別令寡婦們感到絕望的情形是新丈夫很窮：寡婦再婚的首要目的便是想藉此脫離貧困，一旦發現再婚後仍將陷入貧困，則難免感到驚懼。有些寡婦因此拒絕成親，試圖用這種方式擺脫此類婚姻。

在乾隆四年（1739）來自湖北來鳳縣的一起案件中，寡婦張氏（45 歲）拒絕與其新丈夫蔣昌義（43 歲）圓房，結果為蔣昌義所殺。張氏是苗人，其他主要涉案者均為漢人。據蔣昌義供稱：

> 小的是個窮人，苦積二十多兩血汗銀子，費拾肆兩財禮，連盤纏酒水都用完了。娶了張氏進門，原想他（她）同心協力幫小的做人家，不料他（她）看見小的窮苦，又見小的說沒有田地，他（她）就不喜歡。頭一晚和衣睡到天明，第二夜吃酒後，送親的客都睡了，小的叫他（她）睡，他（她）只在灶邊坐了不理。小的扯他（她）進房，他（她）說他（她）這樣年紀改嫁原只圖個飽暖，「如今到了你家，你這樣窮苦，我嫁你做甚麼，你還來纏我。」小的拿灶上的刀嚇他，他（她）把布衫爬開，挺起肚子說「你要殺就殺，寧死也不從的」。

之後蔣昌義將她刺死。

在對這起命案的判決當中，我們再次看到，對貞節與否之要點的考慮，

---

[61] 參見姚潤等編：《大清律例增修統纂集成》，卷 10，頁 14b。
[62] See Sommer, "Sex, Law, and Society in Late Imperial China," pp. 387–390.

對於如何評判蔣昌義求歡、寡婦反抗和蔣昌義殺人的行為均極為重要。如果這名寡婦之前同意成婚，那麼新丈夫要求與她發生性行為，以及被拒後的憤怒和某種程度上的暴虐行為，均可被視為合理。若張氏之前未同意再嫁，則蔣昌義可能會被判定為強姦犯而她則將被認為是烈女。

關於該案案情的摘要，詳述了張氏與蔣昌義之間婚姻的合法性：

> 緣昌義於乾隆四年三月內憑媒冉文美娶……張氏為妻，氏翁梁五主婚，得受禮銀一拾四兩。四月初一日原媒及氏堂兄張相榮、前夫堂兄梁文臣、胞弟梁二、梁麼子、梁師保，堉張天德一同送氏至蔣家完配。

兩人締結婚姻的各個環節，均舉行了恰當的儀式，包括延請媒人，支付聘禮，女方由親戚組成的送親隊伍護送至男方家中。且有合適的威望人士認可此樁婚事。因張氏父母已逝且無兄弟姐妹，便由她的堂兄出面代表娘家。此外還有一份有效的婚契被提交官府作為證據。

另外，所有證人均證明張氏同意再嫁。蔣昌義的鄰居證實「張氏是好好來的，並沒聽得有逼嫁的事」。她第一任丈夫的兄弟作證說：「嫂子情願改嫁，還哥子生前所欠帳目，省得日後累他兒子。這冉文美替蔣家做媒，講了十四兩財禮，是小的們接收，交與父親替哥子清還債務。」她的堂兄張相榮亦證實了上述說辭：「他（她）先嫁與梁均正，生有兒女，乾隆元年均正身故。張氏有個女兒把與小的做兒媳，張氏就隨女兒在小的家住。因他（她）前夫欠人債務，張氏情願改嫁清還前夫帳目，兼且本身衣食有靠。」由於張氏是自願再嫁，她的反抗顯然並不適當，被認為乃是出於憎惡新丈夫的貧窮和（按照縣官的說法）她的暴戾「苗氣」。[63] 蔣昌義被判處絞監候。但由於該案中其妻子有不順從丈夫的行為，他在秋審時應可獲得減刑。事實上，該

---

[63] 縣官強調她的民族背景，這種舉動也許反映了他對傳說中苗族女子的敢作敢為和性權力感到焦慮。參見 Norma Diamond, "The Miao and Poison: Interactions on China's Southwest Frontier," *Ethnology*, vol. 27, no. 1 (1988). 將她的反抗歸咎於特殊的苗「氣」，暗指這種反抗是對「文明」的人際關係規範（亦即禮）的「野蠻」拒絕。但證據顯示她漢化甚深：她的兩任丈夫都是漢人，她本人有漢名，她的婚姻也是依照漢人習俗進行安排。

案的刑科題本中也確實特意提及這名寡婦再婚的事實成立以及她觸怒丈夫的事實。

此案同樣含有涉及貧窮寡婦生存策略的豐富資訊。張氏的姻親答應照顧她的兒子。但為了安置女兒，張氏不得不把她許配給堂兄的兒子；作為此項交易的條件之一，張氏亦在其堂兄處求得暫時的棲身之所。但她並無長遠的謀生之計，且還需償還亡夫遺下的債務。為了解決這兩個問題，她除了再嫁別無其他選擇。她用聘金還清了債務，但似乎對蔣昌義家的具體狀態事先毫不知情，直到過門後，才發覺自己是從先前那種缺乏保障的生活進入了又一種同樣缺乏保障的生活當中。

張氏拒絕與蔣昌義圓房，這表明她大體上將這門婚事視為一種性契約。在這種性契約中，她藉由向一名素未謀面的男子交換性事方面和其他受性別決定的勞動，來換取經濟方面的保障。甫至蔣家，張氏就認定自己被騙了，若不能從這名男子那裡得到經濟保障，她就拒絕與他發生性關係。她可能希望蔣昌義會把她退回去，然後再要回聘金。碰到新娘拒絕成婚時，的確偶爾會有人採取這種作法。另外，張氏並非唯一從這種赤裸裸的契約條件角度看待所立婚約的人。當張氏拒絕與他圓房時，蔣昌義悲歎自己為了娶親辛勞多年才掙到所需的錢財，顯然他也覺得自己受騙了。[64]

張氏的情況並非特例。咸豐十一年（1861）來自直隸寶坻縣的一起案件，涉及一名「因夫故家貧不願守孀」的寡婦張鄭氏。其亡夫之兄弟張熊將她再嫁給馮中禮，馮中禮為此付了兩百吊錢的「身價」。待她到達馮家後，「張鄭氏見馮家窮苦，不願合馮中禮成親，哭鬧尋死，馮家不敢強留」。翌日早晨，馮中禮和其兄弟將這名寡婦送回張家，並索要聘金。張熊拒絕了這一要求，並在隨後發生的打鬥過程中殺死了一名馮家人。[65]

對這些寡婦而言，經濟保障是其接受第二任丈夫的最低限度條件。無論是她們還是她們的新丈夫，均認為順從丈夫的求歡與其圓房是對妻子最基本

---

[64] 參見《內閣刑科題本》，68/ 乾隆 4.9.28。
[65] 參見《順天府檔案》，166/ 咸豐 11.3.6。

的要求。如同其他不幸的新娘那般，這些寡婦拒絕與新丈夫發生性行為的舉動，顯示存在著某種廣為人知的共識，亦即若女性想取消她那不願接受的婚姻，則拒絕圓房是最好（可能也是唯一）的策略。

拒絕完婚的舉動，透露出寡婦對決定再婚的掌控力頗受限制。一旦她原則上同意再婚，司法官員便不會插手此事。顯然，即使媒人並未顧及她的意願，她也無權反悔。她一旦過門，就成為那名男子的妻子，而妻子這種法律地位界定了女方的義務和男方的權力。擺脫這場交易的唯一途徑，便是迫使新丈夫休退自己。

第六節　持有財產的寡婦及其姻親

一、自立門戶與通姦

守節生涯需要有財產作為依靠。在那些資財富裕的宗族中，較為貧窮的寡婦有可能獲得族中義莊的救濟，因此不會感到有被迫再嫁的壓力。一些宗族藉由這種方式購買象徵資本（symbolic capital），以增加吸引其他菁英宗族的女兒們嫁入其族的能力。[66]

本節所討論的並非富家大族的寡婦，而是那些尚能勉強糊口而不必再嫁的年輕寡婦。[67] 這類女子守節與否，取決於精打細算。正如某位守節寡婦的兄弟所解釋的：「妹夫在日置有一石多田，三條牛，（所以）妹子情願守節。」[68] 在我看過的大多數案件中，寡婦的亡夫生前已與其兄弟分家，自立門戶，一旦他去世，其遺孀便成為這個獨立家庭的當家人。霍姆葛蘭

---

[66] See Jerry Dennerline, "Marriage, Adoption, and Charity in the Development of Lineages in Wu-hsi from Sung to Ch'ing," in P. Ebrey and J. Watson, eds., *Kinship Organization in Late Imperial China, 1000–1940* (Berkeley, CA: University of California Press, 1986).

[67] 夫馬進在分析姻親和娘家人對寡婦再嫁的態度背後的經濟動機時，也區分了富裕、貧窮和「極富有」的家族，但他將寡婦視為完全被動地受他人操縱的對象。參見夫馬進，〈中國明清時代における寡婦の地位と強制再婚の風習〉。

[68] 參見《內閣刑科題本》，182/ 乾隆 27.7.29。

（Jennifer Holmgren）認為，「若其丈夫在去世前便已分家，那麼『忠貞』的寡婦與其子能在亡夫家族中獲得相當程度的經濟獨立、尊重和權力。」[69]但是，正如那些強迫寡婦再婚的案件所顯示的，若其姻親心存貪念，則寡婦賴以獨立生活的那些財產便易遭覬覦，即使寡婦有子也無法倖免。用曼素恩（Susan Mann）的話來說，整體情況還可能更為複雜：「在中國的家庭中，那些性慾依然旺盛的年輕寡婦成了曖昧和焦慮的直接根源……她們在家庭中的存在，難免會製造性誘惑和緊張關係。」[70]

對於那些沒有資財的寡婦來說，關於貞節的法律話語幾乎可謂不切實際，但對那些仰賴其亡夫的遺產度日維生的寡婦而言，守節是維持生活自主和生計的關鍵性前提。只要寡婦守節，那麼其他人便不能合法地剝奪其自主權和財產。但她的姻親們也很清楚，若能勸誘她再婚，則他們控制寡婦財產的障礙就會得到排除。[71]有著同樣效果的另一個辦法是誣蔑寡婦為姦婦。我們可以在一名強迫寡婦再婚的姻親的供詞中看到這種想法：

> 是小的該死，想得他（她）的家產，起意想嫁賣他（她）……小的到謝氏家勸他（她）改嫁，果然謝氏不肯依，與小的吵過一回。小的總想要嫁他（她），小的起意搶嫁……小的逼嫁謝氏雖因圖占家產，原想等他（她）到王家去與王化章成了婚才敢得他家業。[72]

當爭端鬧到官府，無論是對寡婦還是其姻親的判決，皆取決於該寡婦的貞節：法律只支持有能力證明自己是在捍衛其已故丈夫之利益的那一方。

這些寡婦多半只有二十多歲或三十歲出頭，並有幼子。因需要有人幫忙

---

[69] See Holmgren, "The Economic Foundations of Virtue: Widow Remarriage in Early and Modern China," p. 11.

[70] See Mann, "Widows in the Kinship, Class, and Community Structures of Qing Dynasty China," p. 44.

[71] 參見 Spence, *The Death of Woman Wang*, pp. 70–72；夫馬進，〈中國明清時代における寡婦の地位と強制再婚の風習〉。

[72] 參見《內閣刑科題本》，182/ 乾隆 27.7.29。

耕種田地，她們會雇用工人，而雇傭對象多半是亡夫的遠房窮親戚。該受雇男子搬來與寡婦及其孩子同住的情形並不罕見，尤其是在農忙時節。他以勞力換取最簡單的報酬：食宿、衣物，或者收成中的一部分。寡婦會替他洗補衣物，而這名男子則與她同桌共食，和她的孩子嬉戲，甚至可能成為她的知心人，特別是當這名寡婦與她那些親等相對更近的姻親不合的時候。通過此種方式而形成的組合，毫無疑問屬於非正統的形式，但核心家庭的基本要素基本上皆已具備。

有些寡婦會與她雇傭的工人有染。我們無法知曉這種情形是否會時常發生，但我所描述的上述組合模式，確實反覆出現在訴訟案件之中（正如在前面那些案例中所看到的那樣）。在很多案件的描述中，寡婦主動勾引其雇工並與之發生性關係，雇工則可能是由於太窮，不敢冒得罪女主人而失去工作的風險。雖然也有例外，但這種對一般公認的家庭權力關係的逆轉，亦即「家中的男人」服從女子並依賴她維生，意味著這類女性對她與伴侶之間的關係擁有一種或許無與倫比的控制力。

在這種方式中，那種為了能保有自主性、財產和子女的守節要求，與其他的需求之間產生了衝突。這種關係可說是一場高風險的賭博：即便是不實的指控，也足以危及寡婦的地位。司法檔案顯示，那些牽涉寡婦貞節的訴訟，大多並非發生在那種超然絕俗的官方貞烈崇拜層面，而是發生在尋常生活的層面，亦即略有薄產的寡婦為了維護其門戶獨立，奮力抵抗其姻親的覬覦，她的姻親則出於義忿、無恥貪婪或其他更複雜的動機，決意將這名寡婦逐出夫家。雙方均擺出捍衛父權價值觀的姿態，根據法律當中那種關於寡婦性慾的典範相互爭辯。以下將討論這種爭執以及當事人所採用的相應策略。

二、利益算計與務實妥協

當然，並非所有的寡婦都總是與其姻親不和。有的寡婦會與其姻親達成務實的協定。這種協議未必完全符合官方的理念，但能使她自身和其夫家的需求得到平衡。乾隆二十七年（1762）來自山西趙城縣的一起案件顯示，姻

親在某些情形中可能會容忍寡婦通姦。張氏（33歲）的丈夫嚴思齊於八年前去世，並未留下子嗣。乾隆二十三年（1758）時，寡婦的侄子嚴臘根（即其亡夫兄長之次子）成為她亡夫的嗣子和繼承人。但是，如她後來所供述的，「因臘根年小照看不著家務，原於乾隆二十四年二月裡雇族侄嚴國富做莊稼的。他不要小婦人工錢，小婦人替他做衣服鞋襪。」嚴國富（37歲）供稱，「小的見張氏是年輕寡婦，原時常調戲他。乾隆二十五年九月二十一日，小的與張氏成了姦，後來乘便姦好。」根據該案題本中的案情摘要，這名寡婦的風流韻事，「經氏夫堂侄嚴秘娃看破，因係家醜，未肯聲揚。」兩人的私通，因此毫無阻礙地持續了一年多時間。後來張氏想賣掉一塊地用於還債，但在採取行動前就被其姻親察覺。張氏繼子的哥哥嚴年娃找她的情夫對質。據嚴國富回憶，「（嚴年娃）一見小的就脫下衣服，赤著身子，口裡混罵說小的姦他嫡母，又賣他家的場地，撲來要打。」在打鬥中，嚴年娃受傷而死。

在嚴年娃的上述指控中，嚴國富對那名寡婦的性侵占，與在經濟上侵占田地類似，均被他視為對其家庭資產的侵犯。只要寡婦的風流韻事不至於威脅到家產，姻親便可以睜隻眼閉隻眼，畢竟家族成員之一終將繼承這份財產。當寡婦打算賣地的消息傳開，這名工人便立刻受到懷疑：他肯定是想利用與寡婦的非法關係，來榨取寡婦夫家的財產。倘若這名寡婦因此懷孕，或許也會造成類似的危機。[73]

某些寡婦採取的策略是招贅：擁有薄產的寡婦與一名貧窮男子結婚，招他入門同住。由於寡婦不隨該入贅男子的姓，她勉強可被視為仍屬亡夫家庭的成員。但這種選擇，只有在姻親不反對的情況下，才有可能發生。有不少寡婦並無干涉其生活的姻親。曼素恩指出，中國農民當中常見的是那種三代同堂的小家庭（1929–1931年間，全中國的家庭平均人數為5.2人），因此應有相當比例的寡婦沒有大伯、小叔。曼素恩認為，其亡夫為家中獨子的寡

---

[73] 參見《內閣刑科題本》，182/乾隆27.7.29。

婦享有更多的自主性和權力，因為其公婆和幼子皆須仰賴她生活。享有這種自主性的寡婦，無論其操行如何，可能都不會面臨受迫再婚的威脅，因此最有條件考慮招贅的策略。[74]

光緒二年（1876）來自江西彭澤縣的一起案件顯示，那些沒有姻親對其加以監督的寡婦，相對而言更有可能與人通姦和招贅而不受懲處。寡婦吳駱氏單獨與其子吳蕾夏一同生活。同治十一年（1872），她雇了一名無地的外來移民張春興幫她務農。數個月後，該寡婦開始與這名雇工私通，兩人在寡婦臥房內同宿。吳蕾夏（已20多歲）試圖加以干涉，結果被寡婦趕出家門。除了來自其母的這一威脅，吳蕾夏還懼怕張春興，且不願面對其母親被揭發與人通姦後的那種下場，故而儘管遭此惡遇，卻不願採取行動。但因流言四起，張春興開始擔心自己會被村長趕出村子，因此向寡婦提議招他入贅。寡婦此時並不樂意，可是張春興以公開兩人的姦情相要脅，她只好屈服。而她的兒子——其亡夫家中唯一能代表家族抗議的成員，再度放棄干涉。

此事幾年後才引起官府的注意。因張春興企圖廉價出售吳家的田地，寡婦的兒子這次終於採取行動以維護自己的繼承權，夥同幾名友人將張春興殺死。吳蕾夏獲得減刑，他對其父遺產的繼承權也得到了落實。此案同樣是因為威脅到家產才引發了後來的干涉之舉。[75]

這對情人此前之所以能有這種迴旋餘地，是因為寡婦亡夫家族中無人願意或能夠干涉此事。《大清律例》明文規定只有女子的丈夫或近親才有權「捉姦」，把姦夫姦婦送交官府治罪。[76] 在我所看過的所有控告寡婦與人通

---

[74] 參見 Mann, "Widows in the Kinship, Class, and Community Structures of Qing Dynasty China," pp. 46–47. 另可參見 Arthur P. Wolf, "The Women of Hai-shan: A Demographic Portrait," in M. Wolf and R. Witke, eds., *Women in Chinese Society* (Stanford, CA: Stanford University Press, 1975), p. 108. 本章前面所引述的寡婦吳氏一案也印證了此點，她因通姦而受懲處，但未被逐出夫家。她沒有大伯或小叔，公婆也已過世，夫家更遠的親戚因事不關己而作了有利於她的證言，參見《內閣刑科題本》，185/ 乾隆 27.4.20。

[75] 轉引自 Sweeten, "Women and Law in Rural China: Vignettes from 'Sectarian Cases' (chiao-an) in Kiangsi, 1872–1878," pp. 52–58.

[76] 參見薛允升，《讀例存疑（重刊本）》，例 285-10、例 285-25。

姦的案件中，興訟者都是其夫家近親、繼子或嗣子。只有這些人才有資格提起訴訟，也只有這些人才能夠通過揭發寡婦不貞而從中獲益。

乾隆二十七年（1762）來自河南遂平縣的一起案件，展示了姻親具有否決寡婦招贅之想法的權力，以及寡婦若加以反抗所可能招致的後果。農夫蕭松死於乾隆二十四年（1759），留下遺孀蕭陳氏和三名幼子。次年春節剛過，蕭松的哥哥蕭逢春、弟弟蕭四便和蕭陳氏分家，這名寡婦得到蕭父全部財產的三分之一，即她丈夫應得的那一份額。蕭逢春還安排了一名雇工王虎替寡婦務農。在王虎的協助下，蕭陳氏得以維持獨立的家庭，儘管她全家仍住在已過世的公公家中（分家後她得到堂屋，而她的大伯、小叔分別得到前屋和後屋）。據該案的案情摘要：

> 王虎與陳氏素不避忌，貳月拾五日陳氏曾面告王虎欲行招伊為夫。王虎允諾，囑令陳氏向蕭逢春商議。蕭逢春不允，陳氏即於是夜潛至王虎牛屋成姦，以後時常姦宿……詎陳氏因姦懷孕，於拾壹月拾參日私產一女，當即殞亡。王虎畏蕭逢春知覺，意欲逃逸，陳氏出言阻止。迨至傍晚，蕭逢春回家聞知，隨同蕭四向陳氏查問，陳氏直認與王虎姦生，復欲招王虎為夫。蕭逢春聽聞忿怒，即行斥辱，欲喚氏父陳志祥一同送官究治。因值天晚，未及往喚，至拾肆日，蕭逢春……遣蕭四兩次往喚陳志祥，未赴。拾陸日晌午，蕭逢春因陳志祥尚未到家，輒行氣忿，當將伊侄蕭臘斥罵，並令轉告陳氏次日一同進城稟官。蕭臘告知伊母陳氏。

當晚，陳氏在將她的三個兒子溺死後自己投河自盡。官府的最終判決把這幾條人命算在寡婦的情夫頭上，判他斬監候，其理由是他的「姦淫」導致了這場悲劇的發生。蕭逢春則因未能及時趕走這名工人避免通姦發生，而受到杖責。

就在蕭逢春拒絕陳氏招贅王虎的當晚，陳氏主動與王虎發生了性關係。這種挑釁行為可能是陳氏有意識的策略，以迫使姻親認可她的意願。因此，當人們發現此事後，她索性公開承認通姦，並再次提出要招贅王虎。面對此

種局面，或許很多姻親會接受這種既成事實。

按照當時的標準，蕭氏兄弟的行為算是相當得體。他們在兄弟身故之後恰當地安置了其遺孀，並盡力幫助她建立自己的家庭。蕭逢春看起來對於其弟妹的姦情是發自內心感到憤怒，而並非覬覦她的財產。甚至就算將陳氏趕出家門後，他可能仍會替她的兒子保留財產。將陳氏驅逐出門是勢在必行，從蕭家兄弟首先想找來她的父親便可看出此點（其父可協助蕭家兄弟將她送交官府，再領回娘家）。而在這名寡婦看來，與其失去孩子，還不如帶他們同赴黃泉。[77]

清代司法檔案中所呈現的節婦情況，迥異於人類學家武雅士（Arthur Wolf）的描述。武雅士關於婚俗的代表性研究，是基於日本殖民當局於20世紀初在臺灣所收集的資料。[78] 他指出，通姦和招贅在臺灣北部的農村寡婦當中頗為常見，這意味著寡婦可自由進行這類行為而不受懲處。他甚至在一篇論文中斷言，對「前現代中國」的一般人而言，「貞節寡婦的觀念沒有任何影響力」。[79]

司法案件或許誇大了國家權力的重要性，畢竟它們屬於官方紀錄。但我們不應認為武雅士的上述概括涵蓋了所有寡婦的情況，或其他地區與歷史階段的情況。武雅士所觀察到的高比例的不貞行為，也許只反映了沒有姻親干涉其行動的那種寡婦的情況。若果真如此，武雅士的研究所能告訴我們的，是許多女子在能避開懲罰的情況下將會採取哪些行動，但未探討其他女子若採取同樣的行動時，實際上需要面臨哪些風險。[80] 另一個可能性是武雅士所分析的那種「前現代中國」的寡婦形象，浸染了臺灣那種獨特的政治色彩。

---

[77] 參見《內閣刑科題本》，188/ 乾隆 27.8.6。
[78] See Wolf, "The Women of Hai-shan: A Demographic Portrait;" Wolf, "Women, Widowhood and Fertility in Pre-modern China;" Wolf and Huang, *Marriage and Adoption in China, 1845–1945*.
[79] See Wolf, "Women, Widowhood and Fertility in Pre-modern China," p. 146.
[80] 奇怪的是，武雅士注意到，在臺灣同樣的社群中，「寡婦的普遍形象是受迫於覬覦她所擁有的那些田產份額的大伯、小叔而再婚的年輕女子」。他並未解釋為何強迫再婚會構成一個問題，而通姦和招贅卻不會。參見 Wolf and Huang, *Marriage and Adoption in China, 1845–1945*, pp. 227–228.

他所引用的資料毫無清代司法官員推行正統觀念的記載——畢竟這部分內容已隨著 1895 年日本霸占臺灣而消失。政權更替以及許多傳統菁英選擇留在清廷統治地區而離開臺灣,對道德標準和財產權利的推行有多少影響,是仍待研究的課題。

在我所引用的所有案件中,當事人都清楚意識到,法律的力量對糾紛兩造而言均是一把雙刃劍。在大多數案件中,只有在糾紛的某一方選擇告到官府時,地方官才會插手。因此可以肯定的是,並非所有的不貞寡婦都會被官府治罪或被其夫家的人逐出家門。如果寡婦的公婆仰賴她維生,或她根本就沒有夫家姻親,那麼大可隨心所欲而不須擔憂風險。但是,關於貞節和財產的話語,既能被有辦法證明自己貞節的寡婦援為己用,也能被有辦法證明她們不貞的夫家人所利用。通姦和招贅有時會被容忍,但並非皆係如此——人們顯然很清楚法律會支持那些對此類行為表示反對的夫家姻親。[81]

第七節　爭鬥的諸種情形

「捉姦」是將寡婦逐出家門的慣用策略之一。這種行為具有儀式特徵,且似乎有一套眾所周知的固定行事方式。懷疑寡婦與人通姦的夫家姻親,會等待時機將其捉姦在床。他們通常會夥同一幫人前往捉姦,如此便有足夠的人證證明寡婦的醜事。他們會打斷這對正在交歡的男女,將他們痛毆一頓,保持他們被捉姦在床時的樣子(最好是赤身裸體)並捆綁起來,直接送到官府。[82] 夫家的人有時會設計誣衊寡婦,其目的與強迫寡婦再嫁相同。縣官顯

---

[81] 有證據顯示在臺灣亦是如此,例如光緒七年(1881)新竹縣林洪告其孀居兒媳通姦一案,參見《淡新檔案》,檔案號:35401。

[82] 清代法律對誰可殺死被當場捉姦的姦夫姦婦有嚴格限制,僅授權該女子之夫和近親捉姦,然後交由官府治罪。但法律也明確規定,「非法捉姦之人」毆打被當場捉住的姦夫姦婦,只要未造成「折傷」,可免受懲處,參見薛允升,《讀例存疑(重刊本)》,律 285-00 及相關的例。另可參見 Marinus J. Meijer, *Murder and Adultery in Late Imperial China: A Study of Law and Morality* (Leiden: E. J. Brill, 1991)。

然深知這種可能性,因此除非寡婦與人通姦的證據確鑿,否則縣官的懷疑態度通常對寡婦較為有利。

一、義忿,抑或陷害?

道光元年(1821),王輝先的寡妾徐氏和王輝先的表弟被捉姦在床。這名寡婦和她亡夫的兄弟王榮先同住在重慶。王榮先已懷疑她與人通姦甚久,終於在某天夜裡闖進寡婦的房間,將姦夫姦婦赤身裸體地捉姦在床。翌日早上他便告到官府,但犯了一個錯誤——他不該在捉姦時單獨行動。寡婦和她的情夫找來了十名友人和鄰人作證,聲稱王榮先是為了把她趕走並霸占其亡夫的遺產而企圖「誣姦」。縣官聽信了寡婦所言,將王榮先杖責並判其帶枷一個月。徐氏隨後擺了慶功宴以款待她的證人們。但是,數個月後寡婦突然再婚,有傳言說她這麼做是為了掩飾其懷有身孕。不久後她便生下一子。王榮先的母親上訴至重慶府,寡婦及其同黨於是均受懲處。[83]

同樣是來自巴縣,道光三十年(1850)的一起案件也涉及姻親捉姦失敗,但該案的案情含糊不清,且他們很可能是企圖誣衊寡婦。寡婦王趙氏(30歲)和兩名幼子靠亡夫留下的田地維生,由一佃戶耕種。某日,她鼻青眼腫地來到縣衙,狀告其亡夫的兄弟:

> 情氏夫兄王朝清、朝順、朝保與氏夫朝賜四人將業分爨後,氏夫娶氏過門,僅育兩子,俱幼。道光二十三年氏夫病故,氏侍姑矢守苦積。夫兄朝清等妄生覬覦,意圖權管謀吞氏業,無計可施。

然後,這名寡婦聲稱他們企圖誣陷於她,其方法是收買兩名男子夜裡上門向她討酒喝:

> 當以夜靜不便理答,是時犬吠,氏隨吶喊佃戶劉洪才看詢。朝清等……各執器械凶擁入室,詐誣姦玷惡語,執持木棒將氏凶毆……伊等將氏捆綁,勒約要業交伊等權管始釋……慘氏孀守,

---

[83] 參見《巴縣檔案》,檔案號:3-8633。

遭此汙玷，情實不甘。

佃戶的口供印證了她的這番話，他也被毆打並砍傷。兩人的受傷情況均被件作記錄在案。這名佃戶聲稱寡婦亡夫的兄弟設圈套陷害她，而當自己試圖為她辯解時，他們連他也一併打傷。

王趙氏的怒火集中於其亡夫的兄弟身上。在那種視寡婦為受害者的話語當中，其亡夫的兄弟是典型的加害者。但在此案中，回應寡婦的卻是她的婆婆，後者指控這名「逆媳」、「不守婦道」、「勾引」佃戶和其他男子以至引來流言蜚語，現在又誣告她清白的兒子們。正是婆婆要她的兒子們捉拿寡婦和佃戶，並送交衙門治罪。直到寡婦懇求寬宥及鄰居們調停，才軟化了她的決心。

縣官在審訊後斷定，寡婦在事發當晚確實款待了佃戶和另一名男子，不過一名鄰家婦人始終在場。寡婦的大伯王朝清聽到歡宴聲後，便找來他的母親和兄弟破門而入，以為將會看到放浪場面。這些姻親雖未發現姦情，但仍痛毆了寡婦和她的客人，並打算把他們送往衙門。當時鄰居們被喧鬧聲驚動，出面調停，勸他們住手。基於這些調查結果，縣官對寡婦和她的客人加以掌責，並「斷令回家聽其婆婆管束」。

我們無法得知這些事情的確切真相。不過，該寡婦與其姻親之間的相互敵視顯而易見，正如那種設定其衝突展開方式的關於貞節和財產的話語所形容的那樣。無論其動機為何，姻親肯定希望能當場捉姦以便將她趕出家門；不管寡婦的實際行為怎樣，她通過把自己形容為受貪婪姻親迫害的貞節寡婦以作為反擊。同樣的，縣官即使認為寡婦被她的姻親打得鼻青臉腫是罪有應得，但若沒有通姦的證據，便不會下令將寡婦逐出夫家。[84]

二、捉姦成功

道光十一年（1831）來自直隸寧河縣的一起案件，提供了捉姦成功的例

---

[84] 參見《巴縣檔案》，檔案號：4-4910。

子。此案涉及一名寡妾和她亡夫所收養的嗣子之間展開的拉鋸戰，儘管兩人始終住在一起，雙方的衝突長達數年，且歷經了好幾個階段。這名女子所具有的妾之身分，使她在亡夫家中的權威遠低於那些守寡的正妻，但貞節仍是她獲得尊重和贍養的保障（本章提及的另一名妾是上節中出現的那位來自巴縣的徐氏，其他案例中的寡婦都是正妻）。

魏楊氏（41 歲）是魏經文（店主）的寡妾。魏經文因其妻不能生育而將魏楊氏買來作妾。魏楊氏只生下一女，所以其夫便收養了侄子魏士毅，並讓他搬來同住。魏經文夫妻於道光七年（1827）雙雙去世，魏士毅主喪，由此正式確立了他作為兒子和繼承人的身分。[85] 自此以後，魏楊氏和魏士毅便以已故的魏經文之家庭成員的身分同住，但衝突亦隨之出現。魏楊氏向官府興訟，拒絕承認魏士毅的嗣子身分，其理由是他太年輕（魏士毅當時 17 歲），無法管理家務。但族中長輩支持魏士毅，於是縣官承認其嗣子身分，並下令將家產開列清單，以保障他的繼承權。

然而不久之後，魏士毅去看望生母時，從養母家中取走了一些錢和穀物。此事激怒了寡婦，但這名年輕人的叔伯父站在他這邊。寡婦最後將這名嗣子和她的姻親們都告上衙門，指控他們竊取她的財產，對她進行虐待，且還逼她再婚。縣官駁回了她的這些指控，但「姑念婦女無知」，並未對她加以處罰。縣官試圖釐清所有當事人的身分和責任，令他們和睦相處：

> 查魏楊氏係魏經文之妾，因夫主物故，青年立志守節，情實可嘉。魏士毅係魏經文繼子，自應小心奉養。魏楊氏亦不許依恃父妾凌辱繼子，即族長⋯⋯亦當照應俾免孀婦幼子失業。

但是兩年後，魏楊氏開始和亡夫的遠親魏洪整（37 歲）私通。雖然他們試圖保守秘密，但仍然流言四起。魏士毅和他的四名親戚最後決定設計捉姦。據魏士毅後來供稱：

---

[85] 有關養子繼承權的問題，參見 Wakefield, "Household Division in Qing and Republican China: Inheritance, Family Property, and Economic Development," pp. 110–114.

等到二更天，小的聽他們已經睡熟，去開街門同著進來。小的捏了兩把石灰，推開房門進去⋯⋯魏洪整合姨娘楊氏聽見起來，小的把石灰撒去迷他們的眼⋯⋯哥子上炕把魏洪整揪住，小的也上炕揪住姨娘。魏洪整合姨娘掙扎混罵，魏士熊們拿起房內木棍把魏洪整、姨娘楊氏打了十幾下，白玉鳳攔住大家，動手捆縛⋯⋯把他二人赤身捆上，連衣服用車拉到縣裡稟報的。

仵作報告稱，魏洪整的雙眼和寡婦的一隻眼睛被撒上生石灰，腫脹得不能睜開，兩人皆渾身青紫，寡婦的一部分頭髮被揪落。

寡婦被捉姦後，在提交的訴狀中把自己描寫為典型的受害寡婦：

氏夫於道光七年物故缺嗣，親支尚有三門，互爭此門產業致訟。蒙縣台唐堂斷，著四門之子魏士毅為氏夫之嗣，並令以氏為嫡母，名分已定，立有字據。後魏士毅不服拘管，任意賭錢。因氏家業稍豐，族中多有借貸不還，經氏討要宿恨。至本月初三日，氏命魏士毅請伊族叔魏洪整同議種事⋯⋯詎魏士毅向氏要錢兩千擲骰，氏未給。不料魏士毅率領伊兄魏志惠等二十五人擁入氏屋，各執兇器。

她以控告這些襲擊者洗劫其家作為結論：「伊既控稱捉姦⋯⋯何搶去物件錢糧？顯係圖謀家產。」值得注意的是，寡婦謊稱前任縣官曾令魏士毅將她視為嫡母。嫡母是兒子對其父正妻的正式稱呼，即使其生母是妾。對妾的稱呼則是庶母。因此，這種命令能大幅提升魏楊氏的地位，讓她得以對亡夫家庭行使家長權。

但魏士毅再次獲得族人的支持。其族人派出的代表聲稱「楊氏向不安分」，她與魏洪整私通的醜事人盡皆知，魏士毅的行為則是基於「義忿」。在受審訊時，魏洪整供認與寡婦通姦，最後寡婦也對此予以承認。該案案卷的結尾部分已遭損毀，但大致結果很清楚，即寡婦被逐出夫家。寡婦供詞的結尾部分是：「小的也不敢狡賴，情願不在魏家。只求把小的粗穿衣服叫魏士毅給還小的，就是恩典了。」縣官批准了這項請求：「查楊氏所要衣服魏

士毅既願給付,飭令取來,當堂給予具領,取具領狀附卷。」至此,其亡夫族中的長輩和縣令均不再用其夫姓稱呼這名寡婦。寡婦一旦被逐出夫家,就連她自己的衣物都不再是屬於她的財產:她甚至需要魏士毅的允許,才能將衣物從夫家帶走。[86]

此案生動地說明了親屬關係乃是布迪厄(Pierre Bourdieu)所稱的「策略性作法」(strategic practice),[87]而非基於血緣關係的自發結果。這種作法環繞著一個喪失其全部自然要素的家庭:家中僅存一名買來的妾,和由姻親及官府強加給她照顧的一名繼承家產的嗣子。儘管兩人相互敵視,但仍維持著令雙方均感到不快的共居義務,以確保彼此之間的爭執所由產生的各自身分(節婦與孝子)。在寡婦兩度企圖將嗣子逐出家門但遭失敗後,嗣子扭轉了情勢,他藉由暴力攻擊寡婦以洩憤。魏氏家族對該寡婦的憤怒無疑發自內心,但他們在通姦醜事發生之前便積怨已久。若無通姦醜事的發生,魏楊氏或許仍能安然無恙。無論當事人的真實意圖為何,這場爭鬥必須使用法律所承認的那種關於貞節/財產的話語進行:正如縣官在之前的那場訴訟中所明示的,只要魏楊氏守節,那麼她的利益就會獲得保障。這就是為何她即便在赤身裸體被捉姦在床後,仍不放棄堅稱自己保有貞節。

三、懷孕與孤注一擲的舉措

懷孕很可能會導致極隱秘的姦情被公諸於眾,那些對姦情遭暴露後的後果感到恐懼的懷孕寡婦,有時會因此決定鋌而走險。案件紀錄中可看到的此類情形之一是墮胎:在乾隆四年(1739)的浙江海寧縣,寡婦徐祝氏死於大出血,其原因是她服食了含有「紅娘子、麝香、山楂」這三種成分的藥。當她發現自己懷孕後,便讓其和尚情夫弄來了一劑墮胎藥。[88]這種悲劇頗為常

---

[86] 參見《順天府檔案》,169/ 道光 11.3.?。
[87] See Pierre Bourdieu, "Marriage Strategies as Strategies of Social Reproduction," in R. Forster and O. Ranum, eds., *Family and Society: Selections from the Annales* (Baltimore and London: Johns Hopkins University Press, 1976).
[88] 參見《內閣刑科題本》,74/ 乾隆 4.2.18。

見，故而乾隆五年（1740）時朝廷為此訂立了一道例文：

> 婦人因姦有孕畏人知覺，與姦夫商謀用藥打胎，[89] 以至墮胎身死者，姦夫比照「以毒藥殺人，知情賣藥者至死減一等」律，杖一百，流三千里。[90]

乾隆二十七年（1762）來自直隸任丘縣的一起案件，更富戲劇性地展現了某些寡婦的絕望。馬氏（27歲）和她的子女自立門戶。其夫在於乾隆二十年（1755）去世之前，便已與兄弟分家，因此為她留下了一些田地和房屋。她住在其公婆所擁有的一棟合院的前部，她亡夫的兄弟高維及其妻王氏則住在合院的後部。馬氏與其婆家不睦，而造成彼此關係緊張的明顯原因之一，是她掌控了丈夫分家後所得的那部分財產，即全部家產的一半。

馬氏將一個房間租給外地來的工人李安（25歲），此人替馬氏和附近的其他人家務農。據李安後來供稱：

> 乾隆二十六年五月裡記不得日子，小的……因下雨回來走到馬氏屋裡，見馬氏獨自在裡邊……因頭幾日小的有條破單褲放在他（她）院內水盆裡，馬氏替小的洗了，他（她）就提起來說：「我替你洗的褲子上是些什麼東西？」小的因他這話明是有意勾引，就合他（她）調戲，在麥秸墩子上成了姦了，後來乘空就姦，也不記得次數了……到十二月初四日早飯後，小的到馬氏房裡，他（她）說：「不好了，我有了胎了，你也不管我，快給我躧躧罷。」他（她）就仰在炕上，小的上去給他（她）躧了兩三腳，不想被高維的女人王氏撞進來看見，問說：「你們做什麼，我看著有些不老實。」小的回說：「原是他（她）說身上不好，叫我給他躧躧。」馬氏也說：「是我叫他（她）躧的。」王氏說：「你們還要弄臭嘴嗎？等我告訴你大伯子。」馬氏就給王氏跪下，小的也給王氏嗑了個頭，央他（她）不要告說，王氏只是不依……（後來）馬氏說：「怎麼了？他（她）要告訴大伯子，叫我怎麼見人？

---

[89] 有關用中藥墮胎的問題，參見 Francesca Bray, *Technology and Gender: Fabrics of Power in Late Imperial China* (Berkeley, CA: University of California Press, 1997), pp. 321–334.

[90] 參見薛允升，《讀例存疑（重刊本）》，例299-11。

不如死了吧。」小的說:「你死我也死」。他(她)說:「你給我快些吧,看來王氏不依,想是要我死了,好得我的房地。我死後,你替我出氣,把我女兒也跟了我去,省得留著受人折磨。」小的說:「罷嗎,你去叫他娘兒們來,我給他一個乾淨吧!」小的就出去往酒鋪裡喝了四兩酒,回來見王氏娘女們三個都在馬氏房裡炕上坐著。小的又同馬氏央懇,王氏總說「我不知道」。小的恨極了,見馬氏外間屋裡放著一把鍘刀,小的就摘下來拿著趕進房去,向王氏項頸上一刀,把王氏的頭就砍落了。

李安接著殺死了自己的姘頭馬氏和馬氏、王氏兩人的三名幼女。他自己則自殺未遂,因此得以活下來招供,而後被依「殺一家非死罪三人」律凌遲處死。[91]

此案凸顯了一對情人的徹底絕望,只因姦情暴露後將生不如死。馬氏顯然認為讓其情夫殺死自己的女兒是一種慈悲——當她自己不光彩地死去後,她那女兒未來的境遇必然難以預料(但她未對其兒子表露出類似的擔憂,其子在這場殺戮中存活下來)。她們對汙名烙印所產生的恐懼,不見得是因為已將正統價值觀內化,而更可能是由於屈從於周遭的壓力,但無可否認的是,正統的價值觀對這對情人確實有重大影響。

李安所轉述的馬氏的那番話,提供了更進一步的證據:無論是在正式的法律話語還是大眾觀念當中,貞節皆與財產密切相關。對寡婦而言,財產似乎永遠是不安的源頭。馬氏一見其姑娌想揭發她懷孕的醜事,就立刻認為她是想攫取財產。這種聯想很合理,因為這名寡婦若非自殺,確實也有可能被逐出夫家。不管選擇哪一條路,她都無法繼續目前的生活,並會失去財產。她懼怕羞辱,但同時也立刻想到物質損失。

四、純潔之胎?

並非所有懷孕的寡婦下場都如此可怕。只要寡婦堅稱自己的貞節無損,

---

[91] 參見《內閣刑科題本》,177/ 乾隆 27.3.26。

她甚至在最不可能的情形下也不會被剝奪權利。胡氏即為一例,她是來自直隸寶坻縣的殷實農人張玉的第二任妻子(繼妻,不是妾)。張玉的第一任妻子去世前育有二子。他後來娶了胡氏續弦,胡氏又為他生了三個兒子。張玉於道光二十二年(1842)去世,胡氏成了寡婦,當時43歲。張玉與前妻所生的兩子均已成婚,胡氏自己所生的三名兒子中,最年長的十幾歲。當該案發生時,諸子尚未分家,胡氏對家產和五名兒子擁有相當大的權威。

胡氏於道光二十五年(1845)產下一名女嬰,危機頓時爆發。因她否認懷孕,張玉前妻的兩名兒子和胡氏的姻親張模一直等到女嬰出生後才採取行動。那名女嬰當時已被胡氏殺死,但張模已找來她的兄弟,令其將胡氏帶回娘家「把他(她)改嫁」。她被要求不能帶走任何東西,她的兒子們則被交由兩名兄嫂照顧。

一般的女子至此或許就會向命運屈服,但胡氏不肯認命。在被逐出夫家數個月後,她來到張家,要求搬回來住。她堅稱自己的懷孕是個謎,因為她從未通姦。既然她是節婦,張家人無權將她趕出去。

她亡夫的前妻之子和張模拒絕讓她搬回去住,胡氏於是威脅說要在張家門前自殺。此時鄰居插手說合調停。既然胡氏矢口否認通姦,張家人又不知是誰讓她懷孕,調停人建議把貞節問題暫時擱置。但如他們所見,根本的問題在於張玉前妻的兒子們不可能和胡氏繼續和睦相處(他們之間的緊張關係看起來從胡氏懷孕前便已開始;可以想見,當張玉前妻那兩名已成年的兒子看到自己能夠分得的財產份額隨著她接二連三地生下兒子而相應縮小時,他們會作何感想)。[92] 調停人的解決方案是將張玉的財產均分為六份,胡氏和五名兒子各得其一。通過這種方式,張玉前妻所生的兩名兒子得以自立門戶,胡氏也保有維持生活的財物。胡氏對此方案表示同意。但她亡夫前妻之子們和亡夫的兄弟對此表示反對,堅稱她那明顯與人私通的行徑使其喪失了

---

[92] 此事件可被解釋為同一父系家庭內部兩個不同的「子宮家庭」(uterine family)之間的利益衝突。一個「子宮家庭」包含一位母親和她的親生孩子,參見 Margery Wolf, *Women and the Family in Rural Taiwan* (Stanford, CA: Stanford University Press, 1972).

接受丈夫遺產和與其子在一起生活的權利；她應被逐出家門，必要時他們會告上官府；若要分家，張玉留下的那些財產應被分作五份，所有的兒子各得一份。

村中的權威人士怕惹出麻煩，於是將這起糾紛上報縣官。但因案子有些積壓拖延，張模便越過縣官，直接向順天府申訴，聲稱是鄰人田有奎使寡婦懷上身孕，但實際上田有奎只是因為試圖調解這起糾紛而引起張模的不滿。張模還指控田有奎為了私利而賄賂衙門胥吏。順天府尹授權東路廳同知審理該案。胡氏在審訊過程中拒絕承認與人通姦：「小的覺得肚子漸漸長大，像是有孕樣子，小的因沒有私情，也沒理會。到本年正月初三日，小的肚裡疼痛，隨後生下一個女孩……至小的怎樣受孕，實在指不出緣故。」東路廳同知對胡氏這番供述的懷疑，被他對張模的憤怒所抵銷。張模誣告田有奎，且拒絕配合縣官。這位同知在處理訟案方面似乎還偏好儘量通過民間調解而非彼此互控來解決家庭糾紛。為了勸說張模和張玉前妻之子們接受和解，東路廳同知下了最後通牒：若他們拒絕原來的調解協議，張模會和胡氏同受懲處。張模讓步了：「胡氏不能指出受胎緣故，小的不敢始終誣執，求恩免究是了。」東路廳同知向順天府尹彙報說：

> 說合人所議各產各度係為息事起見，尚屬允當。斷令將張玉遺產按六股均勻分撥，張度興等弟兄五人每人各得一分，胡氏分受一股，作為生養死葬，聽其帶同子媳另居。兩造均已允服無詞……斷其張胡氏私產女孩之處詰訊，該氏堅供並無與人通姦，亦不知受孕來由，殊難憑信。惟事在清刑恩旨以前，該原告亦願完案。應請免其根究，以省拖累。

胡氏唯有不顧懷孕的事實，一口咬定自己的貞節無損，才能保住她的財產和孩子。她的厚顏，致使調停人和東路廳同知先後放棄追究其貞節問題，而選擇折衷的辦法。東路廳同知本可進一步向寡婦施壓，但為此他可能不得不對胡氏進行刑訊，而考慮到胡氏桀驁不馴的個性，這一方法似乎仍不易奏效。成功的定讞必須能讓犯人認罪，倘若審判官員在動用刑訊後仍未取得招

供，他本身可能就會遇到麻煩。[93]

節婦產子的例子並非前所未聞，嘉慶八年（1803）出版的一本官箴書中便對此有所提及。該書援引了乾隆十四年（1749）來自浙江的一起案件。在該案中，寡婦馬氏在其夫身故四年後誕下一名嬰兒。其公公狀告她與人通姦，但她堅決否認，且除了懷孕以外，並無其他表明她與人通姦的證據。對此感到大惑不解的主審官員在參閱醫書後得知，極度憂慮可能導致胎兒「成血涸胎乾，以致逾期而產」，延緩三至四年方才生產。主審官員以此為據做出判決，稱馬氏必定是由於對其夫之死過度悲傷，才延緩了臨盆的時間。那名孩子被宣告為是在合法婚姻裡所生，馬氏的貞節名聲甚至得到了強化，因為這種異常的臨盤時間被認為是出自於對其夫的摯愛而非背叛。[94] 我們可以推測這是一種顧全面子的解決辦法，其主要目的在於清理積案。無論如何，對寡婦必須在道德方面做出非黑即白的判定：一旦必須進行正式判決，則貞與不貞之間沒有任何可含糊其辭的餘地。[95]

上述兩名懷孕的寡婦都得以逃脫刑罰和被逐出夫家的下場。但她們之所以能獲得成功，並不是因為她們聲稱擁有諸如與自己愛慕的物件交歡之類的權利。恰恰相反，她們堅稱自己根本沒有與亡夫之外的其他任何人發生過性關係。武雅士認為，他所收集到的那些關於寡婦的材料，表明「她們主動地追求自身的最大利益，（而非）被動地接受某種文化理念」。[96] 司法案件中的證據也顯示了相同的情況。但即便是那些在為法律所認可的性體制下有辦

---

[93] 參見 Huang Liu-hung (黃六鴻), *A Complete Book Concerning Happiness and Benevolence: A Manual for Local Magistrates in Seventeenth-Century China* (福惠全書), trans. and ed. by Djang Chu (Tucson, AZ: University of Arizona Press, 1984), pp. 278–279. 黃宗智引用胡氏一案作為「縣官充當調停人」的特例，參見 Philip C. C. Huang, "Codified Law and Magisterial Adjudication in the Qing," in K. Bernhardt and Philip C. C. Huang, eds., *Civil Law in Qing and Republican China* (Stanford, CA: Stanford University Press, 1994), p. 173.

[94] 參見呂芝田，《律法須知》，卷下，頁 10b–11a。

[95] 參見《順天府檔案》，162/ 道光 25.3.8。蒲松齡在 17 世紀後期撰寫的一則故事中也提及貞節寡婦的情形，該故事中的寡婦最終因證明是其亡夫鬼魂使她懷孕而得以平息醜聞。參見 Waltner, "Widows and Remarriage in Ming and Early Qing China," p.134.

[96] See Wolf, "Women, Widowhood and Fertility in Pre-modern China," p. 146.

法平安度日的寡婦，也無法擺脫或完全不受這種體制的影響。並非所有的寡婦都是貞節的悲劇性受害者。但是，貞節決定了所有寡婦的法律地位，即使是那些敢作敢為的寡婦，也不得不通過貞節標準為自己的行為進行辯護。清代司法官員最引人注目的成就之一，是在司法實踐中將貞節與女性關於自立門戶、財產及擁有子女的權利相互關聯，而這種關聯有助於我們理解為何在18世紀和19世紀的中國土地上貞節牌坊的數量激增。

第八節　結語

關於貞節的法律旨在保障丈夫們的利益，使所有的父系家庭單位不至於被貪婪的親戚侵犯和被不貞的妻子、寡婦擾亂。法律政策以貞節的名義強化了這一宣教內容的成效，並構成了將家庭關係神聖化進而使國家權威得以正當化的那一關鍵部分。

法律案件中的那些證據，使我們得以越過朝廷意識形態由上而下俯視社會的功能主義視角，從而能夠探討普通百姓是如何將衙門公堂和官方話語與自身的行動策略相結合。為了達成自己的目的，人們訴諸官府並援引官方的德行標準作為靠山，以鞏固自身在特定家庭和社群中的地位。其結果是形成一種雙方彼此強化的過程。有能力證明自己是父權價值觀之捍衛者的訴訟當事人將會得到官府的支持，而侵犯父權價值觀之輩將會被懲戒。通過這種方式，合乎法律的性別關係和性關係被在最為私密的層面上得到強化。與此同時，市井小民們在興訟之時援引官方話語以維護自身在當地父權體制中的地位，此舉本身也強化了朝廷作為父權價值觀之捍衛者和化身的權力。藉由此種方式，父親、丈夫和節婦的權威，獲得了與政治權威的緊密關聯。在最為私密的場合中維護合法的等級體系，也有助於鞏固朝廷治下的整體秩序。寡婦及其對手告至官府的真實原因未必與朝廷所關心的焦點有關，但他們訴諸法律的可能效果之一，是強化了朝廷的主張和權力。

高彥頤（Dorothy Ko）關於17世紀中國菁英女性的研究，展示了女性

第五章　貞節崇拜中的寡婦：清代法律和婦女生活中的性事與財產之關聯　235

的主動參與在維護標準性的性別體系過程中所扮演的角色。[97] 事實上，她認為，擁有教養和良好社會關係的女性是朝廷宣教的「共犯」，她們的參與對於後者的成功來說是不可或缺的因素。「若無這些女子以母親、作者和編輯者的身分加以積極推廣，貞節崇拜的意識形態不會如此深植於明清時期許多女性的腦海之中。」[98] 當然，司法案件中的證據確實也凸顯出女性作為主動參與者的重要性。在本章所提及的諸多情形中，即使是那些最貧窮的女子，也並非完全受制於經濟窘況或被動地受其夫家成員之操縱。但是，我們是否能像高彥頤在明清時期那些菁英女性的著述中所看到的那樣，將平民寡婦的表現策略視為朝廷鼓吹的貞節崇拜的「共犯」？

當然會有一些女子利用了那種貞節話語以維護自身利益和捍衛其自主性和財產。當寡婦被控不貞之時，她最好的防衛方式便是聲稱對其提起控告之人是在圖謀侵占她亡夫的財產。審判官員會認真對待這種反擊，若可信度高，則會全力加以支持。只要她保持貞節，寡婦有時甚至能說服審判官員命令其姻親向她提供經濟資助。[99] 某些女子利用貞節話語攻擊其他女子，例如守寡的正妻控告其亡夫之妾。[100] 在理想的狀況下，孀居的妻妾會同住，一起緬懷亡夫。但實際上，對財產的支配權和妾試圖爭取自主權，常常造成妻妾之間的衝突。正妻藉以削弱妾的地位的最佳方法，便是指責她不貞。

只要她們聲稱支持朝廷的父權價值觀，官方的德行標準便能賦予作為個體的女子以某些權利。因此，賦予節婦以上述權利，促進了王朝正當性與菁英自豪感當中必不可少的一種價值觀。[101] 但反諷是，寡婦們所擁有的這些視

---

[97] 參見 Dorothy Ko, "The Complicity of Women in the Qing Good Woman Cult." 載《近世家族與政治比較歷史論文集》（上冊）（臺北：中央研究院近代史研究所，1992）；Dorothy Ko, *Teachers of the Inner Chambers: Women and Culture in Seventeenth-Century China* (Stanford, CA: Stanford University Press, 1994).

[98] See Ko, *Teachers of the Inner Chambers: Women and Culture in Seventeenth-Century China*, p. 452.

[99] 參見《巴縣檔案》，檔案號：1-1638。

[100] 參見《巴縣檔案》，檔案號：3-87647。

[101] 如同曼素恩所評論的那樣，至少對一部分女性而言，「甚至『理學的禁慾主義』也能為其提供獲得權利的基礎。」參見 Susan Mann, *Precious Records: Women in China's Long*

情況而定的權利，為某些寡婦創造出在其私生活中獲得前所未有的自由的空間。為了保護自己的私生活，她們不得不將自己展演為禁慾守節、完全在為亡夫奉獻的節婦。於是在某種意義上，藉由使公開展演成為能夠獲得私生活自由的基本條件，寡婦那種維持雙面生活的必要性強化了官方價值觀。但與此同時，由於在這種雙面生活當中正統的價值觀與實際的生活經驗兩者之間不斷發生衝突，導致假像常常遭到剝除，暴露出被誤識（misrecognized）的各種矛盾與對立（例如懷孕的寡婦堅稱自己守貞）。赤貧寡婦做選擇時受其所制的那種性契約的思考模式，可能也導致了類似的過程。

　　我們可以看到官方價值觀被不斷地散布和強化，而到官府衙門興訟在這一過程中有著相當大的作用。但我們也能感到，有某種刺激性力量或破壞性力量，在阻礙著那些實際生活經驗與官方價值觀不符的人們將這些價值觀予以內化，儘管這些人發現在平日的生活策略中有必要將官方價值觀掛在嘴邊。這種日常生活中所發生的尋常性顛覆，似乎是推行官方道德標準時無法避免的副產品，同時也解釋了對於那種被認為永恆不變的性秩序為何要像對待紛爭之地那般加以保衛。

Eighteenth Century (Stanford, CA: Stanford University Press, 1997), p. 225.

第六章　作為身分地位展演的性行為：
雍正朝之前對賣娼的法律規制

第一節　一個看似簡單的問題

　　清代的法律禁止賣娼嗎？此問題看似簡單，但要回答起來其實並不容易。

　　此問題之所以複雜，其根源之一在於，清朝的開國者全盤沿用了明代那些關於賣娼的法律條文。明律中的相關條文可追溯至 14 世紀，其內容大多參考了源自元代的那些前例。當 18 世紀清朝的立法者最終調整司法政策之時，他們仍將那些舊的法律條文保留在法典之中。惟有對清代的立法者就這些舊律條文在刑案審判之實際運作中如何適用所做的相關闡述詳加審視，方能看清其所推動的變革究竟體現在何處。[1]

　　人們之所以會有此疑惑，更主要的根源在於這些法典從未言明「賣娼」——亦即出售性服務——是否合法。問題比這還要複雜。正如我們所見的那般，與其他類型的行為一樣，性行為不能被與身分地位與社會性別關係切割開來：對特定行為的法律處置，取決於系由誰針對誰而做。賣娼亦不例外。

　　在雍正元年（1723）之前，法律對待賣娼的基本態度相當一貫。賣娼屬於朝廷用以支撐那種針對特定身分等級群體的法律擬制（legal fiction）的要

---

[1] 蘇・戈羅尼沃德（Sue Gronewald）誤認為清代從未禁娼，參見 Sue Gronewald, *Beautiful Merchandise: Prostitution in China, 1860–1936* (New York: Harrington Park Press, 1985), pp. 27–28. 她的這本先驅性論著沒有使用中文史料，僅是依據小斯當東（Sir George Thomas Staunton）所翻譯的那些清律，而小斯當東的英譯本並未將《大清律例》的例文譯出。不過，清史研究領域的權威學者經君健亦犯了同樣的錯誤，這可能是因為他沒能使用刑事案件的檔案紀錄。參見經君健，《清代社會的賤民等級》（杭州：浙江人民出版社，1993），頁231。

素之一，而在那種特定的身分等級制度當中，不同的群體需遵從各自不同的道德標準。² 就某些在法律上被視為賤民的群體而言，從事性工作是一種界定其社會地位和法律身分的主要的汙名烙印。而在這種語境中，司法官員完全可以接受性工作的存在。但對那些擁有良民身分的女性而言，任何發生於婚姻關係之外的性行為，無論其中是否涉及金錢交易，均構成犯罪。故而問題的關鍵並不在於某種特定的行為是否合法，而在於擁有不同身分等級的社會階層之間的那些界限是否涇渭分明，以及個人的行為是否與其法律身分相匹配。

於是，雍正朝以前的那些法律，其目標均不在於禁止性交易本身，而是在於維繫那種將賤民階層與良民階層之間的界線加以固定化的司法擬制。在這種區隔當中，賤民階層被烙上性事混亂的汙名，而良民的道德品質，則藉由用於描述其法律身分的「良」這一術語的雙重含義（「道德良好」／「平民身分」）予以暗示。「良民」一詞，既意指「平民」，也意指「好人」。³ 這種區隔的組織原理是，性道德和性行為構成了身分地位展演（status performance）。正如從事性工作賦予樂戶及其同類人以低賤的身分，良民在道德方面的身分特徵，乃是基於其對婚姻規範、女性貞節和官方宣導的其他家庭價值觀的遵從而加以界定。

這種制度，令人聯想起羅馬帝國對貞節處女的崇尚，以及將自由民女性

---

² 關於帝制中國時期法律中之身分等級區分的基礎性研究，參見仁井田陞，《支那身分法史》（東京：座右寶刊行會，1943/1983）；仁井田陞，《中國法制史研究：奴隸農奴法・家族村落法》（東京：東京大學出版會，1962）；Ch'ü T'ung-tsu, *Law and Society in Traditional China*, Paris: Mouton and Co., 1965; 經君健，《清代社會的賤民等級》。此外亦可參見臨時臺灣舊慣調查會，《清國行政法》（臺北：南天書局，1989），第 2 冊，頁 104–110；Anders Hansson, *Chinese Outcasts: Discrimination and Emancipation in Late Imperial China* (Leiden: E. J. Brill, 1996).

³ 如同我在本書導論部分中所解釋的，「良」字的原意為「自由」；就須承擔勞役義務這一意涵而言，「賤」字意指「不自由」。中國帝制晚期的法律文本中用於稱呼良民的詞彙有不少：在明清時期的文獻中有「良民」（正直善良或為大家所尊敬的人）、「凡人」、「常人」和「平民」（平凡普通的人），或簡稱其為「民」；明代之前的文獻則常用「庶民」（普通人）一詞，尤其是將其相對於貴族而予以使用之時。關於清律當中有關良民身分之規定的簡要討論，參見經君健，《清代社會的賤民等級》，頁 20–35。

與人通姦的行為視作罪大惡極。但是，這並不妨礙羅馬帝國允許娼妓行會公開存在，並對這類行會進行管理。與中國的情形類似，羅馬帝國所關心的核心問題，是如何通過這種方式對性行為加以規劃，以對那種社會等級體系和政治等級體系的標準原則加以肯定和強化。[4]

到了雍正元年，上述情況發生了急遽的變化。雍正皇帝除豁了數個與性工作有關的社會群體原有的賤民身分，並將良民所應遵循的道德標準和刑責標準擴展適用於所有人身上。[5] 其結果是賣娼被全面禁止。雍正元年之後的那段歷史，且留待下一章中再詳加討論。本章將先探討那種長久以來將性道德和法律身分等級聯繫在一起的法律擬制、為了維繫這種法律擬制所採取的那些司法措施，以及預示這種法律擬制終將消退的各種衝突和緊張關係。

一、官府與性工作的關聯

數世紀以來，朝廷在經營和管理性工作者等方面扮演著相當重要的角色。在其研究中國娼妓的經典著作當中，王書奴甚至將唐代至明末這段時期稱為「官妓鼎盛時代」。[6]

在這段漫長的歷史時期中，法律所允許的性工作範式，是由那些正式登入賤籍者在官府的監管之下通過服刑事勞役的方式進行。事實上，使用「性交易」一詞來描述這一時期的性工作並不恰當，因為「性交易」意味著在一個商業化的性市場中存在的有償勞務，女方至少還有可能是自己主動做出這種選擇。此處所討論的那種在性方面服勞役，則是一種奴役形式，有些類似

---

[4] See John R. Clarke, *Looking at Lovemaking: Constructions of Sexuality in Roman Art, 100 B.C.–A.D. 250* (Berkeley, CA: University of California Press, 1998).
[5] 對雍正時期那些開豁賤籍法令的經典研究，參見寺田隆信，〈雍正帝の賤民開放令について〉，《東洋史研究》，第 18 卷第 3 号（1959）。較近期的研究，可參見 Hansson, *Chinese Outcasts: Discrimination and Emancipation in Late Imperial China*. 本書的第七章中，我也將提出自己對此的解讀。
[6] 王書奴將此時期之前稱為「奴隸娼妓」時期，而將此時期以後稱為「私人經營娼妓」時期，參見王書奴，《中國娼妓史》（上海：上海三聯書店，1988），頁 193–195。對近代上海妓女的研究，參見 Gail Hershatter, *Dangerous Pleasures: Prostitution and Modernity in Twentieth-Century Shanghai* (Berkeley, CA: University of California Press, 1997).

於第二次世界大戰期間日本軍隊所使用的性奴隸（慰安婦）。直至明代晚期和清代，才出現了普遍由私人經營的商業化性交易市場。

早在漢代，便已有將男性罪犯的妻女充為軍妓的作法。北魏（386–532）以降的諸部法典中的記載顯示，刑罰制度是造就樂戶的重要來源。「樂戶」的字面含義為「從事音樂表演的人戶」，在法律文本中亦被稱作「樂人」或「樂工」，屬於與官妓非常相近的一類身分低賤者群體。[7] 自北魏以後，歷朝針對一些暴力性政治犯罪的懲處方式，均包括將男性罪犯及其家中的成年男子處以死刑，沒收其家產，將其妻女貶為奴並讓她們在官府監管下從事性服務或其他娛樂服務。這些女子（以及任何被豁免死刑的年幼男童）被編入樂籍，並世襲此身分。在某些時期，戰俘及其家屬也會遭受與此相同的厄運。[8]

這種通過將罪犯家中的那些女性在法律身分上降等、並將她們貶為性奴隸的方式來嚴懲那些男性的政治性犯罪的作法，至少延續至明代。其中最惡名昭彰的例子，是建文四年（1402）明惠帝的叔父燕王朱棣（即後來的明成祖）所發動的靖難之變。在這場政變之後，那些拒絕接受燕王粉飾其篡位事實之要求的忠臣們遭到屠殺。在這些忠臣們的家族中，數以百計的男性親屬均受株連，其女眷則被編入樂籍，被迫在官府監管下以各種喪盡顏面的技能提供勞役。其中至少有一部分人被迫從事性勞役。[9] 清朝的開國者保留了很多明律的條文，規定窩亂之臣的家眷須「入官為奴」。在清初的那幾十年裡，

---

[7] 參見魏收，《魏書》，第 2888 頁。

[8] 參見《舊唐書》，頁 1838–1839。有關樂戶在刑罰上的源起，參見東川德治，《中國法制大辭典》（東京：燎原出版社，1979），頁 157；臨時臺灣舊慣調查會，《清國行政法》，第 2 冊，頁 107–108；王書奴，《中國娼妓史》，頁 193–195；嚴明，《中國名妓藝術史》（臺北：文津出版社，1992），頁 25–28；俞正燮，《癸巳類稿》（臺北：世界書局，1964），頁 485–486。

[9] 有關靖難之變及明朝此後諸皇帝的血統爭議，參見 Benjamin Elman, "'Where Is King Ch'eng?' Civil Examinations and Confucian Ideology During the Early Ming, 1368–1415," *T'oung Pao*, vol. 79 (1993), pp. 23–68. 有關靖難忠烈之家眷的命運，除前引文獻外，還可參見 L. Carrington Goodrich, ed., *Dictionary of Ming Biography* (New York: Columbia University Press, 1976), p. 1285；梅鼎祚纂輯，《繪圖青泥蓮花記》（北京：自強書局，1910），卷 6，頁 4b–5a；嚴明，《中國名妓藝術史》，頁 93–95。

這些不幸的女性當中，有一部分可能還淪為「官妓」。[10]

此類措施的實際目的，無疑是為了將那些政治立場可疑的家族斬草除根，以絕後患。但此種刑罰中所特有的「性」本質，似乎也反映了這種罪行特有的政治本質。若將忠誠看作屬於男性的政治品德，則貞節便是女性的相應品德。依照這種邏輯，對罪犯之妻的貞節進行毀壞，便可懲罰其夫的不忠行為，亦即藉由迫使其妻在貞節方面背叛他，使他得到報應。這些被擺在貞節面前的挑戰，據稱給了女性一種選擇：真正守貞的妻子會選擇自殺，而不會屈從於丈夫以外的其他任何男子。若這些女子「選擇」屈從，則表明她們並無貞節，因為她們未能最終經受住婦道的考驗。她們的這種不貞，與其丈夫們的那種不忠在象徵意義上相互吻合。[11]

在元明兩代以及清代早期，負責管理那些被貶為奴的樂戶和官妓的機構是教坊司。教坊司隸屬禮部，其主要職責是為宮廷宴樂和儀典提供樂師、舞者及其他相關人員。[12] 明代在南京和北京均設有教坊司的分支機構。除了上述事務外，教坊司還負責管理官妓，並向官妓們課稅。明末時人謝肇淛在17世紀早期寫道，這種稅賦被委婉地喚作「脂粉錢」。兩京以外的其他官妓亦被稱為「樂戶」，由當地官府管理；官府通常不對其課稅，但可在宴會節慶時徵召樂戶前來提供服務和表演。[13] 在教坊司內部，樂工們由「俳長」和「色長」管理。「俳長」和「色長」的具體職責不詳，不過「色」可能指的是一種性工作，因為此字儘管帶有貶義，但代表一種擁有性吸引力的客

---

[10] 例如《讀例存疑》中的律254和律255，以及附於這兩條律之後的那些例。

[11] 此處涉及「姦」字的雙重意涵：那些效忠於建文帝的大臣們被烙上「姦臣」的標籤，而與人通姦的良民女子則被稱作「姦婦」。

[12] 參見《明會典》中關於「教坊司承應樂舞」的諸種規定，該節內容之後為「凡樂戶禁例」，其中有些規定涉及性交易，參見《明會典》（北京：中華書局，1988），卷104，頁569–571。以「教坊司」為名的機構最早出現於唐代。據嚴明考證，唐代禁止私營妓院，因此官妓既為官吏也為一般良民提供服務，參見嚴明，《中國名妓藝術史》，頁54–55。

[13] 參見謝肇淛，《五雜俎》（上海：中華書局，1959），頁255；本書附錄D。在17世紀末清朝政府對此慣例加以禁止以前，地方官員徵召樂妓和其他樂工在當地的節慶儀式中表演是很常見的作法，參見 Susan Mann, *Precious Records: Women in China's Long Eighteenth Century* (Stanford, CA: Stanford University Press, 1997), pp. 126–127; Hansson, *Chinese Outcasts: Discrimination and Emancipation in Late Imperial China*, pp. 65–68.

體。明律規定，若其下所屬的樂妓犯罪，那麼這些管理者亦會受到懲處。他們似乎還須負責將性工作控制在可接受的界限之內。例如，若樂妓與高級軍官發生性關係，則其主管色長將會被解職。[14] 清代的開國者保留了教坊司設在北京的分支機構及其各項傳統的職能。[15]

當然，並非所有明清時期的娼妓都是那些靖難忠烈之臣們的後裔，也不是所有的娼妓均被官府登記在冊並受其管制（特別是當明末出現了大規模的商業化性交易市場之時）。但在明清時期的法典中，那些被貶為官奴的樂戶，既是娼妓類型當中一種單獨的社會階層，也使從事性工作成為代表一種低賤身分的標誌。這種世襲的身分，常常與性服務、樂舞以及其他受人歧視的娛樂行業關係密切，但屬於樂戶身分之人的既包括那些本身從事上述職業的人們，也包括他們那些可能實際上並未從事此類職業的直系家庭成員和後代（無論男女）。在清初，許多樂戶已移居至遠離京城的一些地方（尤其集中於山西和陝西），過著與普通小農無異的生活，但世襲的汙名烙印仍如影附形。此外，在清代初期，有不少地方的族群也被編入世襲的賤民之列，例如「丐戶」、「惰民」、長江三角洲的「九姓漁戶」，以及生活在廣東和中國東南部其他地區的河口地帶的「疍戶」。大體而言，這類人群身上的汙名烙印，源自於其生活方式不符合那種為傳統所認可的男耕女織的勞動分工。這類人群中的一些女性出賣其肉體（或從事諸如剃頭、在葬儀上幫襯等被視為不潔的工作），更進一步強化了其道德墮落的形象。這些區域性的次群體並非奴僕身分，而清代的立法者將「賤」這種身分標籤加諸其身，說明這一術語的實質內涵已發生變化，亦即由原先突出其被奴役狀態轉為強調其道德上的汙名或不潔。[16]

---

[14] 參見顧應祥等撰，《問刑條例》（嘉靖年間刻本），名例，頁18a。亦可參見《大明律集解》（北京：中華書局，1991），卷25，頁14a；《明會典》，卷105，頁571。

[15] 參見《清會典事例》（北京：中華書局，1991），卷523，頁1043；王書奴：《中國娼妓史》，頁198、261。

[16] 有關這些群體的詳細討論，參見經君健，《清代社會的賤民等級》；寺田隆信，〈雍正帝の賤民開放令について〉；臨時臺灣舊慣調查會，《清國行政法》，第2冊，頁108–109；Hansson, *Chinese Outcasts: Discrimination and Emancipation in Late Imperial China*. 關於女性

并非所有被烙上这类污名标签的人均从事性工作。在明代和清初的那些案件纪录中，参与卖娼的许多人，似乎既不属于任何特定的世袭身分群体，也不隶属于官府，但县官们仍将他们视作有别于一般良民的身分低贱阶层成员加以对待。事实上，法律话语通常将从事性工作和属于贱民身分混为一谈：卖娼使那些以此为业的人们身分低贱，而有着贱民身分之辈（包括家奴、男扮女装的伶人等），一般来说不会被指望会遵循良民阶层在婚姻、女性贞节及职业等方面的那些规范。

构筑上述观念的法律拟制是，那些固定不变的身分界限，将各类稳定人口[17]划分为在血统、职业和道德观念方面迥然有别的不同阶层。它脱胎于那种古老（且日益不合时宜）的贵族式政治理念，亦即在一个等级森严的社会当中，人们所扮演的角色，皆以一种众所周知的方式与其身分地位相匹配。这种法律拟制，可能从来未能非常精确地展现社会实践（无论是性工作的实践，还是作为一个整体的社会结构的实践）所具有的复杂性。因此，我们不应视其为是对经验现实的描绘，而应当将它理解成司法官员试图藉此推行某类道德秩序的一种意识形态上的规划。

二、用语问题

就此主题展开研究时所面临的一个问题是，史料当中使用各种不同的用语来称呼那些出卖肉体者以及相关人等。元明两朝及清代早期的法律文本，将「乐户」一词与其他那些用以称呼从事性交易者的词汇（最常见的是「娼」和「妓」）一道使用，但这种用法远非前后一贯，且那些就其提供了明确定

的纺织劳作在道德上的意涵，参见 Francesca Bray, *Technology and Gender: Fabrics of Power in Late Imperial China* (Berkeley, CA: University of California Press, 1997); Mann, *Precious Records: Women in China's Long Eighteenth Century*.

[17] 译者注：「稳定人口」（stable population）是美国统计学家洛特卡（Alfred James Lotka）在 1907 年首先提出的一个概念，是指一种处于特定状态的封闭人口，其特征为人口总数每年都按一个不变的增长率增加（或缩减）的同时，人口的年龄结构（即各年龄人数在总人口中所占的比重）也保持不变，亦即人口的出生率、死亡率以及相应的自然增长率均保持稳定。

義的史料之間也常常相互矛盾。造成上述定義混亂的原因，至少部分是源於社會經濟變遷造成那種以固定的身分類型為其特徵的法律擬制逐漸被削弱。

以「樂戶」一詞為例。某些文本將「樂」歸為一類，而將「娼」和「妓」歸為另一類。在諸如此類的例子中，「樂」（及其衍生詞「樂人」、「樂工」、「樂婦」、「樂妓」和「樂藝」）顯然是指那些在官府監管之下提供勞作服務的特定的世襲身分群體，並非其中的所有人皆必然從事性工作。作為對比的是，「娼」和「妓」（及其衍生詞「娼妓」、「娼婦」、「娼女」和「妓女」）則泛指從事性工作的人們，無論其是否隸屬樂籍或者是否由官府管制。例如，一條明律條文的註釋對此有所說明：「樂人乃教坊司妓者。」該條註釋還進一步將樂人與「流娼」區分開來；「流娼」大抵是指那些從事性工作但不受官府直接監管的娼妓。[18] 晚明時人謝肇淛也提出過類似的區分：他將「樂戶」界定為「隸於官者」，而強調「土妓」則「不隸於官」。[19]

不過，另一本明律註釋書則做了不同的區分：「娼是教坊，樂是樂戶。」[20] 此處似乎在暗示，並非所有有著樂戶身分的女子必然從事性工作，或必定是由教坊司直接監管。這可能反映了，隨著時間的推移，固定的身分類別與實際操持的職業之間的那種緊密對應關係此時已被打破。

但這些用語之間的相互區分並不完全一致，大多數時候它們仍是被作為同義詞使用。清律的一條註釋簡單地將「娼」定義為「樂籍婦女」。[21] 許多文本將「娼戶」、「娼家」等詞語與「樂戶」一詞交替使用；當詞尾為「戶」或「家」時，意指那些為妻子賣娼拉客的丈夫或完全倚賴性工作維生的家庭。明代和清朝早期的文本還以「水戶」作為「樂戶」、「娼戶」的同義詞。謝肇淛稱：「隸於官者為樂戶，又為水戶。」[22]

據稱，水戶是指那些居於京城以外各地，不受中央的教坊司直接監管，

---

[18] 參見薛允升，《唐明律合編》（北京：中國書店，1990），卷14，頁8b。
[19] 參見謝肇淛，《五雜組》，頁226。
[20] 參見《刑台法律》（北京：中國書店，1990），卷13，頁14b。
[21] 參見姚潤等編，《大清律例增修統纂集成》，卷33，頁14b，註釋部分。
[22] 謝肇淛，《五雜組》，頁226。

而是由當地官員相對寬鬆地加以監管的樂戶。²³（「水」字可能與「流娼」的「流」字涵義相同，皆象徵著缺乏嚴密的監管或固定的居所。）不過清代早期的案件紀錄也將京城的那些皮條客和賣娼的家庭稱為「水戶」。²⁴

在實踐當中，司法官員無需對這些用語加以精確區分。在刑事案件的報告中，只要涉案人等被確認具有上述身分（樂戶、水戶、娼、妓等），我們便可斷定其不會被當作良民犯下「姦」罪加以處置。使用此類用語的重要目的，在於指出法律專家們藉以展開推論的一種前提性假設，亦即既然涉案者身分低賤，那麼其從事性工作便可被容忍。這才是就法律目的而言真正重要的問題，而那些起草此類司法文書的人們顯然認為無需對此多做解釋。²⁵

第二節　對不同身分群體的區分：立法層面

《元典章》中關於殺人罪的那一章，記錄了元代咸淳四年（1268）發生的兩起案件。這兩起案件中的男子，均殺害了與他們發生過性關係的女性。

第一起案件是被收錄在題為「殺奴婢娼佃」的那節文字之內，簡短敘述了一位名叫智真的男子殺死了他曾嫖過的娼妓（「元做伴娼女」）海棠。因為犯下此罪行，智真被依「擬殺他人奴婢」律判處杖一百七。²⁶

第二起案件則被收錄在題為「因姦殺人」的那節文字之內，講述了一位名叫孫伴哥的男子殺死了劉孫兒之妻阿尹。阿尹曾與孫伴哥「節次通姦」，但某天夜裡阿尹拒絕了孫伴哥的求歡，於是孫伴哥用斧頭將她殺死。官府在

---

²³ 轉引自經君健，《清代社會的賤民等級》，頁229。
²⁴ 例如《內閣刑科題本》，939/ 順治12.2.17。
²⁵ 另一個更為複雜的原因是，「樂」、「娼」和「妓」可被用來指稱處於性交易等級體系之不同層級的各種女子，既包括高級倡優（她們的絕大部分工作內容，相對而言較少包含那些表現為肉慾形式的娛樂表演），也包括那些以農民為其嫖客的普通娼妓。文學作品中所描寫的通常是高級倡優，但在法律文本（特別是刑案紀錄）中，這些字幾乎總是指性工作者。對中國歷史上用於稱呼高級倡優和一般娼妓的各種用語的討論，參見王書奴，《中國娼妓史》，頁1–5；嚴明，《中國名妓藝術史》，頁1–6。
²⁶ 參見《元典章》（北京：中國書店，1990），卷42，頁25a。

判決中認為，孫伴哥「除通姦系輕罪外」，還殺害了阿尹，故而應處死刑，此外「仍追燒埋銀五十兩」。[27]

上述兩起案件在處刑方面有所不同，各自用來描述案情的術語也大相徑庭。對於這些差異，只有當我們意識到如下要點之時才能理解。那就是，元代的法律將這兩名被害女子界定為分別屬於兩種完全不平等的身分類型，並將良民男子與這兩種身分類型的女子所發生的性關係當作截然不同的情形分別加以處置。事實上，就當時的司法觀點而言，這兩起案件根本毫無「相同」之處——即使是明代和清代早期的那些法律專家們亦將找不出多少理由對此看法表示反對。相較於發生在身分等級相同者之間的罪行（即使該罪行所針對的是一名姦婦），那種從上而下地跨越身分等級界線的暴力犯罪所受到的懲處，通常要較輕。[28] 而且，嫖娼也不同於與良民妻子通姦：娼妓是以出賣其肉體維持生計，即使受到鄙視，亦仍屬合法，但若良民操持此業則構成「姦」罪。

在雍正元年（1723）以前，涉及賣娼的法律均是為了維繫和強化上述兩起案例所對比凸顯的那些身分等級差別。相關的立法致力於強調娼妓異於良民之處，以此鞏固各種身分等級界限，防止良民淪為賤民，以及禁止良民做出有悖於其身分等級所預設的那種道德基礎的性行為。其目的並不在於禁止某種特定的行為，而是要通過各種強化現狀的方式對人們的行為加以引導。[29]

一、服飾禁令

元明兩代和清初的服飾禁令，亦針對那些從事性工作之人的衣著加以規

---

[27] 參見《元典章》，卷 42，頁 30b。倘若案犯所犯的罪行涉及的法律不只一條，則只適用對其刑罰最重的那條法律。

[28] 但到了清代，若良民殺害賤民身分之人，則在司法上變得依照殺害同等身分之人處刑，除非被殺害者是兇手家中的從屬成員。參見經君健，《清代社會的賤民等級》，頁 44。

[29] 此外，元、明、清三代均禁止娼家成員參加科考或出仕。參見《元典章》，卷 31，頁 15b；《明會典》，卷 77；薛允升著，黃靜嘉點校，《讀例存疑（重刊本）》（臺北：中文研究資料中心研究資料叢書，1970），例 76-06、例 76-19。

制。³⁰

　　因不滿於「娼妓之家」的打扮與「官員士庶」相同以至「貴賤不分」，元代頒布法令禁止娼家騎馬或穿著某類華貴的服飾，並要求娼家家長及其男性親屬頭上「裹青布」。³¹

　　明代的法律規定，隸屬教坊司的「樂藝」和「樂妓」須穿特定的服裝，「不許與庶民妻同」。³² 官妓須戴上綠色頭飾，按照晚明時人謝肇淛的解釋，「國初之制，綠其巾以示辱。」³³

　　清朝在順治九年（1652）和康熙十一年（1672）先後頒布法令，也規定「優人」和「樂戶」的家人須佩帶綠色頭飾。³⁴ 俗語當中那種將其妻有不貞行為的男子叫做「戴綠帽子」的說法，正是源自這些法令，因為佩帶綠色頭飾是娼妓之夫的明顯標誌。³⁵

二、良賤不婚

　　第二種措施是禁止娼妓與那些在身分等級方面比其要高的群體通婚。明清時期的法律授予那些有品銜的官吏以一種高於普通良民的獨特的身分等級，³⁶ 而這種身分等級差別當中有一點非常明確，那就是嚴禁此類官吏與娼妓通婚。不過一般良民通常也被禁止與娼妓通婚。

　　至少宋代的一名司法官員曾對士人娶「官妓」的想法表示大感震驚：

---

³⁰ 關於中國帝制時期服飾穿著方面的禁令的總括性討論，參見 Ch'ü, *Law and Society in Traditional China*, pp. 135–154.
³¹ 參見《元典章》，卷 29，頁 8b–9a；沈家本，《歷代律令》（臺北：臺灣商務印書館，1976），卷 8，頁 24b。
³² 參見《明會典》，卷 61，頁 394。
³³ 謝肇淛，《五雜俎》，頁 226。
³⁴ 參見《清會典事例》，卷 328，頁 886–888。
³⁵ 將綠色與從事性工作相關聯的其他罵人詞彙，尚有「王八」或「烏龜」（意為「龜公」或那些其妻與他人私通的男子），以及「王八蛋」（意為「雜種」）等。參見趙翼，《陔余叢考》（上海：商務印書館，1957），頁 849–852；任騁，《中國民間禁忌》（北京：作家出版社，1991），頁 234–235；王書奴，《中國娼妓史》，頁 247–248。
³⁶ 參見經君健，《清代社會的賤民等級》，頁 10–16。

「不可！不可！大不可！」[37]《元典章》中包含有如下條文：「諸職官娶娼為妻者，笞五十七，解職離之。」[38] 元代至大四年（1311）單獨頒布的一道諭旨，禁止良民男性與教坊司轄下的那些樂戶通婚，規定「今後樂人只叫嫁樂人。」[39]

《大明律》中亦有如下規定：「凡官吏娶樂人為妻妾者杖六十，並離異。若官員子孫娶者罪亦如之。」[40] 一條律注還將上述明律條文的適用範圍擴展至所有娼妓，而不限於該條律文中明確提及的樂戶，「樂人乃教坊司妓者，若流娼亦照此例。」[41] 此律在《大清律例》當中被予沿用。[42]

上述明律條文並未提及良民，但另有兩條律注對其加以補充。其中的第一條律注建議，「民人娶樂人為妻，問不應，為妾勿論。」[43] 此處的思維邏輯是：與正妻的婚姻應符合社會身分門當戶對的原則；為了強化社會等級界線，對身分等級不同者之間的婚配加以禁止。因此，通婚雙方的社會身分差距越大，則其罪越重。妾的地位高於奴婢，但低於丈夫和正妻。此外，娼妓與良民之間的身分差距，要小於娼妓與官吏之間的身分差距。所以，根據這位元注律者的看法，良民娶娼妓為妻的後果，沒有官吏娶娼妓為妻那麼嚴重，因此他建議，應對那些娶娼妓為妻的良民處以較輕的刑罰（對「不應為」的本刑是笞四十[44]）；若良民娶娼妓為妾，則罪行更加輕微，可免除刑罰。

第二條律注印證了如下這一基本的思維邏輯：「常人娶，律無文，今樂籍大抵不許娶，娼婦雖非樂人，均礙行止，降一等。」[45] 易言之，良民與任何類型的娼妓通婚均應受懲處，但其所受刑罰應較官吏娶娼妓的那種情形為輕。

---

[37] 《名公書判清明集》（北京：中華書局，1987），頁344。
[38] 薛允升，《唐明律合編》，卷14，頁8b。
[39] 《元典章》，卷18，頁46a–46b。
[40] 《大明律集解》，卷6，頁30b。
[41] 薛允升，《唐明律合編》，卷14，頁8b；《大明律集解》，卷6，頁32a、卷6，頁30b。
[42] 薛允升，《讀例存疑（重刊本）》，律113。
[43] 薛允升，《唐明律合編》，卷14，頁8b；《大明律集解》，卷6，頁32a。
[44] 薛允升，《讀例存疑（重刊本）》，律386。
[45] 《刑台法律》，卷3，頁11b。

三、禁止官吏宿娼

除了禁止官吏與娼妓通婚外，官吏宿娼亦屬違法。元代的法律規定：「諸職官頻入茶酒市肆及倡優之家者，斷罪罷職。」[46] 此外，《元典章》還提及元代延祐六年（1319）發生於福建的一起案件。在該案中，兩名縣尉與兩名樂妓宴飲並過夜。這兩名女子分別是聽遣於教坊司的樂戶張成之女和兒媳。兩名縣尉因自甘墮落和怠忽職守，被處以笞四十七；張成所獲的錢財則被沒官。張成一家似乎還因此事而被教坊司除名，不能再從事官府經營的工作；他們在案卷紀錄中被稱為「散樂」（亦即被開除的樂戶）。但是，這種除名並非免除其世襲的樂戶身分；而且，他們顯然也未受到任何懲處。[47]

明律當中也有禁止「官吏宿娼」的規定：「凡官吏宿娼者杖六十，媒合人減一等。若官員子孫宿娼者罪亦如之。」[48] 一條律注對此補充道，對於犯此罪的官吏，應處「贖刑」並「解職」（「官吏俱贖，完日俱革職役」）。[49] 此律亦為清律所沿用。[50]

如同前述通婚禁令中的情形那樣，官吏和娼妓之間的身分差距太大，因而不允許兩者之間有此種親密的接觸。但元明兩代和清初的法律均未提及一般的良民宿娼的問題。儘管對女性而言，若以賣娼為業，將會因此被貼上汙名標籤，但這種行當不僅平常，而且合法。上述明律條文所關涉的罪行，並非賣娼這種營生本身，而是具有官職之人的宿娼行為。此律的另一條律注，再次強調了此點：

> 此條官吏宿娼與犯姦不同。其樂戶知情雖同罪，得單衣的決，有力亦准納鈔。[51]

---

[46] 宋濂，《元史》，頁 2614。
[47] 《元典章》，新集，刑部，頁 51a–51b。
[48] 《大明律集解》，卷 25，頁 12a。
[49] 《大明律集解》，卷 25，頁 12b。
[50] 薛允升，《讀例存疑（重刊本）》，1970，律 174。
[51] 《大明律集解》，卷 25，頁 12a–12b。

易言之，陪宿官吏的娼妓不應被視同為良民女子「犯姦」加以對待，其理由為陪宿乃娼妓本行，她唯一的過失是不應接待官吏這類人。明律規定，對於良民姦婦，應將其「去衣受刑」，以示額外的羞辱。但是，上述律注允許那些陪宿官吏的娼妓著衣受刑。姦婦和犯有其他罪行的娼妓，均不能以贖金代替笞杖刑，但這條律注允許那些陪宿官吏的娼妓以贖金代替笞杖刑。[52]

在元代和明代早期，教坊司為官府宴樂提供「官妓」以娛賓客。毫無疑問，這些女子均是經過精心訓練的高級娼優，而非一般的娼妓。正如明代學者姜明叔所言，儘管嚴禁官吏「入院宿娼」，但可「召妓侑觴」。不過宣德年間頒布的一道諭旨對此種狎昵行為加以禁止，自此之後，官妓便被排除在官方娛樂活動之外。不過根據謝肇淛的說法，這道禁令並不適用於官吏在自己家中舉辦私宴的情形（「縉紳家居者不論」），而且，上述作法在明代後來仍很普遍。[53]

四、良民墮為娼戶

一種更進一步的措施是禁止良民墮為娼戶。元代的法律規定：

> 諸賣買良人為娼，賣主買主同罪，[54] 婦還為良，價錢半沒官，半付告者，或婦人自陳，或因事發覺，全沒入之。[55]

被賣為娼，顯然會導致其身分被貶低。受害者「還為良」，則代表其從被性奴役的狀態當中解脫出來，並回復至被這樁買賣所破壞的那種原有身分界線範圍之內。為了加強落實上述法令，元代還頒布了另一道單獨的諭旨，規定須向官府及時上報最新的官妓人數，並對那些疏於防範賣良為娼的失職人員（似屬教坊司所轄）加以懲處：

---

[52] 《大明律集解》，卷1，頁46b、51a。
[53] 參見謝肇淛，《五雜俎》，頁252–226。姜明叔的這種說法，轉引自王書奴，《中國娼妓史》，頁197。亦可參見張廷玉等，《明史》，頁4185。
[54] 此處的具體刑罰不詳。
[55] 薛允升，《唐明律合編》，卷26，頁25a；宋濂，《元史》，頁2644。

> 倡妓之家所生男女，每季不過次月十日，會其數以上於中書省。
> 有未生墮其胎、已生輒殘其命者，禁之。諸倡妓之家，輒買良人
> 為倡，而有司不審，濫給公據，稅務無憑，輒與印稅，並嚴禁之，
> 違者痛繩之。[56]

在理想的情況下，只要掌握關於所有樂戶家庭中所出生的子女的準確紀錄，便能很容易辨識出誰是被非法賣入娼家的良民。

據薛允升所言，[57]明代的立法者在擬定針對「買良為娼」的如下律文時，沿用了元代的先例：

> 凡娼優樂人買良人子女為娼優，及娶為妻妾，或乞養為子女者，
> 杖一百，知情嫁賣者同罪，媒合人減一等，財禮入官，子女歸
> 宗。[58]

嘉靖年間頒布的一道例文就此加以補充，規定凡「樂工」犯此罪者枷號一個月。[59]

「娼優樂人」這一泛稱，似乎意在用來涵蓋各類帶有性交易汙點的身分類型（「優」是指那些在舞臺上扮演女性角色的男演員，常被與男子同性性交易相聯繫）。[60]上述律文進一步擴展了作為其原型的那條元代法律的內容，禁止因通婚和收養而致良民在身分上遭到貶低，即便涉事人等未必一定會受迫從事性工作。正如萬曆年間出版的一本官員手冊所解釋的，這是由於「惡其壓良為賤」，因此將讓受害者歸其本宗作為補救之策。[61]《大清律例》的

---

[56] 宋濂，《元史》，頁2687。
[57] 薛允升，《唐明律合編》，卷26，頁25a。
[58] 《大明律集解》，卷25，頁13a。
[59] 顧應祥等撰，《問刑條例》，刑例，頁24a。
[60] 參見Bret Hinsch, *Passions of the Cut Sleeve: The Male Homosexual Tradition in China* (Berkeley, CA: University of California Press, 1990), p. 72. 王書奴提及，「娼」和「優」在早期的史料中為同義字，參見王書奴，《中國娼妓史》，頁1。在明清時期的法律文本中，「優」常被作為對男妓的委婉稱呼。相關的例證，可參見薛允升，《讀例存疑（重刊本）》，例375-04。
[61] 《刑台法律》，卷13，頁24b。

最早版本保留了明代的這條律文，其後來修訂續纂的另外幾個版本又併入了上述嘉靖年間的那道補充性規定。[62]

五、良民「縱姦」之罪

正如我們所看到的，一般平民的宿娼之舉完全合法，甚至他們娶娼妓為妾也不見得會受到懲處。但如果良家女子賣姦，那麼情況又會怎樣？明代針對「官吏宿娼」律的一條律注對此問題做了回答：「（律中所謂）『娼』即教坊司之婦與各州縣所編樂戶是也。若民間私自賣姦者，自當以凡姦之律論之。」[63] 由此可知，隸屬於官府的娼家或樂戶這類賤民身分群體所從事的合法的性工作，與良民女子非法賣姦這兩者之間存在區別。這種區別體現於所用措辭的差異：只有良民所從事的性工作，才會被以「姦」這一法律用語予以稱呼，並被自動地界定為犯罪，故而將其按照「凡姦之律」處刑自屬理所當然。還有，「私自」一詞帶有強烈的「非法」意味。

晚明時人謝肇淛也曾就此做過類似的區分：「樂戶」是指「隸於官者」，而「土妓」則為「不隸於官，家居而賣姦者」。謝肇淛藉由將後者的這一行為稱作「賣姦」，強烈暗示這種私下的性交易具有犯罪性質——易言之，這類娼妓均系良民身分，而非屬於在官府有籍的賤民階層。他補充道，私人所開的窯子俗稱「私窠子」。[64]「窠子」意指「巢穴」或「洞穴」，而此處所說的「私」，其意涵相較而言更接近於「非法的」或「違禁的」，而非「私自的」。

因此，從理論上講，存在兩種不同的性工作模式：其一，那些在官府有籍的世襲賤民所從事的性工作，這種模式的性交易受官方監管，並為法律所允許；其二，一般良民未經官府許可、私下從事的性工作，這種性交易模式會被作為「姦」罪追究刑責。南宋時期的一道法令清楚地表明，那些賣娼的

---

[62] 薛允升，《讀例存疑（重刊本）》，律 375。
[63] 《大明律集解》，卷 25，頁 12a–12b。
[64] 參見謝肇淛，《五雜組》，頁 226 頁。

良民會被以「姦」罪論處:「諸妻擅去而犯姦者,論如改嫁律,為倡者以姦論,男子不從姦坐。」[65]這道法令預設了嫖客有可能並不知道他所嫖之「娼」乃屬良民階層,故而不對嫖客加以懲處;只有在這一細節上,犯姦妻子的罪行才與一般通姦罪有所不同。宋代的另一道法令禁止良民男子為自己家中的女子賣姦拉客:

> 諸令[66]妻及子孫之婦若女使為娼,並媒合與人姦者,雖未成,並離之。雖非媒合,知而受財者同。女使放從便。[67]

上述兩道法令均被歸入姦罪類目之內,而這顯然是為了以其懲治那些有著良民身分的有夫之婦。此處的主要懲罰方式是強制其離異(宋代對此種姦罪是否還採取其他的刑罰,尚待考證):淫亂行為與那些加諸於良民身上的婚姻規範水火不容,故而當受到如此褻瀆時,便不可能再容許該婚姻關係存續下去。至元、明、清三代,強制離異仍是針對此種罪行的懲罰手段之一。

在元代的司法政策中,我們可以看到有關此問題的更多資訊。大德七年(1303),江西行省參知政事向刑部報稱,「縱妻為娼」的案件大量發生,「各路城邑爭相仿效此風」。他認為,導致此風盛行的原因之一在於,無論是預防此種姦罪發生,還是事後對其切實加以追究,皆仰賴丈夫對其妻行為的負責程度:「有夫縱其妻者,蓋因姦從夫捕之條,所以為之不憚。」因此,只有授權其鄰佑和官吏對此主動加以干預,才有可能制止這種「良為賤」的歪風。後一意見暗示,良民從事性工作,玷汙了身分等級這一神聖不可侵犯的界線。

刑部採納了其意見,並發布如下文告:

> 人倫之始,夫婦為重,縱妻為娼,大傷風化……卻緣親夫受錢,令妻與人同姦,已是義絕。以此參詳,如有違犯,許諸人首捉到

---

[65] 《慶元條法事類》(北京:中國書店,1990),卷80,頁23b。
[66] 「令」字的意涵有些模棱兩可,它既可指「迫使」,亦可表示「容許」。
[67] 《慶元條法事類》,卷80,頁24b。

> 官取問明白。本夫、姦婦、姦夫同凡姦夫決八十七下，離異。[68]

以此為基礎，又進一步頒布了如下條文：

> 諸受財縱妻妾為娼者，本夫與姦婦、姦夫各杖八十七，離之。其妻妾隨時自首者不坐，若日月已久纔自首者，勿聽。[69]

犯此罪的女子，須被遣返歸宗另嫁他人。[70]

上述元代法律中所用的「縱」字，暗示夫妻雙方系主動的共犯。此字的字面意義為「放鬆」或「放開韁繩」（例如縱馬馳騁），亦可指「放縱」。在儒家的社會圖景中，如同父親可支配其子女，丈夫亦擁有支配其妻的合法權威：他有責任對她加以管教，對她的行為加以約束。因此，「縱」這一法律用語所表達的觀念為：當丈夫縱容其妻與他人發生性關係，便是未能履行其身為丈夫應盡的責任。正是由於丈夫一方在此方面的失職，導致元代的司法官員將對此種姦罪加以追究的責任轉移至其鄰佑與官府。

雖然元代的法律使用「為娼」一詞，但「為娼」的女子與其性交易對象之間的關係卻被稱為「姦」，以區別於那種為法律所容許的賤民娼妓與嫖客之間的性交易關係。在元代法律中的其他地方，對通姦女子及其性伴侶的稱呼均使用同一字眼，亦即分別稱其為「姦婦」和「姦夫」（在宋、元、明、清四代的法律文本當中所使用的「姦」字，通常僅用於指良民的犯罪行為）。用以懲處「為娼」的刑罰為杖八十七，這更印證了此種行為被視為通姦，因為元代法律在懲處已婚女子「和姦」時，對和姦男女的刑罰與此相同。[71] 換言之，這種行為的商業色彩，並未導致涉事者所受的刑罰被加重：被予懲處的乃是性淫亂行為，而非以錢財辦成此勾當之舉。

這裡的基本原則是：如同妻子與人通姦的所有情形，此種性交易與加諸良民身上的那些婚姻規範以及女性貞節規範相抵觸，因此構成「姦」的一種

---

[68] 《元典章》，卷 45，頁 9b。
[69] 宋濂，《元史》，頁 2644；薛允升，《唐明律合編》，卷 26，頁 17b–18a、頁 25a。
[70] 相關的例子，參見《元典章》，卷 45，頁 8a–9b。
[71] 《元典章》，卷 45，頁 1a。

形式。如江西參知政事所言，這種行為無異於「良為賤」——亦即其行為舉止猶如賤民。既然這種犯罪導致涉事夫妻之間「義絕」，那麼兩人便應離異。此罪行與一般通姦罪的不同之處，在於丈夫是共犯。因此，他也須承擔與性交易雙方相同的刑責，此外他還會失去其妻子。對丈夫而言，強制離異並非微不足道的懲罰。犯此罪的男子可能大多都相當貧困，一旦失去妻子，便很難有能力再娶。

明律對元代法律中的這些原則加以重申，但有一項重要的不同之處：

> 凡縱容妻妾與人通姦，本夫、姦夫、姦婦各杖九十……[72] 並離異歸宗。若縱容……親女及子孫之婦妾與人通姦者，罪亦如之。[73]

此處明確採用了用來指稱「姦」罪的專門用語，以取代元代法律中的「為娼」一詞。有關丈夫係出於錢財動機的用語，亦從此條文內容中消失。這項變化凸顯了在元代法律中便已相當明顯的重點：問題的關鍵並不在於金錢交易。明代的立法者藉此擴大了良民縱姦罪的適用範圍，無論是丈夫主動為妻子拉客，還是被動地容忍其妻與人發生未涉及金錢交易的婚外性關係，皆構成「姦」罪。如同元代的情形那樣，此種罪名下的處刑，與已婚女子「和姦」之情形中對雙方的刑罰完全相同，性交易的商業色彩並不會導致其刑責加重。[74]《大清律例》全盤接收了此律。[75]

元代的法律也禁止良民男性強迫（「勒」）其妻、妾或養女為娼，或「為人歌舞，給宴樂」，以及勒逼其奴婢「為娼」。這類案件均適用相同的原則，亦即其妻、妾或養女被遣返歸宗，而奴婢則被「放從良」。被勒逼為娼的妻子「量情論罪」，因此不一定會受到懲處。[76] 明代的立法者制定了類似

---

[72] 在這一例子以及其他很多情形當中，明代的立法者只是在元代法律所規定的笞杖刑具體用刑數字之基礎上，改取與之最相近的十之倍數。因此，元代法律中的杖八十七，在明律中則被改為杖九十。

[73]《大明律集解》，卷 25，頁 3a–3b。

[74]《大明律集解》，卷 25，頁 1a。

[75] 薛允升，《讀例存疑（重刊本）》，律 367。

[76] 薛允升，《唐明律合編》，卷 26，頁 18a；《元典章》，卷 45，頁 9a–9b；宋濂，《元史》，頁 2644。

的條款（亦為清律所沿用），但再次刪掉了所有涉及金錢交易的用語和「為娼」一詞；明律還免除了對那些被「抑勒與人通姦」之女子的刑罰。[77] 如同那些關於縱姦的法律，此類法律條文強調了權威的合法性系源自道德基礎這一儒家思想準則。倘若道德基礎受到褻瀆（「義絕」），則婚姻和收養（在元代法律中還包括奴役）這些家庭契約關係便有可能會被撤銷。良民與賤民之別，在於良民須遵守身為良民所應奉行的各種規範，而對賤民則沒有這種期待：那種區隔良賤的法律擬制之精髓，即在於良民和賤民對不同的性道德與家庭道德標準的展演。

然而，良民男子不會因嫖娼而受玷汙。只要他們嫖宿的女子是賤民，便不會有任何問題。正如我們已經看到的，性交過程中的陰莖插入行為象徵著社會等級秩序，被插入者處於被支配者的地位，因此只有那些被插入者才會由於不正當的性行為而受到玷汙。這種思考模式不僅適用於強姦、通姦和雞姦，亦適用於性交易。

明代嘉靖年間頒布的一道例文，以不同的條款分別禁止良民和賤民娼妓從事看似本質上相同的罪行，以強調這兩類人之間的區別。這道例文的本意是對「買良為娼」的舊有律文加以補充，但其內容不僅加重了刑責，且明言良民罪犯與賤民罪犯分屬兩種不同的情形：

> 凡買良家子女作妾並義女等項名目、縱容抑勒與人通姦者，本夫、義父問罪，於本家門首枷號一個月發落。

> 若樂工私買良家子女為娼者，不分買賣媒合人等亦問罪，俱於院門首枷號一個月。

這種須對兩種不同情形加以區分的必要性，凸顯出同一種罪行會因罪犯在法律上的身分不同而被加以差別化的界定——即使其刑責大體相同（如同此例所描述的那種情形），也仍有必要加以區分。上引例文中的前半段適用於一般良民，其著重點在於良民的「姦」罪，而並未提及錢財動機。將良民

---

[77] 《大明律集解》，卷 25，頁 3a–3b；薛允升，《讀例存疑（重刊本）》，律 367。

身分的罪犯置於其本人的家門口枷號示眾,這種作法的目的是使其在家人和鄰佑面前顏面盡失,以藉由鄰里社群的壓力遏制此類犯罪的發生。這種懲處方式的預設前提是,每一位良民均置身於一個由家庭和社群所構成的延伸性社會網路之中,而上述那種被禁止的罪行將會褻瀆這一延伸性社會網路的價值觀念。

作為對照的是,此例文的後半部分提及的樂工的那種罪行,則是使良民成為娼妓——不僅迫使人從事性交易,更因使人淪入身分低賤的娼家,致其身分等級遭到徹底的貶低。而且,枷號示眾的地點「院門首」,並非那種對此罪行感到義憤的家庭或鄰里社群的情境,而是指某種官方場所或妓院。據18世紀時東瀛學者所做的注釋,此處所謂的「院」,乃是指樂戶身分者所居住的「三院」。[78]

最後,此例的第三款內容更加清晰地顯示了這種對比:

> 地方火甲鄰佑,並該管官俳色長容隱不首者,各治以罪。[79]

立法者對此的預設是,良民身分的罪犯生活於鄰佑和各種社群權威的監視之下,而對樂戶身分的犯事者加以監督,則是教坊司監管者的職責所在。

雖然元代的法律禁止良民賣娼及擾亂身分等級界線,但有一項值得注意的例外:「良家婦犯姦為夫所棄,或倡優親屬願為倡者,聽。」[80] 這項例外實際上強化了如下這一身分等級原則:惟有在因通姦或與娼妓有親屬關係而致其身分受到玷汙的情況下,良民身分的女性才有可能被獲准為娼,而不至於危及司法制度的大使命。但與此同時,這項例外也指向了法律上的一個灰色地帶。這種作法在具體實踐中是如何運作?是允許那些「願為倡」的良民姦婦以其本人名義私自開業?還是由官府將她們編入賤籍並由教坊司加以監管?《元典章》對此未予說明。我們在這裡看到一種關於社會現實之複雜

---

[78] 荻生徂徠,《明律國字解》(東京:創文社,1989),頁835。
[79] 顧應祥等撰,《問刑條例》,頁24a。其他文本中對此法令的表述略有差異,參見黃彰健編著,《明代律例彙編》(臺北:中央研究院歷史語言研究所,1979),頁946–947。
[80] 薛允升,《唐明律合編》,卷26,頁25a;宋濂,《元史》,頁2644。

性的暗示，亦即（早在元代便是如此）有不少女子最初是以良民身分私下賣娼，但在被發現之後，官府出於各種權宜目的，將她們視同賤民身分的娼妓加以處置。

第三節　推行身分等級原則：明代和清初的實踐

那種對不同身分等級加以區分的司法工程，在實踐中如何運作？本節將檢視明代和清初的司法官員們為了維護良賤之別所作的實際努力。在性工作的情境當中，這一界限是如何被逾越或擾亂的？州縣官在司法實踐中又是如何處理這類身分僭越的問題？這些情形，可說明前文所引述的某些法律條文是如何被加以適用的，亦可說明那種試圖藉由以身分等級為其基礎的規範來對性行為加以規劃的努力，又是如何由於遭遇各種緊張關係和模糊地帶而受到挑戰。

一、呂坤的「禁諭樂戶」之舉

反映地方官員處置賤民娼妓的最佳證據之一，是晚明官員呂坤任山西巡撫時針對樂戶所頒布的那一連串禁令。[81] 從呂坤發布的這些法令中，我們可以推斷樂戶此一類別包含了好幾種不同的職業：「娼婦」、「優」和「樂工」。呂坤對樂戶與「老戶良民」加以區分。樂戶的地位明顯低於良民，且須尊重良民。因此，他們若有攻擊良民的行為，將會受到更嚴厲的懲處。樂戶亦被排除於在縣裡各地組織的鄉約之外，[82] 他們須遵守有別於良民的行為規範，

---

[81] 有關呂坤（1536–1618）的生平，參見 Joanna F. Handlin, *Action in Late Ming Thought: The Reorientation of Lü K'un and Other Scholar-Officials* (Berkeley, CA: University of California Press, 1983); Goodrich, ed., *Dictionary of Ming Biography*, pp. 1006–1110. 寺田隆信和韓安德（Anders Hansson）也討論過呂坤頒布的這些禁令，參見寺田隆信，〈雍正帝の賤民開放令について〉，頁 126–127；Hansson, *Chinese Outcasts: Discrimination and Emancipation in Late Imperial China*, pp. 65–71.

[82] See Leif Littrup, *Subbureaucratic Government in China in Ming Times: A Study of Shandong Province in the Sixteenth Century* (Oslo: Universitetsforlaget, 1981), pp. 165–168; Goodrich, ed.,

並被禁止招募良家女子；倡優不得參與那些莊嚴的儀典；娼妓不許到良民家中提供性服務（即嫖客只能到妓院購買性服務），等等。所有這些規範的目的，均在於隔離樂戶身分者，並將其烙上汙名化的身分標籤。

但從呂坤所制定的那些法令中亦可看出，樂戶在社會秩序中有一個為人們所接受的適當位置。這些人由官府特別指派的樂首——「有身家公正、眾樂推服者二人」——加以管理，樂首則由樂戶共同推舉並由地方官認可。各轄區的責任，為管理轄內在籍的樂戶人口。樂戶中有土地者亦須繳納糧差。樂工還須按照其每年的勞役任務，在官方組織的重大場合表演。最重要的是，呂坤費盡心思地區分了「官樂戶」與另外兩類從事非法性交易的群體。

第一類群體是「流來水戶，在於地方惑誘良家者」。此處蘊含的對照是，具有合法身分的本地樂戶安守其本分，而那些未在官府登記入籍、來歷不明的外來移民，則可能遊蕩惹事，並擾亂身分等級界線。

呂坤所說的第二類群體是「原籍良民夫婦不才，甘心賣姦度日者」。上述這段引文是該則史料中最具啟發性的內容之一。按照呂坤的說法，這類人「辱祖羞親，取為無恥」。為了凸顯其不知羞恥，呂坤規定此類人須對官樂戶卑躬屈膝：

> 見官樂戶叩頭、傍坐，訶罵不許還口，以示激改之意。凡犯到官，比官樂加倍重處。

性道德構成身分展演之內容的這一理念，在此處被展露無遺。樂戶從事性工作是其分內的職責：這種行為符合其身分，這一事實也使他們獲得某種「尊重」。但良民「賣姦」（「姦」字已強調此行為違法）則違反了與其身分相關聯的那種家庭道德，因此倍加可恥。基於這一理由，那些甘心賣姦度日的良民，應被視為比樂戶更加低賤，因為樂戶至少還知道自己的本分所在。

Dictionary of Ming Biography, p. 1007.

二、對「買良為娼」的究治

明末官員張肯堂記錄了他任職浚縣（位於當時的北直隸省，現屬河南）縣令時所審理的兩起買良為娼案件。[83]

在第一起案件中，何氏來自與浚縣相鄰的安陽縣，其夫將她帶至長垣縣，賣給當地一位人稱「李娼」的婦人。李娼又以 40 兩銀子的身價，將她轉賣給一位名叫張有才的浚縣水戶。何氏在張有才的監管下為娼兩年，直至她的父親何尚倉尋蹤而至，並到大名府衙門遞狀，希望將自己的女兒救出火坑。

此案最初由魏縣知縣審理，[84] 在何尚倉證明自己是這名女子之父後，魏縣知縣判決「何氏應還尚倉無疑」。不過，魏縣知縣還判令何尚倉應償還水戶張有才為了買何氏所付的那全部 40 兩銀子。由於何尚倉付不起這一大筆錢，水戶張有才於是將他告至張肯堂擔任縣令的浚縣衙門。在重新檢視上述債務處理方式後，張肯堂認為：「竊以為何氏業隨有才二載，年少纏頭，亦應無數，雖有身價，豈能一一如券責償。」隨後他判令何尚倉只需付給水戶張有才 10 兩銀子。張肯堂在結案時強調，「甯刻於才而寬於倉」。[85]

第二起案件則是關於一名叫作殷氏的女子。她在一場饑荒中被賣為娼（具體細節不詳），在水戶王三省的監管下從事皮肉生意多年。在她那些在世的親屬中，最親者似乎是她的堂兄殷雙兵。殷雙兵先前逃荒在外，回家後發現堂妹被賣。因「不忍墜其家聲」，於是向衙門呈狀，而縣官判決殷氏「從

---

[83] 張肯堂（明代天啟五年〔1625〕考中進士）之後歷任御史、大理寺丞和福建巡撫。因不願臣服滿清的征服而於永曆五年（順治八年〔1651〕）自縊盡節。參見張肯堂，《䜌辭》（臺北：臺灣學生書局，1969），序言部分。

[84] 顯然，大名府知府並未親審此案，而是將該案移交給緊鄰該府府治的魏縣知縣審理。安陽縣位於鄰省，長垣縣和浚縣雖均屬大名府所轄，但離該府府治比魏縣更遠。此案中的那名水戶，後來在浚縣遞交了訴狀，因其居住於此。大名府的疆界範圍現屬河南省，但在當時則屬於北直隸省（亦即現在的河北省）。參見譚其驤主編，《中國歷史地圖集》（上海：地圖出版社，1982），第 7 冊，頁 44–45。

[85] 參見張肯堂，《䜌辭》，卷 7，頁 6b–7a。張肯堂並未提及先前魏縣知縣對這名女子之夫和李娼的處置。

良」。殷氏的堂兄殷雙兵隨後為她安排了一椿合適的婚姻。但水戶王三省對此結果感到不滿,試圖提出異議。王三省意識到,「以賤爭良勢必不得」,但「以夫還婦託名,固甚正也」,於是找來一名同夥到衙門呈狀誣告,聲稱殷氏實為自己遭人拐騙的妻子。

張肯堂識破其伎倆,並將水戶王三省及其同夥處以杖責,但他對王三省略表同情:「三省至無賴也,罪之可也,逐之可也,而使其人財兩亡,進退無據,抑亦仁人之所隱矣。」於是,他判令殷氏的新婚丈夫須付給這名水戶10兩銀子以補償他的部分損失。[86]

非常清楚的是,在上述兩起案件中,那兩名女子必須仰賴其娘家人將她們救出淫窟和恢復良民身分。不過同樣清楚的還有,只要從業者的身分適當,性工作本身並無違法之處,那兩名水戶在訴訟中甚至還享有一種為官方所認可的特定身分。兩名水戶均未因「買良為娼」而受懲處,其原因可能在於他們並不知曉她們原屬良民身分。實際上,張肯堂是將這兩位水戶視作欺詐行為的受害者加以處置,因此判令相關人等須向此二人賠償其財產損失。

順治十二年(1655)刑部審理的一起發生於京師的案件,說明清初的司法官員是如何處理買賣良家女子為娼的問題。蔡氏是漢軍旗人朱秀的妾室。由於朱秀需錢治病,於是把蔡氏冒充娼妓,以75兩銀子的價格將她賣給他人。買主是一名叫鮑回子的水戶。這椿買賣立有文契為憑。二十多天后,鮑回子發現了事情的真相——原來蔡氏屬於良民身分,於是試圖撤銷這椿買賣,但此時朱秀業已身故。因此,鮑回子將蔡氏交給她的小叔朱三,且沒有要求退款(「這樣事我驚怕,故銀子不要了」)。

但朱三並未將蔡氏帶回家中,而是將她賣給另一位水戶劉九經營的窯子,並與劉九商定從蔡氏所掙的皮肉錢中提成。更有甚者,蔡氏在劉九經營的窯子賣娼的十四天內,朱三本人讓蔡氏陪宿他七次,且未付過嫖資。之後朱三又以75兩銀子的價格,將蔡氏賣斷給第三位水戶何五,且同樣立有文

---

[86] 參見張肯堂,《䛎辭》,卷8,8a–9a。

契為憑。然而就在朱三將錢拿到手之前，蔡氏的叔父得知此事，於是一紙呈狀將朱三告到官府。朱三最初對此矢口否認，但在蔡氏、幾名水戶和中人的口供歷歷指證下，終於招供。

由於朱三和蔡氏發生過性關係，審判官員首先考慮的是他是否犯了亂倫罪。按照清律中的規定，「姦兄妾」乃是死罪。但最終的判決認為並不構成此項罪名，因為「蔡氏既經朱秀賣出為娼，非姦兄妾者比」（案卷紀錄中從未提及審判官員是否考慮過強姦罪名）。[87] 因此，根據「買良為娼」律，朱三被處以杖一百、枷號一個月的刑罰。刑部接受了「水戶鮑回子以蔡氏彈唱認娼討買」並於知曉真相後立即將她送回的說法。但是，水戶鮑回子「先不問蔡氏來歷，買人上稅」，因此他也被依「買良為娼」律而處以杖一百、枷號一個月之刑。水戶何五受到同樣的懲處。這兩次交易的中人也被依照同一條律處杖九十。由於水戶劉九實際上並未買到蔡氏，因此依「不應得為而為之事重者」律，只處以杖八十。[88] 蔡氏的嫖客之一（蔡氏曾陪宿其二十餘次）以證人身分出堂作證，由於他在嫖宿蔡氏時並不知曉她是良民身分，因此無罪獲釋。蔡氏本人則被判歸宗。

如同在張肯堂所描述的前述兩起明末案例中那般，此案當中亦無人因拉嫖客、賣娼或宿娼而受到懲處。唯一涉及的法律問題是，作為良民的蔡氏不能被合法地賣作娼妓，故而所有參與這一罪行的人都受到了相應的懲處。在這裡，清代刑部對水戶的處置方式，相較於明代縣官張肯堂所可能做的更為嚴厲。在本案中，雖然那些涉案的水戶們對蔡氏的良民身分並不知情，但仍因買良為娼而受懲處，更遑論挽回其「損失」。

與前述明末案件中的情形一樣，司法官員介入此案的主要目的，在於恢復這名女子原來的身分。但由於蔡氏之夫曾將她賣為娼妓，其法律身分多少受到些影響。雖然將她賣入娼家之舉是犯罪行為，但終究導致她離開朱家並

---

[87] 清律對姦兄長妾者處以絞監候，無論是強姦還是和姦。參見薛允升，《讀例存疑（重刊本）》，律 368。
[88] 這些人最後因逢大赦而得以豁免上述刑罰。

一度淪為娼妓。因此，即使她的小叔與她發生了性關係，還是不足以構成「姦」罪，更遑論構成亂倫或強姦這類死罪。在被審訊時，朱三最初被問及的問題為他是否曾與蔡氏「犯姦」，但題本中的其他部分均使用「睡」或「睡覺」這種中性且不具有法律意義的措辭來描述兩人之間的那種性關係。蔡氏的那位嫖客在審訊時被問及的問題，同樣是使用了「嫖」這一中性動詞，且如我們前已看到的，該嫖客並未受到懲處。由此可知，清初的司法官員對法律上的身分等級界線形同虛設相當心知肚明，意識到良民之妻確有淪為娼妓的可能性。[89]

這些案件紀錄也有其模糊地帶，亦即所有案件中均未言明的一個大前提是，只要他們是以賤民身分從事經營，那麼這些水戶所開的窯子即屬合法。他們可能也繳納賦稅，儘管案卷紀錄中未見對此有所說明。但很明顯，這些窯子是由私人經營，與以前那種由官府監管、作為勞役方式之一的性工作模式已大不相同。最遲自明代晚期開始，賤民身分者的性工作便已脫離政府的監管和控制，而被作為一門私營生意予以承認。這種變化表明，以往那些至少在理論上曾存在於不同身分等級之間、官府專營與私人違法經營之間、勞役與商業利潤之間涇渭分明的界線，此時業已開始變得模糊。

三、削除娼妓身分

若娼妓向上跨越身分等級界線，亦即放棄從事性工作並取得良民的法律身分，那麼情況又將如何？最常被用來描述這種經由合法授予而使其法律身分得到提升的詞彙，可能是「從良」。至 18 世紀中期，這一詞彙幾乎已被用於專指女子放棄從事性工作，且除了道德涵義之外，別無他意。職是之故，「從良」意味著個人自發地努力提升自身行為所展現的道德水準。[90]

---

[89] 參見《內閣刑科題本》，939/ 順治 12.2.17。
[90] 相關的例證，參見 Hansson, *Chinese Outcasts: Discrimination and Emancipation in Late Imperial China*, p. 59. 另可參見 *Mathews' Chinese-English Dictionary* (Revised American Edition, Cambridge, MA: Harvard-Yenching Institute, 1975), p. 1020.

但在此之前的數個世紀裡,「從良」一詞並不專指娼妓的這種情況,也不僅限於指道德維度的轉變。如仁井田陞所言,「良」(好、良民)和「賤」(低劣、賤民)在中國帝制早期的法律概念中的最初區分,乃是貴族政治社會中的「自由」和「不自由」之別;貴族社會以一種由眾多在法律上擁有不同身分的群體所構成的複雜的等級制度為其特徵。至晚到清朝初期,「從良」便被用來指任何一種在法律身分方面被從不自由(賤民)提升為自由(良民)的情形,其中最典型的情形為奴僕或雇工人因被開豁而得到自由。例如,主人釋放奴僕之舉被稱為「放從良」或「放良」(即為了使奴僕的身分地位能被提升至良民而獲釋放),且須立下「放書」、「良書」或「從良書」之類的證明。獲釋者將此類證明呈交給當地官府,便可改籍為良民,獲得服徭役的資格(長久以來,服徭役被視為自由良民身分的標誌之一)。「從良」的反義詞為「從賤」,專指在法律上針對良民和賤民結合所生之後代而將低賤身分強加於其身。在這種情形中,這名孩子須「從」父母雙方當中身分低賤的那一方。[91]

當然,樂戶和其他娼妓及其家庭成員,被視為由不自由且身分低賤之人構成的大類之下的一個子集(事實上,那些為教坊司所監管的,乃是隸屬於朝廷的奴隸),因此「從良」一詞也可用於這類人。如仁井田陞所言,「從良」確可用於指娼妓「脫籍」,但此種用法只是這一詞彙可適用的諸多情形中的一種。[92]

在廣義的用法當中,「良」字用以區分正式身分等級的重要性,顯然要高於其道德意涵。既然成為良民代表著須遵守良民的性道德與家庭道德,那麼娼妓若在身分上被提升為良民,自然便意味著要放棄從事性交易這一賤

---

[91] 參見仁井田陞,《支那身分法史》,頁 959、963–964;仁井田陞,《中國法制史研究:奴隸農奴法・家族村落法》,頁 16。《元典章》詳細描述了應如何撰寫「良書」,參見《元典章》,卷 18,頁 8a–8b。有關明律中釋放奴僕的一個「放從良」例證,參見黃彰健編著,《明代律例彙編》,頁 835。《大清律例》沿用了這一律文,但後來在很大程度上被編纂入內的新例所取代,參見薛允升,《讀例存疑(重刊本)》,律 314。
[92] 參見仁井田陞,《支那身分法史》,頁 694。

業。例如元代的法律規定，若「娼女」懷孕而被人「勒令墮胎」，則「犯人坐罪，娼放為良」。[93] 元代針對賣良為娼的法令，規定應將受害者「還為良」。至於被主人「勒奴婢為娼者」，依規定應將受此虐待的婢女「放從良」。在這類情形中，被提升為良民身分，顯然包括了結束先前操持的那種性工作。[94] 依據同樣的邏輯，娼妓「從良」通常意味著嫁給良民；女性在法律身分上「從」其夫，且良民女性基本的社會角色即為妻子。[95]

明代的許多文獻顯示，「從良」作為一種可使身分得以正式提升的方式，需有官府介入方能生效。例如在前述殷氏一案中，張肯堂將其「斷令從良」，她因此得以離開之前所依附的水戶，而重新回到以她的堂兄為代表的本宗，並旋即嫁給一位良民。這樁婚姻確認並落實了縣官的判決。[96] 在另一起來自樂安縣的明代案例中，一位名叫馮美蘭的娼婦向當地官府遞狀，懇求縣官發給她「從良執照」。此要求獲得縣官的允准。此處的「從良」，同樣既代表嫁給良民，也代表結束先前所從事的那種性工作。在其所遞的呈狀中，馮美蘭表達了對自己不得不向眾多嫖客提供性服務的厭惡之情，同時還表達了對那種「一婦一夫」相互廝守的婚姻生活的嚮往（或許正是這種推崇「良民價值觀」的表達方式打動了縣官）。但僅憑她個人的努力，尚不足以達成此心願，於是她發現有必要申請官方證明以改變自己的身分。這種作法，頗類似於那些被其主人所釋放的奴僕須向縣官出示「從良」證明書，以改變其家戶籍冊上的身分。[97]

那些描寫娼妓的明代文學作品，例如馮夢龍的《情史》和梅鼎祚的《繪

---

[93] 宋濂，《元史》，頁 2644。
[94] 薛允升，《唐明律合編》，卷 26，頁 25a。
[95] 參見高彥頤（Dorothy Ko）對「從」和「三從」的分析，Dorothy Ko, *Teachers of the Inner Chambers: Women and Culture in Seventeenth-Century China* (Stanford, CA: Stanford University Press, 1994), pp. 6, 51–253.
[96] 張肯堂，《莞辭》，卷 8，頁 8a–9a。
[97] 參見不著撰人，《法林照天燭》，明刻本，現藏美國國會圖書館，卷 4，頁 1a–1b。這份資料未說明樂安縣位於山東還是江西，參見 Ko, *Teachers of the Inner Chambers: Women and Culture in Seventeenth-Century China*, pp. 119–120. 呂坤針對樂戶的那些禁令，既禁止良賤通婚，也禁止娼妓進入良民的家中，但有一種例外，即允許良民男子「以禮聘娶從良者」。

圖青泥蓮花記》，亦提供了不少相關的證據。此類軼事集的作者們最感興趣的，乃是那些「教坊名妓」，以及那些雖然法律身分低賤但在性交易等級體系中地位超然、其主顧通常相當有身分地位的風雅女子。管見所及，高級倡優從未出現於刑案紀錄之中。即便如此，這些文學作品呈現了當時關於性交易的論述，可用作為對法律文獻的補充。

這些故事的主要劇情，通常是一位命運多舛但充滿魅力的年輕女子，雖然出身良好，但由於各種無法抗拒的外力導致無辜的她「淪」為娼妓。[98] 另一種劇情版本則是娼妓對某位恩客忠貞不二，以證明自己擁有一種遠超出其低賤身分的道德標準——「義」，而明清時期的法律專家們將「義」這種儒家道德視為夫妻間的相互義務。[99] 故事的結局是由男主角（趕考的年輕士子，或某類型的官員）設法將這名女子從不堪的風塵生涯和卑賤身分中搭救出來。此類故事所隱含的悲劇性在於，這些本不應墮落風塵的女子在這種環境中深受折磨（故而梅鼎祚以《青泥蓮花記》作為其書的題目，亦即借用了「出淤泥而不染」這一古老的佛教比喻）。其堪憐之處並不在於從事性交易本身，因為只要從事這種職業的女子身分適當，此種風塵生涯便屬順理成章之事，否則男主角如何能碰巧邂逅這些女子？那些得以「從良」的女主角均屬特例，她們實際上證明了道德標準應與其身分等級完全吻合的這一大原則。就此意義而言，儘管這類故事描述了對身分界線的跨越，但仍是印證了那種

---

[98] 例如馮夢龍，《情史》（上海：上海古籍出版社，1990），第 12 回，頁 6a–6b；梅鼎祚纂輯，《繪圖青泥蓮花記》（北京：自強書局，1910），卷 8，頁 4a–4b。直至盛清時期，這類虛構的文學故事仍相當流行。參見 Mann, *Precious Records: Women in China's Long Eighteenth Century*, pp. 134–135, 138.

[99] 例如有一名娼妓儘管受到囚禁和拷打，但仍拒絕為其嫖客所蒙受的不實指控作偽證。另一名娼妓在那位將其從妓院中贖身的恩客死後，便自盡相隨於九泉之下。參見馮夢龍，《情史》，第 1 回，頁 33a–34b、第 4 回，頁 18a–18b。關於 17 世紀時一些文人如何將那些高級倡優塑造為擁有忠誠與美德的典範，參見 Katherine Carlitz, "Desire, Danger, and the Body: Stories of Women's Virtue in Late Ming China," in C. Gilmartin et al., eds., *Engendering China: Women, Culture, and the State* (Cambridge, MA: Harvard University Press, 1994); Ko, *Teachers of the Inner Chambers: Women and Culture in Seventeenth-Century China*; Wai-yee Li, "The Late Ming Courtesan: Invention of a Cultural Ideal," in E. Widmer and K. S. Chang, eds., *Writing Women in Late Imperial China* (Stanford, CA: Stanford University Press, 1997).

以固化的身分層級為其特徵的法律模式。

在馮夢龍和梅鼎祚所描寫的那些「從良」過程中，對於改變女子的在籍身分而言，官方的介入乃是必需的環節，而這常常涉及教坊司。除了「從良」一詞外，他們還使用其他詞彙來稱呼這種身分上的改變：「脫籍」，「落籍」，「去籍」和「除籍」，「削籍」及「除名」。因此，當某位將軍愛上了「楊娼」並「陰出重賂削去倡之籍」時，她便可「從良」。出身良民家庭的真氏，有幸得到了某高官的憐憫，後者為她「削籍歸舊宗」。另一娼妓遇到了一位富有同情心的縣官，獲「判令從良」，接著嫁入一戶菁英家庭為妾。另外還有一例是，一位官員請求某位品階更高的大臣出面幫助一名娼妓「落籍」，後者被證實原本出身於菁英家庭，在落難時淪為娼妓，因此那位大臣「令教坊簡籍除之」。在此類故事中，一旦女子的娼妓身分獲官方削除，她便有資格「改嫁為良人妻」，有時甚至會有某位高權重的恩客幫她「擇良士而嫁焉」。[100]

在明人徐復祚所創作的劇碼《紅梨記》中，也有類似的例證。該故事中，一位趕考的年輕舉子與一位名妓相戀，幸運的是，兩人得到了一位富有同情心的縣官的協助。該縣官的僕從告訴她說：「老爺又與你除了樂籍名字，造成一宗從良文卷，解元得意回來，就與你完成好事。」這齣戲以皆大歡喜的結局收場。[101]

上述這些來自明代文學作品的例子所揭示的性工作、法律身分和朝廷之間的關係，與我們在當時的法律文本中所發現的預設一致。據此可推斷，朝廷那種旨在推廣特定的性工作模式的工程，不僅影響了司法官員們的看法，亦延展影響到創作此類文學作品的文人以及欣賞這些文學作品的廣大讀者的

---

[100] 參見馮夢龍，《情史》，第 12 回，頁 6a–6b；梅鼎祚纂輯，《繪圖青泥蓮花記》，第 3 回，頁 4b–5a、第 4 回，頁 12b、第 8 回，頁 4a–4b、6b。17 世紀中國文學作品中有關身分僭越的一般話題，參見 Keith McMahon, *Causality and Containment in Seventeenth Century Chinese Fiction* (Leiden: Brill, 1988).

[101] 參見徐復祚，《紅梨記》（臺北：開明書店，1970），頁 4270。

看法。[102]

　　如何評估那些從良娼妓的貞節，乃是一個灰色地帶。由於明清兩代的司法實踐對強姦犯的懲處取決於受害者之貞節，故而這是一個潛在的嚴重問題。在其那本寫成於清代康熙三十三年（1694）的官箴書《福惠全書》當中，黃六鴻注意到，對於那些強姦姦婦的罪犯，不應按照強姦律的本刑加以懲處，並就此提出了如此問題：

> 推而廣之，如娼女從良，或為人妻妾，遇有強姦，仍宜依強律。蓋其入門已正妻妾之名，所強者乃人之妻妾也，似與犯姦之婦不得以強論者不同也。[103]

　　黃六鴻認為，身分低賤的娼妓從事性工作，與良民妻子犯「姦」的情形不可同日而語。因此，他主張不能將那些曾為娼妓而後從良的良民妻子與那些曾犯姦罪的良民妻子同等對待。換言之，身分被提升及出嫁，代表洗刷了過去的不良紀錄。基於同樣的道理，他暗示，那些強姦未有從良意圖的娼妓的男子，不應受到任何懲罰，其理由為強姦褻瀆了女性貞節和玷汙了世系血統，而女性貞節與純淨血統乃是專屬於良民身分的特質，與娼妓無關。但黃六鴻也強調，這只是他針對一種假設的情形而提出的個人見解。

　　偶爾也會出現賤民的身分獲得大規模提升的情況。在明代諸帝當中，至少曾五度宣布讓為數可觀的在籍樂人恢復自由成為良民。據艾爾曼（Benjamin Elman）所言，之所以會有這種特赦，是因為靖難之變中朱棣篡權的記憶「使明王朝相當良心不安」。那些被處死的靖難忠烈之後裔所遭受的處置方式，尤其令人感到痛心。明成祖本人在其帝位穩固之後，便放鬆了對一部分靖難忠烈遺屬的迫害。例如在處死忠臣鐵鉉之後，明成祖下令將「其家屬發教坊司為樂婦」。鐵鉉之妻當場身故，他的兩名女兒則「入司數

---

[102] 有關晚明時期商業出版的繁榮和讀者群眾的興起，參見 Ko, *Teachers of the Inner Chambers: Women and Culture in Seventeenth-Century China*.

[103] 黃六鴻著，小畑行簡訓點，山根幸夫解題索引，《福惠全書》（東京：汲古書院，1973），卷19，頁19a。

月終不受辱」。這兩名女子的剛烈，令永樂皇帝印象深刻，於是決定釋放兩人，並許配給文官而恢復其良民身分。[104] 但是直至明成祖的後繼者即位，才發布了一連串的特赦釋放靖難忠臣之後裔，使之不再淪作樂奴和撤銷其低賤的法律身分，逐漸消弭了永樂元年（1402）頒布的那道法令所造成的影響。明成祖於永樂二十二年（1424）死後，其繼位者明仁宗隨即下令教坊司釋放靖難忠臣方孝孺的數千名親屬並恢復他們的良民身分。朱瞻基於宣德元年（1425）即位後，將靖難忠臣練子寧那些仍在世的親屬全部予以釋放。在隨後的數十年內，大明朝廷一連串的表態，逐漸使那些忠於明惠帝的忠烈在死後得以平反。[105]

總的來說，明代朝廷的問心有愧，似乎亦擴及其他被奴役的樂人身上。正統元年（1435）明英宗即位時，教坊司釋放了三千八百多名服勞役的樂工。這次特赦與那些效忠於建文帝的忠臣們並無明顯關聯，但這批獲赦者中應有許多是靖難忠臣們的親屬。[106] 天順元年（1456），先前在土木堡之變中遭瓦剌首領也先俘虜的明英宗重新即位時，向教坊司下詔重申禁止「買良為娼」，並在該詔令的最後部分提出如下要求：

> 仍查原係民戶，今為樂戶，許今改正。其樂戶內有願從良者，聽其自首，與民一體當差。[107]

此詔令應是允許靖難忠烈或其他良民之後當中那些仍為官娼者從良。但顯然樂人依舊存在，所以當正德十六年（1521）明武宗駕崩時，其繼位者才會下令將人數不詳的「教坊司樂人」與一批罪犯及「四方所獻婦女」全部特

---

[104] 參見梅鼎祚纂輯，《繪圖青泥蓮花記》，第 6 回，頁 4b–5a。亦可參見 L. Carrington Goodrich, ed., *Dictionary of Ming Biography*, p. 1285；嚴明，《中國名妓藝術史》，頁 94；俞正燮，《癸巳類稿》，頁 486。

[105] 參見焦竑，《國朝獻徵錄》（臺北：明文書局，1991），卷 20，頁 55b–56a；Benjamin Elman, "'Where Is King Ch'eng?' Civil Examinations and Confucian Ideology During the Early Ming, 1368–1415," *T'oung Pao*, vol. 79 (1993), pp. 63–64.

[106] 張廷玉等，《明史》，頁 127。

[107] 《明會典》，卷 105，頁 571。

赦。[108] 實際上，教坊司一直正常運作至清代。我並未發現有證據顯示大明朝廷當時曾考慮過廢止官娼制度，更遑論對性工作進行全面禁止。[109]

四、那些無法削除其娼妓身分的女子

並非所有人均能無條件地獲得從良的機會。一條明律（後來為《大清律例》所沿用）要求所有家庭均須按其正確的戶籍身分背景在官府登記在冊：若為了「避重就輕」而謊報身分，便屬於刑事犯罪，將會被處以杖八十。任何官員若因疏忽而使民人意欲通過謊報而改變的身分獲准，也會受到相同的懲罰。這條律特別提及樂戶，因此顯然亦適用於娼妓。[110]

張肯堂詳述了一起企圖謊報娼妓為良民的婚姻欺詐案件。樂戶朱一貴手下有一位名為程氏的娼妓。因其「樸陋不似娼家女」，朱一貴決定將她賣掉。但他擔心人們會因她是娼妓而視其輕賤並不願出好價錢（「而恩人之以娼賤也」），於是將她帶出窯子，在他的一名友人家中住了一段時間後，又將她帶至另一位友人家中寄住。「三易其處則無人知其來歷矣」，如此便可將她冒充良民賣出（這種手法，與犯罪組織「洗黑錢」以隱藏其來源的作法頗為相似）。接著朱一貴躲在幕後運作，經由媒人將程氏嫁給外縣人鄭自新為妾，得到聘金一萬六千文錢。張肯堂對此評論道，此樂戶「移賤作良業已滿志」。

但這名樂戶太過貪婪。聘金甫一到手，朱一貴便向官府控告鄭自新誘拐程氏。他顯然以為，鄭自新寧願人財兩空，也不會為了這樁麻煩事而與他對簿公堂。但結果證明朱一貴算計有誤，審理此案的縣令張肯堂發現了他的欺詐之舉。朱一貴、媒人及為那名娼妓提供寄住之所的兩人均因此受到杖責。張肯堂的記述中未提及如何處置那名娼妓，但可以肯定的是，她失去了嫁給

---

[108] 張廷玉等，《明史》，頁 212。
[109] 關於明代的特赦，亦可參見寺田隆信，〈雍正帝の賤民開放令について〉，頁 368；Hansson, *Chinese Outcasts: Discrimination and Emancipation in Late Imperial China*, p. 59.
[110] 參見黃彰健編著，《明代律例彙編》，頁 456；薛允升，《讀例存疑（重刊本）》，律 76-00。

鄭自新從良的機會。¹¹¹

順治十二年（1655）來自京師的一起案件證實，在清初，並非所有人均能有機會從良，且比在明代更不容易。在該案中，一位名叫楊五的男人因在天安門前製造騷亂而被逮捕。他試圖告御狀，但在闖皇城時被衛兵攔下。我們這裡關心的是楊五想在御前提起的那一訴訟事由。

順治五年（1648），楊五為了買下一位名叫奎哥的妓女，向正紅旗滿人孟我兒代借了 200 兩銀子。他以此為奎哥支付了 180 兩的「身價」。楊五本人並非樂戶，他這樣做的目的，顯然是為了娶奎哥為妻（他在供詞中稱奎哥為「夫人」，但該案的案卷紀錄在其他地方卻只稱她為「妓女」或「娼婦」）。然而楊五既無力歸還這筆借款，也付不出利息，孟我兒代後來於順治五年（1651）將他告到北城理事官衙門。審理此案的官員判決利息可免，但楊五須歸還本金，那名妓女則須移交給孟我兒代，直至楊五能還清債務。但楊五一直無法湊足這筆錢。結果順治十二年（1655）孟我兒代再次赴官興訟。正是在這個時候，楊五魯莽地決定告御狀，當被衛兵擋住而無法入宮時，他打碎了天安門前一根石柱上的一頭小石獅子。

刑部以他在宮門前「撒潑喧呼」為由，判楊五絞刑。此外，刑部還解決了那起債務訴訟，將奎哥永久判給楊五的債權人孟我兒代——以其身價抵償那 180 兩銀子的債務，並判令楊五的家人須歸還餘下的 20 兩。該案的題本中顯示皇帝同意了此項判決（但將楊五的刑罰減為流刑）。

此案中，由於奎哥乃是身分低賤的娼妓，司法官員於是將她視為可被買賣並用於償債的抵押品。北城理事官衙門的審理官員甚至下判決稱，只要債務未被清償，那麼便以奎哥的性勞務代償楊五所欠債務的利息。若非基於這種原因，實無理由將奎哥判給楊五的債權人孟我兒代。刑部處置奎哥的方式亦與之相同，案卷紀錄中甚至沒有她的供詞。楊五將她從妓院贖身並娶她為妻，而他在宮門鋌而走險的那種魯莽舉動，讓人感覺到了他的絕望。儘管如

---

¹¹¹ 參見張肯堂，《𩔖辭》，卷 11，頁 5a–5b。

此，在案卷所記錄的刑部官員的那些考慮當中，奎哥完全沒有從良的可能性。[112]

此案與前一節中所討論的那起同年發生於京師的朱秀賣妾案形成了有趣的對比（刑部的數位官員都參與了這兩起案件的審理，其署名可見於兩案各自的題本）。司法官員顯然有雙重標準：娼妓的身體和性勞務乃是商品，而良民妻子則不然。這種判決優先考慮的要點，並非阻止女性從事性工作，更非將女性商品化，而是為了維繫那種明晰的法律身分界線，並引導人們的行為以對其加以強化。

五、對「縱姦」的問責

跨越身分界線的另一種形式是「良民」的「縱姦」罪行。正如我們所看到的，最早將此舉視為犯罪的元代立法者就其所做的界定是，良民不守本分而行事猶如娼妓，因此「良為賤」。下述四起發生於清初且以「縱姦」罪名被追究刑責的案件，可大致說明此類罪行的可能情形。

在順治十二年（1655）來自安徽祁門縣的一起案件中，一位名叫葉欽的男子「縱容」其妻張氏與汪効「和姦」，並長達四年之久（案卷紀錄亦稱他們的罪行為「賣姦」）。汪効甚至住到這對夫婦家中。作為報酬，汪効為葉欽提供酒食，還借給葉欽一筆資金供其至江西經營穀物生意（張氏則留在家中與汪効同住）。在江西期間，葉欽因「戀嫖」而感染「楊梅毒」，出現生瘡流膿的症狀。由於生意失敗以致錢財耗盡，且還得了重病，葉欽最終回到家中。他與其妻和汪効共同生活了數月，期間與兩人發生爭吵，最後上吊自盡。

縣官最初以為葉欽可能是因為不滿其妻與人「通姦」而自殺，那麼其妻與她的性伴侶汪効均應依「因姦威逼人致死」律而受嚴懲。但葉欽縱容其妻賣淫，這在當地人盡皆知。縣官的上司在覆審此案後，認為葉欽應該是對自

---

[112] 參見《內閣刑科題本》，1180/ 順治 12.10.17、1197/ 順治 12.10.28。

己的病痛和渺茫前途感到絕望而選擇了自殺,於是只以犯姦罪判處張氏和汪効杖刑。案卷紀錄未說明這名女子是否被判歸宗,但既然其夫已死,這點可能已無甚意義。

此案中丈夫的利益動機固然一目了然,但司法官員對其妻的婚外性關係的處置方式,與對那些法律身分低賤的娼妓所做的大不相同。若這對夫婦是合法的娼戶,則張氏和汪効只須被證明無須對葉欽的死亡負責,兩人便不會受到任何懲處(如同本章接下來一節當中將提到的那種情形)。事實上,案卷紀錄中所用的措辭已暗示了某種對比:以「嫖」這一在法律意義上屬於中性的詞彙,來描述葉欽在江西的那種性越軌行為,而將其妻的行為稱作犯「姦」,葉欽則是「縱」姦獲利。[113]

在順治二年(1645)來自山東臨清州的一起命案中,一位名叫鄭二的農民「縱妻為娼」:

> 崇禎拾肆年間,歲運饑饉,有已發落今在官鄭二貧窘難度,比伊已發落今在官妻李氏年幼姿色,吳道德即與鄭二銀數兩買糧度日,遂與李氏私通和姦。

此處利用帶有貶義的副詞「私」,強化了「通姦」這一動詞的犯罪特質。實際上,儘管「為娼」一詞曾在此案的報告出現過一次,但鄭二和李氏無疑均為良民,且其性交易行為構成犯罪(案卷紀錄從未稱兩人為「娼戶」、「水戶」或「樂戶」,而這類詞彙是稱呼那種合法的性工作的慣用語)。

這對夫婦顯然是在度過饑荒後仍以賣姦作為其主要的收入來源。吳道德一直是李氏的主要嫖客,直至他於順治二年(1645)被另一名想要李氏陪宿的男子殺死。對這一殺人行為的調查,使得這對夫婦所犯下的「姦」罪被暴露,並因此被判處杖刑。[114]

順治七年(1650)發生於甘肅甘州的一起命案的情況,與上述案件略有

---

[113] 參見《內閣刑科題本》,1371/ 順治 13.8.5。
[114] 參見《內閣刑科題本》,1607/ 順治 ?。這份題本只有前半部分保留了下來,故而我們無由得知判決的所有細節,但這對夫婦毫無疑問也會被判令離異。

不同。「黃玉縱妻楊氏與梁鳴鷠通姦」，以換取無息借款和衣物。黃玉以為無需歸還本金，他的理解是楊氏提供的性服務業已抵償其借款。但梁鳴鷠則認為，既然是借款，就應歸還（他可能視楊氏提供的性服務為「利息」），並要求黃玉歸還本金。梁鳴鷠如此斤斤計較，結果惹怒了黃玉，於是他夥同一名友人將梁鳴鷠毆打致死。黃玉以殺人罪被判處絞刑。楊氏則因與梁鳴鷠「通姦」而被判處杖刑，但她因逢大赦而逃過懲處。

黃玉與梁鳴鷠各自對抵償方式的錯誤理解，凸顯了清代案件紀錄中所記載的「良民」之間的許多性交易在本質上頗為隨性。但司法官員們並不在乎這些模稜兩可之處。既然犯姦女子係良民之妻，那麼司法官員們便會採取同樣的方式懲處此類「姦」罪，至於抵償方式或動機，均無關緊要。[115]

此點在未涉及任何金錢交易的第四起案件中被加以強調。此案發生於順治十一年（1654）的山西保安州，一位名叫傅榮的農人某日去鄰人楊友德的家中，發現楊友德不在，於是向楊友德之妻石氏求歡。「石氏因榮力大兇暴，不能掙脫，被榮姦汙是實。嗣後每見楊友德外出，就到石氏房內行姦。」楊友德後來發現此事，但「怕傅榮強害，容忍」。

後來傅榮在企圖強姦另一名女子時，將該女子殺害。在因這一殺人行為而為官府所治罪時，他與石氏的那種性關係也隨之被暴露於眾。正如我們業已看到的，明清兩代的司法官員在審理性犯罪案件時，將那種先強後和的情形界定為「和姦」，因此傅榮與石氏發生的性關係在法律上構成「和姦」。又因楊友德未能加以干涉，因此構成「縱容」妻子「和姦」。如該案判決所總結的，「至楊友德縱妻行姦，石氏恣淫無忌，各擬杖贖，於法允宜。」兩人均被依「縱容妻妾與人通姦」律判處杖九十。[116]

---

[115] 參見《內閣刑科題本》，1444/ 順治 13.10.18。
[116] 由於適逢大赦，這對夫婦得以被獲減一等處刑，並可繼續維持其婚姻關係。傅榮則被判斬首。這項判決獲得皇帝的同意。相較於我所搜集的絕大多數清初的案例，我對此案的瞭解更多，因為與該案有關的三份題本均保存至今，參見《中央研究院歷史語言研究所現存清代內閣大庫原藏明清檔案》，第 20 冊，檔案號：020-086；《內閣刑科題本》，802/ 順治 11.10.10、1041/ 順治 12.6.4。遺憾的是，本節所討論的其他三起案件均各自只有一道簡要的題本保留下來，因此無法得知更多的細節。

這四起清初的案例，皆屬於丈夫對其妻子的婚外性行為知情的不同情形。在前兩起案件中，那兩名丈夫均以自己妻子的性服務作為交換，收取他人錢物。在第三起案件中，丈夫和其妻子的那位性伴侶均明白性服務為償債方式，只是兩人對償債的具體細節的理解有所分歧。在最後那起案件中，惡棍侵犯女子，受害者和其夫均因懼怕而屈從，並未收受任何報償。但這些差異在司法體系中並不重要，上述四種情形均被視為丈夫縱容妻子通姦的案件加以處置。

現有的證據顯示，元代的法律曾採用以色易財之類的措辭來界定「縱姦」這種良民間的罪行，但即使在當時，以錢財作為交易這一行為本身並不會導致其刑罰會被加重。明清兩代的法律則徹底擴展了這種犯罪的內涵，不管丈夫是因何種動機容忍其妻子的婚外性行為，均構成「縱姦」罪。

對這些特殊情境當中的婚外性關係追究刑責，凸顯了自元代至清初在立法上的如下特點：在這一長時段中，法律的目的並非旨在禁止某種行為本身，而是藉由這種方式對此一行為加以規範，進而使對不同道德標準的展演成為區分不同身分階層的標誌。針對「縱姦」的法律之目的，是為了在良民當中強化一種關於良民妻子應有的貞節和良民丈夫應負的責任的標準。

第四節　適用於娼妓的寬鬆刑責標準

娼妓的法律身分存在一種悖論。如同其他賤民群體，娼妓在法律上受到各種輕賤和歧視。但與此同時，之所以歧視他們的那種理由，亦即那種認為他們不可能遵從良民的性道德標準與家庭道德標準的預設，意味著娼妓有時反而會受到相較於良民更為寬大的處置。事實上，某些行為對良民而言構成犯罪，但對娼妓來說則可免受刑罰。

在這類可獲寬宥的行為當中，最明顯的例子當然是婚外性行為：良民與人發生婚外性行為乃屬犯罪，但對於娼戶來說，這則是合法的謀生方式。這種豁免邏輯，也被擴展至其他的一些情形，例如下述這些發生於清代初期的

案件。[117]

一、　嫖客們為了一位娼妓而爭風相鬥：該娼妓是否應受懲罰？

　　順治七年（1650），陝西渭南縣發生了一起命案，兩位男子為了一位名叫王玉娃的風塵女子（她被確認是樂戶和娼妓）而爭風吃醋。李九維和李九訒乃是兄弟，多年來一直是這名娼妓的恩客，兩人強烈嫉妒她的另一名熟客即兩人的堂兄李布。該年農曆六月，村裡在當地的關帝廟舉辦廟會以慶祝關公生辰，作為慶典的餘興之一，包括王玉娃在內的樂人們受邀到場表演。慶典過後，王玉娃和李布坐在外面一同飲酒。李九維和李九訒看到後妒火中燒，於是將李布毆打致死。

　　兩兄弟被判處絞刑。與此處討論更相關的，是司法上對王玉娃的處置。她從事性工作並無違法之處，故而此案件與「姦」罪無關。但由於她和李布在眾目睽睽之下共飲導致這場暴力行為的發生，縣官依「不應得為」律判她杖刑。縣官在給上級的報告中陳述了其理由：「雖非在於同打之中，而啟禍之由在玉娃胎之也，應宜杖懲。」

　　陝西按察使在覆審此案時，對除上述細節之外的其他全部判決內容表示同意。陝西按察使認為：「王玉娃與李布飲酒，樂婦常態，何罪之有？杖改應時，情法允協。」按察使的這一見解，後來獲得皇帝的認可，是以王玉娃最終未受懲處。

　　簡言之，王玉娃之所以得免刑罰，乃是因為她是一名娼妓。清代的司法官員在處置相同情形中的良民妻子時，相比而言會更為嚴厲。[118]

---

[117] 我們已在明律中見到過此類寬大處置的一個例子：與犯姦的良民女子不同，那些因陪宿官吏而觸犯法禁的娼妓，可以用贖金代替笞杖刑，若她付不起贖金，受刑之時亦可不被去衣。
[118] 與此案相關的那些文書，有多份保存至今，但大多都已殘缺不全。參見《內閣刑科題本》，1701/順治？、600/順治10.5.8、1024/順治12.4.21，1695/順治？；《中央研究院歷史語言研究所現存清代內閣大庫原藏明清檔案》，第22冊，檔案號：022-037。

二、司法審判中對婚內賣姦的默許

悖論的是,那些涉及性交易的立法,通常預設這種行為乃是發生於婚姻內部和家庭的情境之中。無論是法律上對賤民從事性工作的容許,還是對於良民違法與他人發生性關係,均採用這種觀點。正如我們所看到的,自元代至清代,處置丈夫縱妻賣姦的基本方式,均是依照一般通姦者的刑罰標準,對發生非法性關係的雙方及本夫加以懲處,並判令這對夫婦離異。縱妻賣姦的行為,破壞了那種界定合法婚姻的道德責任,因此必須終止這段婚姻關係。

但對身分低賤的娼妓又該如何處置?在我所看過的涉及被默許的賣姦情形的清初案卷紀錄中,大多是夫妻搭檔,由丈夫為其妻子拉客,並以其妻子的性勞務所得作為共同生活的經濟來源。我所搜集的案件樣本數量不多,故而很難確切斷定這種生活方式在當時社會中的普遍程度,但這些司法文書中未見審判官員對此有過專門評論,意味著這種生活方式在當時應不罕見。不過對於此處的討論而言,值得我們注意的是清代的司法官員接受此類婚姻。

順治十七年(1660)上報中央的一起命案,可說明在存在婚姻關係的情況下如何被容許從事性工作。該案發生於山西蔚州的一個集鎮,鎮上一位名叫郭六的居民經營一家「淫店」,雇了三對夫妻。該案題本中對這三對夫妻的稱呼,有「水戶」、「娼婦」和「妓」等多種。據題本中所述,他們「俱各陸續投於郭六店內,各另賃房居住接客過度。凡遇娼婦外搬,須向郭六言明店資,方許出店」。一位名叫賈一照的男子在鄰村經營肉鋪,他希望藉由讓娼妓住進自家店中、向顧客提供酒肉吃喝的方式,擴大自己的生意。賈一照知道郭六手下有娼妓,於是通過兩人共同的朋友郭自渠,試圖說服郭六讓其中一對夫妻離開郭六經營的淫店,到他的肉鋪中接客,但遭郭六拒絕。於是,郭自渠和賈一照越過淫店老闆郭六,私自與其中的一對娼妓夫婦商量,而該對夫婦同意隨賈一照搬至鄰村繼續做皮肉營生。郭六發覺這對夫婦離開

自己的淫店後，拿刀襲擊郭自渠，結果殺死了前來調停的郭自渠的一名姪子。

郭六被當作「鬥毆殺人」判處絞監候。該案的奏本並未提及「姦」，也未暗示賣娼、招攬嫖客和開淫店有任何違法之處，那對娼家夫婦只是以證人身分到公堂作證。事實上，該案的奏本暗示那名淫店老闆有理由對此感到憤怒：賈一照和郭自渠「將（郭）六店內娼婦搬去」而「起釁」，兩人均被依照「不應為事重」律處以杖刑。[119]

另一個例子是順治十年（1653）來自京師的一起案件。在該案中，一名娼妓到官府衙門為她那位被人殺害的丈夫討要公道。這位名叫張一的娼婦，和為她招徠嫖客的丈夫劉二在另一水戶經營的妓院中謀生。某天夜裡，一位名叫王祿的男子乘酒興與一幫朋友來到這家妓院，指名要這對夫婦手下一位名叫強兒的年輕娼妓陪宿。但強兒當時正忙於接待另一位恩客。這幫人對此深感不滿，抓住張一逼她將強兒喚來。張一掙脫後，其夫劉二要求這夥男子離開。然而他們非但沒有離開，反而將劉二拖到大街上毆打致死。翌日，妓院老闆和張一將劉二被殺的事情向當地總甲報案，當地總甲隨後再將案件向上呈報。罪犯們很快被抓捕歸案。王祿被依「鬥毆殺人」罪判處絞刑，其同夥則在處以杖刑後流放。

案卷紀錄中的所有細節均暗示，當地各級官府均知曉這家妓院的存在，且容許妓院內有已婚夫婦操持皮肉生意。此案題本在開頭之處便引用了娼婦張一對其夫被殺害一事的哀訴：

> 氏夫劉二領身趁度，本月拾貳日晚兇惡王祿等參人拉氏過宿，混鬧巢窩。氏夫向理，稱『有禁約，眾人尚敢如此？』至觸眾怒，狠打遍傷，當時身死，劉大救證，兇徒作惡，人命關天。

張一在所遞告狀中的首行便聲言，自己乃是通過其丈夫招攬嫖客的娼

---

[119] 參見《中央研究院歷史語言研究所現存清代內閣大庫原藏明清檔案》，第36冊，檔案號：036-116。

妓，但這並不影響該案題本對她那溢於言表的憤慨之情加以描述。實際上，此題本的重點是要表明，妓院中的這些人儘管身分卑賤，操持賤業，但相當安分守法。乍看之下這似乎自相矛盾，但我們必須記住，安分守己的賤民娼妓實為當時社會秩序中不可或缺的一部分。其所操職業的汙名烙印，具有一種重要的作用，亦即藉由這種反襯，來界定朝廷期望絕大多數臣民應予遵奉的那種道德標準。

另一方面，酗酒鬧事並當眾將人打死的一幫惡棍，則代表著一種必須予以強勢鎮壓的社會威脅。該案題本將殺害劉二的兇手稱作「下流把棍」和「市井無賴之徒」。這些危險的罪犯雖有「良民」的法律身分，但對案件的處置方式毫無影響。[120]

三、娼家夫婦之婚姻的道德內涵

我們可據此得出結論認為，司法官員們並不認為婚姻與那些從事性工作的賤民娼妓之間水火不容。至少就司法的角度而言，婚姻對於賤民娼妓的意義，與它對於良民的意義顯然有所不同。另外三起同樣發生於清初的命案，便展示了此種差別的某些內容，因為此三起案件的案情迫使司法官員們以更為明確的方式處理丈夫合法地為其妻子招徠嫖客的這種悖論。在每起案件中，均有一位招徠嫖客的丈夫被其妻的嫖客所殺。鑒於妻子應忠於其丈夫的那種意識形態是以性行為作為其中心，那麼這些案件便為我們提出了一個非常重要的問題。在丈夫為其妻子招徠嫖客的情況下，妻子是否有忠於其夫的義務？如果有的話，那又是一種什麼樣的義務？她應該在何種程度上承擔造成其夫死亡的責任？

順治十七年（1660），巡按山西監察御史[121]上報了一起發生於山西大同縣的案件。為其妻侯氏招徠嫖客的丈夫張二，被在水磨房工作的劉奇殺害。

---

[120] 參見《內閣刑科題本》，579/順治10.4.25。
[121] 巡按山西監察御史這一區域性監察官員，在清初的死刑案件覆審中似乎有著重要的影響力，但到了清中期則不復如此。

（該案的題本使用多種詞彙稱呼這對夫婦，其中包括「樂工」、「水戶」和「娼」，侯氏在其口供中自稱「娼婦」，而非像良民女子那般慣稱自己為「小婦人」。）據巡按山西監察御史對此案案情的概括：「（劉奇）與侯氏嫖宿，情熱迷戀不捨。後因奇欠宿錢陸百文，張二夫妻逼討，奇遂懷恨在心。」某天夜裡，因侯氏在家中陪宿恩客，張二到劉奇工作的水磨房過夜，劉奇趁機將他扼死。翌日，侯氏到水磨房尋找丈夫。劉奇送給她一塊手帕，並和她「講嫁娶」，要她和自己一起逃走，「從良去成兩口子吧。」[122] 侯氏沒有立即拒絕，仍繼續尋找自己的丈夫；當晚她再次陪宿劉奇。次日，張二的屍體被人發現，劉奇和侯氏被捕。由於他們先前談論嫁娶的那番對話被其他人聽到，因此兩人都被認為有嫌疑。

劉奇被以「故殺」罪判處斬監候。縣官最初以為侯氏亦參與殺人，故而判處她凌遲處死。但隨後展開的再次調查，顯示她與殺人行為並無直接牽連，故而上述看法被推翻。儘管如此，她仍被根據《大清律例》中所沿用的如下明代舊律加以處刑：

> 凡妻妾與人通姦……若姦夫自殺其夫者，姦婦雖不知情，絞。[123]

但這一判決遭巡按山西監察御史駁回。上引律文旨在防止那些自身清白的良民丈夫因其妻與人通姦而遭不測。若妻子的情夫謀殺本夫，則她會因引發姦夫的殺人動機而受懲處。巡按山西監察御史在認為此案不適用上引律文時，強調侯氏有別於良民妻子的主要不同之處：

> 侯氏若果知情，罪當不止於絞；若不知情，似宜就人命定擬。娼婦與良人有間，律以姦條，抑亦允協否乎？

巡按山西監察御史將該案發回縣衙要求重審。既然侯氏並未參與殺人，縣官也同意應將「侯氏開釋」。此判決在各級覆審中均獲贊同，並由三法司

---

[122] 此處所稱的「從良」，意味著侯氏將不再從事性工作、拋棄其夫及賤民身分，並與良民劉奇結婚從而使她的身分獲得提升。劉奇應該無意於為侯氏向當地知縣遞呈請求將她正式改籍，而只是遠遠地遷居至無人認識兩人的地方生活，如此他們就會被視為普通的夫妻。

[123] 薛允升，《讀例存疑（重刊本）》，律285-00。

上報御前:「侯氏既審不知情,且與良婦不同,相應免議。」皇帝對此判決亦表示同意。[124]

同樣的問題,使江蘇御史在順治十五年(1658)審一起命案時大感棘手。該案發生在鳳陽府,涉及一對娼戶夫婦,丈夫黃京為其妻張氏招徠嫖客,而張氏住在船上接客。這種在船上生活的方式,在當時長江三角洲和珠江三角洲的賤民群體中相當常見(雖然該案題本僅稱他們為「土娼」,但他們很可能是疍戶)。張氏曾多次陪宿李百鑽和楊滾子這兩名嫖客,但兩人未付錢給這對夫婦。某天夜裡,黃京向這兩人討要嫖債,在遭到後者拒絕後開始咒罵。這兩名嫖客勃然大怒,挖掉了黃京的眼珠,並將他刺死。張氏目擊了整個殺人過程,但未參與其中。她起初被依前案所引的「姦婦雖不知情,絞」律判處絞監候。但後來江蘇御史在覆審此案時,認為既然這對夫婦的法律身分是賤民娼戶,那就不應援用此律:

> 張氏之於黃京,名雖夫婦,實系亂娼。當李百鑽、楊滾子久戀氏身,慳償宿債,京因索取詬詈,致觸凶鋒,倉卒變生,頃刻畢命。

此處的重點在於「夫婦」與「亂娼」這種措辭上的對比。正如本書第二章中業已解釋的,「亂」字意味著對道德秩序的徹底破壞。簡言之,良民婚姻的道德標準,並不適用於本案中黃京、張氏所屬的那種賤民夫婦類別。張氏與黃京之間的關係,只是虛有婚姻關係之表像。而前案中所引的那條明代舊律之目的,乃是懲罰那些背叛其夫並為他招來殺身之禍的妻子。故而,本案的事實與該律不合。

不過御史的話中另有名堂。他認為,張氏應為其在殺人事件發生之後的舉止負責:

> 惟恨彼當場既不喊救,過後又不鳴冤,逐惡潛逃,喪心忘故。於此斷氏,則氏結舌無詞矣。

---

[124] 《中央研究院歷史語言研究所現存清代內閣大庫原藏明清檔案》,第 36 冊,檔案號:036-117。

因此，江蘇御史認為雖然初審所引的那條「姦」罪律文適用於此並不妥當，但初審所建議的絞刑判決卻「允稱情法之平」。他贊成對張氏處以此刑，但卻找不到具體的法律依據。江蘇御史的這番權衡努力，更凸顯出那些身為人妻的娼妓應被納入何種法定身分類別實屬難題。在解釋了這對夫婦不能被視為真正的夫妻之後，江蘇御史卻譴責這名妻子未表現出對其丈夫應有的忠誠。他聲稱，這名妻子的背叛，不在於她與其他男子發生了性關係，而在於她與殺害其丈夫的兇手一道逃走。這一古怪的結論暗示，即使對中央司法官員而言，社會實際情況的複雜性，同樣可能會破壞那種關於固定的身分界限的法律擬制。不過，江蘇御史的這一判決是否獲得其上級的贊同，我們對此不得而知。[125]

第三個例子是順治二年（1645）發生於山東平原縣的一起命案。一位名叫李其福的衙役是娼婦李氏的主要恩客，且無法自拔地迷戀於她。這種情形持續數年之久，直至順治元年（1644），當李其福錢財耗盡時，李氏那位為她招徠嫖客的丈夫李文明便不再讓兩人往來。就在這個時候，李其福說服李氏與自己一起私奔，但被李文明一紙訴狀告至當地縣衙。縣官判令李氏回到其丈夫身邊，並嚴禁李其福和她再度見面。但李其福無視此禁令，於順治二年年初殺死了李文明，再次和李氏一起潛逃。兩人在鄰近的恩縣安頓了下來，以普通夫婦的名義逍遙生活了約一年時間，最終被逮捕歸案。

李其福因犯「故殺」之罪而被判斬首，如縣官所認為的，「文明雖係下賤，其福難免斬抵。」李氏則被判定「不知有兇殺」。但如同前兩起案例中的作法那般，她最初也是被依「姦婦雖不知情，絞」律判處絞刑。不過到了此案被覆審的時候，上述初判才被推翻，其邏輯與前述兩起案例中的相同。正如其中的一名覆審官員所解釋道：「致若娼婦，不責以義。」李氏與殺害其夫的兇手一起潛逃，此舉的確令人震驚（事實上，前一案例中的江蘇御史僅據此便判處張氏絞刑，儘管我們無由得知他的這一判決最終是否得到其上

---

[125] 《中央研究院歷史語言研究所現存清代內閣大庫原藏明清檔案》，第33冊，檔案號：033-063。

司的認可）。但在此案中，李氏只受到笞刑，且此判決獲得皇帝同意。[126]

上述判決與前述兩起案例的判決模式相同，即均不要求娼妓身分的妻子須遵循法律用以約束良民夫婦的那種預設標準——「義」。此案還進一步為我們提供了理解法律上是如何處置娼戶夫婦的新維度，亦即清初的縣官實際上可發出禁令以保障娼戶人家中丈夫對其妻子的控制。倘若平原縣令援引了那條適用於良民的律文，那麼他就應當認定李文明因「縱容」其妻李氏與李其福「通姦」而有罪，並判處兩人受杖刑後離異。但與此相反，平原縣令判令那位身為娼妓的妻子回到先前為其招徠嫖客的丈夫身邊，並禁止她再與那位可能將其拐走的嫖客接觸。

這段值得注意的插曲暗示，相較於良民身分的丈夫，娼戶中的丈夫對其妻子享有更徹底的性壟斷權。這種性壟斷權，體現於他可以合法地將自己的妻子轉租給其他男子。這種性壟斷權甚少有條件的限制（它在那種也可能會被打破的道德義務之共同紐帶當中缺乏基礎），因此更近似於奴隸主那種將其奴隸當作財產無條件地進行占有的權利。「官妓」在傳統上是朝廷的奴隸，但從這一案例來看，身為「私」妓的妻子也有些類似於為其水戶丈夫所有的奴隸。法律上對將這種身分的女子視同為純粹的商品的看法予以接受，即便它要求對良民妻子應另眼相待。[127]

總而言之，對不同身分群體的道德展演的不同期待，意味著對其所採取的刑責標準也不盡相同。在某些情形中，這導致了法律對待良民比對待娼戶更為嚴苛。自元代至清初，中央司法官員均認為，那些約束良民的婚姻規範及其他規範，與從事性工作互不相容。由於良民犯姦被視為是對婚姻的背叛，這種罪行為法律所嚴令禁止。但此類規範並不適用於那些以從事性工作為其特徵的賤民階層。不過倘若據此認為賤民階層從事性工作的行為合法，

---

[126] 現存的案卷紀錄並未說明此判決系以何條律文作為其判決依據，但很可能是援引了那條萬用的「不應為」律。李氏所受的懲處顯然過輕，故而不可能是援引那條經常用於懲罰良民女子私奔的「和誘」例。關於「和誘」例，參見薛允升，《讀例存疑（重刊本）》，例275-02。

[127] 參見《內閣刑科題本》，482/ 順治 9.11.24、1565/ 順治？。

那也並未抓住問題的要點。更確切地說，那些從事性工作的賤民階層被認為缺乏遵奉這些法律的資格。[128] 從事性工作的賤民階層，在本質上屬於一種道德失序的體現，故而要求他們須為其違反道德標準的行為負責便顯得毫無意義。與此同時，朝廷的各類舉措，均在強調這群人異於一般的社會大眾，以及鞏固那些將其從講究體面的社會當中區隔出去的身分界線。

第五節　法律擬制與社會現實

　　本章所探討的那些例子證明，各種對賣娼加以規制的措施，乃是維持身分等級區分的一種手段。但這些例子同樣也顯示出此類措施所遭遇到的各種障礙。雍正元年以前關於賣娼與賤民身分的全部論述，在本質特徵上表現為一種基本的緊張關係，亦即那種存在於人人各安其位的理想社會秩序與日益複雜多變的社會現實之間的緊張關係。儘管朝廷試圖藉由不同的性道德標準來建構涇渭分明的不同身分階層，但這種工程因各種跨越地理邊界和社會經濟領域界限的社會現實而逐漸受到侵蝕。

　　中國帝制時期先前千餘年來的俗世變遷顯示，隨著人口總數、耕地面積、城市化和商業化的不斷擴張，貴族階層和賣身僕役的淡出，以及士紳和自由小農階層的興起，跨越各種領域界限的變化正在逐漸加劇。這些長期的發展，偶爾會因王朝鼎革所引發的動盪而中斷。確切來說，由於所有新王朝的開國者們均會努力地讓民眾再次在地理和社會意義上皆安於其位，故而這一漫長的歷史時期，見證了有著周而復始特點的大變化和許多表現為「倒退」的時刻。但到了盛清時期，相較於此前幾個世紀的那種情況，中國的社會結構變得更加不穩定，其人口的流動性也變得更大。因此可以想見，至17世紀末，那種將道德與世襲不變的身分等級區分相關聯的法律擬制，此時已不合時宜。

---

[128] 在這種身分等級體系的另一端，官員及身分等級更高者可凌駕於那些約束良民的眾多法律之上。參見經君健，《清代社會的賤民等級》，頁 3–19。

從我們所見的史料來看，年代越早，朝廷對性工作的控制就越有力。至17世紀初期，刑案紀錄給人以一種王書奴所謂的「私人經營娼妓」已顯得相當發達的印象，此時幾乎已看不到由教坊司或其他官方機構對性工作直接加以監管的證據。甚至早在元代，那些要求不同身分階層在服飾穿著上應有所區別的法令，便已經在抱怨難以在此方面將娼戶與良民乃至菁英階層分辨開來。元、明、清三代的開國者們均認為應強制推行此類規範服飾穿著的法令，其繼任者們也一再對此加以重申。顯然，即便回溯至元代，身分等級區隔也已不再是理所當然。身分等級區隔既非不言而喻，亦非永世不變。

那種體現於名妓身上的矛盾，也與此相當類似。曼素恩曾描述道，盛清時期的菁英階層男性，實不願意相信那些高雅迷人的女子乃是出身於下層社會。[129] 我們也已看到，晚明時期的文人同樣幻想著將那些不「應」為娼的女子救出泥淖。此類菁英階層男性所遭遇的這種認知上的不協調，源於他們所面對的乃是一種與這些名妓低賤的法律身分不相稱的身分展演（富有教養，知書達禮，精通琴棋書畫，有「義」），當女性能文識字和在文化上有所造詣逐漸成為菁英們引以為傲的標誌時，更是如此。[130] 從更務實的角度來說，人口流動乃是普遍的現象。那種對身分等級加以區分的法律擬制所假定的社會圖景是，所有人在其中（包括在家庭、社群、社會等級和地理空間當中）的位置，均固定不變且一目了然。但與這一法律擬制所假定的上述情形相反，想一想在前述張肯堂所審理的那起案件中，水戶以類似於「洗黑錢」的方式將娼妓從一地轉至另一地，以便最終能將她冒作良家女子嫁出。正如張肯堂所質疑的，「至於如此，良民其何道以脫此阱耶？」[131] 又或者想想在前述不止一起清初的案件中出現的那種情形：如果娼妓和嫖客潛逃至其他州縣居住，那麼就無人有辦法能將他們與普通的良民夫婦分辨開來。最遲至清代初期，私逃已成為「從良」的最有效辦法之一。正如此類案件所示，遷居他

---

[129] See Mann, *Precious Records: Women in China's Long Eighteenth Century*, p. 138.

[130] See Ko, *Teachers of the Inner Chambers: Women and Culture in Seventeenth-Century China*; Mann, *Precious Records: Women in China's Long Eighteenth Century*.

[131] 參見張肯堂，《嶧辭》，卷11，頁5a–5b。

鄉和隱姓埋名，對那種試圖將賤民身分加以固定的法律擬制構成了嚴重的威脅。

再想想前述那起賣良為娼的案件。我們之所以能得知這類女子的存在，只是因為其娘家親人（有時是在多年之後）出手相救。因此可以非常有把握地假設，若非其娘家人尋蹤而至，根本就不會有人將她們救出火坑，儘管文人們樂於作此想像。並且，只要沒有人聲明這些女子乃是良家女子，那麼她們實際上就會被視作身分低賤的娼妓加以處置，無論是基於法律上的目的，還是基於實用的目的，皆是如此（因此，嫖宿她們的那些恩客，也不會因犯「姦」罪而受追究）。肯定有不計其數的良家女子被賣作娼妓而終生未能獲救。

最後讓我們來審視一下朝廷設置「縱姦」罪名以應對某些良民從事性工作之現實問題的必要性。自元代至清代，這一罪行均被納入法典之中。這表明，不管其具體原因為何，並非所有的良民均願意依照他們被要求應予遵守的「良民」道德標準相應行事。相較於其他史料，對這類人加以懲戒並使其悔過自新的必要性，更為清楚地顯示出身分展演這一概念完全屬於人為虛構。

儘管從表面上看，這種自甘墮落的行徑為當時的法律所嚴格禁止，但實際上，明清時期的司法官員有時似乎又會默許這種行為的發生。從清初的兩起涉及夫妻搭檔從事性工作的刑案當中，我們可以找到相關的證據。其案情陳述使用了各種能表明所涉的性交易是在可容許的範圍之內的身分用語，而且無人被控犯有「姦」罪。但這兩起案件的紀錄均附帶提及，涉案夫妻是如何開始從事性工作的，亦即聲稱「甚久之前」，丈夫將妻子帶至外地賣娼。其中一起案件是因為貧窮，[132] 另一起案件則是由於妻子與人私通。[133] 顯然，這兩對夫妻在結婚時均為普通良民身分，但在就這些案件擬寫報告的官員看來，歷經了多年無可救藥的自甘墮落後，他們實際上已喪失了原來的良民身

---

[132] 參見《內閣刑科題本》，1062/ 順治 12.7.3。
[133] 參見《內閣刑科題本》，1335/ 順治 13.15.17、1644/ 順治？。

分。此類案件與我們前面所見的那些被控「縱姦」的案件的唯一區別,在於從事性工作的時間長短,不過也可能與女方在此長時期內所伺候的嫖客人數多少有關。審判官員似乎認為,一旦到了某種未予詳細說明的程度之後,再以良民標準加以懲治並判決其離異,便已無甚意義。相對地,審判官員會將這類走上邪路的夫婦歸入那種為法律所不屑一顧的賤民階層。這種貶抑,體現於法律上不以姦罪對這些人加以處刑,以及採用相應的詞彙將他們描述為被法律所容許的身分低賤的娼家。

將對性所做的規製作為一種區分身分等級的手段,乃是一項充滿模棱兩可之處的工程,且這種含糊不清正在隨著時間的推移而擴大。性工作的社會實況,遠比法典中希望人們相信的那種情況更為混亂。賤民和良民之間的那種身分界線,就其對真實生活的反映程度而言,也遠比明清時期的統治者們所樂見的更具可滲透性。所有證據均顯示,一個商業化的性交易市場(王書奴稱之為「私人經營娼妓」)當時正在穩步成長,而在這一性交易市場當中,女性在婚姻與性工作之間流動的程度正在日益加大。對於帝國意識形態的那些擁護者而言,這種性交易市場是其非常憎惡的存在。按照他們的理想,應該根據法律身分、職業、道德標準、住所甚至服飾,從法律上將穩定且自我再生的人們固定下來並加以區分。即便是對於那些地位低賤的娼妓,儘管司法官員認可其所從事的性工作的商品化特徵,但其最初的範式並非商業活動,而是懲罰性的勞役。只是到了17世紀和18世紀,這種最初的範式才變得無甚意義。

上一節中提及的數起案件,顯示清初的司法官員對此類問題大感困擾。其中的關鍵在於,若涉案娼妓本身並未參與殺人,那麼該如何衡量其對殺人罪行應承擔何種程度的道德責任。在前述所有的案件中,一應的下級審判官員皆對此理解有誤,結果將那些娼妓依據良民妻子的標準加以懲處。他們的上級官員最終糾正了這種錯判。但我猜測這種困惑反映出一種更深層次的典型危機。倘若連州縣官們和知府們都不理解這些準則該如何適用,那麼又將會有多少人為此感到大惑不解?

就算身分等級區分所內含的那種性維度曾是不言而喻，到了清代，甚至連很多司法官員也已不再視其為不證自明。存在於過時的法律擬制和複雜的社會現實之間的那條鴻溝正在日益擴大，從而為 18 世紀時的改革創造了條件。

第七章　良民所應遵循的諸標準之適用範圍擴張：雍正朝的改革與賣娼入罪化

第一節　學界以往對雍正元年「除豁」賤民的解讀

　　上一章的討論，開始於對一個看似簡單的問題的如下追問——清代的法律禁止賣娼嗎？就清朝立國後的頭八十年而言，對上述問題的回答為既「是」也「不是」。正如我們業已看到的，中國帝制時期的法律長期將賣娼分為兩種不同的模式：其一為普通良民所從事的被視為犯罪的賣娼，如同一般的通姦情形那樣，此類行為會被官府視作「姦」罪加以問責；其二為法律所容許的賣娼，由那些身分低賤的人們在官府某種程度的監管之下進行，據稱是一種勞役的形式。清初的那些中央案件紀錄，提供了關於這種雙重標準在實踐當中是如何運作的豐富例證。

　　但到了雍正朝（1723–1735），此問題的答案變成無庸置疑的「是」。雍正朝以後的案件紀錄顯示，上述第二種模式此時已不復再見：性工作被容許存在的那種法律空間已徹底消失。自此之後，任何案件當中所涉及的賣娼，均被視作「姦」罪加以處置。原先那些用來指稱身分低賤的娼家男女的法律用語，亦隨之消失不見。在雍正朝之後的案件中，我從未看到過有使用「樂戶」（或其衍生詞）或「水戶」這些稱呼。「娼」、「妓」兩詞雖然仍被保留使用，但它們在法律上的意涵，已變得與其過去所具有的那種含義截然相反。它們不再指那些免予處刑之人中的一種類別，而是指猶如「賊」或「盜」那般的罪犯。先前那些長期被加以區分的不同類別，如今合而為一；自此以後，被稱為「娼」或「妓」的女子及其嫖客，均會被按照「姦」罪加以懲處。

　　當「姦」罪的類別被擴張至將這一新的範圍涵蓋在內，賣娼實際上就被

全面禁止。這一變革，是由雍正朝頒布的一系列廣為人知的諭旨所引發。這些諭旨終結了官府與性工作之間的關聯，並削除了那種與此行為有關的世襲身分標籤（尤其是樂戶身分）。但學界以往對雍正朝所頒布的這些諭旨的解讀，多是聚焦於討論這些諭旨是否應當被看作是對其所涉及的賤民身分群體的一種「解放」，而忽略了其對賣娼加以禁止的那一部分內容。在檢視史料證據本身之前，我們應當先來檢視學界以往就此所做的那些解讀。

一、一種推動社會變革的進步性舉措？

在先前的相關研究中，迄今為止最負盛名的，乃是寺田隆信發表於1959年並在學界有著深遠影響的那篇日文論文〈雍正帝の賤民開放令について〉。寺田隆信探討了雍正朝這一政策的多重面向。例如他指出，雍正朝的這一改革，某種程度上乃是一種旨在適應社會變遷的努力。到了16世紀後期，許多在官府被登記為樂籍者，已不再從事那些不光彩的娛樂行當；他們耕種自己所擁有的土地，不大容易能被與良民分辨開來。在16世紀後期的那幾十年裡，明王朝或多或少地開始將這類人視同為一般的農民，至少在賦稅徵收方面如此。就此而言，雍正元年針對樂戶頒布的那道諭旨，通過廢除這種已不適應社會現實的戶籍登記類別，在身分管理制度方面進行革新。[1] 此看法相當有說服力，並可與王書奴的如下論點相輔相成。王書奴認為，到了晚明時期，「私人經營娼妓」開始取代那種由來已久的「官妓」模式。[2] 寺田隆信在其論文中的上述看法，對曼素恩（Susan Mann）的研究影響甚深，儘管曼素恩更為關注的，並非雍正朝這一改革的背後動因，而是這一改革的成效與社會經濟變遷的交互作用是如何推動「舊有身分藩籬的逐步消退」。[3] 寺田隆信的這一論點，亦符合我在本書第六章中所展示的那些例證：那條存

---

[1] 參見寺田隆信，〈雍正帝の賤民開放令について〉，《東洋史研究》，第18卷第3號（1959），頁126–127。
[2] 參見王書奴，《中國娼妓史》（上海：上海三聯書店，1988）。
[3] See Susan Mann, *Precious Records: Women in China's Long Eighteenth Century* (Stanford, CA: Stanford University Press, 1997), p. 43.

在於關於身分地位展演的法律擬制與跨越身分界線的社會現實之間的鴻溝，此時正在不斷擴大。

寺田隆信還提及政治性宣傳在這一變革中所扮演的角色。被用來將滿清的征服加以正當化的理由之一是，建文四年（1402）燕王朱棣的篡位，導致明王朝此後的皇位傳承已不再具有合法性。[4] 由此衍生出來的另一種看法是，雍正皇帝及其後繼者除豁樂戶的作法，被解讀為聖明仁君對前朝那種不義之舉（亦即明成祖將其政敵的家眷充入樂籍的作法）的矯正。[5] 為了政治宣傳之便，清廷刻意無視樂籍和作為一種勞役形式的性工作早在明代建文四年（1402）之前便已存在千餘年之久的事實。[6]

但最重要的是，寺田隆信將雍正朝的這些諭旨視為一種積極推動社會變革的努力。這正是他為何用「開放」這一雍正朝時並未使用的術語來對這些諭旨加以形容的原因所在。[7] 這種除豁反映了雍正皇帝以仁君聖主的角色對「社會問題」的「強烈關注」，試圖消除對那些有著賤民身分的諸多百姓的「社會歧視」。由於此政策（至少在法律意義上）的確「簡化了身分關係」，

---

[4] See Benjamin Elman, "'Where Is King Ch'eng?' Civil Examinations and Confucian Ideology during the Early Ming, 1368–1415," *T'oung Pao*, vol. 79 (1993), pp. 66–67.

[5] 參見寺田隆信，〈雍正帝の賤民開放令について〉，頁124。例如雍正元年戶部發布了一項關於樂戶的政策聲明：「山西等省有樂戶一項，原屬忠義之後。其先世因明建文末，不附篡立被害，遂遭荼辱，編為樂籍，世世子孫，不得自拔為良民。飭令各屬嚴行禁革，令其改業得為良民。……浙江紹興府屬之惰民，賤辱已極，實與樂籍無異，行令削除其籍，俾改業自新，與編民同列。」《清會典事例》（北京：中華書局，1991），卷158，頁1007。

[6] 韓安德（Anders Hansson）回顧了這兩個要點，並特別看重雍正元年頒布的那道諭旨背後的政治動機，認為糾正明朝的不義之舉是為了展示清朝在道德上的優越性。參見 Anders Hansson, *Chinese Outcasts: Discrimination and Emancipation in Late Imperial China* (Leiden: E. J. Brill, 1996), pp. 165–168.

[7] 寺田隆信在其論文中將「解放」與「開放」兩詞交替互用。繼寺田隆信之後，西方史學家通常以「emancipation」一詞來指雍正朝的此種改革，例如 Hansson, *Chinese Outcasts: Discrimination and Emancipation in Late Imperial China*; Charles O. Hucker, *China's Imperial Past: An Introduction to Chinese History and Culture* (Stanford, CA: Stanford University Press, 1975), p. 335; Mann, *Precious Records: Women in China's Long Eighteenth Century*, p.43; Susan Naquin and Evelyn S. Rawski, *Chinese Society in the Eighteenth Century* (New Haven, CT: Yale University Press, 1987), p. 117.

故而寺田隆信認為應承認其具有「時代進步性」。⁸ 但他也承認,「不能否定的是」,這一政策的實際效果,並未達到雍正皇帝所期許的那種目標。所謂的除豁,僅限於在「戶籍身分層面」,而並未採取任何具體的措施將這些人從其所從事的那些低賤職業中完全解放出來,因此此類群體仍然受到「社會歧視」。此外,乾隆朝頒布的新法令,設置了限制這些已被除豁賤籍的群體參加科考的苛刻條件,包括規定必須至少得三代以後,這些人的後人方能參加科考。依寺田隆信之見,這類限制與雍正朝的政策相抵觸:「儘管已被除豁,但不符合上述限制條件者仍無管道進入仕途。」⁹ 這種除豁雖可被認為是「雍正皇帝的善政之一」,但並未對此類人們的生活有任何實際上的提升,故而從這一角度來講,「最終只能給予其以一種負面的評價」。¹⁰

二、一種相對不那麼積極的評價?

如果說寺田隆信是帶著惋惜之情而得出上述結論,那麼相比而言,有兩位卓越的中國史專家對雍正朝上述改革所做的評價更不那麼積極。瞿同祖將雍正朝的那些諭旨視為無足輕重,因為他必須採取這樣的立場,以支持自己關於傳統中國的法律和社會結構在近兩千年的時間裡都基本上靜止不變的觀點:「自儒家化的過程完成以後,直至 19 世紀,中國法律均無重大的、本質上的變化,至少在家族和階級方面是如此。儘管法律條例有相當多的變化,但法律的基本精神與傳統並無改變。」¹¹ 瞿同祖將中國法律傳統未能實現「現代化」的原因歸咎於那種以身分和家族為基礎的「特殊主義」,認為正是這種特殊主義「使得普適性的法律和抽象的法律原則難以發展」,並導致「作為個人權利的事項」無法獲得關注。尤其是,「社會階級制度並未產生重大的變化」。¹² 至於樂戶和其他被除豁賤籍的群體,「這種只是將生活

---

⁸ 參見寺田隆信,〈雍正帝の賤民開放令について〉,頁 140。
⁹ 參見寺田隆信,〈雍正帝の賤民開放令について〉,頁 128。
¹⁰ 參見寺田隆信,〈雍正帝の賤民開放令について〉,頁 139–140。
¹¹ See Ch'ü T'ung-tsu, *Law and Society in Traditional China* (Paris: Mouton and Co., 1965), p. 283.
¹² See Ch'ü, *Law and Society in Traditional China*, p. 284.

於特定地域的某些人群從賤民類別當中移除的作法,並不代表賤民作為一個階級獲得解放」;若說這種調整有任何意義,也僅是「強化而非削弱那種身分等級秩序」。和寺田隆信一樣,瞿同祖也引用了乾隆朝那些限制參加科考者之資格的政策作為歧視仍然存在的論據,以證明雍正朝那些除豁賤民的諭旨的意圖實際上被抵銷。[13] 瞿同祖進而認為,「清代進一步將娼妓、優伶和衙役列入賤籍,他們因此失去了應考出仕的權利。」[14] 他的後一論斷令人感到不解,因為元明兩代無疑均將賤民身分加諸於倡優,並禁止他們參加科考。[15] 更重要的是,清代沒有任何臣民能享有可與朝廷相抗衡的「權利」。

經君健的看法與瞿同祖相似。他認為清代法律中的那種身分等級制度十分「僵化」。儘管他承認確有某些變化出現,但其步調極其緩慢,遠遠落後於經濟政治領域的變化。[16] 按照他的觀點,既然雍正皇帝沒有同時實施禁娼的措施(經君健對此點的理解有誤),且娼妓生意也未被徹底根除,那麼取消樂籍之作法的意義便微乎其微。[17] 這些諭旨並未產生將相關群體從其所從事的賤業務中解放出來的實際效果,亦未擴及那些被經君健視為處於賤民身分制度之核心的家奴。[18] 像瞿同祖一樣,經君健也認為,乾隆朝「不合理」的科舉政策,否定了這些新晉良民作為良民的一種基本「權利」,讓其他人仍有理由對他們加以歧視,故而證明了所謂的除豁只是一種假像。[19]

三、所謂「解放」乃是一種時代錯置?

概言之,寺田隆信將雍正朝的上述政策視為一種推動社會變革的進步性舉措,而瞿同祖和經君健則認為此政策的影響微不足道,甚至可說是一種假

---

[13] See Ch'ü, *Law and Society in Traditional China*, p. 132.
[14] See Ch'ü, *Law and Society in Traditional China*, p. 282.
[15] 參見《元典章》(北京:中國書店,1990),卷31,頁156;《明會典》(北京:中華書局,1988),頁77。
[16] 參見經君健,《清代社會的賤民等級》(杭州:浙江人民出版社,1993),頁265。
[17] 參見經君健,《清代社會的賤民等級》,頁231–233。
[18] 參見經君健,《清代社會的賤民等級》,頁265。
[19] 參見經君健,《清代社會的賤民等級》,頁235。

像。但這三位學者均共用同一個設想，亦即認為關鍵的問題在於「解放」。他們所說的「解放」，似乎是指擺脫個人以往經歷所造成的束縛，並以能否參加科考作為此政策是否確有成效的最終檢驗標準。從這一標準來看，三位學者均認為，雍正朝的上述政策，即便造成了一些影響，也並不成功。但在三位學者所做的這種設想背後，我懷疑存在著一種對於清代中國未能走上現代化道路而深深感到的失落之情，其中尤以瞿同祖最為明顯。用瞿同祖自己的話來說，「對特殊主義的強調……限制了中國法律的發展」，致使中國法律只能在「現代西方法律的衝擊下」才開始「現代化」。[20] 這種看法所影射的比較物件，自然是 18 世紀以降那種在西方法律中所看到的個人權利平等原則的發展。我推測，特別是瞿同祖和寺田隆信，均將雍乾兩朝視為在鴉片戰爭之前那關鍵的一百年間，中國所遺憾錯過的一個否則可將其歷史發展導向另一種道路的機會。「解放」一詞看起來是如此現代和進步（猶如林肯的《解放宣言》），因而喚起了他們的希望，正如孔飛力（Philip Kuhn）所洞察到的，「由自由流動的勞動力所構成的市場，以及人身依附關係和奴隸身分的瓦解，這些現象對於一名生活於 20 世紀的西方人來說非常具有吸引力，他會將這些現象與自由和進步聯繫在一起」。[21] 但這些希望最終歸於破滅。

這種對「解放」的強調，雖不至於全然錯誤，但可能並非切入這一問題討論的最佳方式。尤其是，倘若因為雍正朝的諭旨未能使那些被壓迫者獲得自由就對這些諭旨不予理會，那麼似乎就會犯了一種時代錯置的古怪錯誤。我相信，若對雍正朝那些諭旨就性活動加以規制方面的啟示細加分析，則可獲得更多的認識。雍正皇帝肯定自認為是在施行仁政，但從未試圖將他使其法律身分得以改變的那些人群所擁有的「自由」加以擴大。相反，那些人應當受制於相較以往而言更為嚴格的行為規範。更確切地說，雍正皇帝的目的是為了「廣風化」（用他自己的話來講），而其方法則是擴大道德標準和刑

---

[20] See Ch'ü T'ung-tsu, *Law and Society in Traditional China*, p. 284.
[21] See Philip A. Kuhn, *Soulstealers: The Chinese Sorcery Scare of 1768* (Cambridge, MA: Harvard University Press, 1990), p. 35.

責標準的適用範圍，並使之更為整齊劃一，同時進一步強化地方官員的監督作用。

第二節 「廣風化」

一、雍正元年的諭旨

變革的跡象早在清初便已出現。滿清王朝甫立後不久，清廷便開始對官吏與娼妓優伶之間的那條身分鴻溝加以擴大。順治八年（1651）頒布的一道諭旨禁止「教坊司婦女」進宮，改由太監接管她們原先到宮中所履行的那些職能。[22] 據王書奴所言，這道諭旨意味著「官妓」制度在京城壽終正寢，以及國家開始有計劃地從其那種作為性工作管理者的傳統角色退出。[23] 而且，正如曼素恩所分析的，清初的官員們成功地將地方節慶（例如各地縣治每年舉辦的「迎春」慶典）中原先那種讓樂籍倡優唱主角的廣泛存在的傳統習俗加以革除。[24]

決定性的變革，發生於雍正皇帝初登大寶之時。依照長久以來所形成的傳統，新皇在先帝駕崩後繼位之時，應大赦天下。如上一章中所言，在明代，有數位皇帝用以紀念這一時刻的方式是，將一定數量的教坊司樂人予以釋放，並使其脫離被奴役的狀態和賤民身分。雍正皇帝則選擇了更為徹底的改革方式：他完全廢除了樂籍這種法律身分，以及另外兩種亦因部分與性工作有關而被汙名化的賤民身分：

> 各省樂籍並浙省墮民、丐戶，皆令確查削籍，改業為良。若土豪

---

[22] 參見《清會典事例》，卷 524，頁 1043。
[23] 參見王書奴，《中國娼妓史》，頁 261。
[24] 參見 Mann, *Precious Records: Women in China's Long Eighteenth Century*, pp. 26–27, 126–127. 康熙三十三年（1694），黃六鴻對「娼優」參加迎春活動的這種「可笑」景象大加撻伐，並認為根據《禮記》，迎春應當是非常莊嚴的節慶。參見黃六鴻著，小畑行簡訓點，山根幸夫解題索引，《福惠全書》（東京：汲古書院，1973），卷 24，頁 16a–17b。

地棍，仍前逼勒辱凌，及自甘汙賤者，依律治罪。其地方官奉行不力者，該督撫查參，照例議處。[25]

此道諭旨將樂戶和另外兩個群體在身分上提升為良民，同時命令這些身分被改變者改從正當職業，不得再從事那種被視作賤民身分之標誌的性工作。這道新法令被作為例纂入《大清律例》之內，從而取消了那種使合法的性工作這一所謂賤民身分之標誌在法律中得以存在的空間；與此同時，它還要求地方官員在其各自的治境之內取締娼妓營生。雍正朝時還頒布了另一道諭旨，將諸如疍戶之類亦與性工作有關的群體的賤民身分予以廢除。[26]

雍正元年頒布的上述諭旨，其背後的動機為何？雍正五年（1727），在其下令廢除其他某些賤民身分時，雍正皇帝本人就此親自做了解釋：

> 朕以移風易俗為心，凡習俗相沿，不能振拔者，咸與以自新之路，如山西之樂戶、浙江之惰民，皆除其賤籍，使為良民，所以勵廉恥而廣風化也。[27]

在過去，賤民身分的標籤代表了世代相承的道德汙點。但雍正皇帝此言暗示，這些標籤本身已成為個人道德自新的障礙。因此，將賤民群體在身分上提升為良民，相當於給他們一條「自新之路」。

---

[25] 薛允升著，黃靜嘉點校，《讀例存疑（重刊本）》（臺北：中文研究資料中心研究資料叢書，1970），例076-06。

[26] 寺田隆信、經君健和韓安德（Anders Hansson）將相關諭旨加以編目，包括那些適用於與賣娼無涉的情形的諭旨。參見寺田隆信，〈雍正帝の賤民開放令について〉；經君健，《清代社會的賤民等級》；Hansson, *Chinese Outcasts: Discrimination and Emancipation in Late Imperial China*. 亦可參見 Mann, *Precious Records: Women in China's Long Eighteenth Century*, pp. 37–43. 這些諭旨的原文，可見於《清會典事例》（北京：中華書局，1991），卷158。雍正朝的這些諭旨並未明確提及「九姓漁戶」（指浙江一帶以打漁和賣娼為生的船上人家）這類賤民群體，但乾隆三十六年（1771）頒布的一道法律允許他們著籍並改變身分，只要他們遵從良民的職業標準與行為標準，參見寺田隆信，〈雍正帝の賤民開放令について〉，頁131–132；經君健，《清代社會的賤民等級》，頁217。

[27]《大清歷朝實錄·世宗憲皇帝實錄》，卷56，頁27a–27b。對這段文字的英文翻譯，參見 Philip A. Kuhn, *Soulstealers: The Chinese Sorcery Scare of 1768* (Cambridge, MA: Harvard University Press, 1990), pp. 22–23; 對這段文字的日文翻譯，參見寺田隆信，〈雍正帝の賤民開放令について〉。

雍正皇帝所謂的「自新」，有其明確的法律意涵。早在漢代，這一詞語便被用來解釋大赦和其他寬宥政策之目的：它意味著賦予那些有可能改過向善的罪犯第二次機會。例如，元代的一位司法官員在主張應讓某群強盜留得一命時，提出如下理由：「彼皆良民，饑寒所迫，不得已而為盜耳。既加以刑，猶以盜目之，是絕其自新之路也。」[28] 而且，此前數百年以來用於反對肉刑（例如割耳或砍足）的那個基本論點，也正是認為這類刑罰斷絕了罪犯們的「自新之路」：即使他們決心改過，也永遠無法修復身體上的殘缺或消除身上那些昭示其社會危害性的印記。[29] 司法官員對刺字之刑抱持著同樣的看法。例如在遼代，罪犯身上均須被刺上所犯的罪名以利識別，但並非刺於其臉上，而是刺在其可被遮蓋的肩上。10 世紀時頒布的一道法令對此作法所做的解釋是，「犯罪而悔過自新者，亦有可用之人，一黥其面，終身為辱」。[30] 明清兩代的法律也將刺字作為多種罪行的刑罰方式之一，可被刺於臉上或肩上，但補充規定道，對於那些「如實能改悔」的竊賊或強盜，可在兩三年後除去刺字，並「複為良民」。其目的便在於給予其以「自新之路」。[31]

由此觀之，雍正皇帝提供的「自新之路」，令人回想起那種以賤民身分和作為刑罰方式之一的性工作為其內容的舊有模式。鑒於這些人的表現和附著其身的公開汙名，這種社會標籤猶如被刺在罪犯臉上的罪名，會妨礙這些人重新融入良民社會之中，而不管其實際品行或內在動機如何。除去這些標籤，相當於解除其世代相襲的那種集體懲罰的一次大赦，能使受惠者有機會藉由良好的表現而恢復自己的名譽。

但雍正皇帝所言，並不僅限於針對那種最初因祖上犯罪而使其後代蒙受的樂籍身分。除此之外，他還意指那種與賤民身分相聯繫（亦即「習俗相

---

[28] 宋濂，《元史》，頁 4090。
[29] 相關的例子，參見沈約，《宋書》，頁 1560。
[30] 脫脫等，《遼史》，頁 943。
[31] 參見薛允升，《讀例存疑（重刊本）》，例 281-18、例 281-20；趙爾巽等，《清史稿》，頁 4196。二十五史中有許多類似的例子，可在臺灣中央研究院網站上的漢籍電子文獻資料庫（http://hanji.sinica.edu.tw）當中搜尋。

沿」）的性工作。良民從事性工作向來被視為犯罪行為之一。「使為良民」之舉，讓賤民奉行良民的「廉恥」標準，藉此賦予他們改善其「風俗」的機會。但這同時也是一項命令。朝廷的目的在於「廣風化」，而與人民對此喜歡與否無關。換言之，雍正皇帝將以往那種為法律所容許的性工作重新界定為需要加以悔改的犯罪行為，而不再視其為對那種固定不變且低賤不堪的情況的差堪容忍的反映。自此之後所發生的任何性交易，均會被問罪。

二、對中央音樂機構的改革

在雍正五年（1727）時針對為何削除樂籍所做的前引解釋文字當中，雍正皇帝在開篇即聲稱「朕以移風易俗為心」。「移風易俗」這一詞語，常被用於比喻公共道德的進步。它也具體影射儒家那種關於音樂、道德和理想政府之關係的典型論述。生活於 18 世紀清朝的任何士人，均會對這一典故心領神會。這種對音樂的具體影射看起來頗為重要，畢竟雍正皇帝所討論的，是包括那些為朝廷典禮和宮廷宴樂提供表演之人在內的「樂戶」。

「移風易俗」一詞，傳統上被認為語出孔子。據《孝經》的引述，孔子曾說「移風易俗，莫善於樂」。[32] 此詞亦出現於《荀子・樂論》之中：「故樂行而志清，禮修而行成，耳目聰明，血氣和平，移風易俗，天下皆寧。」[33]

依陸威儀（Mark Edward Lewis）之見，那種關於音樂的經典論述，源於下述理念：風以「氣」的形式存在於人體之內，故而「風與引導人類行為的情感或衝動之間……互有直接影響」。[34] 因此，「人們可刻意改變風的運

---

[32] 阮福：《孝經義疏補》（臺北：臺灣商務印書館，1966），頁 100。
[33] 類似的論述，可見於《詩・大序》、《禮記》及其他文獻。參見 Stephen Owen, Readings in Chinese Literary Thought (Cambridge, MA: Council on East Asian Studies, Harvard, 1992). 該書中對《荀子・樂論》的英文翻譯，係採自 Burton Watson, trans., Basic Writings of Mo Tzu, Hsün Tzu, and Han Fei Tzu (New York: Columbia University Press, 1963)；對《論語》中相關內容的翻譯，則係採自 Arthur Waley, trans., The Analects of Confucius (New York: Vintage Books, 1938)。
[34] Mark Edward Lewis, *Sanctioned Violence in Early China* (Albany, NY: State University of New York Press, 1990), p. 215.

行方式或本質,以確保公共道德的進步和五穀豐登。作為雅正之風的音樂,則是達成這種改變的主要機制。」³⁵ 音樂既能激發也能展現人類的基本情感。從正面的角度來看,音樂這種足以影響人群的力量,可被利用來作為「賢明聖君以其所掌握的正聲引導百姓的一種工具」。³⁶ 用荀子的原話來說,「正聲感人而順氣應之,順氣成象而治生焉,唱和有應,善惡相象。」³⁷ 但不正之聲則會危及道德和政治。《論語》便提出警告說,「淫」樂會造成有害的影響;荀子也對這種看法加以重申:「故君子耳不聽淫聲,目不視女色,口不出惡言……凡姦聲感人而逆氣應之,逆氣成象而亂生焉。」³⁸ 根據這段引文,音樂所具有的那種潛在危險性,與性秩序紊亂和政治失序密切相關(從荀子對「淫」、「姦」、「亂」等字的使用可見一斑)。陸威儀將這種思想概括如下:

> 正樂使風調和有節,確保了政權繁榮和百姓順服,而淫樂則會造成相反的效果。若所用音樂的風格不當或標新立異,統治者便可能會引發天災……或使人民墮落並導致政權崩潰。《國語》中的一則故事提及,音樂大家師曠預言晉國君主的後代將亡失其國,其理由是當時的君主熱衷於新奇的音樂,即鄭國、衛國的那些淫樂……靡靡之音體現出創作者的道德墮落,而這種墮落會蔓延至其聽眾。³⁹

這些關於音樂的經典論述,與雍正皇帝的那些改革之間又有何聯繫?教坊司在傳統上雖然也對那些性工作者進行監管,但其最主要的職責是從隸下樂人中選拔樂師和舞者,以供宮廷典禮和宴樂之需。那些得以在宮中表演的樂戶,或許與商業性的或其他形式的性交易並無直接的關聯,但同樣承受著樂籍這一身分標籤以及相伴而生的道德汙點。若由傳統的觀點出發,則不難

---

³⁵ Lewis, *Sanctioned Violence in Early China*, p.218.
³⁶ Lewis, *Sanctioned Violence in Early China*, p.218.
³⁷ 《荀子・樂論》。
³⁸ 《荀子・樂論》。
³⁹ Lewis, *Sanctioned Violence in Early China*, p. 220.

得出以下推論：賤民所演奏的音樂，反映出其道德低賤，且無可避免地會腐蝕其聽眾（在這一例子中，聽眾便是皇帝及皇室成員，以及皇帝所青睞的那些高官重臣）。若皇帝允許這些墮落的樂師在朝廷典禮上表演，則無疑於是在醞釀災難。

雍正皇帝顯然相當慎重地看待儒家典籍中的此類論述，就在下令「除豁」樂戶的同年，他還開始對官方的音樂機構進行淨化和重建。隨著樂籍被削除，先前為教坊司所監管的那些世襲樂師不再承擔相關的勞役，雍正皇帝於是向教坊司下令，要求嚴格根據音樂造詣和技能而非樂籍背景重新物色樂師。[40] 雍正三年（1725），他又「令各省俱無在官樂工」。[41] 至雍正七年（1729），他乾脆連聲名狼藉的教坊司也一併撤銷，而以新的機構「和聲署」代之，並將其納入禮部之下屬機構「樂部」，同時取消了「俳長」和「色長」二職。和聲署的職責，被嚴格限定為那些與音樂相關的事務。[42]「和聲」是儒家典籍關於音樂的論述當中的另一個典故。《禮記》就此解釋說，以樂和聲，對於建立良好的統治秩序相當重要：

> 人心之動，物使之然也，感於物而動，故形於聲……是故先王慎所以感之者，故禮以道其志，樂以和其聲，政以一其行，刑以防其姦。禮、樂、刑、政，其極一也，所以同民心，而出治道也。[43]

藉由以「和聲」取代那種意味著道德低賤的「淫聲」，雍正皇帝順應了儒家那種將音樂視為聖君藉以建立道德秩序之工具的觀念。對中央音樂機構的改革，反映了盛清時期的皇帝們所遵奉的理學立場，並與雍正皇帝所希冀的「廣風化」和刑責標準擴張遙相呼應。

---

[40] 參見《清會典事例》，卷524，頁1043。

[41] 轉引自王書奴，《中國娼妓史》，頁261。雍正皇帝還在雍正二年（1724）下令禁止官吏蓄養優伶，這一禁令後來在乾隆三十四年（1769）被朝廷重申。參見《清會典事例》，卷117，頁723。

[42] 參見《清會典事例》，頁1043；紀昀等撰，《歷代職官表》（上海：上海古籍出版社，1989），卷10，頁5b–6a；Charles O. Hucker, *A Dictionary of Official Titles in Imperial China* (Stanford, CA: Stanford University Press, 1985), p. 598.

[43] 對此段文字的英文解說，參見 Owen, *Readings in Chinese Literary Thought*, pp. 50–51.

三、關於應舉資格的問題

當樂戶以及相關群體一旦在身分上被提升為良民，那麼是否允許他們參加科考，自然就成為需加探討的問題。對於絕大多數為上述諭旨所涵蓋的人們而言，這一問題實際上可說是無關緊要；並無證據顯示其中有很多人聲言要參加科考。但對朝廷如何看待自身及其所尋求維繫的社會秩序而言，界定誰具有參與科考的資格相當重要。到那時為止，禁止那些身分低賤的娼家男子和優伶參加科舉考試，一直是區隔身分等級的基本方式之一。身分晉升似乎暗示著這種藩籬已然消失，但雍正朝的那些諭旨並未明確地言及此問題。

乾隆朝公布了關於應舉資格的政策。這種政策採取折衷的方式，將那種把因身分低賤或有犯罪前科而染上汙點的人們排除於有科考資格者之外的一貫作法，與雍正朝那些諭旨為這類群體所提供的「自新之路」加以調和。乾隆三十六年（1771），禮部採納了陝西學政（有許多樂戶聚居於該省）的如下建議：

> 削籍之樂戶、丐戶，應以報官改業之日為始，下迨四世，本族親支皆係清白自守，方准報捐應試。該管州縣取具親党裡鄰甘結，聽其自便，不許無賴之徒藉端攻訐。若係本身脫籍或僅二世，及親伯叔姑姊尚習猥業者，一概不許濫廁士類，僥倖出身。至廣東之疍戶、浙江之九姓漁戶，及各省凡有似此者，即令該地方官照此辦理。[44]

乾隆五十三年（1788）纂修的一條例文，進一步將上述幾種特定身分群體未涵蓋的那些性工作者也概括納入其中，禁止「娼優」及其子孫參加科舉或捐監。[45] 薛允升討論此法令時提及，那些被除豁為良的奴僕，經過三代之後，其後代可被允許參加科舉或捐監，同樣的規則亦適用於那些「改業為良」的娼優之後代。[46] 然而韓安德（Anders Hansson）所引的史料顯示，其

---

[44] 薛允升，《讀例存疑（重刊本）》，例 76–06，薛允升注。
[45] 參見薛允升，《讀例存疑（重刊本）》，例 76–19。
[46] 參見薛允升，《讀例存疑（重刊本）》，例 76–19，薛允升注。

中只有樂師和優伶的後代才被獲准參加科考，娼妓的後代依然被禁止應舉。儘管如此，他仍認為「除豁」樂戶之舉措「使得樂人或者至少其後代的地位普遍略有好轉」。[47]

寺田隆信、瞿同祖和經君健均曾引用過乾隆朝的上述科舉政策，以說明雍正朝的那些改革並未達到解放的效果，因為這項政策依然歧視這些在法律身分上應已得到改變的群體，並將此種歧視制度化。當然，這種觀點有其長處：在上述法令所規定的那段長達三四代人的考驗期中，個人的品行將被依據其家族是否「清白自守」而受到評判。但我們亦應反思，可否據此便認為這項政策並未造成任何改變，進而視其為一種故步自封的憤世嫉俗之舉？三、四代人的時間看似很長，但至乾隆三十六年（1771）時，樂籍和丐籍身分的撤銷，業已過去了將近五十年，因此這項立法可能有考慮到所要求的那種考驗期已過大半的現實。中國帝制時期的法律向來視有品階的官吏在身分等級上高於一般良民，並對其恩寵有加。無論是在法律意義上，還是在象徵意義上，官吏與娼妓及其他身分低賤者在身分上均有天壤之別。不過，藉由對應舉資格加以具體規定，清廷確實為身分低賤的樂人們的那些後代入仕開啟了一扇門。

此政策的實際效果似乎微不足道，韓安德（Anders Hansson）僅找到有關樂人的後代求取功名的一個例子。[48] 而且，正如我前面已論及的，倘若僅是視野狹隘地關注「解放」的問題，那並不具有建設性。但儘管如此，就那種我們或可稱其為中國帝制時期的憲制理論而言，乾隆朝的這項政策代表了與以往作法的分道揚鑣。科舉考試起初是被創制出來以用於打破身分等級的區隔（尤其是貴族所擁有的那種與生俱來的入仕權利），因而被視為推動社會流動的有力機制。乾隆朝決定向樂戶以及其他身分低賤的群體的後代開放應舉資格的舉措，乃是針對那種以身分代代相襲和社會結構固化為其特徵的

---

[47] See Hansson, *Chinese Outcasts: Discrimination and Emancipation in Late Imperial China*, pp. 72–73.

[48] See Hansson, *Chinese Outcasts: Discrimination and Emancipation in Late Imperial China*, p. 75.

貴族式社會想像所做的最終一擊（自宋代以降，這種固化的社會結構便已是強弩之末）。

第三節　雍正元年之後的法律如何處置賣娼

一、擴張現有刑事法律的適用範圍

在具體內容方面，雍正朝的那些改革代表了刑事法律之適用範圍的一種擴張。這種擴張所造成的影響，比那些關於宮廷用樂或應舉資格的政策方面的任何變動所造成的影響都要更為深遠。雍正朝的那些諭旨並未直接明言禁絕「賣娼」，而是繼續保留了那種允許「風化」未易的特定賤民群體從事此行當的法律擬制。但其實際後果並無差別：藉由將適用於良民的性道德和刑責標準在適用範圍方面加以擴張，雍正朝的那些諭旨實際上取消了那種容許性工作存在的合法空間（包括商業化性交易這種其從業者的身分背景問題從未被加以深究的灰色地帶）。因此，司法官員吳壇方才在乾隆四十五年（1780）指出，雍正朝以前的一條相關法律乃系擬定於「未經禁止娼妓以前」，並補充道，「今娼妓業已嚴禁」。[49]

雍正二年（1724），亦即禁娼令開始生效後一年，詩人汪景祺在途經山西某處以當地的樂戶賣娼及提供其他服務而聞名之地時，如此描述道：「皆名倡所聚，近以嚴禁，樂戶率皆避匿不出。」[50] 費盡幾番周折之後，他才找到幾名願意為其提供服務的女子。他談到，有些娼妓正準備離開此地，「以樂戶之禁甚嚴也」。[51]

---

[49] 吳壇編纂，馬建石、楊育棠校注，《大清律例通考校注》（北京：中國政法大學出版社，1992），頁 962。

[50] 汪景祺，《讀書堂西征隨筆》（香港：龍門書店，1967），頁 20a。

[51] 參見汪景祺，《讀書堂西征隨筆》，頁 15a。亦可參見 Hansson, *Chinese Outcasts: Discrimination and Emancipation in Late Imperial China*, p. 71. 汪景祺的這本遊記後來成為一場著名文字獄的焦點，他本人於雍正四年（1726）被梟首示眾。參見 Arthur W. Hummel 編，*Eminent Chinese of the Ch'ing Period*（臺北：成文出版社，1970），頁 812–813。

雍正元年所頒布的那道諭旨中所用的措辭，已然暗示了上述所描述的那一切：「自甘汙賤者」將被「依律治罪」，亦即按照法典中已有明文規定的那些「姦」罪條文加以問罪。那些先前被豁免刑責的群體，由於如今被要求須按良民的標準行事，他們也變得須為所犯的「姦」罪承擔刑責。而且，倘若所有的性交易均被視為「姦」，那麼嫖客亦應被問罪。

　　此後數年還頒布了多條新例，對招徠嫖客的行為應如何懲罰詳加說明，並要求縣官（以及鄉保、旅店店主、鄰佑等）積極反對賣娼勾當。但是若想要在《大清律例》當中找到一條專門將賣娼界定為與各種非商業形式的「姦」有所不同的行為的新條文，則將徒勞無功。沒有哪一法律條文將性交易的商業特徵特別挑出來作為加重處刑的考慮因素。

　　雍正元年以後的那些中央案件紀錄（它們體現了依律問罪的正統司法原則），使我們得以勾勒出既有法律的適用範圍是如何在司法實踐被加以擴張的。為娼妓招徠嫖客之人是一個非常關鍵的要素。若為其拉招徠嫖客者係娼妓之夫，則審判官員會適用關於「縱姦」的明律舊有內容加以處刑。如同上一章中已然解釋的那般，這一律文的原意是懲罰那些自甘墮落的良民（亦即那些慫恿其妻賣娼或容許其妻與他人發生性關係的丈夫）。雍正元年所頒布的那道諭旨所產生的實際效果，是將此律的適用範圍擴張至丈夫為其妻招徠嫖客的所有案件。招徠嫖客的丈夫、出賣肉體的妻子和嫖客均被處以杖九十，妻子被強制「離異歸宗」。[52]

　　但如果丈夫並未「縱容」其妻子與他人發生性關係，則「犯姦」者所受的懲處將更重。若為其招徠嫖客的是其丈夫以外的其他人，則娼妓及其嫖客將被按照那條自18世紀初開始用於懲治「和姦」的「軍民相姦」例加以處刑。按照「軍民相姦」例的規定，其刑罰為杖一百，枷號一個月，姦婦「離異歸宗」。若姦婦之夫並非同謀，則丈夫可依一般通姦案的情形，選擇維持婚姻關係或將她嫁賣。[53] 與明代和清初的法律中針對與已婚婦女發生「和姦」

---

[52] 參見薛允升，《讀例存疑（重刊本）》，律367-00。
[53] 參見薛允升，《讀例存疑（重刊本）》，例366-01。

行為的處刑——杖一百——相比，這一刑罰明顯有所加重。⁵⁴

那些自行起意從事賣姦的女子（和男子）及其嫖客，亦被援引同樣的條文加以治罪。司法實踐中的這種作法，最終於咸豐二年（1852）被作為例文纂入《大清律例》之中：

> 若婦女、男子自行起意為娼、為優賣姦者，照『軍民相姦』例，枷號一個月，杖一百。宿娼狎優之人，亦照此例同擬枷杖。⁵⁵

這一相當晚才出臺的條文，將自雍正朝以來的司法實踐中便已採用的那種作法正式以法律的形式規定下來，並明確將性交易視同為姦罪加以處刑（此例亦表明了自雍正朝開始的那種將異性性犯罪與同性性犯罪等同處刑的嚴格對應原則，並以「優」字指稱男娼）。

為自家妻子外的其他女子招徠嫖客之人所受的懲處，要比為自己的妻子招徠嫖客的丈夫所受的懲罰更為嚴厲。審判官員可能會適用一些新的規定，這一切取決於該起案件中的那些特定情形。例如，乾隆五年（1740）的一條例文將針對「買良為娼」這一存在已久的罪行的刑罰提高至杖一百、枷號三個月並處徒刑三年。⁵⁶ 這一法令的制定，最初可回溯至明代，當時是用其強化那種身分等級差別。但在雍正元年（1723）之後，這一條文被用於懲治那些買來貞節女子（亦即那些先前未曾從事過非法性交易的女子）的招徠嫖客之人。在這種語境當中，「良」字應被嚴格解釋為女子在性經歷方面清白無瑕。當對那些招徠嫖客之人進行判決時，審判官員常常也會援引下文將討論的那條針對「窩娼」的新條文。

良民標準之適用範圍的這種擴張，其更深層次的意涵為，任何形式的性交易均無法與婚姻相相容。雍正元年之後，若丈夫替自己的妻子招徠嫖客，則這對夫婦無疑會被判處強制離異，該女子「離異歸宗」。賤民身分的夫妻賣娼先前不會被處刑，而這種豁免如今已不復再有。不過，如前所述，

---

⁵⁴ 參見薛允升，《讀例存疑（重刊本）》，律 366-00。
⁵⁵ 參見《清會典事例》，卷 825，頁 995；薛允升，《讀例存疑（重刊本）》，例 375-04。
⁵⁶ 參見《清會典事例》，頁 995。

女子在其丈夫的「縱容」之下犯姦,就其刑責而言,比女子自行起意賣娼或在丈夫之外的其他人操控之下從事皮肉營生(亦即絕大部分在妓院中謀生的妓女)處刑要輕。最為惡劣的罪行,是那些為娼妓招徠嫖客的男子甚至自己也享用並不為其所合法擁有的性服務,更別說將這些性服務租予其他男子享用。與之相比,丈夫將自己對其妻子的性壟斷與他人分享,是一種遠為要輕的罪行。

隨著「縱姦」概念的內涵擴張,那些涉及因姦殺人的相關法律,亦被加以修訂以適應此種變化。如下措施最初是以官方注釋的形式出現於《大清律例》之中,後來在乾隆六年(1743)被正式纂修為例:

> 若本夫縱容、抑勒妻妾與人通姦,審有確據,人所共知者……若姦夫自殺其夫,姦婦果不知情,仍依「縱容、抑勒」本條科斷。[57]

在這裡,我們看到,上一章末尾部分所討論的那種隱含於清初的殺人案件判決之中的邏輯,如今被正式規定於法典當中:如果丈夫為其妻招徠嫖客或容許她與他人發生性關係,那麼即便他被其妻的嫖客所殺,也不能歸咎於其妻子的背叛,其妻無需為此承擔刑責。這種作法與清初針對同類案件的處置(在清初的那些案件中,賤民身分的娼妓可被無罪釋放)之差別在於,那些身為娼妓的妻子,現在須為犯「姦」承擔刑責。

另一條其適用範圍被擴張的明律舊有內容,是禁止丈夫「抑勒」其妻妾與他人行姦。[58] 這項罪行全由丈夫承擔刑責(如同強姦案中的情形那般,妻子無須受懲),但此處同樣涉及那種關於性壟斷的邏輯。丈夫若「抑勒」其妻妾與他人行姦,則其應受的刑罰為杖一百;這比「縱容」其妻妾與人通姦時所受的刑罰(杖九十)略重,但比強姦罪的刑罰(絞監候)輕得多。此類受到懲治的丈夫,似乎處於強姦自家妻子的男子(這並非一種罪行,所以無

---

[57] 這條例的最終形式,即《讀例存疑(重刊本)》中的例 285-07,乃是這些措施以及其後的多次修訂所形成的綜合體。參見吳壇編纂,馬建石、楊育棠校注,《大清律例通考校注》,頁 782;《清會典事例》,頁 766。

[58] 參見薛允升,《讀例存疑(重刊本)》,律 367-00。

須受懲處）和法定意義上的「強姦犯」（「強姦犯」只能是受害者之夫以外的其他男子）這兩端之間。此外，與那些被丈夫「抑勒」行姦的女子發生性關係的男子所受的刑罰（杖八十），甚至比「縱容」自家妻妾與人通姦時所受的刑罰（杖九十）要輕。由於強姦在法律上主要被界定為一種對丈夫所擁有的性壟斷的侵犯，那種經受害女子之夫同意的強姦，只構成相對輕微的一種罪行（且從未使用「強姦」這一法律專門術語來指稱此種行為）。

對司法官員來說，丈夫「抑勒」其妻與他人行姦這種罪行，似乎只是一個理論問題。我自己對清代案件的研究顯示，司法官員在實踐中幾乎從未援引過這條法律。相反，當丈夫為了錢財而讓其妻從事性交易，其罪名總是「縱容」，其妻子將會和其夫同受懲罰，不管她如何為自己所經歷的事情辯解。[59] 妻子要證明自己是被其丈夫「抑勒」行姦，將會比證明自己是被人強姦還要困難，因為除了被要求提供與證明被強姦相似的那些證據之外，她還需對抗自己的丈夫，而在清代的公堂之上，妻子不能控告其丈夫。例如，咸豐二年（1852），四川巴縣的一名女子到縣衙控告其夫強迫自己從事性交易，縣官將兩人掌嘴後趕出衙門，並下令丈夫以後要管好自己的妻子。[60] 那條針對「抑勒」女子與人行姦之罪行的法律，偶爾會被援引用於懲處某位為其女兒招徠嫖客的父親。清代的法律專家們顯然認為，相較於丈夫強制其妻子行事，父親強制其女兒行事是一種更為絕對的權力。父親即便因「抑勒」其女兒與人行姦而受到懲罰，最後仍能重獲對其女兒的監護權，因為父女關係不同於婚姻或收養那樣的契約性關係，不會因其中某一方的不當行為而失效。[61]

當然，真正的「節婦」被迫與人行姦時，總是可以選擇自殺以保全自身的貞節，伴隨著雍正朝的前述改革，那些因不願出賣其貞節而自盡身亡的妻子，也被納入旌表烈婦的範圍。乾隆十八年（1753）來自江蘇的一起案件確

---

[59] 相關的案例，參見《內閣刑科題本》，186/ 乾隆 27.5.8。
[60] 參見《巴縣檔案》，檔案號：4-4938。
[61] 相關的案例，參見《內閣刑科題本》，194/ 道光 5.10.23。

立了如下先例:「妻被夫逼勒賣姦,不從致死,請旌表,令母家領銀建坊。」[62]在關於烈婦旌表的官方規定方面,亦做了相應的修訂:「本夫逼令賣姦,抗節自盡者……建坊於父母之門。」[63]

我們可以在嘉慶九年(1804)的一起案件中看到此類旌表。一名還不起債務的男子接受被其債主雞姦,後來又同意債主與他的妻子發生性關係。但其妻拒不從命。當他們企圖強迫她就範時,這名女子跳井自盡。嘉慶皇帝將她旌表為烈婦,且為了向她表示進一步的敬意,特意對那兩名男子加重處刑:那名債主被判斬立決,死者的丈夫則被「發往伊犁給予兵丁為奴」。[64]

這類妻子所受的旌表,將其夫試圖強迫其從事性交易的行徑界定為是對其成功保有的貞節的一種挑戰。在諸如此類的其他挑戰中,貞節觀要求妻子必須對強姦者、誘姦者或意圖迫其(如果她是一名寡婦)再嫁的親戚進行反抗。無論是在上述何種情形當中,節婦所謂的目的均是捍衛其丈夫的利益,亦即丈夫對她的性壟斷權,甚至為此付出生命的代價。但在此處所討論的這種情形當中,貞節觀要求妻子必須對自己的丈夫反抗到自盡身亡的地步。這是將妻子須對其夫保持絕對的性忠誠的那種邏輯推至極端而出現的荒誕結果。在這種情形中,貞節觀的焦點,不再是現實生活中的丈夫,而是轉移到理想中的丈夫典範。由此衍生出來的問題是,當現實中的丈夫並不符合這種理想中的丈夫典範之標準時,其妻對他的性忠誠應當如何安放?這種矛盾,甚至也在旌表烈婦的方式中有所顯露:由於對妻子的貞節造成威脅的正是其丈夫,故而被旌表的烈婦的貞節牌坊不能按照通常的情形那樣立在其夫家。相反,這一榮譽應當歸於被旌表的烈婦的娘家。被旌表的烈婦的娘家,在這種情況下會受到專門的封賜,以表彰他們的女兒為了忠於那位企圖讓她出賣肉體的丈夫而自殺。實際上,這類烈婦死後均會「歸宗」。這又是另一個荒誕的結果,因為按照婚俗傳統,女兒一旦出嫁,便不再屬於娘家,唯有當其

---

[62] 姚潤等編,《大清律例增修統纂集成》,卷33,頁7b,注解部分。
[63] 《清會典》(北京:中華書局,1991),卷30,頁254。
[64] 參見《清會典事例》,卷404,頁517。

夫家認為她已不配做其兒媳時，才會被遣返娘家。[65]

於是，在整個 18 世紀，緊隨著那種將與性交易有關的賤民身分標籤予以取消的作法，司法上的一連串新舉措紛至遝來。這種變革不再賦予某些形式的性交易以任何的合法基礎，並擴大了「姦」罪類別的涵蓋範圍以填補由此造成的真空。與此同時，嫖客亦變得須承擔刑責。由於所有加入娼妓行列的女子如今皆被視為曾擁有貞節的良家女子，對那些為娼妓招徠嫖客的男子們的懲罰變得極為嚴厲。其最終的結果是，朝廷所致力捍衛的女性貞節，被擴張至那些受其丈夫所迫而賣娼的妻子，而這導致這些最有可能淪為娼妓的女子反而被推至防範「姦」罪的最前線。

二、新的法律：「窩娼」與「失察」

我們已看到，雍正元年（1723）以後並未採取頒布新法令的方式創制一種叫作「賣娼」的新罪行，而是通過將已有法律的適用範圍加以擴張或對其內涵重做解釋以懲處性交易。雖然的確有一些新的法律出臺，但其目的主要是為了維護治安和官員的清正廉潔，而並非針對性交易本身。乾隆元年（1736），初登大寶的乾隆皇帝對其臣工進行訓誡，要求他們恪守其父雍正皇帝留下的包括禁娼令在內的道德遺產：

> 朕聞宄不鋤，不可以安善良；風俗不正，不可以興教化。閭閻之大惡有四，一曰盜賊……二曰賭博……三曰打架……四曰倡妓……四惡者，劫人之財，戕人之命，傷人之肢體，破人之家，敗人之德，為善良之害者，莫大於此。是以我皇考愛民之深，憂民之切，嚴申糾禁，戒飭守土之官，法在必行，日夜捕緝。積歲月之久，然後道路少響馬及老瓜賊，而商旅以寧；賭博及造賭具

---

[65] 嘉慶十一年（1806）時嘉慶皇帝對一名直隸烈婦的旌表，屬於同類情形的另一種變體。在那起案件裡面，該女子因拒絕賣娼而被其婆婆毆打致死。此案中用於立牌坊的賞銀，同樣被給予死者的娘家。參見《清會典事例》，頁 517。乾隆五十七年（1792）的一條例規定，凡婆婆強迫其兒媳賣娼而致其自殺，應處以絞監候。參見薛允升，《讀例存疑（重刊本）》，例 299-17。

者漸次改業，而家室以安；聚黨打架者斂跡，而城市鄉鎮鮮聞鬥毆。倡妓遠藏，不敢淹留於客店。此皇考十有三年政教精神所貫注，而海內臣民顯見其功效，實享其樂利者也。

在這段開場白後，乾隆皇帝切入正題：自從其父駕崩後，法紀鬆弛，以至「四惡」皆乍露端倪。他表示，將嚴懲那些對上述罪行失於糾察的官吏。[66] 關於性交易的問題，乾隆皇帝在同樣頒行於乾隆元年的下述例文中，將上述論調付諸行動：

> 凡無籍之徒，[67] 及生監、衙役、兵丁，窩頓流娼土妓，引誘局騙，及得受窩頓娼妓之家財物，挺身架護者，均照違制律，杖一百，生監革去衣頂，衙役兵丁不准食糧充役。鄰保知情容隱者，坐不應重律。受財者准枉法論，計贓從重科斷。其失察之地方官，交部照例議處。[68]

乾隆二十五年（1760）對此例加以修訂時，規定若「窩頓流娼土妓」的行為已持續了相當長的時間，則在其原定刑罰的基礎上再增加三年徒刑。[69] 乾隆三十七年（1772），乾隆皇帝又頒布了一道法令，再次強調須對「土妓流倡」及「女戲遊唱之人」加以留意。地方官員應將這些遊民「驅逐回籍」，並嚴懲那些窩藏此類娼妓的「不肖之徒」；對這類犯罪活動「失察」的官吏，將會被罰俸一年。[70] 嘉慶十六年（1811）頒布的一條新例規定，凡屋主明知其房屋被用於開設窯子而不加以制止的，將會受到杖刑和徒刑的懲處，且該處房屋將被沒官。[71]

---

[66] 參見《清會典事例》，卷 399，頁 499–450。
[67] 這條例文所使用的「無藉之徒」一詞，是為了與在這之前的那條例文中所說的官媒形成對照；後一例文禁止官媒利用縣官所賦予其的職務之便為娼妓拉客（詳見下文）。參見薛允升，《讀例存疑（重刊本）》，例 375-01。
[68] 這一措施最終定型於乾隆三十二年（1767）。參見薛允升，《讀例存疑（重刊本）》，例 375-02。
[69] 參見薛允升，《讀例存疑（重刊本）》，例 375-02；《清會典事例》，卷 826，頁 995–996。
[70] 參見《清會典事例》，卷 133，頁 721。
[71] 參見薛允升，《讀例存疑（重刊本）》，例 375-03。

針對「窩娼」的這些法令，似乎最常被用於懲處那些為娼妓招徠嫖客之人和妓院老闆。但這些法令專門針對生監、鄉保、衙門胥吏和縣官進行點名的目的，乃是為了強化雍正元年頒布的那條諭旨中所要求的有威望的人士應採取積極行動根除所有的性交易活動。雍正元年以後頒布的諸道法令，也反映了如下這種由來已久的觀念，亦即妓院和賭場一樣，同為犯罪活動的窩巢（「窩流」、「窩頓」這些術語，與《大清律例》當中其他地方用於描述窩藏容留強盜和逃亡者的術語相同）。在性交易被入罪化之前，這種觀念便早已存在。在其那本撰成於康熙三十三年（1694）的官箴書《福惠全書》之中，當時已致仕的黃六鴻認為，禁絕娼妓應被視作維護治安的一種責任。他建議縣官們可利用保甲制度查出娼妓所在，並將她們驅逐出自己的轄境。他所關注的重點並非性交易本身，而是煙花之地可能成為犯罪的淵藪：

> 娼妓者，亦盜賊之窩家也。夫盜賊未行刼之先，糾黨領線，民家耳目不便，莫若狎邪之地，原無出入之妨；盜賊既行刼之後，匿跡避鋒，本境嫌疑可畏，何似平康之館，聊為快活之場。故欲覓盜蹤，多從柳陌；欲追贓物，半費花街。

黃六鴻還指出，有些「無恥富豪、不肖劣衿」偶爾會庇護娼妓，「以期薦枕之利」。這些人應受到懲處並褫奪功名（「可羞可鄙，與衒院何殊？」）。[72] 那些與其勾結的娼妓與為娼妓招徠嫖客之人，則應受杖責。[73] 黃六鴻這本官箴書流傳甚廣，其中的某些見解，預示了後來乾隆元年（1736）頒行的那條例文和乾隆三十七年（1772）發布的那道法令（如前所引）中所採用的語言表述。[74]

---

[72] 「衒院」為樂籍身分者之俗稱。參見《中文大辭典》（臺北：中華學術院，1976），第 8 冊，頁 562。

[73] 參見黃六鴻，《福惠全書》，卷 23，頁 14a–15b。

[74] 黃六鴻同時對那些在「郵騎接遞之所」活動的娼妓所造成的問題加以警告，參見黃六鴻，《福惠全書》，卷 29，頁 15b–16a。他所關切的這一問題，亦為其他官員所分享。參見《清代巴縣檔案彙編（乾隆卷）》（北京：檔案出版社，1991），頁 97。亦可參見 Li Yu（李漁）, *The Carnal Prayer Mat*, trans. by P. Hanan (Honolulu, HI: University of Hawai'i Press, 1996 [1657])，第 14 回, pp. 17a–18a。

由於這些原本就相當普遍且長期為朝廷所容許的行為突然被入罪化，新的法令也力圖對由此導致的各種新的貪瀆形式加以預防。在雍正朝以前，京城以外的賤民群體所從事的那種為法律所容許的性交易，多半受到當地官員某種程度的管制，而這類管制可能構成了一種半正式的財源，就好比京城中那些被監管的娼妓曾一度要向教坊司繳納「脂粉錢」（黃六鴻曾以鄙夷的筆觸提及，某些地方官員在官方主辦的節慶中利用倡優的娛樂表演大賺一筆）。[75] 禁娼令可能使這類錢財授受轉變成私下賄賂，若照此情形發展下去，便會出現類似於 20 世紀初美國的禁酒令所導致的那種貪瀆現象。

　　然而，性交易從未被徹底禁絕。即便是在京城一帶，這門營生也反而更加興盛。[76] 嚴明認為，結束官娼制度所帶來的實際後果，反而是諷刺地促使商業性質的私娼活動填補了官娼制度所留下的空白。[77] 不過，性交易雖然無處不在，但畢竟並不合法。18 世紀和 19 世紀的地方衙門胥吏之所以名聲狼藉，其原因之一便在於他們向那些為娼妓招徠嫖客之人收取保護費，甚至自己開設窯子。[78] 雍正朝上述改革後的一些案卷紀錄（稍後將詳加探討）顯示，衙役們以將其逮捕問罪相要脅，向娼妓和為她們招徠嫖客之人勒索性服務和錢財。這種作法並不特別令人感到驚詫：縣衙檔案顯示，知縣們對那些已引起其注意的賣娼案件處置起來向來不手軟，但他們仰賴衙役們對此類罪行進行調查和彙報。

　　雍正二年（1724）頒布的一條新例，旨在防止女囚被招募或被迫從事性交易：「凡藉充人牙，將領賣婦人，逼勒賣姦圖利者，枷號三月、杖一百，發三姓地方給披甲人為奴。」[79] 此處所說的「人牙」，對其更常見的稱呼是「官媒」。官媒多由女性擔任，至少自明代晚期至清朝瓦解，各地衙門均常

---

[75] 參見黃六鴻，《福惠全書》，卷 24，頁 16a–17b。
[76] 參見王書奴，《中國娼妓史》。
[77] 參見嚴明，《中國名妓藝術史》（臺北：文津出版社，1992），頁 131。
[78] See Bradly W. Reed, "Scoundrels and Civil Servants: Clerks, Runners, and County Administration in Late Imperial China." Ph.D. dissertation, University of California, Los Angeles, CA, 1994.
[79] 《清會典事例》，卷 825，頁 995。上述流放地點，在乾隆五年（1740）被改為他處。參見薛允升，《讀例存疑（重刊本）》，例 375-01。

設此職。官媒負責監管那些聽候審判的女囚,但其最重要的職責為協助縣官為那些被判「當官嫁賣」的女子尋找婚配對象。被以這種方式賣掉的女子,絕大多數是由於犯了通姦罪(且其原本的丈夫拒絕將她們領回家中),或者是因為從事皮肉營生而被問罪(雍正元年以後)。縣官對此類女子的處置方式是將她們嫁賣給新的丈夫,而新丈夫則需為此付給官府一筆「身價」,其中包括支付給撮合這樁交易的官媒的傭金。在雍正元年之前,官媒經手招募娼妓之舉很可能獲得默許,其原因在於受官媒監管的絕大多數女子已被視為不貞,且官府與性交易之間的其他關聯先前便已為人們所接受。隨著性交易的入罪化,因犯姦罪而被嫁賣的女囚數量應有大幅增加。倘若允許官媒本人為女囚招徠嫖客,或將她們賣回妓院,則關押她們的目的便顯得毫無意義。[80]

這些法令實際造成了什麼樣的影響,對此很難加以評估;我在此處的主要意思是說,那種對維護治安和確保官員廉潔之間的相互關聯性的關注,大幅推動了雍正元年以後的相關立法。《大清律例》並未增補任何新的條文將性交易本身界定為一種新型態的犯罪行為,也未因一些性交易涉及商業因素而對其額外加重刑罰。通過將既有法律的適用範圍加以擴張,先前那些並不對其加以懲罰的群體,如今不再能夠免於處刑;這些群體在被重新界定為「良民」之後,便須被參照良民所犯的「姦」罪加以追責。

---

[80] 亦可參見雍正二年(1724)關於官媒的規定,參見《清會典事例》,卷 99,頁 271。其他提及官媒的資料,包括明代小說《金瓶梅》(參見 David Tod Roy, trans., *The Plum in the Golden Vase (or, Chin P'ing Mei), Volume One: The Gathering* (Princeton, NJ: Princeton University Press, 1993),第 90 回, p. 11b,以及 18 世紀至清末來自巴縣、寶坻縣和刑部的案件紀錄(參見 Matthew H. Sommer, "Sex, Law, and Society in Late Imperial China." Ph.D. dissertation, University of California, Los Angeles, 1994, pp. 395–407)。嘉慶五年(1800)巴縣的一起案件提及,一名宋姓官媒由於利用其職務之便非法從事買賣女子的活動而被當地官府解職。參見《巴縣檔案》,檔案號:2-4140。

第四節　雍正朝以降的中央案件

一、丈夫作為招徠嫖客之人：「縱姦」

　　為了凸顯司法上處置賣娼行為的措施變化，我選擇了如下這起由山東巡撫在乾隆二十七年（1762）奏報至中央的案件作為例證。之所以選擇此案，是因為其案情與本書第六章所探討的那些清初的殺人案件類似。這份題本同樣小心翼翼地適用《大清律例》中那些常規的處刑標準，甚至對次要的罪行也不敢掉以輕心，因為作為一起擬判死刑的案件，此案最後須經皇帝本人核准。在這起案件中，袁六為自己的妻子明氏招徠嫖客，後被兩名嫖客殺害（該案紀錄中以「娼」和「娼婦」這些舊有術語稱呼明氏）。法律上的改變，使得賣娼本身也和殺人行為一樣成為治罪的焦點。因此，相較於清初的那些同類案件，此案提供了更多的細節。例如，清初的那些案件不會特地訊問娼妓的家庭背景，而只是視其為特定身分群體中的一員，而此案的題本則詳述了明氏是如何成為娼家女子。據她供述：

> 只因男人好吃懶做，不合大伯袁振江同住，把分受的地都變賣花完了……要小的出來做見不得人的事，小的沒奈何才跟他出來……投寓宋先業店裡。男人替小的取名巧玉，叫小的接客賣姦。

　　無論是明氏的口供，還是案卷紀錄中的其他部分，均未暗示這對夫婦的身分與其他農民有何不同。袁六被描寫為一名徹頭徹尾的酒鬼，當他將家產揮霍殆盡後，便開始出租他僅剩的資產，亦即他的妻子。為了減少此種行徑帶來的汙名，他將明氏帶至鄰縣，在那裡他可以隱姓埋名地為她招徠嫖客。我們無從知曉此案所反映的當時社會現狀與順治朝時期那些案件的社會背景是否有所不同。但該案題本將此種社會資訊記述在內的作法顯示，司法官員為了將其關注焦點放在構成犯罪行為的特定事件之上，已然放棄了那種關於固定的身分等級界線的法律擬制。

明氏的常客之一是單身漢宋鐵漢，他在明氏接客賣姦的那家旅店附近經營一間食肆。宋鐵漢又引介了鄰村的單身農民許六，這兩名男子總是結伴來到那家旅店，輪流與明氏發生性關係。據明氏本人供稱，她與這兩人相處融洽，但其夫袁六則不然。明氏回憶道：「有三四次不曾給錢，男人素性只愛錢吃酒，性氣又不好，因宋鐵漢不給錢，就倚醉揚罵不止。一次許六說他幾句不是，男人不服，就連許六也罵起來。」最後袁六不允許宋鐵漢再賒帳，聲稱必須先付錢才能和明氏發生性關係。宋鐵漢對袁六如此貪婪感到忿恨，覺得畢竟是由於自己為其介紹了許六這名嫖客，才為袁六帶來了可觀的額外收入供其作為酒資。於是宋鐵漢向許六提議將袁六殺掉，並將其妻據為兩人所有。宋鐵漢之後供稱：

> 小的說：「明氏終是袁六的女人……倘將來再往遠處去，咱們就不能合他來往了。你若幫我致死了袁六，把袁氏接到我店裡，你我就好合他久長相與，又可招客賣姦，賺些銀錢大家分用，豈不兩便？」
>
> 許六說：「明氏知道肯依嗎？」
>
> 小的說：「如今自然要瞞著明氏，省得他阻擋露風。到袁六既死之後，明氏若知道不依，我再想法兒嚇騙，使他不得告官。況他是婦道家，水性楊花，既與我們相好，他男人已死，也無可奈何了。」

許六對此表示同意，於是兩人一起將袁六勒死。

　　宋鐵漢和許六在東窗事發後為官府抓獲，被依「謀殺」罪判處死刑。[81] 明氏聲稱自己對這樁謀殺並不知情，縣官採信其言。由於其夫曾「縱容」她與他人行姦，縣官在判決時援引了前文曾提及的那條乾隆八年的新例，亦即將丈夫「縱容」其妻通姦這一罪行同時考慮在內：

---

[81] 這兩名男子被按照《大清律例通考》一書中記述的例第九予以判刑，參見吳壇編纂，馬建石、楊育棠校注，《大清律例通考校注》，頁782。這一措施後來被納入《讀例存疑（重刊本）》中的例285-07。

> 袁六縱妻明氏出外為娼，取名巧玉。不特窩留之店家宋先業、
> 劉大用共證確鑿，即屍兄袁振江供明亦曾聽聞。實「為人所共
> 知」……袁明氏訊不知情，應照「縱容妻妾與人通姦姦婦杖玖拾」
> 本律[82]……係犯姦婦人，照例的決，仍離異歸宗。

倘若這對夫婦是在自己家中賣姦，又或者明氏只是與一兩名嫖客發生性關係以換取錢財回報且未張揚其事，則本案至此即可結案。招徠嫖客和從事性交易只構成「縱姦」罪。[83] 但由於這對夫婦將從事性交易作為專門的營生（離開自己家中而進駐旅店，那名婦人還使用假名），且性關係非常混亂（明氏曾為多名嫖客提供性服務，其中多人姓名不詳），主審縣官稱明氏為「娼」或「娼婦」。在雍正元年以後，「娼」不再指某種固定不變的世襲身分類別，而是指一種以所從事的職業／行為為其特徵的類別，即公開向多名嫖客出售性服務者。「娼」的標籤，無論是對界定明氏所犯的罪行，還是對其的量刑，均無任何影響；她被問以「姦」罪，且未由於曾與多名男子發生過性關係這項商業化因素而被判處更重的刑罰。「娼」在法律上的意義，乃是引發一種更大範圍的調查；這種調查既針對那些可能「窩藏」這對夫婦之人，也針對那些對這種違法營生負有「失察」之責的人們。這種第二階段的調查，源於那條優先考慮維護治安和官員的廉潔的新法令的影響。

縣官對證人們加以訊問，以確認明氏是從何時開始從事賣娼以及她在哪些州縣幹過此種營生。這類資訊，可用來辨明哪些地方官怠忽職守而須被呈報給上級。由於明氏與其夫並非在所有他們住過的旅店皆從事性交易，縣官亦須針對此點追問更詳細的資訊，以確定哪些店主犯了「窩娼」罪而須予以逮捕。這些資訊也有助於確認應傳喚哪些鄰人和鄉保，以查明他們是否知情或接受賄賂而包庇這種違法營生。縣官還進一步要求供出（除了兩名兇手以外的）其他嫖宿過明氏的男子的姓名和住址（但未問出結果）。這些男子若

---

[82] 參見吳壇編纂，馬建石、楊育棠校注，《大清律例通考校注》，頁782，例第十一。該例後來被納入《讀例存疑（重刊本）》中的例285-07。
[83] 例如《內閣刑科題本》，75/ 乾隆 4.5.24。

第七章　良民所應遵循的諸標準之適用範圍擴張：雍正朝的改革與賣娼入罪化　317

被指認，也會被問以「姦」罪。最後，縣官還套問出了嫖資的具體數目，以便決定對他們罰沒多少數額的錢財。

根據最初審訊所得的資訊，縣官分別傳喚了客店店主、保正和鄰人。首先被審問的是幾家旅店所在集鎮的兩名鄉保，縣官發現他們並未故意予以包庇，但仍依「不應輕」律將兩名鄉保各處答四十，其理由是他們對此種違法營生「失於查察」。縣官接著審問了住在宋鐵漢所經營的食肆和宋先業所經營的旅店附近的那些鄰佑家中的家長，發現他們並無過失。袁六夫婦住過的另一家旅店的店主劉大用的鄰居供稱：「小的們看見劉大用店裡招留一個女人叫袁明氏，同他男人袁六住著，像是不正經的女人。小的們恐怕千（牽）連，原向劉大用查問，要驅逐他們。不多幾日，袁六們就走了。小的們因他已去，就沒去通知保正。」這些鄰人均未受罰。對兩名店主宋先業和劉大用的審問非常詳細——那對夫婦駐留其店，每七天付四百文錢，無論是否有嫖客上門，房費照付；那對夫婦在劉大用的店中只待了七天，且沒有嫖客上門，但劉大用確曾同意他們在自己的旅店中接客賣娼。這兩名男子均被依「窩頓流娼」例處以杖一百。[84] 由於他們的所獲只有房費，縣官決定不對這筆錢加以沒收。由於明氏的賣娼所得已被袁六花費殆盡，縣官也不打算沒收。

該案的報告，以對這些賣娼活動發生地的地方官員的處置建議作為結尾：

> 再，袁明氏在籍並未為娼，係出至城武縣地方始行賣姦。所有失察流娼職名，係城武縣知縣吳秉仁……請附參聽部議擬。[85]

對賣娼行為「失察」的縣官，將會失去一年的俸祿。[86] 這種行政處罰措施很常見，但很大程度上只具有象徵性意義（縣官的實際收入，大部分來自其年俸之外），而且看起來不大可能會有任何一位縣官因為一起賣娼案件而

---

[84] 該題本提及，由於這些罪行發生在「新例」頒行之前，因此對於店主只須按舊例處杖一百。新例（亦即《讀例存疑（重刊本）》中的例 375-02）在前述刑罰的基礎上，又增加了枷號三個月。
[85] 《內閣刑科題本》，184/ 乾隆 27.2.17。
[86] 例如（《內閣刑科題本》，125/ 乾隆 15.12.15。

導致仕途中斷。由於那種要求官員們在這些違法活動甫一發生之時便能有所察覺的期望並不合理，在某些涉及賣娼的案件題本中，若從事性交易者並非長期活躍，則縣官可向上級請求免除其「失察」之責；此種請求看起來也能為朝廷所允准。[87] 我並未發現曾有縣官在常規的賣娼案件中自請處分的例子；只有在那些因涉及死刑而引起中央注意的案件當中，才會出現自請處分的情況。刑部有時會抱怨當地官府未能提出應如何對那些其轄境內被發現有賣娼情形發生的官員加以懲處的建議，並要求在此事項上須嚴格按照《大清律例》中所規定的那樣上報。[88] 但這類不滿是否有實際效果，便不得而知了。[89]

二、婚外賣娼

另有兩起雍正元年以後的中央案件，可說明當並無丈夫為賣娼女子招徠嫖客時，則應如何適用法律條文。乾隆二十三年（1758）一起來自廣東的案件，涉及一位名叫楊嘉德的綠營守備。此人常利用其當值巡查河道之機，與當地的船戶娼妓調情。乾隆二十一年（1756），楊嘉德因迷戀上一位名叫羅氏的娼妓而擅離職守，曾一連數日均停留在她的船上而未離去，直至被人報告至其上級而遭逮捕。楊嘉德和羅氏均被依「軍民相姦」例治罪。[90] 根據此例中關於「職官姦軍民妻」的條款，楊嘉德被解除職務，並處杖一百。羅氏則被依此例中（用於懲治一般的通姦）的主要條款，處杖一百並枷號一個月。她所得的嫖資被予罰沒。此案題本的上奏者未提及應如何制裁那些負有「失察」之責的地方官，這可能是由於應承擔此責任者正是楊嘉德本人。[91] 有意思的是，此案並未援引那條已過時的「官吏宿娼」律，儘管該律仍被保

---

[87] 例如《內閣刑科題本》，181/ 乾隆 27.5.16。
[88] 例如乾隆五十四年（1789）刑部發出的那道公文，參見祝慶祺、鮑書芸編，《刑案匯覽》，卷 53，頁 20b–21a。
[89] 甚至刑部本身對此政策的執行亦非前後一貫。在那些由刑部「現審」的發生於京城的賣娼案件中，對賣娼活動「失察」的地方官員有時會被點名（例如《刑部檔》，直隸司 01123），但有時則不會被提及（例如《刑部檔》，江蘇司 09324）。
[90] 參見薛允升，《讀例存疑（重刊本）》，例 366-01。
[91] 參見《內閣刑科題本》，175/ 乾隆 23.12.21。

第七章　良民所應遵循的諸標準之適用範圍擴張：雍正朝的改革與賣娼入罪化　319

留於《大清律例》之中。「官吏宿娼」律的關注點，在於保護身分等級的界限區分，而非對婚外性關係加以懲處，且其刑罰（杖六十並撤職）要輕於此案所援引的那條新法令中的規定。[92]

第二個例子是咸豐十年（1860）來自北京並由刑部「現審」的一起案件。一位名叫張二的皮條客從一名窮困潦倒的母親（後來身故）那裡買下了其年僅十餘歲的女兒尹立兒。張二聲稱此女是自己的「妾」，但他既無婚契，亦說不出媒人是誰，因此刑部視兩人之間並無婚姻關係存在。咸豐九年（1859），亦即在尹立兒十八歲時，張二同意與寡婦陳蘇氏共租一間房子合夥開設窯子。張二讓尹立兒在那裡賣娼，陳蘇氏則另外再買來兩名女子。陳蘇氏稱尹立兒與另兩名女子均係自己的「義女」。[93] 但不到兩個月，這椿合夥生意即告失敗，這兩位皮條客均收回自己所提供的娼妓，並各自營生。但在那個窯子運營期間，尹立兒曾答應一位名叫張鄭太的嫖客與其私奔。張鄭太說服了陳蘇氏，幫助他偷偷將尹立兒從張二家中帶走。張二發現尹立兒失蹤後，便指責陳蘇氏將她拐走。陳蘇氏為此大感懼怕，於是搶先到提督衙門控告張二企圖誘拐自己的「女兒」。一應涉案人等均被拘捕到案後，提督衙門將此案移交給刑部處置（發生於京城的案件，按規定應由刑部審理）。

在釐清案情後，刑部對那兩名皮條客的處刑如下：「張二、陳蘇氏……均合依『窩頓流娼土妓月日經久者，杖一百徒三年』例，[94] 各擬杖一百、徒三年。陳蘇氏係婦女，照律收贖。」尹立兒和張鄭太所受的刑罰，與通姦犯所受的刑罰相同：

> 均合依「軍民相姦，姦夫姦婦各枷號一個月杖一百」例，各擬枷
> 號一個月、杖一百……立兒系犯姦之婦，杖決、枷贖，追取贖銀

---

[92] 參見薛允升，《讀例存疑（重刊本）》，律 374-00。
[93] 在明清時期和 20 世紀早期，倡優之間盛行建立收養關係或結拜為姐妹關係。參見 Mann, *Precious Records: Women in China's Long Eighteenth Century*, pp. 139–140; Margery Wolf, *Women and the Family in Rural Taiwan* (Stanford, CA: Stanford University Press, 1972), chapter 13.
[94] 此例（即《讀例存疑（重刊本）》中的例 375-02）係於乾隆十五年（1760）時對前文所援引的乾隆元年（1736）「窩娼」例加以修訂而來。

入官，照例離異歸宗，不准嫁與張鄭太。[95]

上引判決中最後提及的那種處置方式，源於姦婦不得嫁給姦夫的規定。[96]

概括而言，雍正元年之後中央機構所經手的這些案件顯示，懲處娼妓和嫖客的方式，完全與那種不存在商業因素的「和姦」罪的刑罰相同。決定對此類姦罪如何處刑的首要考慮因素，乃是這位與多名男子發生了性關係的娼妓背後是否有一名「縱容」其賣姦的丈夫。除了上述最後的那起案件外，性交易中的商業性因素對處刑無甚影響。即便在最後那起案件當中，之所以提及商業性因素，也僅僅是為了權衡如何懲處那些皮條客。

三、州縣層級對性工作的究治

到目前為止，本章所引用的案件全部來自中央機構的案卷紀錄，它們展現了依律處置賣娼（通常是作為殺人罪行的附帶情節）的原則。但在州縣審理的案件中，只有極少一部分會被準備報送給其上級覆審。那些由於未涉及殺人或其他死罪而未被提交給中央司法機構詳審的一般的賣娼案件又是如何？禁娼令是否對州縣衙門的常規審判和治安活動確有實際影響？

即使是巴縣檔案這一我所知道的縣級檔案中與此有關的最早案卷紀錄，距雍正朝頒行禁娼令的時間，也已經差不多過去了三十五年。因此，當我們探討雍正元年以前地方官府對性交易的規制時，能夠援引的史料也僅限於呂坤、張肯堂和黃六鴻等地方官員的已刊著述。不過，巴縣檔案提供了關於18世紀後期和19世紀的地方官員們是如何執行禁娼令的豐富證據。

乾隆二十三年（1758）至咸豐二年（1852）間發生的一些相關案件（它們代表了總人數超過12位的巴縣知縣所做的判決），展示了如下三項基本特點。首先，也是最重要的一點，所有判決均共用著賣娼乃是必須嚴加查禁的犯罪活動這一前提。在巴縣檔案中，我未發現有哪位元縣官在知情的情況

---

[95] 《刑部檔》，江蘇司 09324。
[96] 參見薛允升，《讀例存疑（重刊本）》，律 366-00。

下對性工作的存在予以容忍；其次，縣官們並不嚴格適用《大清律例》中的明確規定，而是務實地選擇權宜的解決方案，將複雜的情形盡力予以簡化，並盡可能將案件置於覆審程式的涵蓋範圍之外（例如，他們從未按照「窩娼」例中的規定判處那些為娼妓招徠嫖客之人徒刑，因為判處其徒刑便須將該案解送至省級長官處覆審）；第三，縣官們很少主動地採取行動查禁所有的賣娼活動：在這一問題上，如同對待其他的許多犯罪行為那般，縣官通常不會自找麻煩，而是直到麻煩找上門時，方才採取行動。

四、娼妓的親屬們赴衙門告發

賣娼活動是如何為巴縣知縣所察覺的？當他們獲悉後，又將如何處置？

縣官獲知賣娼活動的消息來源之一，是娼妓們的親屬到官府對那些掌控她們的招徠嫖客之人提起控告。這類案件的典型情形是，該女子的家人先前以為她是被收養或被安排婚嫁，但後來發現她受迫賣娼。這些情形，類似於本書第五章中所討論過的那些發生時間更早的「買良為娼」案件。禁娼令頒行之後，「良」顯然不能被用來稱呼那些已是娼妓或姦婦的女子，但巴縣縣官實際上仍然沿用這一舊有的法律術語。在此類案件中，縣官們將賣娼的女子視為受害者而非罪犯，因此並未對她們加以懲罰。不過，那些為賣娼女子招徠嫖客之人則會受到相當嚴厲的處置。

咸豐二年（1852）的一起案件便是典型的例子。一名居於龍門皓（位於重慶以東、長江的另一側）的寡婦由於生計艱難，決定將自己那位十幾歲的女兒「抱」給他人收養，並委託兼做媒婆的女房東趙吹吹安排此事。趙吹吹預付給這名寡婦八千文錢，然後帶著女孩過江來到重慶，將她賣給一位名叫陳三喜的皮條客。這名女孩在被迫賣娼數月後，終於被她的叔父找到並救出淫窩。其叔父到巴縣衙門遞狀，控告媒婆趙吹吹和皮條客陳三喜。

縣官同意該女孩返回母家，並下令要求將她妥為婚配。陳三喜被處以掌責，並枷號示眾 42 天，並在具結保證以後不再經營性交易後，從官府獲釋（雖然就巴縣的標準而言，這一刑罰算是相當嚴厲，但比起當時有效的那條

例文中所規定的杖一百，枷號三個月並處三年徒刑，可以說是相當輕微）。[97] 媒人趙吹吹因年邁而得免處刑，在具結悔過後，被釋放回家。[98]

咸豐元年（1851）的一起案件則展現了另一種情形。一位名叫秦光斗的男子到巴縣縣衙訴稱其妹秦寅姑（18 歲）被人賣給了重慶一名名叫甘培德的皮條客。幾年前，秦光斗將妹妹秦寅姑交由李朝聘收養為童養媳，但他近來聽說李朝聘將秦寅姑賣給了甘培德。對此感到震驚的同時，秦光斗從石柱廳（位於重慶以東的長江下游約 120 公里處）趕來尋找其妹，結果發現她在甘培德經營的窰子裡賣娼。甘培德表面上是將秦寅姑買來作為其子甘大有的妻子。但據這名女孩的口供，她是被甘氏父子倆人「強逼通姦」，並以娼妓的身分接客；他們為她取名「金鳳」，還強迫她學習彈唱。甘氏父子被逮捕歸案後，供認曾逼迫那名女子「賣娼唱曲度日」，但否認該女子即「秦寅姑」，並聲稱秦光斗冒稱是該女子的親人（甘氏父子認為秦光鬥可能實際上是這名女子的嫖客之一）。

縣官判決對甘培德和甘大有加以掌責，並下令將甘培德枷號示眾，但未說明枷號示眾的時間多長。他並未懲處這名娼妓，而是令衙役們將她解送回石柱廳，由當地官府將其遣返娘家。因認為此女子的這名「兄弟」的真實身分可疑，縣官也將他掌責收監，直至收到該名女子已被安全解送回鄉的回稟時，方才將他釋放。縣官甚至沒有核實出這名女子的真實姓名（遞解石柱廳的隨行文書上稱「秦寅姑，即甘金鳳」）。對這名縣官而言，關鍵的問題在於讓她脫離皮條客的控制並被送回「本屬」，至於如何核實其身分、如何送她回家，則是石柱廳的事情。這是一種典型的權宜處理方案，亦即迅速了結那些需優先處理的基本事項，例如對皮條客們加以懲罰、安置受害女子及結案。[99]

---

[97] 參見薛允升，《讀例存疑（重刊本）》，例 375-04。
[98] 參見《巴縣檔案》，檔案號：4-4958。
[99] 參見《巴縣檔案》，檔案號：4-4902。

五、被衙役逮捕的出逃娼妓

　　賣娼活動引起巴縣知縣關注的最常見方式，乃是衙役們在巡查時逮捕了那些在縣城裡遊蕩的「形跡可疑」的女子，並將其帶回縣衙審問。這些女子常被證實是由位於江北城（江北廳的治所駐地）的妓院逃至重慶（即巴縣縣城）的娼妓。江北城位於嘉陵江（嘉陵江為巴縣縣界）北岸、重慶的對面。其中一個典型的例子，是乾隆四十三年（1778）一名在嘉陵江邊被衙役逮捕的21歲女子。她本姓馬，在合江縣（位於重慶西南約100公里的長江岸邊）長大，十幾歲時遭逢父母雙亡，沒有兄弟，在乾隆三十九年（1774）被人賣給嘉陵江下游的江北某位王姓皮條客。該皮條客為她取名「秋桂」。據她供稱，她之所以逃出妓院，是因為「小女子折磨不過」。在那名皮條客的追趕下，她跳進了嘉陵江中，後來被兩名船夫救起並帶至對岸的重慶。

　　縣官同樣將這類女子視為受害者而非罪犯，並不對她們加以懲罰。這似乎是處置那些不想繼續從事皮肉營生的娼妓（包括那些由其家人向官府呈狀要求加以解救的娼妓）的慣常作法。在每一起案件中，縣官們均將出逃的娼妓交給官媒，由官媒賣給願意娶她們的人。一般說來，她們是在離重慶有相當距離的地方被賣作娼妓，且在被賣時常常年紀尚幼，因此縣官認為將她們交還家人的作法實際上不太可行（就算她們仍有家人在世）。在其所做口供的結尾處，這些女子總是程式化懇求縣官慈悲為懷，並聲稱自己願意「從良」。在雍正元年以後，「從良」一詞意指停止賣娼並嫁為人婦。官媒將會為她們物色夫婿，雙方商量好合適的「身價」（其中包括待嫁女子在官府收監期間的食宿費用），然後將訂立的契約交由縣官過目。以秋桂的案件為例，官媒在14天內便找到了一位願意為她出二十串錢身價錢的男子。縣官對此予以允准，這名新丈夫在具結表示不會將她轉賣或強迫她賣娼之後，將秋桂帶回家中成婚。[100]

　　儘管這套解決方案表面上顯現出了某種家長式的慈愛（縣官猶如慈父一

---

[100] 參見《巴縣檔案》，檔案號：1-1718。

般為這些女子物色夫婿），但其中包含的強制性因素也不能被忽視。被「獲救」出來並嫁賣於人的那些娼妓，在整個過程中均無發言權，儘管她們程式化地表示自己同意「從良」。或許其中的大多數女子確實不想繼續賣娼；然而，她們並未尋求縣官的救助，但最終卻被官府強行扣押。此外，並無證據顯示她們能拒絕官府為其選中的未來夫婿。由於這些原為娼妓的女子的身價差別很大，而官媒有時難以將那些年紀偏大或「醜陋」的女子嫁賣出去，故而她們顯然都是被根據其年齡和相貌賣給出價最高的人。[101] 我也沒有發現有證據顯示縣官們會進一步追蹤這類案件：縣官們既不追蹤調查此類女子被嫁賣後的情況，也不向江北廳通報原本控制著這些娼妓的皮條客。縣官們優先考慮的是讓這些女子嫁人，以便能夠儘量簡明快速地結案。

　　有時也會有重慶的娼妓逃到江北。在這兩城之間，似乎唯有渡江至另一城才有辦法脫逃成功（這可能是由於在這兩個行政轄區內，衙役們與其當地的皮條客互相勾結）。咸豐元年（1851），兩名由重慶的一家妓院出逃的娼妓，被江北廳的衙役們扣押。18 歲的何喜姑此前生活於遂寧縣（位於重慶西北涪江上游約 150 公里處）。她自幼被其父母賣給一名寡婦當童養媳，這名寡婦於道光二十九年（1849）將她轉賣給重慶一位名叫陳福的皮條客。另一名 20 歲的娼妓王劉氏則來自東涼縣（位於涪江上游約 80 公里處）。她也是在孩提時被賣為童養媳，但其夫家由於貧窮，於道光三十年（1850）將她轉賣給陳福。這兩名女子在妓院賣娼時成為好友，相約一起逃亡。

　　江北廳的官員斷定此二人皆係「被誘買為娼」的良家女子，「因均無宗可歸」，於是將兩人交給官媒。隨後他又將此案通報給巴縣知縣，因為他聽說那位皮條客陳福正在委託人向巴縣衙門呈狀聲稱這兩名女子是自己被人誘拐私奔的兒媳。[102] 果不其然，陳福真的讓人到巴縣衙門遞上了這種訴狀。巴縣知縣在收到江北廳官員發來的文書後，下令將皮條客陳福予以逮捕，並讓江北廳將這兩名女子作為人證護送回重慶以便指證（該案的案卷紀錄並不

---

[101] See Sommer, "Sex, Law, and Society in Late Imperial China," pp. 404–406.
[102] 這使人聯想起本書第六章中所描述的張肯堂審理的那起案件中對水戶所採取的策略。

完整,因此我們無由得知最終的結果)。這是我目前所見到的唯一一起在懲治賣娼方面進行跨轄區合作的案例。絕大多數情況下,地方官只關注自己轄區內所發生的事情。[103]

但並非所有出逃的娼妓均想從此之後不再從事賣娼營生。嘉慶二年（1797）,巴縣衙役們逮捕了一名頭髮剃光作尼姑打扮的女子。該女子因經常出入一戶世俗人家而引起懷疑。對她的調查證實該女子是一名娼妓,號稱楊三女子。她出生於銅梁縣,在13歲時被賣給江北的一名皮條客。現在(亦即在她被賣入妓院的十八年後),她和與其相好的嫖客謝添錫逃出妓院,並隨他來到重慶,與謝添錫的兄嫂同住。她在謝家之外繼續從事皮肉生意。她甚至找到一名和尚作為特定的主顧,這名和尚付給謝家10兩銀子,以換取經常和她發生性關係(他也和謝添錫的兄嫂謝岳氏有姦情)。楊三女子將自己偽裝成尼姑,以方便自由活動以及與那名和尚交往。

楊三女子根本就不想被「解救」。縣官也未將她視作受害者,相反,判處她枷號示眾七日(對女性罪犯來說,這是相當嚴厲的懲罰;《大清律例》規定,對枷號這種判決,女子可以「收贖」),並令官媒將她嫁賣。謝添錫的兄嫂謝岳氏在被掌責後釋放。謝氏兩兄弟被枷號示眾七日,並處杖二十,具結悔過後釋放。這夥人的罪名包括了「宿娼」、「窩娼」及「在家縱姦」。那名和尚則被枷號一個月,並處杖刑及勒令還俗。就巴縣的標準而言,這些懲處相當嚴厲,但相較於《大清律例》當中所規定的標準,則顯得頗為寬鬆,且謝岳氏得以繼續留在其丈夫身邊。[104]

六、由衙役們告發的賣娼勾當

在巴縣檔案中,由衙役們將從江北的那些妓院出逃的娼妓帶至衙門的例子很多,但巴縣本地的賣娼勾當被當地衙役們告發的情況卻相對少見。訪查賣娼本是衙役們的職責所在,而且從經由其他管道遞交給巴縣知縣的很多報

---

[103] 參見《巴縣檔案》,檔案號:4-4891。
[104] 參見《巴縣檔案》,檔案號:2-4129、2-4132。

告中，我們可知重慶本地的賣娼活動亦復不少（重慶畢竟是重要的港口）。但衙役們顯然認為，對本地的娼妓行業睜隻眼閉隻眼才是聰明之舉。

當衙役們真地舉報城內的賣娼活動，縣官們有時會以譏諷的態度待之。例如道光元年（1821），有衙役向縣官報稱，他們發現一位名叫孫毛的男子在轄境內開了一間大妓院，他們曾試圖勸孫毛離開當地或改行，但為孫毛所拒絕，因此衙役們只好將他告發。縣官下令將這名皮條客逮捕，但又對衙役說：「如系挾嫌妄稟，定行重處。」孫毛及其手下的七名娼妓一起被逮捕歸案。其中一名娼妓後來在口供中提及：「不知孫毛與公差怎樣口角，把小婦人們稟送案下。」雖然縣官對這番話未予置評，但從中似可看出，衙役們在將孫毛最終告發之前，其實早已知曉這家妓院的存在。

在審問過程中，這名皮條客承認自己在所租房子內「窩娼」，在每次性交易中向嫖客收取從 140 文至 200 文錢不等的嫖資。孫毛聲稱，他會將每次交易所得嫖資的一半分給這些賣娼的女子。娼妓們證明他的這一供述屬實，但補充說，她們須自行負擔所有的飯食費用以及其他個人的花費。這些女子均因身處絕境才開始為孫毛工作：「小婦人們因身無挨靠，被他汙辱。」其中五名女子聲稱自己的丈夫因外出尋找工作或四處流浪而將其拋棄，另外兩名女子則是寡婦。孫毛可隨心所欲地與她們發生性關係，若她們拒絕接客，還會遭到毒打。

儘管其供辭淒切，但由於這七名女子並未從皮條客的控制下出逃，她們未被視為受害者。相反，她們均受到杖刑，在具結悔過後才被釋放。不同尋常的是，縣官並未將她們交給官媒（而在其他案件中，交給官媒處置幾乎是一種定例），其原因可能在於這群娼妓的人數太多（縣官似乎犯了一種非常奇怪的疏忽：既然貧困驅使她們從事賣娼，那麼很難想像當她們從這條路上回頭之後，還能有其他更好的選擇）。縣官還對孫毛判處杖刑，並枷號示眾。當時正值盛夏最炎熱之際，重慶又是中國最為炎熱潮濕的地方之一，因此枷號可說是極為嚴厲的懲罰：在巴縣，囚犯們因在夏天服枷號之刑而死於傷寒或痢疾的情形並不罕見（他們夜間在監獄中度過，而監獄裡的衛生環境對

囚犯身體健康的危害，可能比枷號本身造成的還要更大）。基於這一原因，枷號之刑往往會被推遲至天氣轉涼爽後方才執行。由於孫毛在服刑期間腹瀉嚴重和嘔吐不止，既無法進食，亦無法喝水，其母向官府求情，孫毛在被枷號一個月後獲釋。這種經歷，或許足以讓他牢記如下教訓，萬萬不能得罪衙役！[105]

七、當地居民的舉發

賣娼活動引起官方注意的最後一種途徑，是當地居民對其加以舉發。其典型例子是咸豐元年（1851）的一起案件。在該案中，一名文童向當地衙門呈狀聲稱，其學堂旁住著兩名「流娼」，「尤招匪類，半屬他鄉」，嫖客們不分晝夜在該處進進出出，滋擾鄰里的安寧；房東想將她們趕走，但又害怕會遭到報復；此種情況「實傷風而敗俗」。因此，能否請縣官大老爺予以過問？

對於此類案件，縣官的一般作法是命令衙役們到被舉發的地點進行調查，並將緝獲的皮條客和娼妓們「逐搬出境」。在這些案件中，由縣官發給衙役們的拘票特別指出，惟有在皮條客和娼妓們反抗的情況下才進行逮捕，否則只須簡單加以驅逐即可了事。縣官顯然並不關心罪犯踏出自己管轄的縣界後將會做何事，其原則似乎是「別在本縣犯事就行」。[106]

一名新上任的縣官在道光元年（1821）收到的一紙呈狀，使我們得以一窺在巴縣這種複雜的轄區內，想要根除賣娼有多麼困難。四名呈狀者控告「惡水戶」付瞎子大約五年前在他們家附近開了一家妓院。他們曾多次向本地保甲歐朝貴舉發此事，但該保甲毫不理會，因為他收了這家妓院的錢。他們最終於嘉慶二十三年（1818）上控至重慶府衙門，並終於獲得受理。[107]

---

[105] 參見《巴縣檔案》，檔案號：3-8626、3-8634。
[106] 參見《巴縣檔案》，檔案號：4-4918。其他案例，參見《巴縣檔案》，檔案號：3-8621、3-8730。
[107] 他們先前是否曾在巴縣縣衙遞過狀紙，檔案中對此語焉不詳，但原告直接到重慶府衙門呈狀的情況在當時並不罕見（雖然這種作法不受鼓勵），因為這兩個衙門彼此緊鄰。

根據林姓知府所下的判決，付瞎子被處枷號示眾，歐朝貴和呈狀中未提及姓名的其他人因收受賄賂而被杖責，而付瞎子用以開設妓院的那間屋子則被沒官。

但由於林姓知府的任期很快便告結束，他在離任前將該案交縣衙門繼續執行。由於嘉慶二十二年（1819）和道光元年（1821）巴縣均有新縣令到任，其間還有數位臨時代理的縣令，導致此案件處理過程的連續性被一再打斷。結果，歐朝貴設法保住了保甲的職位，皮條客付瞎子在歐朝貴的幫助下，也於道光元年（1821）取回屋子並重新開業。現在呈狀者們訴稱，淫逸放蕩之風如同以前那般肆無忌憚：「至今愈前猖獗，大開淫致，嫖娼者日夜乘轎在彼，滋擾不寧。」呈狀者們懇求新縣令懲處這些罪犯並加以驅逐。

作為對上述呈狀的回應，縣官責令負責該區域的衙役們逮捕皮條客付瞎子及其手下的娼妓們。遺憾的是，該案的案卷紀錄以逮捕拘票的一份草稿作為結束，致使我們無從探究這次新行動的進展究竟如何。儘管如此，道光元年的這番概貌，仍顯示出想要前後一致地貫徹禁娼令有多麼得困難。來自巴縣的這一證據顯示，擁有品階的官員們由於須對朝廷負責，故而會相當認真地執行查禁賣娼的要求。但即使像重慶這樣相較於其他很多地方聚集了更多直接聽命於中央的代理人的重鎮，由於中央委派的官員們更加輪換頻繁，以及當地衙門的胥吏們的漠不關心和徹底貪腐，即使有心貫徹禁止賣娼的法令，也會受到極大的阻礙。[108]

八、賣娼入罪化與衙門的貪瀆

有兩起（並非來自巴縣的）中央案件清楚地說明了賣娼入罪化與衙門胥

---

[108] 參見《巴縣檔案》，檔案號：3-8634。有關衙門貪瀆的問題，尤其是巴縣衙役們的貪瀆，參見 Reed, "Scoundrels and Civil Servants: Clerks, Runners, and County Administration in Late Imperial China;" Bradly W. Reed, "Money and Justice: Clerks, Runners, and the Magistrate's Court in Late Imperial Sichuan," *Modern China*, Vol. 21, No. 3 (1995), pp. 45–82; Bradly W. Reed, *Talons and Teeth: County Clerks and Runners in the Qing Dynasty* (Stanford, CA: Stanford University Press, 2000).

吏貪瀆之間的關聯。賣娼入罪化所導致的後果之一，是創造出一些藉由敲詐勒索而能獲利甚豐的新機會。

雍正七年（1729），河南安陽縣的一名衙役李得祿（32歲）聽說一對夫婦在其負責的轄區內做皮肉生意。丈夫李二保（年齡不詳）為其妻子張氏（26歲）招徠嫖客，該案的案卷紀錄中稱此二人為「土娼」。李得祿找到這對夫婦，以將他們逮捕送官究治相威脅，開始勒索張氏為其提供性服務，據其口供：「走去拿他，見張氏有些姿色，私下把他夫婦兩個拴住，嚇唬要送官。李二保害怕，情願把張氏給小的通姦，小的就釋放了。」最終，這三人將這種赤裸裸的敲詐關係，調整為類似於保護與被保護的關係：李得祿付給這對夫婦一筆錢，甚至還為他們租房子，其交換條件是由他包占這名娼妓。然而就在同一年，李得祿由於酗酒和怠忽職守而被當地官府解職。由於李得祿無法繼續資助他們，這對夫婦不久之後便試圖與他斷絕往來。李得祿為此將李二保打暈，並綁走張氏，以將她殺死相威脅，強迫她和自己合作。此後的數年裡，李得祿將張氏當作自己的妻子，為她招徠嫖客，直到他後來在另一個縣犯事被捕（因將一名對其進行辱罵的少年的腿打斷）。

即使是按照對衙役們的刻板印象，李得祿也算得上罕見的窮凶極惡。然而張氏及其丈夫先前之所以屈從於他的淫威，正是因為李得祿以這對夫婦賣娼為由，威脅要將他們逮捕。正是由於賣娼成為犯罪之舉，才使得他們被置於李得祿的權力控制之下。[109]

第二起案件發生在江蘇山陽縣，並於乾隆三年（1738）被報至中央。此案揭示了皮條客們和衙役們之間存在著一種或許可被認為更為典型的關係。該案所涉及的主要罪行為殺人罪。妓院老闆張禿子（37歲）將其手下一名娼妓的丈夫毆打致死。根據張禿子的口供，他自己在雍正十三年（1735）開始「窩娼」，當時一位名叫王氏（25歲）的娼妓及其夫陳九（29歲）搬到他家同住，並開始在他的監管下賣娼。王氏以娼妓身分做了幾個月的皮肉生意，但在「遭了官司」後（張禿子的口供中未提及這起官司的詳情），便拒

---

[109] 參見《內閣刑科題本》，159/乾隆3.1.26。

絕再接客。然而，張禿子本人很喜歡與王氏的床笫之歡，於是便將她包占，每年付給她的丈夫4,000文錢作為補償。但是，由於張禿子為此需要有更多的收入，乾隆二年（1737）春，他要陳九「尋個女人做生意」。陳九找到「因貧難度」的農人魏國臣，商量好讓魏國臣之妻孫氏「為娼」。作為交換條件，張禿子同意為這對夫婦提供吃喝，並每天付給魏國臣25文錢作為補貼。這對夫婦搬入張禿子家中居住，孫氏當晚就開始接客。然而不久之後，張禿子也想和孫氏發生性關係，但遭到魏國臣的反對。接著兩人發生鬥毆，魏國臣被打成重傷，並於數日後死去。

張禿子害怕自己會被控殺人，但幸運的是，他和負責本坊的那些衙役們關係甚好。他一直給這些人付保護費，且已有一段時日。根據張禿子的口供：「坊快們從前並沒給他規禮。止是上年（即乾隆元年——引者注）童太派到坊內，他不知怎樣曉得了，每逢節氣，小的請童太與田美吃些酒，送童太三拾文錢。」事實上，張禿子在王氏不再接客後，才開始向衙役們送錢。當被問到為何這樣做時，他答道：「那陳九妻子原是娼婦，童太們曉得小的包著，就來設法小的的錢了，小的不好回卻，故此給他的。」如果張禿子之前便送保護費給童泰到任前的那些衙役，或許王氏當初便不會吃上那起官司。

在魏國臣死後，張禿子又做了什麼呢？據其口供：

> 小的就去向童太副役田美假說：「魏國臣病了幾日，醫不好死了，他妻子孫氏並沒什麼話。如今情願出幾緊錢分給眾人，不要報官，把他埋了罷。」田美依允，叫小的同去向童太商量。童太說：「既是病死的，埋了也沒什麼事。」田美又去通知地方李如升。

之後田美和李如升來到張禿子家收錢，張禿子給了他們480文錢與童泰同分。死者之妻孫氏並未告訴衙役們其夫是被人打死，但她堅持要報官（她顯然是想藉由驗屍揭露張禿子的罪行）。但衙役和鄉保威脅孫氏說，如果她那樣做，那麼她將會因賣娼而被官府治罪，最終使她打消了報官的念頭。田美後來供稱：「小的同李如升原曉得孫氏是娼婦，向他（她）說：『你出來做這匪事，若報了官，就有罪了，不如埋了罷。』孫氏就不噴聲」。

但世上沒有不透風的牆，一次調查暴露了衙役們的上述串通作弊的醜事。縣官不相信衙役們和鄉保並未為此索要更多的賄賂，尤其這還是為了掩飾一樁殺人罪行，於是以對他們動刑相威脅，但所有的證人均一致證實上述錢財數額無誤（賄賂這些衙役的皮條客可能並不止張禿子一人，因此這些衙役經由這種管道獲得的收入總額，可能要遠高於上述那一小數目）。衙役們堅稱他們當初是輕信了妓院老闆張禿子的話，以為他不過是為了避免官府注意其招徠嫖客的行為。但從田美和李如升恐嚇孫氏閉嘴的方式來看，他們所知的內情，絕不僅止於賣娼那麼簡單。既然他們從妓院老闆張禿子那裡收受了賄賂，基於他們自身利益的考慮，自然也不希望看到張禿子被官府詳加調查。

最終，這些衙役們被處以杖刑並撤職（保正逃脫）。張禿子因殺人罪而被判絞監候，其所犯的「窩娼」，相對於這裡的殺人行為而言，屬於官府姑且不問的「輕罪」。孫氏被依「夫為人殺而妻私和者」律，判處杖一百，並處三年徒刑。由於孫氏乃是一名「姦婦」，縣官雖然允許她可（按照針對女性罪犯的慣例）以贖金代替徒刑，但並不免除她的皮肉之苦。陳九及其妻王氏被依「縱容妻妾犯姦」律，均處杖九十，並強制離異，王氏被遣返娘家。縣官很有技巧地在案卷中檢討了自己對賣娼「失察」之責，故而得以免於因這一疏失而受到相應的懲處。

本案中的所有涉案者均知道賣娼違法，亦明白張禿子及其所雇的那兩對夫婦的所作所為一旦為官府所知悉便將會受到懲處（正如這些人最終被問罪那般）。這是在張禿子向當地衙役們行賄之前王氏為何由於賣娼而「遭了官司」的原因，也是為何童泰一知道這家妓院的存在便前來收保護費而張禿子也肯屈從的原因。這也解釋了當孫氏因其夫之死而想報官時，衙役們和鄉保為何能夠對她加以威脅並使其閉口不言。如同在前一起案件中那樣，正是由於賣娼入罪化，使得捲入這種交易的人們容易受到敲詐勒索和其他的威脅。[110]

---

[110] 參見《內閣刑科題本》，159/ 乾隆 3.5.16。

賣娼入罪化對州縣層級的司法實踐和治安實踐確有影響。尤其是巴縣檔案中的那些證據，使我相信那些直接受命於中央的官員們對執行禁娼令確實不遺餘力。但賣娼入罪化也會造成貪瀆，為衙門胥吏打開了新的受賄途徑。而對於州縣官員而言，衙門胥吏是其推行禁娼政策所不可或缺的左右手。而且，如果禁娼政策所推行的那種性道德標準無法維持穩定的成效，便可能會削弱人們對其背後的道德權威和法律權威的尊敬（另一項同樣始於雍正朝的政策，亦即將鴉片交易作為犯罪行為處置，顯然也造成了類似的貪瀆後果）。[111]

在19世紀末，薛允升針對雍正朝的禁娼政策做了如下評論：

> 歷代所不能禁者，而必立重法以繩之，似可不必。然究其實，百分中，又何能禁絕一分耶？徒為土棍、吏胥開得規包庇之門已。再如娼優於犯案枷責之後，能令其改業為良民乎？不過仍為娼優而已。

歷經175年後，雍正皇帝當初所期望的「廣風化」，顯然最終也未能實現。[112]

第五節　結語

以往的研究，通常頂多也只是將雍正朝那種撤銷某些賤民的身分標籤之舉視作一項終歸失敗的「解放」工程。但如果我們仔細分析這項政策在對性事加以規制方面的意涵，便能獲得更多的認識。雍正元年頒行的那道諭旨的

---

[111] 關於18世紀清朝的禁煙政策，參見 Paul W. Howard, "Opium Suppression in Qing China: Responses to a Social Problem, 1729–1906." Ph.D. dissertation, University of Pennsylvania, 1998, pp. 75–92.

[112] 薛允升還斷言，這項政策之所以歸於失敗的原因，在於雍正皇帝的真正意圖受到了愚蠢的誤解：「本朝罷教坊司，改各省樂戶，係革前明之弊政，並非連娼妓一概革除也。」薛允升的這番說法，有些言不由衷。他不大可能對雍正朝的那些諭旨本身加以譴責，但為了達到批評禁娼令的目的，他精明地將這種政策與皇帝的主觀意志加以分離。他所謂的「弊政」，乃是指明成祖朱棣利用樂籍身分和教坊司迫害那些效忠於建文帝的臣僚家眷。參見薛允升，《讀例存疑（重刊本）》，例 375-04，評注部分。

前提是：賣娼在過去僅是被當作那些特定的低賤身分類別的一種徵候而被容許存在。將這類群體在身分上提升為「良民」之舉措的實質意義在於，自此之後，這類群體的行為亦將受到那些針對良民的道德標準和刑責標準之約束。雍正皇帝所設計的那種「自新之路」，將其中的許多人賴以維生的賣娼界定為犯罪。與其說這項政策為此類人提供了人身自由，不如說是藉由強化對賣娼的官方管制和將其治罪的威懾，急劇縮小了他們所能從事的合法行為的範圍。

但這種積極行動的影響，遠遠超出那道諭旨中所提及的那些特定群體。對這些群體的「除豁」，消除了那種容許任何人從事任何形式的性工作的法律基礎。過去那種將性工作視為低賤身分之標識的法律擬制，在實踐中為很多商業化的賣娼活動提供了一個默許其存在的灰色地帶；在這一灰色地帶當中，諸如身分背景之類的問題，並不總會被加以深究。但現在這一灰色地帶消失不見，所有的性交易均開始變得被視同於良民所犯的「姦」罪加以懲治。

於是，雍正朝的這一政策，實際上意味著刑罰適用範圍的大幅擴張。雍正元年的那道諭旨及隨後出臺的那些措施，首次將所有女子的婚外性行為均加以禁止。受到新標準約束的，不僅僅只有女子，任何為自家妻子招徠嫖客的丈夫亦皆會被懲處（懲治的方式包括強制其離婚），且所有的嫖客均成為罪犯。受此影響變化最大的，可能是那些為賣娼女子招徠嫖客之人在法律上的地位：在雍正元年以前，那些身分低賤的皮條客們擁有一種獲得認可的社會角色，甚至在某些情形下，還可以據以要求法律上的保護；在雍正元年之後，皮條客們所操控的娼妓若非其妻子，則他們無論在法律條文上還是在司法實踐中均會受到最嚴厲的懲處（正如來自巴縣的那些案件所展示的那樣）。既然所有的娼妓及其嫖客如今均被視作一般的通姦罪犯，皮條客們自然會被概念化為一種更具威脅性的角色。由於所有可能墮入淫窟的女性均被視為良家女子，皮條客們勢必要被看作是藉由有計劃地玷汙女性貞節以從中牟利的蠹蟲。

良民身分被擴張至將過去那些被認為身分低賤的群體涵蓋在內,的確促進了法律上的平等。至少就此意義而言,這種作法當然產生了一種使百姓身分齊平化的效果。但能否借用寺田隆信所說,視其為具有進步性?對這一問題的回答,取決於我們如何定義「進步」。在中國歷史上,由朝廷所策劃的使百姓身分齊平化的舉措,多為中央政府通過消滅那些要求在身分和權威等方面享有自主權的訴求(例如貴族身分的世襲罔替、宗教組織的獨立等)而將權力集中於己手的手段。將這些群體與其他人們同等對待,並不必然意味著便會賦予他們以政治權利;相反,為了加強獨裁,統治者須將其百姓的身分齊平化。我並未發現存在能夠讓我們認為雍正皇帝意在背離這種傳統的證據。正如孔飛力所注意到的,「給予平民們以形式上平等的身分的作法,正符合雍正皇帝那種專制和理性的做事風格。」[113]

　　在即將結束本章之時,我想強調另一種更深層的連續性。無論是雍正元年之前還是之後的立法者,對他們而言,賣娼所造成的問題,並不在於女性的身體成為商品,而在於這種行為構成「姦」罪——此行為對作為社會秩序之基礎的家庭道德和家庭結構造成了威脅(官媒制度強有力地表明,其中存在的商品化本身並未被視為有傷風化)。雍正朝通過擴張原有法律的適用範圍,將良民所應遵循的行為規範推廣適用於先前那些身分低賤的群體,使得後者過去所操持的那種為法律所容許的性工作營生如今轉而構成「姦」罪。然而,禁娼政策自始至終均未就性交易中的金錢往來這一部分制定新的懲治措施:性工作語境下的婚外性行為,從未被判處相較於一般的通姦罪行而言更為嚴厲的刑罰。

　　若想把握這一要點,就必須將性因素與商業因素區分開來。例如在今天的美國,除非採取商業性的性交易形式,性濫交並不會受到檢控。沒有金錢交易便不算是犯罪,而通姦在法律上的意義,僅止於作為離婚訴訟時偶爾會被提及的一個因素。中國帝制時期的法律則與這種模式相反:在對性交易進

---

[113] See Kuhn, *Soulstealers: The Chinese Sorcery Scare of 1768*, p. 35.

行治罪時，其中包含的商業因素是最無關緊要的部分。這項原則顯示了潛藏於 18 世紀那些改革之中的一種深層的連續性。

第八章　結論

> 犯姦罪名，唐在《雜律》，不過寥寥數條耳，明律則較多矣。而例則較律為猶多。本門（指「犯姦」——引者註）賅載不盡者，「威逼致死」門又不憚詳晰言之。案牘之繁，殆由於此然，亦可以觀世情矣。
>
> ——〔清〕薛允升[1]

　　清代在針對性事之規制方面所做的前述改革，將原本僅與良民身分相關聯的那種性道德標準和刑責標準統一擴張適用於所有人。這種適用範圍上的擴張藉以達成的最明顯方式，是將過去那種可基於涉事者之低賤身分而將其當作那些被普遍禁止的婚外性行為之例外（亦即賣娼和家主對其奴婢的性使用）免於處刑的作法予以廢除。另一項與此齊頭並進的變化，是將同性之間的「雞姦」納入原先只涉及異性的性侵犯類別之內。隨著「姦」罪涵蓋範圍的擴大，一些危害貞節的新罪名亦被創制出來，且對這些罪行的處刑也更為嚴厲。此外，雍正朝還以一種前所未見的規模，在平民百姓當中大力推動貞節崇拜的宣傳運動：貞節的榮譽，不僅被授予節婦和因抵抗強姦而身亡的烈女（此作法與明代相同），而且還擴張至那些拒絕屈從家庭壓力而不願為娼的妻子、因反抗強迫再嫁而死的寡婦、因遭調戲而自盡的女子等。不計其數的諭旨將貧苦女子在性方面如何做抉擇凸顯為最具意義的問題，猶如朝廷正在徵召她們協助捍衛主流家庭秩序中那些已岌岌可危的界限。

　　上述舉措所導致的結果，可被概括為一種發生於那種用以對性加以規制的基本組織原則方面的變化，亦即從身分等級展演（status performance）轉

---

[1] 參見薛允升著，黃靜嘉點校，《讀例存疑（重刊本）》（臺北：中文研究資料中心研究資料叢書，1970），例 375-04，評論部分。

為社會性別展演（gender performance），藉此要求無論男女均須按照其在婚姻中那種理想化的固定角色行事，無人可以例外。在某種程度上，這一安排只不過是考慮到平民小農階層的總人數不斷擴增和固定不變的身分標籤之效用日益削弱，故而對法律加以革新，以使其適應一種已然發生改變的社會現實。但更重要的是，它代表了一種對當時那些新被意識到的可能導致性事失序的危險加以應對的努力。

清代的司法構想必須被置於下述社會背景之中加以理解：由於男性的總人數超過女性，父權制的穩定性，被認為正不斷受到來自社會經濟結構底層中一群人數規模日益擴大的光棍群體的威脅。這類男子的總人數在不斷擴增，且其在社會總人口中所占的比例可能也在相應提高；鑒於無論是在州縣衙門還是中央機構審理的刑案中，這類男子的出現頻率均異常之高，他們在清代司法官員的集體意識中更是成為一塊心病。除了少數的例外，因異性強姦或同性強姦、和同雞姦以及與寡婦通姦而被治罪的，幾乎都是這類男子。貧窮的單身漢通常是從那些比他更窮的男子手上買走其妻子，而後者本身又會因此再度淪為單身漢。亦有一些貧困的男子是依靠給其妻子拉客賣娼而維持生計，而這為許多其他的貧窮男子創造了或許是他們能與異性發生性關係的唯一的機會（儘管在這些來自社會底層的女子當中，為社會各個不同的階層提供性服務的均有所見）。在這種性事失序中，許多貧窮男子分享著一些可與他們發生性關係的女子，而小康人家則擔心這類男子會覬覦其家中的妻子、女兒和年少子弟。

第一節　法律的陽物中心主義

明清時期對性事的規制，是以一種徹底的陽物中心主義（phallocentrism）為其根本，亦即根據固有印象中的陰莖插入行為來對「性」加以界定。交媾過程中的陰莖插入行為具有多重意涵：其最基本的意義是，在那種男子被認為應在其中對女子進行支配的婚內情境當中，這種行為使發

生性行為的雙方各自恰當地進入其作為成人的社會性別角色。由此推衍開來，在其他情境中，陰莖插入行為亦能夠象徵初次加入和支配關係：例如，海盜們為了使男性俘虜加入他們成為其中的一分子，而將他們雞姦；又如，寡婦讓其性伴侶強姦她的兒媳，以使後者事實上成為其通姦的共犯。

通過一種重要且複雜的方式，人們在性行為中各自所扮演的角色，將個人的社會性別區分為男性（陰莖插入者）和女性（被插入者），而這種角色區分的重要性，要遠遠大於作為性慾對象的生理性別之差異。因此，男性之間的同性性行為，並非被理解為是性取向方面的極性（polarity）之一，而是被理解為意味著被陰莖插入的男性的社會性別正因受到玷汙而發生轉換。以此為基礎，清代的法律專家們借助於那些家庭秩序之外的危險「獵食者」、容易受到性侵犯的「良家子弟」和自願被雞姦的墮落男子的各自形象，建構了男子陽剛氣慨這一概念。因此，男性的這種危險性、易受性侵犯和被玷汙，均源自於不適當的陰莖插入行為（penetration out of place）所造成的威脅。第四種形象，亦即典範性的男性家長，則是受其身為丈夫和父親之社會角色約束、在交媾過程當中扮演陰莖插入者角色的男子，他們既受傳宗接代的孝道責任之規訓，亦對所在社群的制裁和朝廷的權威心懷敬畏。[2]

與此相同的基本思維邏輯，也可見於對女子的「性」（sexuality）的看法。中國帝制時期的法律對女子之間的同性性行為隻字未提，這顯然是預設了既然這些女子均無陰莖，那麼便不會彼此玷汙對方。[3] 相反，司法上的目

---

[2] See Matthew H. Sommer, "Dangerous Males, Vulnerable Males, and Polluted Males: The Regulation of Masculinity in Qing Law," in S. Brownell and J. Wasserstrom, eds., *Chinese Femininities / Chinese Masculinities: A Reader* (Berkeley, CA: University of California Press, 2002).

[3] 在文學作品當中，女子之間的同性性行為，往往被描寫為一種對異性性行為的替代或模仿，且常常會使用假陽具。這意味著小說的男性作者們很難想像性行為能不涉及陰莖，即便在沒有男子參與的性行為中也是如此。相關的例子，參見李夢生，《中國禁毀小說百話》（上海：上海古籍出版社，1994），頁 256–258。古代希臘和古羅馬世界的情況亦同，男性作者們一直將女性之間的性愛行為想像為需使用假陽具進行交媾。參見 John R. Clarke, *Looking at Lovemaking: Constructions of Sexuality in Roman Art, 100 B.C.–A.D. 250* (Berkeley, CA: University of California Press, 1998), pp. 227–229.

的乃是為了保護父系家庭的秩序不受外來血緣的汙染，無論這種威脅是以強姦的形式示人，還是體現為女子背叛其夫而與他人通姦。女子的「性」被認為易受陰莖插入行為的侵犯；至於婦德，則取決於女性願意為了捍衛她唯一的丈夫（同時也是她的主人）的性壟斷權，而付出多大程度的犧牲。

因此，無論是在法律裡面，還是大眾觀念當中，陰莖的插入均被視為一種具有攻擊力乃至危險的行為。視不同的情境而定，這種行為既可以將合法的身分等級強加其身，也能夠對那些合法的身分等級加以瓦解；既可以使那種典範性的社會性別秩序得以再生產，也能夠將其顛覆；既可以將人們引入社會化的成人階段，也能在他們身上烙上足以使其殺人或自殺的汙名標籤。在整個帝制中國時期，那種對性加以規制的需求，乃是為了抵禦那些由不適當的陰莖插入行為所造成的形形色色的威脅。

第二節　從身分地位至社會性別的變化，以及對小農家庭的新關注

在本書所探討的時代範圍之內，這種潛藏於法律背後的陽物中心主義，可說是變化甚微甚或全無變化：無論其他方面有怎麼樣的變化，陰莖插入行為始終代表著一種被社會性別化了的支配等級關係。真正有所變化的，乃是司法上對如下問題的概念化理解，亦即何種社會秩序需要被加以保護以免受到不恰當的陰莖插入行為的侵害？哪些類型的外來男子最具危險性？

儘管18世紀時確實發生了急遽的轉型變遷，但我要再次重申的是，許多重要的變化在此之前便早已有跡可循。對女性貞節的頌揚和將社會性別角色加以固定的作法，乃是伴隨著不變的身分類別在此之前便已逐漸開始的那種衰落而同時出現。實際上，就對性的規制而言，元明兩代或許也可被視作分水嶺。元朝建立了旌表節婦的基本制度，而明清兩代的貞節崇拜均是以此為原型；元代的立法者還開始將某些情形的強姦罪處以死刑，並首度在法律

中將賣妻的行為視同於「姦」罪。此外，元朝還試圖藉由明令禁止「良」民丈夫縱妻為娼（或主人逼奴為娼），以對當時正在萌芽且足以擾亂身分界限的商業化性交易市場加以壓制（其實南宋時期便已頒布了一道以此為目的的諭旨）。在此基礎之上，明朝進一步將貞節旌表的範圍擴展至那些因反抗強姦而殉節的受害女子，將死刑的適用範圍擴展至所有發生於身分同等者之間的強姦罪行，對強姦罪行的定罪採用更為嚴格的標準，並首度禁止雙方自願的男子同性性行為。清代的法律專家們對前朝前輩們的這些成就了然於胸，也清楚意識到其中所蘊含的那種整體變化趨勢。從此一長期歷史變化的角度來看，盛清時期的司法官員所做的這種引人矚目的大規模的改革措施，可被看作是先前便已有之的全部那些作法的順理成章的自然結果。

　　傳統上那種藉以對性行為進行規制的組織原則，乃是被用來維護植根於關於固定社會結構的貴族視野的一種身分等級制度。唐代的法律專家們最感到擔憂的，乃是男性奴僕對良家女子進行性侵犯所造成的血統世系被玷汙，尤其是當這種情形是發生於同一個家庭內部；在此種情境當中，由於典型的小農不大可能會擁有自己的奴僕，因此「良」主要是指那些貴族女子。這與羅馬帝國的情況頗為相似：「在性的方面，對古羅馬人而言，重要的是那些參與性活動的人們的身分地位。而且，那些涉及性方面的羅馬法，對人口中的大多數視而不見，因為其目的是為了維護菁英們（即統治階層）的價值觀。這些價值觀包括生育合法的繼承人，以及保護那些自其出生開始便有著自由民身分的人們不受身分低賤者的侵害。」[4] 對於中國帝制時期的大多數王朝而言，對性進行規制的目的，從來就不是將任何一種特定的性行為完全禁止，而只是將其限定在適當的位置。早期的法律當中未見到有提及男子之間的同性性行為，我猜想這反映了貴族社會中將雞姦同性的行為視作主人將其奴僕用於消遣的一種方式；在這種情境當中，被雞姦男子的社會性別轉換，只不過進一步確認了其在更為重要的法律身分等級體系中所處的那種從

---

[4] See Clarke, *Looking at Lovemaking: Constructions of Sexuality in Roman Art, 100 B.C.–A.D. 250*, p. 279.

屬地位。

然而在清代，針對性行為的規制被重新加以組織，以維持一種通過使眾人皆恪守其家庭角色來加以界定的社會性別秩序；而法律專家們所關注的家庭，似乎是那種居有定所的小農家庭。那種形成於 18 世紀的管理制度，將那些家庭秩序之外的男性們針對循規蹈矩的貧苦家庭當中的貞節女子和年少男子的性侵犯，視為最糟糕的情形。重要的分界線，此時並非存在於菁英階層和作為其奴僕的勞動力之間，而是存在於小農家庭與被認為對其構成威脅的各類反社會者之間。易言之，那種從身分地位展演到社會性別展演的轉變，也是一種將關注的焦點重新放置在普通百姓身上的過程。由此觀之，中國帝制晚期的法律話語裡面所出現的那種被雞姦的男性，乃是這一轉變的關鍵性標誌：它代表著一種關注視角上的轉移，亦即從那些對自己所擁有的特權充滿自信且在性行為中扮演陰莖插入者角色的菁英男子，轉移到那些擔憂自家「子弟」會被無賴漢雞姦的小農家長身上。

晚近以來有關中國帝制晚期的社會性別的研究成果，傾向於關注菁英階層的諸多問題，例如嫁妝金額上漲、婚姻市場和科舉考試中的競爭均不斷加劇、女性的識讀能力和所受教育、女子創作的詩文作品及其出版情況、名妓作為忠誠的象徵和菁英文化的傳播者等等。很顯然，菁英階層的社會性別話語，在 18 世紀時經歷了諸多重大的轉變，而這些轉變必將影響到法律的發展，因為司法官員是由菁英階層中那些有官品者出任。尤其是，菁英話語層面將那些先前被視為代表一種文化理想的名妓予以邊緣化和對婦德權威的重申，[5] 恰好與官方禁止賣娼和將女子貞節的良民標準擴展適用於所有女性身上的作法同時發生。其中的那些關鍵人物，例如雍正皇帝、乾隆皇帝和清代資深官員陳宏謀，[6] 顯然是將推行標準的社會性別角色之舉，看作是針對

---

[5] See Susan Mann, *Precious Records: Women in China's Long Eighteenth Century* (Stanford, CA: Stanford University Press, 1997).

[6] 陳宏謀（1696–1771）在雍乾兩朝歷任要職（包括先後在七省出任巡撫）。參見 Arthur W. Hummel 編，*Eminent Chinese of the Ch'ing Period*（臺北：成文出版社，1970 年重印），頁 86–87。

普通百姓（以及那些生活於新被納入帝國疆域的邊疆地區的非漢人族群）[7]的更大的教化方案的組成部分之一。這種對一般良民之社會性別展演的新關注，與那種廢除身分差別的方案齊頭並進。而後者將孔飛力所稱的「平民在形式上的平等身分」，實際擴展至帝國境內的所有人。[8]

如果我們把目光聚焦於清代的司法制度，那麼便可極為明顯地看到菁英階層之外的人們此時處於被關注的中心。一方面，那些出現於清代案件紀錄（特別是刑案紀錄）之中的人們幾乎全是小農、市井小民和各種各樣的社會邊緣人；他們至多擁有一些價值極小的財產。18世紀的司法官員在現實中所真正面對的，正是這些人們。此外，清代的立法呈現出一種白凱（Kathryn Bernhardt）稱之為（關於婚姻和女子財產權的）法律「小農化」（peasantization）的特徵，亦即從以往法典中所見到的那種以貴族為首要關注目標，明顯轉向為重點著眼於普通的小農。[9]在關於性的規制方面推動這些變革的，主要是那種亟需對被視作明清時期秩序之基石的蓬門篳戶之家庭加以鞏固的當務之急，而不是任何關於（或代表）菁英階層的特殊考慮。這種迫切的需求，可能準確地反映了那些居有定所的小農家庭家長感到焦慮和最為關心的問題。

以往的研究，傾向於將清代針對雞姦行為的立法，歸因於對晚明宮廷和菁英階層的「頹廢之風」（包括富人追捧男性倡優或將孌童收作僕從）的一種厭惡性反應。[10]這種理論在某種程度上犯了時代順序方面的錯誤，因為針

---

[7] See William T. Rowe, "Women and the Family in Mid-Qing Social Thought: The Case of Chen Hongmou," *Late Imperial China*, vol. 13, no. 2 (1992), pp. 1–41.

[8] See Philip A. Kuhn, *Soulstealers: The Chinese Sorcery Scare of 1768* (Cambridge, MA: Harvard University Press, 1990).

[9] See Kathryn Bernhardt, "A Ming-Qing Transition in Chinese Women's History? The Perspective from Law," in G. Hershatter et al., eds., *Remapping China: Fissures in Historical Terrain* (Stanford, CA: Stanford University Press, 1996).

[10] 特別是 Vivien W. Ng, "Ideology and Sexuality: Rape Laws in Qing China," *The Journal of Asian Studies*, vol. 46, no. 1 (1987); Vivien W. Ng, "Homosexuality and the State in Late Imperial China," in M. Duberman et al., eds., *Hidden from History: Reclaiming the Gay and Lesbian Past* (New York: Meridian Press, 1989).

對和同雞姦行為的禁止，在滿清入主中原之前便已有之。而且，那種理論所設想的對「頹廢之風」的厭惡性反應，更像是現代主義的一個典型觀點（亦即五四時期新文化運動對性的看法），[11] 而並非來自 17 世紀或 18 世紀的一種視角。例如晚明文人沈德符所憎惡的乃是過度自我放縱，而非同性之間的情慾或性行為本身。[12] 與這種態度相反，巴金在 1931 年創作的小說《家》，將那些上了年紀的儒士們狎玩戲班旦角之舉，作為這些註定將走向毀滅的老一代頹廢虛偽的象徵。這部小說中那些對自己有著嚴格的道德要求的年輕一代，則恰當地表現出對這種狎玩之風和其他好色之舉的厭惡；年輕人之間的關係，被描寫為充滿友愛團結和在生理上保持自我克制，以追求更高尚的精神目標和政治理想。[13]

無論是觀察那些例文中的用語，還是檢視其在實際案件中的應用，均可清楚地看到清代針對男子同性性行為的那些改革與菁英階層無關。有意狎玩戲班旦角和男娼的菁英階層男子依然故我，而不管法律的規定。這一事實既反映了他們所實際擁有的特權，也可能反映了那種古老的貴族式預設：只要符合身分等級支配的恰當秩序，被雞姦男性的社會性別轉換便不構成需被關心的問題。清代那種對易受損害的男子陽剛氣概的新關注，所反映的看起來是平民階層而非菁英階層在社會性別方面所遭遇到的麻煩——易言之，亦即那些掙扎於向下沉淪之邊緣且深受已淪落至社會最底層的光棍們之威脅的小農家庭家長心中的各種擔憂。

禁止賣娼的法令（如同禁止賣妻的法令），看起來也與菁英階層的好惡或通常作法無甚關聯。此禁令在理論上當然涵蓋所有的賣娼活動，但我從未在那些因違反這一禁令而被治罪的案卷紀錄中看到過任何與菁英階層有絲

---

[11] See Frank Dikötter, *Sex, Culture, and Modernity in China: Medical Science and the Construction of Sexual Identities in the Early Republican Period* (Honolulu, HI: University of Hawai'i Press, 1995).

[12] 參見本書第四章中所引用的沈德符之語。

[13] 參見高彥頤（Dorothy Ko）關於五四時期新文化運動的愛國主義觀念是如何對清代性別關係的歷史解讀造成扭曲的重要討論，Dorothy Ko, *Teachers of the Inner Chambers: Women and Culture in Seventeenth-Century China* (Stanford, CA: Stanford University Press, 1994), pp. 1–7.

毫聯繫的案犯。事實上，很可能是由於明末時期無處不在的商業化性交易市場的發展使得賣娼者及其顧客均變得「大眾化」（democratization），才推動了清代的全面禁娼。當乾隆皇帝在即位之初敦促其臣工們重新厲行禁娼政策時，他將賣娼視為危害普通小農的生活的禍根。州縣層級那些實際執行此禁令的措施，包括對皮條客們加以懲處，嚴厲制裁那些為其妻子招徠嫖客或將其賣掉的丈夫們，以及通過嫁賣的方式將那些有意脫離皮肉生涯的女子拯救出來。這些積極的行動所反映的，並非菁英階層道德的危機，而是一種對處於社會邊緣的人們正在數量上不斷增長的敏銳認識。對這些社會邊緣人來說，那種被朝廷視為犯罪的性行為，卻是他們賴以謀生的生存方式之一。

第三節　含義發生變化的「良」概念

那種從身分地位展演到社會性別展演的轉變，清晰地體現於「良」這一法律術語的含義變化。儘管直至帝制結束，中國的法律專家們都在沿用這一古老的法律術語，但其含義經歷了顯著的變化。如前所見，自唐代至18世紀，此一術語所強調的要點，從良民在法律上的身分地位，轉變為指道德純良，特別是在性方面。例如，「從良」原指奴僕被獲釋為「良民」，但到18世紀末，這一詞語已變為專指娼妓洗心革面，重拾貞節妻子所應遵循的那種標準的女性角色。與此類似，正如梁其姿所指出的，「賤」這一字眼在與慈善有關的話語中的用法，亦逐漸從以其形容法律身分低下，轉變為用它強調道德低劣。[14]

作為一種法律類別的「良」，其含義正在發生微妙的變化。我們甚至可以看到，那種原本採取絕對論調的貞節話語亦有趨於和緩的跡象，在誰有資格被旌表為女性貞節典範這一議題上變得更具彈性。在乾嘉時期，節婦資格被擴展至那些以往被摒除在外的女性，從而進一步消除了不同社會群體之間

---

[14] 參見梁其姿，〈「貧窮」與「窮人」觀念在中國俗世社會中的歷史變遷〉，黃應貴主編：《人觀、意義與社會》（臺北：中央研究院民族學研究所，1993）。

長期存在的差別，這可以說是對雍正朝政策的合理延續。[15] 例如在乾隆十一年（1746），朝廷將相對而言有所減等的表彰措施（撥款為其修建貞節牌坊，但不在節孝祠裡設牌位），授予那些已出旗為民的開戶家奴中的「節婦」。相同的政策，亦被普遍適用於民間婢女，以及奴僕和雇工人之妻。[16] 乾隆四十七年（1782）和四十八年（1783），乾隆皇帝旌表了非漢人的貞節寡婦，對這些「番婦」特別予以嘉許，並賦予其最高榮譽。[17] 乾隆五十八年（1793）的一道諭旨旌表了一名抵抗強姦而亡的女子，儘管她是一位衙役的妻子（衙役向來被視為低賤職業之一，因其在歷史上起源於強制性的勞役）；[18] 唯一能體現對受旌表者的身分有所考慮的地方，是將對其的表彰減等。[19] 嘉慶十一年（1806），一名女子因不願屈從其婆婆「逼令賣姦」的壓力而自殺，儘管她嫁入的是「土娼」之家，朝廷仍對其加以旌表；唯一的差別，是將為其修建貞節牌坊的賞銀賜予其娘家而非夫家。[20]

至嘉慶朝時，已被姦淫的女子和貞節女子之間的那條嚴格界線，也變得前所未有得模糊。嘉慶八年（1803）的一道諭旨首度規定，已被「姦成」的強姦受害者，只要確有「抗節之心」，且是遭到兩名以上的罪犯制服，便也有被旌表為烈婦的資格。倘若將她玷汙的強姦罪犯只是單人作案，只要她在被姦淫之前已遭制服和捆綁，巡撫亦可呈報給禮部，由禮部根據每起案件的

---

[15] 伊懋可（Mark Elvin）援引社會底層的女性也被納入有資格被旌表為節婦者行列這一事實，作為證明菁英道德觀「大眾化」的論據。參見 Mark Elvin, "Female Virtue and the State in China." *Past and Present*, vol. 104 (1984).

[16] 參見《清會典事例》（北京：中華書局，1991），卷403，頁508、513–514。

[17] 參見《清會典事例》，卷403，頁513。

[18] 關於衙役的低賤身分，參見 Anders Hansson, *Chinese Outcasts: Discrimination and Emancipation in Late Imperial China*, Leiden: E. J. Brill, 1996, pp. 48–50. 在清代，衙役逐漸演變為一個由各種不同背景的人們所組成的職業群體，而這種現象同樣顯示，社會和經濟方面的變遷，是如何導致法律身分、家庭背景和從事職業三者之間那種曾長期以來被視為固定不變的聯繫變得日益模糊，參見 Bradly W. Reed, "Scoundrels and Civil Servants: Clerks, Runners, and County Administration in Late Imperial China," Ph.D. dissertation, University of California, Los Angeles, CA, 1994; Bradly W. Reed, *Talons and Teeth: County Clerks and Runners in the Qing Dynasty* (Stanford, CA: Stanford University Press, 2000).

[19] 參見《清會典事例》，卷403，頁513。

[20] 參見《清會典事例》，卷404，頁517。

具體情況斟酌決定是否給予旌表。這項新政策看起來在頒布後的次年便開始執行。嘉慶九年（1804），一名遭輪姦後自殺身亡的女子，被朝廷授予烈婦的稱號，但賞賜其家庭用於為她立貞節牌坊的銀兩，相比於通常所給的數額減半。同年，朝廷還旌表了一位被單人作案的罪犯「強姦已成」而「羞忿莫釋，即行投繯殞命」的女子，其家所獲的賞銀，同樣是在標準數額的基礎上減半。[21] 倡議進行上述變革的那些上奏者們認為，落入反賊之手的官員可能會被迫下跪，但此舉並不能證明他就不忠；同理，被一群強姦犯制服和姦淫已成的妻子，也未必不貞。[22]

道光二十年（1840），一位「無名丐女」被單人作案的罪犯（犯案者也是乞丐）姦殺，她獲得朝廷的旌表，但賞銀同樣減半，也未能在節孝祠為其設牌位。此案例顯示了兩股相互交織的潮流：即使那些身分最為卑賤且被姦淫已成的女子，仍有可能具備成為節婦烈女的資格。[23]

上述所有案例之所以會被記錄在冊，是因為它們對此後處理類似案件創設了可供參照的前例。在許多情形當中，將其榮譽減等之舉，意味著下述觀念依然存在，亦即這些女子已被有所玷汙，或是因其低賤身分，或是由於遭人姦淫。但這類女子終究得以躋身於能被旌表的節婦之列，說明在決定哪些女子具有成為女性典範之資格時，動機上的純潔性逐漸取代了那些絕對的分類而成為主導標準。[24]

另一個耐人尋味的變化是，在司法上對那些曾犯姦罪者進行評價時，引入了洗心革面這一觀念。例如，嘉慶十九年（1814）頒行的一條例文，將司法實踐中那種受害者本人若曾犯姦則會使得將其輪姦的罪犯們可被減輕處刑的傳統作法，正式以立法的形式固定了下來。但是，此例文增加了一款但

---

[21] 參見《清會典事例》，卷 404，頁 516–517。
[22] 參見《皇朝經世文編》（臺北：國風出版社，1963），卷 92，頁 33a–33b。
[23] 參見《清會典事例》，卷 404，頁 521。實際上，在雍正朝的那些改革之前，某些地區的「丐戶」亦被官府編入賤籍。
[24] See Elvin, "Female Virtue and the State in China," note 177; Matthew H. Sommer, "Sex, Law, and Society in Late Imperial China." Ph.D. dissertation, University of California, Los Angeles, CA, 1994, pp. 415–419.

書附於其後：若該名女子犯姦後已「悔過自新」，並系「審有確證者」，則應將她視為「良人婦女」（此處「良」是指貞節），因此，將她強姦之人須按死刑這一強姦罪行的本刑加以懲處。[25]（值得注意的是，雍正皇帝便是以「自新」一詞，來指稱給予那些曾為樂戶的人們以第二次重新做人的機會。）法律上另一項類似的變革，是關於對「男子拒姦殺人」的處置。例如道光四年（1824）修訂的一條法律規定，倘若先前自願接受被雞姦的男子後來「悔過」，並拒絕行姦者對其再進行雞姦，由於不願被雞姦而最終將行姦者殺死，則應對其予以寬大處理。[26] 在此之前，受害者針對強姦者進行自衛的情節，對這類案件的審判而言無足輕重，殺人者（即被試圖強姦的受害者）仍須被按照殺人罪行的本刑加以懲處，而無法獲得寬大處理。法律上這些新的變革意味著，「悔過自新」的態度，可以洗刷自願被姦者所受的那種玷污，並使她或他在刑法意義上回復到「良」的身分（這種藉由自新可使德行恢復的看法，與雍正朝之後將娼妓不再操持皮肉營生稱作「從良」，在邏輯上一般無二）。

於是，關於某人是否為「良」的判定，逐漸涉及對個人行為及其主觀意識的評斷。

《刑案匯覽》所記載的道光二年（1822）一起來自山東的案件，非常清楚地反映出這種變化。在該案中，一名年僅十歲的女孩遭人誘拐，碰巧該女孩是一位娼妓的養女。山東巡撫對如何界定這名女孩的身分以便對誘拐者恰當處刑心存疑慮。和對強姦罪的處刑一樣，對誘拐罪行的處置，也取決於受害者是否為「良」，而這名女孩很難被視為「良家」之女。此外，娼妓收養女孩的目的，通常是為了讓該女孩將來從事與她同樣的皮肉營生。山東巡撫因此向刑部請示該如此裁決此案：尤其是，法律上那種要求受害者在身分上必須為「良」的規定，在此案中應如何運用？刑部答覆稱，相關法律的重點並非受害者的家庭背景，而是受害者本人的行為和態度：她是否曾犯姦？若

---

[25] 參見薛允升，《讀例存疑（重刊本）》，例 366-12。
[26] 參見本書附錄 B.1，最後一款。

她曾經犯姦,那麼此後是否已悔過自新?本案中的受害者年紀尚幼,故而審判官員顯然無須考慮上述那些問題;雖然收養她的是一名不貞女子,但受害者「自身清白」,故而應以良民視之。因此,將其誘拐的那些罪犯,應按該罪的本刑處置。

在雍正元年(1723)以前,母親賣娼便決定了其全家人的身分低賤,反之亦然。但一個世紀以後,刑部在前述案件中主張這名女孩的家庭背景與她本人是否為「良」無關——「良」這一法律術語的含義變化竟如此之大。此案的判決,僅取決於這名女孩本人的行為和態度。[27] 前文所引嘉慶十一年(1806)對那位嫁入「土娼」之家但以死抵抗婆婆逼她「賣姦」的壓力的女子的旌表,也遵循著同樣的邏輯。

這種針對「良」字內涵所做的正在發生變化的解釋,其邏輯基礎是,個人在法律上的地位,應當取決於其本人行為中所展示的道德,而不是像長期以來的那樣,個人在法律上的地位決定了其是否具有某種道德。我們可以將這種變化理解為良民在法律上所應遵循的那些標準之適用範圍被加以擴展所導致的一個必然結果。而良民在法律上所應遵循的那些標準之所以在適用範圍上被加以擴展,則是因為朝廷意識到各種社會關係的流動程度正在日益增強。對清代的司法官員來說,自主行為已取代了那些具有偶然性的家庭出身和社會地位,而成為區別絕大多數人的最有用因素。其結果之一是使個人在法律面前變得更為齊平。不過我認為,倘若依照西方法律的歷史進化論(progress in the law)模式來理解這種轉變,那麼將大錯特錯。

羅威廉(William Rowe)認為,清代資深官員陳宏謀對社會性別的看法,不再注重以往的那些身分差別或社會階層差別,而是具有一種「近現代」個人主義的新穎特點。但羅威廉也非常謹慎地對此論斷進一步加以解釋:「他(陳宏謀——引者註)採取一種近現代新興的標準,來評價家庭或家族內的個體(無論男女)。他同時認為社會的必要組成部分在於家庭而非個人,並

---

[27] 參見祝慶祺、鮑書芸編,《刑案匯覽》,清道光十四年(1834)本,現藏加利福尼亞大學洛杉磯分校東亞圖書館,卷8,頁 4b–5a。

因此鼎力支持家長所擁有的支配地位。他雖然對深植於自身社會角色之中的個體投以同情的目光，但認為其相較於社會角色本身而言仍屬次要。」[28] 陳宏謀這種被描述的思想特徵，並非我們所理解的那種現代西方意義上的個人主義，而毋寧是為了使百姓們在身分上齊平化所做的諸多努力中的一部分，亦即在被那些業已過時的身分等級標籤所占據的地方，堅決主張那種嚴格按照家庭角色行事的社會性別展演所具有的重要性。這種對標準的社會性別展演的倍加強調，與刑法適用範圍的擴張和普通百姓生活所受道德監督的範圍之延展齊頭並進。

我認為，所有這些改革的目的，與其說旨在解放或壓制個人，毋寧說是為了排除那些早已不合時宜的雜務，以便全力應對各種新出現的危機。本書前面討論過的許多立法和宣教，均旨在提升平民百姓家中節婦的地位，賦予其權利，並對其加以保護；她們構成了一個涵蓋範圍日益擴大的群體類別。這些出身於升斗小民之家的女子的貞節問題被賦予了前所未有的重要性（這意味著她們在性事方面所做的自主選擇意義重大），表明一種新的責任被加諸於此類女子身上。她們站在了捍衛那種標準的家庭秩序的最前線，而她們所維護的貞節標準將決定這一秩序的命運。若她們忍受痛苦和作出犧牲，則這種秩序便能存續；若她們耽於淫逸，則這種秩序便可能毀滅。假如我們採用那種藉以看待婦女史和同性戀史的解放論模式觀之，便可能會忽略掉如下事實，亦即清代這些改革的主要目的並非為了壓制女性（更不是為了迫害性取向方面的少數者群體），而是為了鞏固岌岌可危的小農家庭，防止其在道德寓意方面的向下沉淪，並對抗社會底層實實在在發生的由「光棍」們所做的各種性侵犯之舉。

---

[28] See Rowe, "Women and the Family in Mid-Qing Social Thought: The Case of Chen Hongmou," p. 34.

第四節　生存邏輯與性事失序

　　18世紀的清朝是一個充滿傲慢和偏執的時代，也是一個商業化擴張和人口過剩的時代，無論是來自菁英階層的女性詩人，還是身無分文的流浪漢，皆在人口數量上達到前所未有的巔峰。雍正朝那些「除豁」賤籍的諭旨，清楚反映了此一世紀的那種悖論性特徵。儘管有數道諭旨皆傾向於鼓勵那種受市場機制推動而擴大的契約式生產關係，但最初且最重要的一道諭旨，卻是借助禁娼而大幅擴展了刑法的適用範圍和道德監督的範圍。後一措施可被看作是對市場機制的反動（商業化的性交易市場，此時已取代了那種作為世襲徒刑的舊的性工作模式），而且表明清代的官員們對社會經濟的快速變遷實是百感交集。實際上，清代的開國者（如同歷代的開國者）曾試圖再次將百姓們的身分和居所分別在社會意義和地理意義上加以固定化，但其規劃過度簡略，至雍正朝時已不復使用。18世紀時推動對性的規制方面做出前述變革的，並非僅僅只是因為那些舊有的身分藩籬已不再合乎時宜，也是由於對那些危險的社會發展趨勢與人口發展趨勢日益感到焦慮。

　　本研究的大部分內容是針對清代的司法構想加以解釋，並勾勒出清代立法背後寬闊的社會脈絡。第三章和第四章強調，法律上各種基於陽物中心主義的預設，與普遍的社會規範和社會實踐之間具有一致性。特別是我認為，清代司法官員們對雞姦行為的司法重構，雖然背離了以往的實踐，但無論從法律傳統還是大眾觀念（尤其是居有定所的小農階層的觀念）的角度來看，均頗為合理。就其實質而言，清代針對「雞姦」的法律，乃是將當時關於陰莖插入這一性行為的普遍看法以法律的形式固定下來。本書第五章指出，即便未必每一個人都會將朝廷藉由貞節崇拜所推行的那種道德議題「內化」於自己身上，這種道德議題也為一般小農所熟知，並在其日常生活和修辭策略中被加以適當運用；在眾多女子熟練地用以表現「節婦」此一公共角色的手法上，這種運用尤為明顯。第五章的結尾強調訴訟具有傳播官方價值標準的功能，並展現了父權制權力的各個層面是如何相互強化。更為普遍的是，本

書在多處論及汙名標籤所具有的力量和光棍們所造成的威脅，以展示清代立法對居有定所的小農社區之價值觀和焦慮點的關注程度，至少並不亞於針對菁英階層的同樣事項。

但我並非暗示官方所制定的那些規範獲得了普遍的認同。相反，關於中國農民的各種出色研究成果告訴我們，小農生活中的很多方面，深受某種與被朝廷視為急務並予以標榜的事項相差甚大的生存邏輯的支配，且兩者時常格格不入。[29] 我相信，官方強制推行的性秩序與貧民們的性實踐之間所存在的斷裂，在整個清代不斷擴大。

清代在貞節崇拜方面的創舉之一，是對那些在長期困境中依然保持忠貞的妻子加以旌表，即使其丈夫實際上仍然在世。乾隆四十二年（1777），一名與其夫分開超過 50 年仍保持貞節的妻子獲得旌表；次年，一名實際上從未與其夫圓房（因丈夫久病）但守節 32 年的女子亦得到旌表。[30] 在這兩個例子當中，妻子均對其唯一的丈夫保持了絕對的性忠誠，儘管其夫在性生活或經濟方面未能履行身為丈夫的責任。隱藏於這種貞烈行為背後的社會情境是，如同司法檔案中的大量案件所記載的，那些被丈夫拋棄或因其夫身患殘疾而無法維持家庭生計的女子，不得不藉由賣娼、通姦或再嫁以求生存。同樣的社會情境，亦可用來說明朝廷對那些抵抗家庭壓力而不願為娼的女子的旌表。

曼素恩業已指出，在 18 世紀時，清代官員日益迫切地宣導女子從事紡織勞作。他們認為，這項勞作既是補貼小農家庭經濟收入的一種手段，也是「對女子淫行的抑制」。[31] 敦促女子從事紡織勞作，符合在貧民當中宣揚女

---

[29] 例如 Edward Friedman, et al., *Chinese Village, Socialist State* (New Haven, CT: Yale University Press, 1991); Philip C. C. Huang, *The Peasant Economy and Social Change in North China* (Stanford, CA: Stanford University Press, 1985); Philip C. C. Huang, *Civil Justice in China: Representation and Practice in the Qing* (Stanford, CA: Stanford University Press, 1996); Elizabeth J. Perry, *Rebels and Revolutionaries in North China, 1845–1945* (Stanford, CA: Stanford University Press, 1980).

[30] 參見《清會典事例》，卷 403，頁 521。

[31] See Mann, *Precious Records: Women in China's Long Eighteenth Century*, p. 163.

性貞節這項更大的計畫：女子認真地從事手工勞作，無論對其家庭的經濟能力還是對保持身為人妻者的忠貞皆有好處（貞節寡婦的典型形象，正是為了撫養其子女而不分晝夜地紡紗織布）。我猜想，官員們之所以會將這兩者聯繫起來，主要是由於（身負禁娼之責的）他們親眼目睹了太多陷入絕望的人們為求生存而轉向出售性服務這種策略，而非源於抽象的道德觀或重農主義經濟學。宣導紡織勞作的官員們的那種道德高調，源自於他們非常清楚對太多的女子而言，最為實際的生存策略是從事性工作。[32]

在清代司法官員的那套妖魔論當中，「節婦」的反面人物（亦是「光棍」的女性版）乃是「姦婦」。所謂姦婦，是指那些無視關於家庭和女子貞節的規訓之束縛，背叛其夫，性事淫蕩的妻子。[33] 司法上對賣娼、賣妻之類的商業化作法的處置，反映了對此類女子的恐懼。元代至清代用以表示丈夫對其妻子的淫行放任不管的「縱」字，意味著某種放蕩的行為被釋放出來；這一措辭，流露出對那些不「義」（亦即違反守貞妻子的標準角色所應遵循的那種道德義務）的女子深感擔憂。「買休賣休」這種罪行亦被依照此種方式加以想像，而其所設想的典型情形便是丈夫默許其妻子的通姦行為並將她賣給姦夫。法律專家們將此類罪行理解為妻子的淫亂而非妻子被虐待，故而他們通常試圖對那些不稱職的丈夫們加以問罪，因為這些丈夫們出賣了自己身為人夫的根本利益，而放縱其妻犯下有著如此破壞性的淫行。

這種擔憂或許並非毫無道理。清代司法檔案中不乏這類的案例：由丈夫為其招徠嫖客賣娼或被其夫以其他方式加以性剝削的女子，最終經歷了一種

---

[32] 特別是任職於湖北的官員周凱的相關論述，參見 Mann, *Precious Records: Women in China's Long Eighteenth Century*, pp. 163–164. 嘉慶八年（1803）刊行的一本官箴書也提出類似的觀點，譴責那些被其丈夫嫁賣的妻子德行有失：「若婦人果勤於紡緝針線，夫妻和合，雖貧不作嫁賣之想。」參見 Sommer, "Sex, Law, and Society in Late Imperial China," p. 390.

[33] 唐律中並無「姦婦」一詞，但此法律術語在元代、明代特別是清代的法律論述中的角色變得日益重要。雍正朝的那些改革之後，這一詞語適用於發生婚外性行為的所有女子（除非是那些嚴格符合「強姦」定義的行為）。「姦婦」在文學作品中的典型代表，是《金瓶梅》一書當中的女主角潘金蓮，她為了嫁給西門慶為妾而謀殺其親夫，後來又與陳經濟通姦一同背叛了西門慶。事實上，西門慶在床笫之間喜歡稱她為「淫婦」，而這是「姦婦」的同義詞。

能夠導致劇烈的顛覆效果的啟蒙，亦即「自我意識的提升」。妻子對其丈夫那種應有的順從，有助於引誘一些婦女接受前述那些安排，但性剝削本身卻又造成了那種被宣導的價值觀念與她所經歷的生活經驗之間的斷裂，進而使得順從的基礎遭到削弱。在許多案例中，女子們最終選擇了養得起自己的恩客，而拋棄了養不起自己的丈夫，並因此引發私奔、謀殺及其他使朝廷所宣導的家庭秩序造成破裂的可謂是夢魘般的各種行為。

雍正朝那種「廣風化」政策對後世的長期影響，仍難以定論。至道光朝時，先前盛清時期針對「性」的立法洪潮，業已變成涓涓細流，同時也可看到司法官員對此類問題有著某種困惑。一方面，貞節崇拜已發展至空前的程度，貞節牌坊隨處可見；另一方面，如曼素恩所言，那些做到守貞的寡婦們的地位，已由「鄉里坊間為其感到驕傲的符號性人物」降至「接受施捨的物件」，整個貞節崇拜逐漸失去了對菁英階層的吸引力。[34] 與此同時，刑部亦被迫放棄假裝對如下兩種普遍發生的不貞行為進行壓制的作法：寡婦在其夫喪期內再婚，以及丈夫因貧窮而賣妻（我所見過的賣妻案，幾乎均屬此種情況）。刑部授意地方官員，只要此類非法的婚姻形式確系出於貧困而不得已為之，便可讓其繼續維持下去，並減輕當事人原本應受的笞杖刑罰，因為若判令這些涉案的貧窮女子與其夫離婚，那麼她們極有可能會以其他更糟糕的方式失貞。刑部容許此一現實的存在，等於承認了雍正皇帝那種希望在貧民當中推行女性貞節的作法已然徒勞無功。[35]

在 19 世紀 40 年代，包世臣（他之前是一名以務實而著稱的縣官）便主張，若道德上的妥協乃窮人生存所必需，便不應對他們進行懲罰：「或以貧難饑饉離散逃生，任教養斯民之責者，方當引以為愧。」[36] 這是一種帶有激進意味的正統儒家觀點：家庭道德的崩潰，將導致政治統治的合法性受到質疑。如果連當時的地方官員亦作此想，那麼我們便不難想像典範性的價值觀

---

[34] See Susan Mann, "Widows in the Kinship, Class, and Community Structures of Qing Dynasty China," *Journal of Asian Studies*, vol. 46, no. 1 (1987), pp. 51–52.

[35] See Sommer, "Sex, Law, and Society in Late Imperial China," pp. 388–394.

[36] 參見包世臣，《安吳四種》（臺北：文海出版社，1968），頁 2138。

與日漸增多的貧困人口的生活經驗之間不斷發生衝突進而累積形成的那種顛覆效果。

我們已在清代案件紀錄中注意到的那些形形色色的非正統的家庭模式（包括那些涉及將性作為商品出賣的模式），往往是模仿那些更為典型的婚姻與家庭。在後者當中，性結合乃是同居共財而形成的一種更加複雜且等級化的聯合當中的組成內容之一，有時這種聯合會採取擬制血親的形式。為了生存而與他們聯合，這或許比對財產的需求更為重要，而在家庭秩序和共同體秩序之外生活，看起來是一件殘忍野蠻的事情；我們可以將這些非正統的家庭模式解釋為試圖對正統的婚姻家庭模式加以複製的各種努力，儘管這些非正統的家庭模式所能提供的保障存在瑕疵且非常脆弱。這些生存策略，以一種諷刺的意味，鞏固了那種將個體納入家庭內部由彼此義務所構築起來的等級關係之中的典範性價值觀所具有的霸權地位。

不過也存在另一種可能性，亦即由於那些無法認同標準的婚姻家庭模式的人們從中獲益甚少，自然也就可能較少受到那種使標準的婚姻家庭模式得以合法化的道德倫理體系的支配。主流價值觀和生活體驗之間的衝突，或許有助於解釋為何那些異端的宗教教派會對民眾具有吸引力（這些異端的宗教教派在性和社會性別方面的各種標新立異之舉，在清代的官員們和其他菁英階層成員之中引起了強烈的反感）。那些在叛亂中充當炮灰的男子，很多都是「光棍」——這是一群無法被期望能夠按照官方所褒揚和要求的家庭價值觀扮演家長角色的多餘的無賴漢。甚至在非正統的家庭模式與那些反抗清廷的宗教叛亂所明確宣揚的異端話語之間，也可能存在某種聯繫。「姦」字在傳統上與叛亂之間的聯繫，並非僅是源於道德上所關注的抽象問題，也來自於對性事失序將可能威脅到社會政治秩序的諸多現實焦慮。

本研究提出的許多問題，很難以一本書的篇幅予以回答。在下一本書中，[37] 我希望能詳細探討丈夫為其妻拉客賣娼或將她們當作自己最後的財產

---

[37] 譯者註：作者此處言及計畫撰寫的這本著作，已於 2015 年出版，參見 Matthew H. Sommer, *Polyandry and Wife-Selling in Qing Dynasty China: Survival Strategies and Judicial Interventions*, Oakland, CA: University of California Press, 2015.

賣出等各種生存策略。我相信,對於理解生存危機和向下沉淪是如何動搖清代的統治秩序基礎,這些作法相當重要。循此線索,我們將能揭示出當時的人們那些用來艱難度日的多元化策略的更多面向,闡明生活物質條件是如何促生出對正統的道德秩序和政治秩序的各種挑戰,進而超脫「中國家庭」和「中國價值觀」這類老掉牙的詮釋模式。

附錄

附錄 A　針對性侵犯的基本立法

A.1. 唐律中針對姦罪的相關條文

1. 諸姦者，徒一年半；有夫者，徒二年。部曲、雜戶、官戶[1]姦良人者，各加一等。

   即姦官私婢者，杖九十；奴姦婢，亦同。

   姦他人部曲妻，雜戶、官戶婦女者，杖一百。強者，各加一等。折傷者，各加鬥折傷罪一等。

2. 諸姦緦麻以上親及緦麻以上親之妻，若妻前夫之女及同母異父姊妹者，徒三年；強者，流二千里；折傷者，絞。妾，減一等。餘條姦妾，准此。

3. 諸姦從祖祖母姑、從祖伯叔母姑、從父姊妹、從母及兄弟妻、兄弟子妻者，流二千里；強者，絞。

4. 諸姦父祖妾、謂曾經有父祖子者。伯叔母、姑、姊妹、子孫之婦、兄弟之女者，絞。即姦父祖所幸婢，減二等。

5. 諸奴姦良人者，徒二年半；強者，流；折傷者，絞。

   其部曲及奴，姦主及主之期親，若期親之妻者絞，婦女減一等；強者，斬。

   即姦主之緦麻以上親及緦麻以上親之妻者，流；強者，絞。

---

[1] 部曲、雜戶、官戶是唐宋律中所認定的身分低賤的勞動者的不同類別。雜戶和官戶是指那些被從奴這一更為低賤的身分「放釋」出來的官家奴隸。部曲是私家所擁有的男性「半奴隸」，他們不能被完全買賣，故而相比於那些被視作其主人的財產的奴而言，在身分地位上稍高。參見 Ch'ü T'ung-tsu, *Law and Society in Traditional China* (Paris: Mouton and Co., 1965), pp. 158–160.

6. 諸和姦，本條無婦女罪名者，與男子同。強者，婦女不坐。其媒合姦通，減姦者罪一等。罪名不同者，從重減。

7. 諸監臨主守，于所監守內姦者，謂犯良人，加姦罪一等。即居父母及夫喪，若道士、女官姦者，各又加一等。婦女以凡姦論。

　　說明：上述律文系規定於唐律中的「雜犯」部分。原文當中夾註的小字，在這裡用斜體標出。

A.2. 明清律中針對姦罪的本律

1. 凡和姦，杖八十；有夫者，杖九十；刁姦者，無夫、有夫，杖一百。
2. 強姦者，絞，監候；未成者，杖一百、流三千里。凡問強姦，須有強暴之狀。婦人不能掙脫之情，亦須有人知聞，及損傷膚體、毀裂衣服之屬，方坐絞罪。若以強合，以和成，猶非強也。如一人強捉，一人姦之，行姦人問絞，強捉問未成，流罪。又如見婦人與人通姦，見者因而用強姦之，已係犯姦之婦，難以強論，依刁姦律。
3. 姦幼女十二歲以下者，雖和，同強論。
4. 其和姦、刁姦者，男女同罪。姦生男女，責付姦夫收養。姦婦從夫嫁賣，其夫願留者，聽。若嫁賣與姦夫者，姦夫、本夫各杖八十，婦人離異歸宗，財物入官。
5. 強姦者，婦女不坐。
6. 若媒合容止人在家通姦者，各減犯人和、刁罪一等。如人犯姦已露而代私和姦事者，各減和、刁、強二等。
7. 其非姦所捕獲及指姦者，勿論。若姦婦有孕，姦婦雖有據，而姦夫則無憑，罪坐本婦。

　　說明：上述條文係明清律中「犯姦」門的指引性律文，參見薛允升著，黃靜嘉點校，《讀例存疑（重刊本）》（臺北：中文研究資料中心研究資料叢書，1970），律366-00。這裡以斜體標出的文內夾註小字，係於順治三

年（1646）纂入清律的最初版本。這些評注性文字，係源於王肯堂（1549–1613）針對明律所著的《讀律箋釋》一書，參見吳壇編纂，馬建石、楊育棠校注，《大清律例通考校注》（北京：中國政法大學出版社，1992），頁950、954；高潮、馬建石主編，《中國古代法學辭典》（天津：南開大學出版社，1989），頁348。

A.3. 《大清律例》中針對「軍民相姦」的例文

> 凡職官及軍民姦職官妻者，姦夫、姦婦並絞監候。
>
> 若職官姦軍民妻者，革職，杖一百的決；姦婦枷號一個月，杖一百。
>
> 其軍民相姦者，姦夫、姦婦各枷號一個月，杖一百。
>
> 其奴婢相姦，不分一主、各主，及軍民與官員、軍民之妾婢相姦者，姦夫、姦婦各杖一百。

說明：上述例文係於雍正三年（1725）纂入《大清律例》，參見薛允升著，黃靜嘉點校，《讀例存疑（重刊本）》（臺北：中文研究資料中心研究資料叢書，1970），例366-01。其中第三段文字內容（亦即畫橫線的部分），此後常被援引用於懲治異性之間的和姦，18世紀時此方面的例子，參見《內閣刑科題本》，75/乾隆4.5.22；《內閣刑科題本》，70/乾隆4.8.18；《內閣刑科題本》，187/乾隆27.12.1。自雍正十二年之後，這一條文也被援引用於懲治男性之間自願發生的性行為。

此例文內容的更早版本，最初是於康熙十九年（1680）纂呈，並於康熙二十七年（1688）會議頒行，其目的主要在於規訓旗下軍士，但也規定「民人犯姦，亦照此例治罪」。不過，根據我從案件紀錄中獲得的印象，直到雍正三年時被編入《大清律例》之後，這條法律才開始在實踐中被適用於民人。這條雍正三年時被編入《大清律例》的例文，取代了明律中那條針對「和姦」的原有律文，後者雖然仍被保留在《大清律例》當中，但在實踐中已不

再援用。參見附錄 A.2。隨著此例文的被採用，原先那條明律中依據犯婦的婚姻狀況在處刑時有所區別的作法，在清律中不復再見。

在康熙二十七年的那個版本中，對應於雍正三年例文中第三段的文字部分如下：「軍民人等與相等人通姦者，男、婦各枷號一個月，鞭一百，其婦仍給本夫。」儘管雍正三年的例文並未對此予以明確說明，但在實踐當中，姦婦被官府處刑之後，本夫擁有繼續以其為妻或將她嫁賣的選擇權，如同之前的明律中所規定的那樣。參見吳壇編纂，馬建石、楊育棠校注，《大清律例通考校注》（北京：中國政法大學出版社，1992），頁 951。

A.4. 光棍例

> 凡惡棍設法索詐官民，或張貼揭帖，或捏告各衙門，或勒寫借約，嚇詐取財，或因鬥毆，糾眾系頸，謊言欠債，逼寫文券，或因詐財不遂，竟行毆斃，此等情罪重大實在光棍事發者，不分曾否得財，為首者，斬立決；為從者，俱絞監候。其犯人家主父兄，各笞五十；係官，交該部議處。如家主父兄首者免罪，犯人仍照例治罪。

說明：這一附於《大清律例》中的「刑律」賊盜門「恐嚇取財」律文之下的例文，被簡稱為「光棍例」。此例迭經修改，最初制定於順治十三年（1656）；上引例文中所規定的案犯被官府拿獲後為首者斬立決而為從者絞監候的刑罰，是在康熙十九年（1680）定型。參見薛允升著，黃靜嘉點校，《讀例存疑（重刊本）》（臺北：中文研究資料中心研究資料叢書，1970），例 273-07；《清會典事例》（北京：中華書局，1991），794/692-703。此例最初是與恐嚇取財有關，但到 17 世紀 70 年代時，法律專家們開始通過類比的方式援引此例，將其涵蓋範圍不斷擴大以用於懲治各種的罪行，其中包括強姦的某些情形。

附錄 B　清代針對雞姦的相關立法

B.1. 雍正十二年（1734）頒行的針對雞姦的例文

惡徒夥眾將良人子弟搶去強行雞姦者，無論曾否殺人，仍照光棍例，為首者，擬斬立決，為從，若同姦者，俱擬絞監候，餘犯發遣黑龍江給披甲人為奴。其雖未夥眾，因姦將良人子弟殺死，及將未至十歲之幼童誘去強行雞姦者，亦照光棍為首例斬決。如強姦十二歲以下、十歲以上幼童者，擬斬監候。和姦者，照姦幼女雖和同強論律，擬絞監候。若止一人強行雞姦，並未傷人，擬絞監候；如傷人未死，擬斬監候。其強姦未成並未傷人者，擬杖一百、流三千里；如和同雞姦者，照軍民相姦例，枷號一個月、杖一百。儻有指稱雞姦誣害等弊，審實，依所誣之罪反坐，至死減一等。罪至斬決者，照惡徒生事行兇例，發極邊足四千里充軍。

說明：此例係於雍正十二年（1734）二月經刑部議覆安徽巡撫徐本的條奏而詳定例款。其原議內有「年止十六七歲，尚屬童頑無知，有將幼童、幼女強姦者，照已成、未成律減等發落」等語。後來有數位高階官員（譯者註：指江蘇巡撫邵基和江西按察使淩燽）均對此提出異議，認為年至十六七歲的男子已屬成丁，故其應為自己的行為負責。於是在乾隆五年（1740）時，原議內的十六七歲減等之語被予刪除。例文中我用斜體標出的強調具體發遣地點的文字，係咸豐元年（1851）增入。參見《清會典事例》（北京：中華書局，1991），卷 825，頁 989；薛允升著，黃靜嘉點校，《讀例存疑（重刊本）》（臺北：中文研究資料中心研究資料叢書），1970，例 366-03；吳壇編纂，馬建石、楊育棠校注，《大清律例通考校注》（北京：中國政法大學出版社），1992，頁 951–952。

B.2. 清代針對「男子拒姦殺人」的例文

男子拒姦殺人，如死者年長兇犯十歲以外，而又當場供證確鑿，

及死者生供足據,或屍親供認可憑,三項兼備,無論謀故、鬥殺,兇犯年在十五歲以下,殺系登時者,勿論。非登時而殺,杖一百,照律收贖。

年在十六歲以上,登時殺死者,杖一百、徒三年。非登時而殺,杖一百、流三千里。至死者雖無生供,而年長兇犯十歲以外,確系拒姦起釁,別無他故,或年長兇犯雖不及十歲而拒姦,供證確鑿,及死者生供足據,或屍親供認可憑,三項中有一於此,兇犯年在十五歲以下,登時殺死者,杖一百、徒三年。非登時而殺,杖一百、流三千里,俱依律收贖。年在十六歲以上,無論登時與否,均照擅殺罪人律,擬絞監候。

如死者與兇犯年歲相當,或僅大三五歲,審系因他故致斃人命,捏供拒姦狡飾者,仍分別謀故、鬥、殺各照本律定擬。秋審實緩,亦照常辦理。若供係拒姦並無證佐及死者生供,審無起釁別情,仍按謀故、鬥、殺各本律定擬,秋審俱入於緩決。

至先被雞姦,後經悔過拒絕,確有證據,複被逼姦,將姦匪殺死者,無論謀故、鬥、殺,不問兇犯與死者年歲若干,悉照擅殺罪人律,擬絞監候。其因他故致斃者,仍依謀故、鬥、殺各本律問擬。

說明:此例訂立於道光三年(1823),係將乾隆朝和嘉慶朝早期先前所採取的那些相關措施予以結合。最後一款內容係於道光四年(1824)增入。參見薛允升著,黃靜嘉點校,《讀例存疑(重刊本)》(臺北:中文研究資料中心研究資料叢書,1970),例285-33;吳壇編纂,馬建石、楊育棠校注,《大清律例通考校注》(北京:中國政法大學出版社,1992),頁785;《清會典事例》,北京:中華書局,1991,801/768-769。

附錄 C　強迫守志寡婦再嫁的刑罰

C.1.《大清律例》中關於強嫁的本例[2]

>……其孀婦自願守志，母家夫家搶奪強嫁，以致被汙者，祖父母、父母及夫之祖父母、父母，杖八十。期親尊屬尊長，杖七十，徒一年半。大功以下尊屬尊長，杖八十，徒二年。期親卑幼，杖一百，徒三年。大功以下卑幼，杖九十，徒二年半。娶主不知情，不坐。知情同搶，照強娶笞五十律加三等，杖八十。未致被汙者，父母翁姑親屬娶主，各減一等，婦女均聽回守志。如婦女自願完娶者，照律聽其完聚。財禮入官，親屬照律分別擬杖。若孀婦不甘失節，因而自盡者，不論已未被汙，祖父母、父母，夫之祖父母、父母，杖一百，徒三年。期親尊屬尊長，杖一百，流二千里。功服，杖一百，流二千五百里。緦麻，杖一百，流三千里。緦麻卑幼，發邊遠充軍。功服，發極邊充軍。期親，擬絞監候。娶主知情同搶，致令自盡者，以為從論，各減親屬罪一等。*若婦女自願完娶，覆因他故自盡者，仍按服制，照律科以強嫁之罪，不在此例。*若婦人情願守志，別無主婚之人，如有用強求娶，逼受聘財，因而致令自盡者，發近邊充軍，仍追埋葬銀兩。其有因搶奪而取去財物，及殺傷人者，各照本律從其重者論。

說明：此例係制定於嘉慶六年（1801），乃是將一條前明舊例和乾隆五年（1740）的一條例予以合二為一併進一步予以完善。參見《清會典事例》（北京：中華書局，1991），756/335-336。

C.2. 因圖財而強迫守志孀婦再嫁

1. 婦人夫亡願守志，別無主婚之人，若有用強求娶，逼受聘財，因而致死者，依律（引者註：指「威逼人致死」律）問罪，追給埋葬銀兩，發邊衛充軍。[3]

---

[2] 薛允升，《讀例存疑（重刊本）》，例 105-01。
[3] 《大明律集解》（北京：中華書局，1991），卷 19，頁 37b。

說明：在清代早期，這一被保留在《大清律例》中「人命」門的明代舊例，被通過類比的方式，也用於懲處那些因圖聘財逼迫寡婦再嫁而致其自盡的家庭成員。例如《內閣刑科題本》，75/ 乾隆 4.5.30。

2. 若疏遠親屬圖財強賣者，均照例擬絞奏請。倘期功卑幼謀占資財、貪圖聘禮，將伯叔母、姑等尊屬用強搶賣者，擬斬監候。

說明：此條係於乾隆六年（1741）附請定例，並於乾隆八年（1743）館修入律。[4]

3. 凡謀占資財，貪圖聘禮，期功卑幼用強搶賣伯叔母姑等尊屬者，擬斬監候。期功卑幼搶賣兄妻、胞姊，及緦麻卑幼搶賣尊屬尊長，並疏遠無服親族，搶賣尊長、卑幼者，均擬絞監候。

如尊屬尊長圖財強賣卑幼，係期功，杖一百，流三千里。係緦麻，發附近充軍。

未成婚者，各減已成婚一等。若中途奪回，及娶主自行送回，未被姦汙者，均以未成婚論。

如婦女不甘失節，因而自盡者，期功以下卑幼及疏遠親族，仍照本例，分別斬絞監候，緦麻尊屬尊長亦擬絞監候。期功尊屬尊長，發近邊充軍。若已成婚，而婦女因他故自盡者，仍依圖財強嫁問擬，不在此例。

娶主知情，同搶及用財謀買者，各減正犯罪一等。不知者，不坐。如因家貧不能養贍，或慮不能終守，勸令改嫁，並非為圖財圖產起見，均仍照強嫁例定擬，不得濫引此例。

---

[4] 譯者注：英文原書此處稱「此例於乾隆六年（1741）被增入《大清律例》」。經查《大清律例通考》一書，吳壇針對此例所寫的按語為：「此條係乾隆六年六月刑部會同九卿議覆安徽巡撫陳大受具題強賣伯母之董官一案，附請定例。乾隆八年館修入律。」又，《讀例存疑》一書中此例後附的說明文字為：「此條係乾隆六年，安徽巡撫陳大受題強賣伯母之董宮一案，附請定例（與搶奪路行婦女原係一條，後將下一段摘出另為此例）。嘉慶六年修改。」參見吳壇，《大清律例通考》，頁450；薛允升，《讀例存疑》（重刊本），例112-04。綜上可知，此條係起因於乾隆六年六月刑部在會同九卿議覆安徽巡撫陳大受所具題的強賣伯母之董官一案時，向皇帝附請定例，後於乾隆八年正式入律。故在譯文中予以改正。

說明：此例係嘉慶六年（1801）對前述乾隆八年的例中所列的措施加以擴充，並將其替代。

附錄 D　呂坤的「禁諭樂戶」舉措

為禁約事，今將樂戶應禁事宜開列於後：

一、樂戶與民分良賤，難以入約，但無為首之人，私下其誰鈐制？凡州縣有籍樂人，亦選有身家公正、眾樂推服者二人為樂首，將概州縣樂戶造一簿籍，有司用印給發，聽其管理，不服者呈治。如有因而詐財者，許被害告發，坐贓問罪。

二、但有流來水戶在於地方惑誘良家者，許樂首稟官，趕逐出境。如有通同店主詐財、懼惡朦朧不報者，一體究罪。[5]

三、各樂戶家但有容留大戶[6]及賭博光棍面生可疑之人者，許樂首挨查稟官。違者，事發一例同罪。

四、祈報祭賽、敬事鬼神、祭奠喪門、哀痛死者，俱不許招集娼優，淫言褻語，以亂大禮。違者，招家與應招之人一體重治。

五、樂戶但有與老戶良民互罵同毆者，加倍問罪。情重者枷號。

六、娼婦不許與良家一樣妝束，及穿織金妝花補衣，戴金珠翡翠首飾。違者，盡追入官，變價充孤老布花之用。

七、娼婦所入之家，必有夫婦之禍。今後娼家婦女但有在於良民之家經宿住留及包占者，除將容留者升戶二則、罰穀三十石輸邊外，娼婦重加拶打。樂首不舉者，重責枷號問罪。其以禮聘娶從良者，聽從其便，不許一概攀擾。

---

[5] 劃橫線部分文字的日文翻譯以及對其的討論，參見寺田隆信，〈雍正帝の賤民開放令について〉，《東洋史研究》，第 18 卷第 3 號（1959），頁 126–127。

[6] 關於「大戶」，參見 Leif Littrup, *Subbureaucratic Government in China in Ming Times: A Study of Shandong Province in the Sixteenth Century* (Oslo: Universitetsforlaget, 1981).

八、樂戶買良，及勾引良家婦女暗行淫邪，除依律問罪外，仍加責枷號。

九、原籍良民夫婦不才，甘心賣姦度日者，辱祖羞親，最為無恥。見官樂戶叩頭傍坐，訶罵不許還口，以示激改之意。凡犯到官，比官樂加倍重處。

十、樂工之家擅用銅鑼鼓響器，送字型大小軸帳，及用圍裙坐褥者，枷號重責。

十一、樂工有地者，既納糧差，又朝賀祭祀接官，一歲在官，不減一月，原無工食，丁銀免出。蓋下三則人戶，力差銀差，二者無並出之法也。

說明：上述規條，出自呂坤在16世紀90年代擔任山西巡撫時為鄉約所擬定的教諭內容。

參見呂坤，《呂公實政錄》（臺北：文史哲出版社，1971），卷4，頁87a–89a。亦可參見Joanna F. Handlin, *Action in Late Ming Thought: The Reorientation of Lü K'un and Other Scholar-Officials* (Berkeley, CA: University of California Press, 1983); L. Carrington Goodrich, ed., *Dictionary of Ming Biography* (New York: Columbia University Press, 1976), p. 1007; Anders Hansson, *Chinese Outcasts: Discrimination and Emancipation in Late Imperial China* (Leiden: E. J. Brill, 1996), pp. 65–71; Leif Littrup, *Subbureaucratic Government in China in Ming Times: A Study of Shandong Province in the Sixteenth Century* (Oslo: Universitetsforlaget, 1981), pp. 165–168.

參考文獻

一、傳統文獻

〔清〕張廷玉等,《明史》,中央研究院「漢籍電子文獻資料庫──二十五史」檢索,http://hanji.sinica.edu.tw

〔北齊〕魏收,《魏書》,中央研究院「漢籍電子文獻資料庫──二十五史」檢索,http://hanji.sinica.edu.tw

〔明〕宋濂,《元史》,中央研究院「漢籍電子文獻資料庫──二十五史」檢索,http://hanji.sinica.edu.tw

〔梁〕沈約,《宋書》,中央研究院「漢籍電子文獻資料庫──二十五史」檢索,http://hanji.sinica.edu.tw

〔元〕脫脫等,《遼史》,中央研究院「漢籍電子文獻資料庫──二十五史」檢索,http://hanji.sinica.edu.tw

趙爾巽等,《清史稿》,中央研究院「漢籍電子文獻資料庫──二十五史」檢索,http://hanji.sinica.edu.tw

〔東漢〕許慎,《說文解字》,北京:中華書局,1994。

〔明〕馮夢龍,《情史》,上海:上海古籍出版社,1990。

〔明〕顧應祥等撰,《問刑條例》,明代嘉靖年間刻本。

〔明〕焦竑,《國朝獻徵錄》,臺北:明文書局,1991。

〔明〕陸容,《菽園雜記》,臺北:臺灣商務印書館,1965。

〔明〕呂坤,《呂公實政錄》,臺北:文史哲出版社,1971。

〔明〕梅鼎祚纂輯,《繪圖青泥蓮花記》,北京:自強書局,1910。

〔明〕沈德符,《萬曆野獲編》,臺北:藝文出版社,1976。

〔明〕謝肇淛,《五雜俎》,上海:中華書局,1959。

〔明〕徐復祚,《紅梨記》,臺北:臺灣開明書店,1970。

〔明〕張肯堂,《㘅辭》,臺北:臺灣學生書局,1969。

〔清〕包世臣,《安吳四種》,臺北:文海出版社,1968。

〔清〕剛毅,《秋讞輯要》,臺北:文海出版社,1968,據1889年版影印。

〔清〕黃六鴻著,小畑行簡訓點,山根幸夫解題索引,《福惠全書》,東京:汲古書院,1973。

〔清〕紀昀等撰,《歷代職官表》,上海:上海古籍出版社,1989。
〔清〕李漁編,《資治新書》,清康熙六年(1667)序刊本,加利福尼亞大學洛杉磯分校東亞圖書館藏影印本。
〔清〕林恩綬輯,《秋審實緩比較成案》,清光緒二年(1876)刻本,現藏斯坦福大學胡佛研究所(Hoover Institute)。
〔清〕呂芝田,《律法須知》,桂垣書局光緒十九年(1893)印行,據嘉慶八年(1803)版本,現藏斯坦福大學胡佛研究所(Hoover Institute)。
〔清〕阮福,《孝經義疏補》,臺北:臺灣商務印書館,1966。
〔清〕沈家本,《歷代律令》,臺北:臺灣商務印書館,1976。
〔清〕汪輝祖,《汪龍莊遺書》,臺北:華文書店,1970。
〔清〕汪景祺,《讀書堂西征隨筆》,香港:龍門書店,1967。
〔清〕吳壇編纂,馬建石、楊育棠校注,《大清律例通考校注》,北京:中國政法大學出版社,1992。
〔清〕薛允升著,黃靜嘉點校,《讀例存疑》(重刊本),臺北:中文研究資料中心研究資料叢書,1970。(引用該書所收錄的律、例和薛允升所撰的「謹按」時,皆採用黃靜嘉所添加的現代數位編號)
〔清〕薛允升,《唐明律合編》,北京:中國書店,1990。
〔清〕薛允升鑒定,〔清〕吳潮、何錫儼匯纂,《刑案匯覽續編》,臺北:文海出版社,1970。
〔清〕姚潤等編,《大清律例增修統纂集成》,清光緒四年(1878)重刊本,現藏加利福尼亞大學洛杉磯校區東亞圖書館。
〔清〕姚雨薌等編,《大清律例會通新纂》,臺北:文海出版社,1987。
〔清〕俞正燮,《癸巳類稿》,臺北:世界書局,1964。
〔清〕趙翼,《陔餘叢考》,上海:商務印書館,1957。
〔清〕祝慶祺、鮑書芸編,《續增刑案匯覽》,臺北:文海出版社,1970。
〔宋〕周密,《癸辛雜識》,收入《欽定四庫全書》第1040冊,上海:上海古籍出版社,1987。
〔宋〕朱彧,《萍洲可談》,收入《欽定四庫全書》第1040冊,上海:上海古籍出版社,1987。
〔唐〕賈公彥,《周禮注疏》,臺北:中華書局,1966。
〔清〕祝慶祺、〔清〕鮑書芸編,《刑案匯覽》,清道光十四年(1834)〔?〕刊本,現藏加利福尼亞大學洛杉磯分校東亞圖書館。
《清會典》,北京:中華書局,1991。
《(光緒朝)清會典事例》,北京:中華書局,1991。

《巴縣檔案》，成都：四川檔案館藏。

《大明律集解》，北京：中華書局，1991。

《大清歷朝實錄・世宗憲皇帝實錄》

《淡水廳－新竹縣檔案》，加利福尼亞大學洛杉磯分校東亞圖書館館藏微卷。（引用時採用戴炎輝所添加的現代數位編號）

《皇朝經世文編》，臺北：國風出版社，1963。

《金瓶梅詞話（萬曆年間版）》，香港：香港太平書局，1988。

《名公書判清明集》，北京：中華書局，1987。

《明會典》，北京：中華書局，1988。

《內閣刑科題本》，北京：中國第一歷史檔案館藏。（引用順治朝和雍正朝的案件時，標注微卷的編號和案件發生的日期，這兩朝的所有案件均選取自「刑罰」類；引用乾隆朝、嘉慶朝和道光朝的案件在時，標注卷宗號和題本上所寫的日期，所有案件均選取自「婚姻姦情」類）

《清代巴縣檔案彙編（乾隆卷）》，北京：檔案出版社，1991。

《慶元條法事類》，北京：中國書店，1990。

《順天府檔案》，北京：中國第一歷史檔案館藏。（引用的所有案件，均選取自《順天府檔案》的「婚姻、姦情和家庭糾紛」類；引用時標注卷宗號和該卷宗中時間最早的檔案文書的陰曆日期）

《宋刑統》，北京：中國書店，1990。

《唐律疏議》，北京：中國書店，1990。

《小爾雅》，臺北：藝文印書館，1965。

《刑部檔》，北京：中國第一歷史檔案館藏。（所引案件均為來自京師、分發刑部不同的清吏司負責處理的「現審」案件；每件案件均以負責處理的清吏司的名字〔例如廣東司、奉天司、江蘇司、四川司、直隸司〕和案卷編號標注）

《刑台法律》，北京：中國書店，1990。

《元典章》，北京：中國書店，1990。

張偉仁主編，《中央研究院歷史語言研究所現存清代內閣大庫原藏明清檔案》，臺北：中央研究院歷史語言研究所，1986–1995。（引用時採用整理者添加的檔案編號）

不著撰人，《法林照天燭》，明刻本，現藏美國國會圖書館。

荻生徂徠，《明律國字解》，東京：創文社，1989。

黃彰健編著，《明代律例彙編》，臺北：中央研究院歷史語言研究所，1979。

二、近人論著與工具書

（一）中文文獻

《中文大辭典》，臺北：中華學術院，1976。
《辭海》，臺北：中華書局，1978。
小竹文夫，〈清代旌表考〉，畢任庸譯，《人文月刊》，第 7 卷第 1 號（1936）。
王利器輯錄，《元明清三代禁毀小說戲曲史料》，上海：上海古籍出版社，1981。
王書奴，《中國娼妓史》，上海：上海三聯書店，1988（據 1935 年版重刊）。
四川省檔案館編，《四川省檔案館館藏檔案概述》，成都：四川省社會科學院出版社，1988。
任騁，《中國民間禁忌》，北京：作家出版社，1991。
李夢生，《中國禁毀小說百話》，上海：上海古籍出版社，1994。
那思陸，《清代中央司法審判制度》，臺北：文史哲出版社，1992。
邱遠猷，《太平天國法律制度研究》，北京：北京師範學院出版社，1991。
韋慶遠、吳奇衍、魯素編著，《清代奴婢制度》，北京：中國人民大學出版社，1982。
高洪興等主編，《婦女風俗考》，上海：上海文藝出版社，1991。
高潮、馬建石主編，《中國古代法學辭典》，天津：南開大學出版社，1989。
張晉藩、郭成康，《清入關前國家法律制度史》，瀋陽：遼寧人民出版社，1988。
張晉藩、王志剛、林中，《中國刑法史新論》，北京：人民法院出版社，1992。
梁其姿，〈「貧窮」與「窮人」觀念在中國俗世社會中的歷史變遷〉，黃應貴主編，《人觀、意義與社會》，臺北：中央研究院民族學研究所，1993。
陳寶良，《中國流氓史》，北京：中國社會科學出版社，1993。
曾鐵忱，〈清代之旌表制度〉，《中國社會》，第 1 卷第 5 期（1935），後收入高洪興等主編，《婦女風俗考》，上海：上海文藝出版社，1991。
經君健，〈試論清代等級制度〉，《中國社會科學》，1980 年第 6 期。
經君健，《清代社會的賤民等級》，杭州：浙江人民出版社，1993。
劉紀華，〈中國貞節觀念的歷史演變〉，《社會學界》，第 8 期（1934），後收入高洪興等主編，《婦女風俗考》，上海：上海文藝出版社，1991。
劉殿爵（D. C. Lau）主編，《尚書大傳逐字索引》，香港：香港商務印書館，1994。
戴偉，《中國婚姻性愛史稿》，北京：東方出版社，1992。
瀧川龜太郎，《史記會注考證》，臺北：洪氏出版社，1983（據 1932–1934 年版重印）。

譚其驤主編，《中國歷史地圖集》（第 7 冊），上海：地圖出版社，1982。
嚴明，《中國名妓藝術史》，臺北：文津出版社，1992。

（二）日文文獻

Matthew H. Sommer，〈晚期帝制中國法における売春：十八世紀における身分パフォーマンスからの離脱〉，《中國──社會と文化》，第 12 號（1997），頁 294–328。

小川陽一，〈姦通は存ぜ罪悪か：三言二拍のばあい〉，《集刊東洋學》，第 29 號（1973）。

仁井田陞，《中國法制史研究》，3 卷本，東京：東京大學出版會，1962。

仁井田陞，《支那身分法史》，東京：座右寶刊行會，1943/1983。東京大學出版會重刊為《中國身分法史》三冊。

夫馬進，〈清代の恤嫠會と清節堂〉，《京都大學文學部研究紀要》，第 30 號（1991）。

夫馬進，〈中國明清時代における寡婦の地位と強制再婚の風習〉，收入前川和也編，《家族、世代、家門工業化以前の世界から》，京都：ミネルバ書房，1993。

寺田隆信，〈雍正帝の賤民開放令について〉，《東洋史研究》，第 18 卷第 3 號（1959）。

東川德治，《中國法制大辭典》，東京：燎原出版社，1929/1979 再版。

滋賀秀三，《中國家族法の原理》，東京：創文社，1967。

滋賀秀三，《清代中國の法と裁判》，東京：創文社，1984。

臨時臺灣舊慣調查會，《清國行政法》（七卷本），臺北：南天書局，1989，據日文本影印。

（三）英文文獻

"Symposium: 'Public Sphere'/'Civil Society' in China?" *Modern China*, vol. 19, No. 2 (1993).

Allee, Mark A. (艾馬克) Law and Local Society in Late Imperial China: Northern Taiwan in the Nineteenth Century, Stanford, CA: Stanford University Press, 1994.（此書的中譯本為〔美〕艾馬克，王興安譯，《十九世紀的北部臺灣：晚清中國的法律與地方社會》，臺北：播種者文化有限公司，2003）

Bartlett, Beatrice S. (白彬菊) Monarchs and Ministers: The Grand Council in Mid-Ch'ing

China, 1723–1820, Berkeley, CA: University of California Press, 1991.（此書的中譯本為〔美〕白彬菊，董建中譯，《皇帝與大臣：清中期的軍機處（1723–1820）》，北京：中國人民大學出版社，2017）

Berman, Harold J. *Law and Revolution: The Formation of the Western Legal Tradition*, Cambridge, MA: Harvard University Press, 1983.（此書的中譯本為〔美〕伯爾曼，賀衛方、高鴻鈞、張志銘、夏勇譯，《法律與革命——西方法律傳統的形成》，北京：中國大百科全書出版社，1993）

Bernhardt, Kathryn (白凱). "A Ming-Qing Transition in Chinese Women's History? The Perspective from Law." In G. Hershatter (賀蕭) et al., eds., *Remapping China: Fissures in Historical Terrain*, Stanford, CA: Stanford University Press, 1996.（此文的中譯版為〔美〕白凱，〈中國婦女史中的明清之際轉型？來自法律角度的檢視〉，載〔美〕黃宗智、尤陳俊主編，《歷史社會法學：中國的實踐法史與法理》，北京：法律出版社，2014）

Blond, Neil C. et al., *Blond's Criminal Law*, New York: Sulzburger and Graham Publishing Ltd., 1991.

Bodde, Derk (蔔德) and Clarence Morris, *Law in Imperial China, Exemplified by 190 Ch'ing Dynasty Cases*, Cambridge, MA: Harvard University Press, 1967.（此書的中譯本為〔美〕布迪、〔美〕莫里斯，朱勇譯，《中華帝國的法律》，南京：江蘇人民出版社，1995）

Boswell, John. *Christianity, Social Tolerance, and Homosexuality: Gay People in Western Europe from the Beginning of the Christian Era to the Fourteenth Century*, Chicago, IL: University of Chicago Press, 1980.

Boswell, John. "Categories, Experience, and Sexuality." In E. Stein, ed., *Forms of Desire: Sexual Orientation and the Social Constructionist Controversy*, New York: Routledge, 1992.

Bourdieu, Pierre. "Marriage Strategies as Strategies of Social Reproduction." In R. Forster and O. Ranum, eds., *Family and Society: Selections from the Annales*, Baltimore and London: Johns Hopkins University Press, 1976.

Bourdieu, Pierre. *The Logic of Practice*, Stanford, CA: Stanford University Press, 1990.（此書的中譯本為〔法〕布迪厄，蔣梓驊譯，《實踐感》，南京：譯林出版社，2003）

Bray, Francesca (白馥蘭). Technology and Gender: Fabrics of Power in Late Imperial China, Berkeley, CA: University of California Press, 1997.（此書的中譯本為〔美〕白馥蘭，江湄、鄧京力譯，《技術與性別：晚期帝制中國的權力經緯》，南京：江蘇人民出版社，2006）

Brown, Judith C. *Immodest Acts: The Life of a Lesbian Nun in Renaissance Italy*, Oxford:

Oxford University Press, 1986.

Brundage, James A. *Law, Sex, and Christian Society in Medieval Europe*, Chicago, IL: University of Chicago Press, 1987.

Brunnert, H. S. and V. V. Hagelstrom, *Present Day Political Organization of China*, Shanghai: no publisher (Taiwan reprint), 1912.

Butler, Judith. *Gender Trouble: Feminism and the Subversion of Identity*, New York: Routledge, 1990.

Buxbaum, David C. (包恒) "Some Aspects of Civil Procedure and Practice at the Trial Level in Tanshui and Hsinchu from 1789 to 1895." *Journal of Asian Studies*, vol. 30, no. 2 (1971).

Byron, John. *Portrait of a Chinese Paradise: Erotic and Sexual Customs of the Late Qing Period*, London: Quartet Books, 1987.

Carlitz, Katherine (柯麗德). "Desire, Danger, and the Body: Stories of Women's Virtue in Late Ming China." In C. Gilmartin et al., eds., *Engendering China: Women, Culture, and the State*, Cambridge, MA: Harvard University Press, 1994.

Ch'ü T'ung-tsu (瞿同祖). *Law and Society in Traditional China*, Paris: Mouton and Co., 1965.

Chen Chang Fu-mei (陳張富美). "The Influence of Shen Chih-ch'i's Chi-Chu Commentary Upon Ch'ing Judicial Decisions." In J. Cohen (孔傑榮) et al., eds., *Essays on China's Legal Tradition*, Princeton, NJ: Princeton University Press, 1980.（此書的中譯本為〔美〕孔傑榮、〔美〕愛德華、陳張富美編，中國政法大學法律史學研究院譯，《中國法律傳統論文集》，北京：中國政法大學出版社，2015）

Chin, Pa (巴金). *Family* (家), trans. by S. Shapiro, Boston, MA: Cheng and Tsui, 1972.

Clarke, John R. *Looking at Lovemaking: Constructions of Sexuality in Roman Art, 100 B.C.–A.D. 250*, Berkeley, CA: University of California Press, 1998.

Cohen, Paul A. (柯文) *Discovering History in China: American Historical Writing on the Recent Chinese Past*, New York: Columbia University Press, 1984.（此書的中譯本為〔美〕柯文，林同奇譯，《在中國發現歷史：中國中心觀在美國的興起》，北京：中華書局，1989）

Conner, Alison W. (康雅信) "The Law of Evidence during the Qing Dynasty." Ph.D. dissertation, Cornell University, Ithaca, NY, 1979.

Davis, Fei-ling. *Primitive Revolutionaries of China: A Study of Secret Societies in the Late Nineteenth Century*, Honolulu, HI: The University Press of Hawaii, 1977.

Davis, Natalie Z. *Fiction in the Archives: Pardon Tales and Their Tellers in Sixteenth-Century France*, Stanford, CA: Stanford University Press, 1987.（此書的中譯本為

〔美〕娜塔莉・澤蒙・大衛斯，饒佳榮、陳瑤譯，《檔案中的虛構：16世紀法國的赦罪故事及故事的講述者》，北京：北京大學出版社，2015）

Dennerline, Jerry (鄧爾麟). "Marriage, Adoption, and Charity in the Development of Lineages in Wu-hsi from Sung to Ch'ing." In P. Ebrey (伊沛霞) and J. Watson (華琛), eds., *Kinship Organization in Late Imperial China, 1000–1940*, Berkeley, CA: University of California Press, 1986.

Diamond, Norma (戴瑙瑪). "The Miao and Poison: Interactions on China's Southwest Frontier." *Ethnology*, vol. 27, no. 1 (1988).

Dikötter, Frank (馮客). *Sex, Culture, and Modernity in China: Medical Science and the Construction of Sexual Identities in the Early Republican Period*, Honolulu, HI: University of Hawai'i Press, 1995.

Dull, Jack L. (杜敬軻) "Marriage and Divorce in Han China: A Glimpse at 'Pre-Confucian' Society." In D. Buxbaum (包恒), ed., *Chinese Family Law and Social Change in Historical and Comparative Perspective*, Seattle, WA: University of Washington Press, 1978.

Ebrey, Patricia B. (伊佩霞) "The Early Stages of Development in Descent Group Organization." In P. Ebrey and J. Watson, eds., *Kinship Organization in Late Imperial China, 1000–1940*, Berkeley, CA: University of California Press, 1986.

Ebrey, Patricia B. (伊佩霞), ed., *Chinese Civilization: A Sourcebook*, New York: Free Press, 1993.

Ebrey, Patricia B. (伊佩霞), *The Inner Quarters: Marriage and the Lives of Chinese Women in the Sung Period*, Berkeley, CA: University of California Press, 1993.（此書的中譯本為〔美〕伊佩霞，胡志宏譯，《內闈：宋代婦女的婚姻和生活》，南京：江蘇人民出版社，2006）

Edwards, Louise P. (李木蘭) *Men and Women in Qing China: Gender in The Red Chamber Dream*, Leiden: E. J. Brill, 1994.

Elman, Benjamin (艾爾曼). "'Where Is King Ch'eng?' Civil Examinations and Confucian Ideology During the Early Ming, 1368–1415." *T'oung Pao*, vol. 79 (1993), pp. 23–68.

Elvin, Mark (伊懋可). "Female Virtue and the State in China." *Past and Present*, vol. 104 (1984).

Foucault, Michel. *The History of Sexuality: An Introduction*, New York: Random House, Inc., 1978.（此書的中譯本為〔法〕福柯，佘碧平譯，《性經驗史》（第1卷），上海：上海人民出版社，2016）

Friedman, Edward et al., *Chinese Village, Socialist State*, New Haven, CT: Yale University

Press, 1991.（此書的中譯本為〔美〕弗裡曼等著，陶鶴山譯，《中國鄉村，社會主義國家》，北京：社會科學文獻出版社，2002）

Furth, Charlotte (費俠莉). "Androgynous Males and Deficient Females: Biology and Gender Boundaries in Sixteenth-and Seventeenth-Century China." *Late Imperial China*, vol. 9, no. 2 (1988), pp. 1–31.

Furth, Charlotte (費俠莉). "The Patriarch's Legacy: Household Instructions and the Transmission of Orthodox Values." In K. C. Liu（劉廣京）, ed., *Orthodoxy in Late Imperial China*, Berkeley, CA: University of California Press, 1990.

Furth, Charlotte (費俠莉). "Book Review: Bret Hinsch, Passions of the Cut Sleeve: The Male Homosexual Tradition in China." *Journal of Asian Studies*, vol. 50, no. 4 (1991), pp. 911–912.

Furth, Charlotte (費俠莉). "Rethinking Van Gulik: Sexuality and Reproduction in Traditional Chinese Medicine." In C. Gilmartin et al., eds., *Engendering China: Women, Culture, and the State*, Cambridge, MA: Harvard University Press, 1994.

Ginzburg, Carlo. *The Night Battles: Witchcraft and Agrarian Cults in the Sixteenth and Seventeenth Centuries*, Baltimore, MD: Johns Hopkins University Press, 1983.（此書的中譯本為〔義〕卡洛・金斯伯格，朱歌姝譯，《夜間的戰鬥：16、17 世紀的巫術和農業崇拜》，上海：上海人民出版社，2005）

Goodrich, L. Carrington (富路特), ed., *Dictionary of Ming Biography*, New York: Columbia University Press, 1976.（此書的中譯本為〔美〕富路特等編，《明代名人傳》，北京：北京時代華文書局，2015）

Gronewald, Sue. *Beautiful Merchandise: Prostitution in China, 1860–1936*, New York: Harrington Park Press, 1985.

Guy, R. Kent (蓋博堅). *The Emperor's Four Treasuries: Scholars and the State in the Late Ch'ien-lung Era*, Cambridge, MA: Council on East Asian Studies, Harvard University, 1987.

Halperin, David M. "Is There a History of Sexuality?" in H. Abelove, et al., eds., *The Lesbian and Gay Studies Reader*, New York: Routledge, 1993.

Handlin, Joanna F. (韓德林) *Action in Late Ming Thought: The Reorientation of Lü K'un and Other Scholar-Officials*, Berkeley, CA: University of California Press, 1983.

Hansson, Anders (韓安德). *Chinese Outcasts: Discrimination and Emancipation in Late Imperial China*, Leiden: E. J. Brill, 1996.

Harrell, Stevan (郝瑞), ed., *Chinese Historical Microdemography*, Berkeley, CA: University of California Press, 1995.

Hershatter, Gail (賀蕭). "Sexing Modern China." In G. Hershatter et al., eds., *Remapping

China: Fissures in Historical Terrain, Stanford, CA: Stanford University Press, 1996.

Hershatter, Gail（賀蕭）. Dangerous Pleasures: Prostitution and Modernity in Twentieth-Century Shanghai, Berkeley, CA: University of California Press, 1997.（此書的中譯本為〔美〕賀蕭，韓敏中、盛甯譯，《危險的愉悅：20世紀上海的娼妓問題與現代性》，南京：江蘇人民出版社，2003）

Hinsch, Bret（韓獻博）. Passions of the Cut Sleeve: The Male Homosexual Tradition in China, Berkeley, CA: University of California Press, 1990.

Ho Ping-ti（何炳棣）. Studies in the Population of China, Cambridge, MA: Harvard University Press, 1959.（此書的中譯本〔美〕何炳棣，《明初以降人口及其相關問題，1368–1953》，北京：生活・讀書・新知三聯書店，2000）

Holmgren, Jennifer. "The Economic Foundations of Virtue: Widow Remarriage in Early and Modern China." The Australian Journal of Chinese Affairs, vol. 13 (1985), pp. 1–27.

Howard, Paul W. "Opium Suppression in Qing China: Responses to a Social Problem, 1729–1906." Ph.D. dissertation, University of Pennsylvania, 1998.

Huang Liu-hung（黃六鴻）. A Complete Book Concerning Happiness and Benevolence: A Manual for Local Magistrates in Seventeenth-Century China（福惠全書）. Trans. and ed. By Djang Chu（章楚）, Tucson, AZ: University of Arizona Press, 1984.

Huang, Philip C. C.（黃宗智）Civil Justice in China: Representation and Practice in the Qing, Stanford, CA: Stanford University Press, 1996.（此書的中譯本為〔美〕黃宗智，《清代的法律、社會與文化：民法的表達與實踐》，上海：上海書店出版社，2001）

Huang, Philip C. C.（黃宗智）"County Archives and the Study of Local Social History: Report on a Year's Research in China." Modern China, vol. 8, no. 1 (1982).

Huang, Philip C. C.（黃宗智）The Peasant Economy and Social Change in North China, Stanford, CA: Stanford University Press, 1985.（此書的中譯本為〔美〕黃宗智，《華北的小農經濟與社會變遷》，北京：中華書局，1986）

Huang, Philip C. C.（黃宗智）The Peasant Family and Economic Development in the Yangzi Delta, 1350–1988, Stanford, CA: Stanford University Press, 1990.（此書的中譯本為〔美〕黃宗智，《長江三角洲小農家庭與鄉村發展》，北京：中華書局，1992）

Huang, Philip C. C.（黃宗智）"The Paradigmatic Crisis in Chinese Studies: Paradoxes in Social and Economic History." Modern China, vol. 17, no. 3 (1991).（此文的中譯版為〔美〕黃宗智，《中國研究的規範認識危機──社會經濟史中的悖論現象》，收入〔美〕黃宗智，《長江三角洲小農家庭與鄉村發展》，北京：中華書局，1992）

Huang, Philip C. C.(黃宗智)"Between Informal Mediation and Formal Adjudication: The Third Realm of Qing Civil Justice." *Modern China*, vol. 19, no. 3 (1993).(此為中譯版為〔美〕黃宗智,《介於民間調解與官方審判之間:清代糾紛處理中的第三領域》,〔美〕黃宗智、尤陳俊主編,《歷史社會法學:中國的實踐法史與法理》,北京:法律出版社,2014)

Huang, Philip C. C.(黃宗智)"Codified Law and Magisterial Adjudication in the Qing." In K. Bernhardt(白凱)and Philip C. C. Huang(黃宗智), eds., *Civil Law in Qing and Republican China*, Stanford, CA: Stanford University Press, 1994.

Hucker, Charles O.(賀凱)*A Dictionary of Official Titles in Imperial China*, Stanford, CA: Stanford University Press, 1985.(此書另有〔美〕賀凱,《中國古代官名辭典(英文影印版)》,北京:北京大學出版社,2008)

Hucker, Charles O.(賀凱)China's Imperial Past: An Introduction to Chinese History and Culture, Stanford, CA: Stanford University Press, 1975.

Hulsewé, A. F. P.(何四維)*Remnants of Ch'in Law: An Annotated Translation of the Ch'in Legal and Administrative Rules of the 3rd Century B.C. Discovered in Yun-meng Prefecture, Hu-pei Province, in 1973*, Leiden: E. J. Brill, 1985.

Humana, Charles and Wang Wu, *The Chinese Way of Love*, Hong Kong: CFW Publications, 1982.

Hummel, Arthur W.(恒慕義), ed., *Eminent Chinese of the Ch'ing Period*, Taipei: Cheng Wen Pub. Co, 1970.

Hunt, Lynn A. "The Challenge of Gender: Deconstruction of Categories and Reconstruction of Narrative in Gender History." In H. Medick and A. Trapp, eds., *Geschlechtergeschichte und Allgemeine Geschichte: Herausforderungen und Perspektiven*, Göttingen: Wallstein Verlag, 1998.

Ingram, Martin. *Church Courts, Sex and Marriage in England, 1570–1640*, Cambridge, MA: Cambridge University Press, 1987.

Jaschok, Maria. *Concubines and Bondservants: A Social History*, London: Zed Books Ltd., 1988.

Johnson, Kay Ann. *Women, the Family, and Peasant Revolution in China*, Chicago, IL: University of Chicago Press, 1983.

Johnson, Wallace (莊為斯). *The T'ang Code: Volume I—General Principles*, Princeton, NJ: Princeton University Press, 1979.

Johnson, Wallace (莊為斯). *The T'ang Code: Volume II—Specific Articles*, Princeton, NJ: Princeton University Press, 1997.

Jones, William C. (鐘威廉), trans. with the assistance of Tianquan Cheng (程天權) and

Yongling Jiang (薑永琳), *The Great Qing Code*, New York: Oxford University Press, 1994.

Junjian, Jing (經君健). "Legislation Related to the Civil Economy in the Qing Dynasty." Trans. by M. Sommer, in K. Bernhardt (白凱) and Philip C. C. Huang (黃宗智), eds., *Civil Law in Qing and Republican China*, Stanford, CA: Stanford University Press, 1994.

Kahn, Harold L. (康無為) *Monarchy in the Emperor's Eyes: Image and Reality in the Ch'ien-lung Reign*, Cambridge, MA: Harvard University Press, 1971.

Karasawa, Yasuhiko (唐澤靖彥). "Between Speech and Writing: Textuality of the Written Record of Oral Testimony in Qing Legal Cases." Unpublished seminar paper, 1992.

Karasawa, Yasuhiko (唐澤靖彥). "Composing the Narrative: A Preliminary Study of Plaints in Qing Legal Cases." Presented at the conference on Code and Practice in Qing and Republican Law, University of California, Los Angeles, 1993.

Ko, Dorothy (高彥頤). "The Complicity of Women in the Qing Good Woman Cult." 載《近世家族與政治比較歷史論文集》（上冊），臺北：中央研究院近代史研究所，1992。

Ko, Dorothy (高彥頤). *Teachers of the Inner Chambers: Women and Culture in Seventeenth-Century China*, Stanford, CA: Stanford University Press, 1994.（此書的中譯本為〔美〕高彥頤，李志生譯，《閨塾師：明末清初江南的才女文化》，南京：江蘇人民出版社，2005）

Kuhn, Philip A. (孔飛力) "Chinese Views of Social Classification." In J. Watson, ed., *Class and Social Stratification in Post-Revolution China*, Cambridge, MA: Cambridge University Press, 1984.

Kuhn, Philip A. (孔飛力) *Soulstealers: The Chinese Sorcery Scare of 1768*, Cambridge, MA: Harvard University Press, 1990.（此書的中譯本為〔美〕孔飛力，陳兼、劉昶譯，《叫魂：1768年中國妖術大恐慌》，北京：生活・讀書・新知三聯書店，2012）

Lee, James (李中清) and Robert Y. Eng, "Population and Family History in Eighteenth-Century Manchuria: Preliminary Results from Daoyi, 1774–1798." *Ch'ing-shih wen-t'i*, Vol. 5, No. 1 (1984), pp. 1–55.

Legge, James (理雅各), trans., *The Works of Mencius*, New York: Dover Publications, Inc., 1970（據1895年版重印）.

Leung, Angela (梁其姿). "To Chasten Society: The Development of Widow Homes in the Qing, 1773–1911." *Late Imperial China*, vol. 14, no. 2 (1993).

Levy, Howard. *Chinese Footbinding: The History of a Curious Erotic Custom*, New York:

Walton Rawls, 1966.

Li, Lillian（李明珠）. "Life and Death in a Chinese Famine: Infanticide as a Demographic Consequence of the 1935 Yellow River Flood." *Comparative Studies in Society and History*, vol. 33, no. 3 (1991), pp. 466–510.

Li, Wai-yee (李惠儀). "The Late Ming Courtesan: Invention of a Cultural Ideal." In E. Widmer (魏愛蓮) and K. Sun Chang (孫康宜), eds., *Writing Women in Late Imperial China*, Stanford, CA: Stanford University Press, 1997.

Littrup, Leif（李來福）. *Subbureaucratic Government in China in Ming Times: A Study of Shandong Province in the Sixteenth Century*, Oslo: Universitetsforlaget, 1981.

MacKinnon, Catharine A. *Toward a Feminist Theory of the State*, Cambridge, MA: Harvard University Press, 1989.

Sir Maine, Henry S. *Ancient Law, Tucson: University of Arizona Press*, 1986（據 1864 年版重印）.（此書的中譯本為〔英〕梅因，沈景一譯，《古代法》，北京：商務印書館，1959）

Mann, Susan (曼素恩). "Historical Change in Female Biography from Song to Qing Times: The Case of Early Qing Jiangnan (Jiangsu and Anhui Provinces)." Presented at Transactions of the International Conference of Orientalists in Japan, vol. 30 (1985), pp. 65–77.

Mann, Susan (曼素恩). "Widows in the Kinship, Class, and Community Structures of Qing Dynasty China." *Journal of Asian Studies*, Vol. 46, No. 1 (1987), pp. 37–56.

Mann, Susan (曼素恩). "Grooming a Daughter for Marriage: Brides and Wives in the Mid-Qing Period." In R. Watson and P. Ebrey, eds., *Marriage and Inequality in Chinese Society*, Berkeley, CA: University of California Press, 1991.

Mann, Susan（曼素恩）. "Suicide and Survival: Exemplary Widows in the Late Empire." 載《柳田節子先生古稀紀念：中國伝統の社會と家族》，東京：汲古書社，1993，頁 23–39。

Mann, Susan（曼素恩）. *Precious Records: Women in China's Long Eighteenth Century*, Stanford, CA: Stanford University Press, 1997.（此書的中譯本為〔美〕曼素恩，定宜莊、顏宜葳譯，《綴珍錄：十八世紀及其前後的中國婦女》，南京：江蘇人民出版社，2005）

Mark Edward Lewis（陸威儀）. *Sanctioned Violence in Early China*, Albany, NY: State University New York Press, 1990.

Mathews' Chinese-English Dictionary (Revised American Edition), Cambridge, MA: Harvard-Yenching Institute, 1975.

McLeod, Katrina C. D. and Robin D. S. Yates (葉山). "Forms of Ch'in Law: An Annotated

Translation of the Feng-chen shih." *Harvard Journal of Asiatic Studies*, vol. 41, no. 1 (1981), pp.111–163.

McMahon, Keith（馬克夢）. *Causality and Containment in Seventeenth Century Chinese Fiction*, Leiden: Brill, 1988.

McMahon, Keith (馬克夢). *Misers, Shrews, and Polygamists: Sexuality and Male-Female Relations in Eighteenth-Century Chinese Fiction*, Durham and London: Duke University Press, 1995.（此書的中譯本為〔美〕馬克夢，王維東、楊彩霞譯，《吝嗇鬼、潑婦、一夫多妻者：十八世紀中國小說中的性與男女關係》，北京：人民文學出版社，2001）

Meijer, Marinus J. "The Price of a P'ai-Lou." *T'oung Pao*, vol. 67 (1981).

Meijer, Marinus J. "Homosexual Offenses in Ch'ing Law." *T'oung Pao*, vol. 71 (1985).

Meijer, Marinus J. *Murder and Adultery in Late Imperial China: A Study of Law and Morality*, Leiden: E. J. Brill, 1991.

Michael, Franz. *The Taiping Rebellion: History and Documents*, Seattle, WA: University of Washington Press, 1966.

Murray, Dian (穆黛安). Pirates of the South China Coast, 1790–1810, Stanford, CA: Stanford University Press, 1987.（此書的中譯本為〔美〕穆黛安，《華南海盜，1790–1810》，劉平譯，北京：中國社會科學出版社，1997）

Murray, Dian（穆黛安）. "The Practice of Homosexuality among the Pirates of Late 18th and Early 19th Century China." *International Journal of Maritime History*, vol. 4, no. 1 (1992).

Naquin, Susan (韓書瑞) and Evelyn S. Rawski (羅友枝). *Chinese Society in the Eighteenth Century*, New Haven, CT: Yale University Press, 1987.（此書的中譯本為〔美〕韓書瑞、〔美〕羅友枝，陳仲丹譯，《十八世紀中國社會》，南京：江蘇人民出版社，2009）

Naquin, Susan. *Millenarian Rebellion in China: The Eight Trigrams Uprising of 1813*, New Haven, CT: Yale University Press, 1976.（此書的中譯本為〔美〕韓書瑞，陳仲丹譯，《千年末世之亂：1813年八卦教起義》，南京：江蘇人民出版社，2012）

Ng, Vivien W. (伍慧英) "Ideology and Sexuality: Rape Laws in Qing China." *The Journal of Asian Studies*, vol. 46, no. 1 (1987).

Ng, Vivien W. (伍慧英) "Homosexuality and the State in Late Imperial China." In M. Duberman et al., eds., *Hidden from History: Reclaiming the Gay and Lesbian Past*, New York: Meridian Press, 1989.

Ono Kazuko（小野和子）. *Chinese Women in a Century of Revolution, 1850–1950*. Trans.

by J. Fogel et al., Stanford, CA: Stanford University Press, 1989.

Owen Stephen (宇文所安). *Readings in Chinese Literary Thought*, Cambridge, MA: Council on East Asian Studies, Harvard, 1992.

Paderni, Paola. "Le rachat de l'honneur perdu. Le suicide des femmes dans la Chine du XVIII siècle." (The recovery of lost honor: Female suicide in eighteenth-century China) *Etudes Chinoises*, vol. 10, nos. 1–2 (1991).

Paderni, Paola. "An Appeal Case of Honor in Eighteenth-Century China." In *Ming Qing yanjiu: Redazione a cura di Paolo Santangelo*, Rome and Naples: Dipartimento di Studi Asiatici, Istituto Universitario Orientale and Istituto Italiano per il Medio ed Estremo Oriente, 1992.

Padgug, Robert A. "Sexual Matters: On Conceptualizing Sexuality in History." *Radical History Review*, vol. 20 (1979), pp. 3–23.

Perkins, Dwight. *Agricultural Development in China, 1368–1968*, Chicago, IL: Aldine, 1969.（此書的中譯本為〔美〕珀金斯，宋海文譯，《中國農業的發展（1368–1968年）》，上海：上海譯文出版社，1984）

Perry, Elizabeth J. (裴宜理) *Rebels and Revolutionaries in North China, 1845–1945*, Stanford, CA: Stanford University Press, 1980.（此書的中譯本為〔美〕裴宜理，池子華、劉平譯，《華北的叛亂者與革命者，1845–1945》，北京：商務印書館，2007）

Pound, Roscoe (龐德). *An Introduction to the Philosophy of Law*, New Haven, CT: Yale University Press, 1954 (1922).

Reed, Bradly W. (白德瑞) "Scoundrels and Civil Servants: Clerks, Runners, and County Administration in Late Imperial China." Ph.D. dissertation, University of California, Los Angeles, 1994.

Reed, Bradly W. (白德瑞) "Money and Justice: Clerks, Runners, and the Magistrate's Court in Late Imperial Sichuan." *Modern China*, vol. 21, no. 3 (1995), pp. 45–82.

Reed, Bradly W. (白德瑞) *Talons and Teeth: County Clerks and Runners in the Qing Dynasty*, Stanford, CA: Stanford University Press, 2000.

Rowe, William T. (羅威廉) "Women and the Family in Mid-Qing Social Thought: The Case of Chen Hongmou." *Late Imperial China*, vol. 13, no. 2 (1992), pp. 141.

Roy, David Tod (芮效衛). trans., *The Plum in the Golden Vase (or, Chin P'ing Mei), Volume One: The Gathering*, Princeton, NJ: Princeton University Press, 1993.

Ruggiero, Guido. *The Boundaries of Eros: Sex Crime and Sexuality in Renaissance Venice*, New York: Oxford University Press, 1985.

Sommer, Matthew H. (蘇成捷) "Sex, Law, and Society in Late Imperial China." Ph.D.

dissertation, University of California, Los Angeles, CA, 1994.

Sommer, Matthew H. (蘇成捷) "The Uses of Chastity: Sex, Law, and the Property of Widows in Qing China." *Late Imperial China*, vol. 17, no. 2 (1996), pp. 77–130.

Sommer, Matthew H. (蘇成捷) "The Penetrated Male in Late Imperial China: Judicial Constructions and Social Stigma." *Modern China*, vol. 23, no. 2 (1997), pp. 140–180.

Sommer, Matthew H. (蘇成捷) "Dangerous Males, Vulnerable Males, and Polluted Males: The Regulation of Masculinity in Qing Law." In S. Brownell (包素姍) and J. Wasserstrom (華志堅), eds., *Chinese Femininities / Chinese Masculinities: A Reader*, Berkeley, CA: University of California Press, 2002.

Spence, Jonathan (史景遷). *The Death of Woman Wang*, New York: Penguin Books, 1978. (此書的中譯本為〔美〕史景遷,李孝愷譯,《王氏之死:大歷史背後的小人物命運》,桂林:廣西師範大學出版社,2011)

Sir Staunton, George T. *Ta Tsing leu lee, Being the Fundamental Laws and a Selection from the Supplementary Statutes of the Penal Code of China*, 臺北:成文出版社,1966 (據 1810 年版重印).

Stein, Edward ed., *Forms of Desire: Sexual Orientation and the Social Constructionist Controversy*, New York: Routledge, 1992.

Stockard, Janice E. *Daughters of the Canton Delta: Marriage Patterns and Economic Strategies in South China, 1860–1930*, Stanford, CA: Stanford University Press, 1989.

Sweeten, Alan R. (史維東) "Women and Law in Rural China: Vignettes from 'Sectarian Cases' (chiao-an) in Kiangsi, 1872–1878." *Ch'ing-shih wen-t'i*, vol. 3, no. 10 (1978), pp. 49–68.

T'ien Ju-k'ang (田汝康). *Male Anxiety and Female Chastity: A Comparative Study of Chinese Ethical Values in Ming-Ch'ing Times*, Leiden: E. J. Brill, 1988. (此書的中譯本為田汝康,劉平、馮賢亮譯校,《男性陰影與女性貞節:明清時期倫理觀的比較研究》,上海:復旦大學出版社,2017)

Telford, Ted A. "Family and State in Qing China: Marriage in the Tongcheng Lineages, 1650–1880." 載《近世家族與政治比較歷史論文集》(下冊),臺北:中央研究院近代史研究所,1992。

Temkin, Jennifer. "Women, Rape, and Law Reform." In S. Tomaselli and R. Porter, eds., *Rape: An Historical and Cultural Enquiry*, Oxford: Basil Blackwell, 1986.

Topley, Marjorie. "Marriage Resistance in Rural Kwangtung." In Margery Wolf (盧蕙馨) and Roxane Witke, eds., *Women in Chinese Society*, Stanford, CA: Stanford University Press, 1975.

Van Gulik, R. H. (高羅佩) *Sexual Life in Ancient China: A Preliminary Survey of Chinese Sex and Society from Ca. 1500 B.C. till 1644 A.D.*, Leiden: E. J. Brill, 1974.（此書的中譯本為〔荷〕高羅佩，李零等譯，《中國古代房內考》，上海：上海人民出版社，1990）

Vitiello, Giovanni (魏濁安). "The Dragon's Whim: Ming and Qing Homoerotic Tales from The Cut Sleeve." *T'oung Pao*, vol. 78 (1992).

Vitiello, Giovanni (魏濁安). "Exemplary Sodomites: Male Homosexuality in Late Ming Fiction." Ph.D. dissertation, University of California, Berkeley, CA, 1994.

Volpp, Sophie (袁蘇菲). "The Discourse on Male Marriage: Li Yu's 'A Male Mencius's Mother.'" *Positions*, vol. 2, no. 1 (1994).

Volpp, Sophie (袁蘇菲). "The Male Queen: Boy Actors and Literati Libertines." Ph.D. dissertation, Harvard University, Cambridge, MA, 1995.

Wakefield, David R. "Household Division in Qing and Republican China: Inheritance, Family Property, and Economic Development." Ph.D. dissertation, University of California, Los Angeles, CA, 1992.

Waley, Arthur trans., *The Analects of Confucius*, New York: Vintage Books, 1938.

Waltner, Ann (王安). "Widows and Remarriage in Ming and Early Qing China." In R. Guisso (桂時雨) and S. Johannesen, eds., *Women in China: Current Directions in Historical Scholarship*, Youngstown, NY: Philo Press, 1981.

Watson, Burton (華茲生). trans., *Basic Writings of Mo Tzu, Hsün Tzu, and Han Fei Tzu*, New York: Columbia University Press, 1963.

Watson, Rubie S. (華若璧) "The Named and the Nameless: Gender and Person in Chinese Society." *American Ethnologist*, vol. 13 (1986), pp. 619–631.

Watson, Rubie S. (華若璧) "Wives, Concubines, and Maids: Servitude and Kinship in the Hong Kong Region, 1900–1940." In R. Watson and P. Ebrey (伊佩霞), eds., *Marriage and Inequality in Chinese Society*, Berkeley, CA: University of California Press, 1991.

Weeks, Jeffrey. *Coming Out: Homosexual Politics in Britain from the Nineteenth Century to the Present*, London: Quartet, 1977.

Widmer, Ellen (魏愛蓮) and Kang-I Sun Chang (孫康宜), eds., *Writing Women in Late Imperial China*, Stanford, CA: Stanford University Press, 1997.

Wolf, Arthur P. (武雅士) "The Women of Hai-shan: A Demographic Portrait." In M. Wolf and R. Witke, eds., *Women in Chinese Society*, Stanford, CA: Stanford University Press, 1975.

Wolf, Arthur P. (武雅士) and Chieh-shan Huang (黃介山), Marriage and Adoption in

China, 1845–1945, Stanford, CA: Stanford University Press, 1980.

Wolf, Arthur P.（武雅士）"Women, Widowhood and Fertility in Pre-modern China." In J. Dupaquier et al., eds., *Marriage and Remarriage in Populations of the Past*, London: Academic Press, 1981.

Wolf, Margery (盧蕙馨). *Women and the Family in Rural Taiwan*, Stanford, CA: Stanford University Press, 1972.

Wu, Silas H. L. (吳秀良) *Communication and Imperial Control in China: Evolution of the Palace Memorial System, 1693–1735*, Cambridge, MA: Harvard University Press, 1970.

Yu, Li（李漁）. The Carnal Prayer Mat（肉蒲團）, trans. by P. Hanan（韓南）, Honolulu, HI: University of Hawai'i Press, 1996 (1657).

Zelin, Madeleine (曾小萍). *The Magistrate's Tael: Rationalizing Fiscal Reform in Eighteenth-Century Ch'ing China*, Berkeley, CA: University of California Press, 1985.（此書的中譯本為〔美〕曾小萍，董建中譯，《州縣官的銀兩：18 世紀中國的合理化財政改革》，北京：中國人民大學出版社，2005）

Zelin, Madeleine (曾小萍). "The Rights of Tenants in Mid-Qing Sichuan: A Study of Land-Related Lawsuits in the Baxian Archives." *The Journal of Asian Studies*, vol. 45, no. 3 (1986).

Zheng, Qin (鄭秦). "Pursuing Perfection: Formation of the Qing Code." Trans. by G. Zhou（周廣遠）, *Modern China*, vol. 21, No. 3 (1995), pp. 310–344.

Zhou, Guangyuan（周廣遠）. "'Legal Justice' of the Qing: A Study of Case Reports and Reviews in the Criminal Process." Presented at the Conference on Code and Practice in Qing and Republican Law, University of California, Los Angeles, 1993.

```
國家圖書館出版品預行編目（CIP）資料

中華帝國晚期的性、法律與社會／蘇成捷(Matthew H.
Sommer)著；謝美裕，尤陳俊譯. -- 新北市：華藝數位
股份有限公司學術出版部出版：華藝數位股份有限公司發
行，2022.03
  面；  公分
譯自：Sex, Law, and society in late imperial China.
ISBN 978-986-437-195-2(平裝)

1.CST: 中國法制史 2.CST: 性犯罪 3.CST: 性倫理

580.92                                              111001832
```

中華帝國晚期的性、法律與社會
Sex, Law, and Society in Late Imperial China

Sex, Law, and Society in Late Imperial China, by Matthew H. Sommer, published in English by Stanford University Press.

Copyright © 2000 by the Board of Trustees of the Leland Stanford Junior University or other copyright holder name. All rights reserved. This translation is published by arrangement with Stanford University Press, www.sup.org.

作　　　者	蘇成捷（Matthew H. Sommer）
譯　　　者	謝美裕（Meiyu Hsieh）、尤陳俊
責任編輯	黃于庭
執行編輯	許沁寧
封面設計	張大業
版面編排	許沁寧

發 行 人	常效宇
總 編 輯	張慧銖
業　　　務	賈采庭
出　　　版	華藝數位股份有限公司　學術出版部（Ainosco Press）
地　　址	234 新北市永和區成功路一段80號18樓
電　　話	(02)2926-6006　傳真：(02)2923-5151
服務信箱	press@airiti.com
發　　　行	華藝數位股份有限公司
	戶名（郵政／銀行）：華藝數位股份有限公司
	郵政劃撥帳號：50027465
	銀行匯款帳號：0174440019696（玉山商業銀行 埔墘分行）
法律顧問	立暘法律事務所　歐宇倫律師

ISBN	978-986-437-195-2
DOI	10.978.986437/1952
出版日期	2022年3月
定　　價	新台幣1,000元

版權所有・翻印必究　　Printed in Taiwan
（如有缺頁或破損，請寄回本社更換，謝謝）